本书的出版得到厦门大学哲学社会科学繁荣计划的资助,特此鸣谢。

口岸贸易与腹地社会：

区域视野下的近代闽江流域发展研究

水海刚 ◎ 著

图书在版编目(CIP)数据

口岸贸易与腹地社会:区域视野下的近代闽江流域发展研究/水海刚著.—厦门:厦门大学出版社,2019.5
(中国社会经济史新探索丛书)
ISBN 978-7-5615-7413-3

Ⅰ.①口… Ⅱ.①水… Ⅲ.①通商口岸—对外贸易—关系—社会变迁—研究—福建—近代 Ⅳ.①F752.95②K295.7

中国版本图书馆 CIP 数据核字(2019)第 084295 号

出版人 郑文礼
责任编辑 韩轲轲
封面设计 蒋卓群
技术编辑 朱 楷

出版发行 厦门大学出版社
社　　址 厦门市软件园二期望海路 39 号
邮政编码 361008
总 编 办 0592-2182177　0592-2181406(传真)
营销中心 0592-2184458　0592-2181365
网　　址 http://www.xmupress.com
邮　　箱 xmup@xmupress.com
印　　刷 厦门市万美兴印刷设计有限公司

开本　720 mm×1 000 mm　1/16
印张　24.25
插页　2
字数　400 千字
版次　2019 年 5 月第 1 版
印次　2019 年 5 月第 1 次印刷
定价　89.00 元

本书如有印装质量问题请直接寄承印厂调换

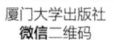

厦门大学出版社
微信二维码

厦门大学出版社
微博二维码

福州万寿桥,1895年

19 世纪的闽江

以上图片由英国布里斯托大学"中国历史影像数据库"
（https://www.hpcbristol.sjtu.edu.cn/）授权使用

序

◆ 戴一峰

水海刚完成其新作《口岸贸易与腹地社会:区域视野下的近代闽江流域发展研究》,邀我作序。读罢书稿,感触良多。于是,借题发挥,谈谈点滴感悟。

区域史研究发端于20世纪初欧美学术界的新史学运动,是法国年鉴学派贡献给史学界的一种新颖的研究视野,也是历史学与地理学、经济学等学科交叉、嫁接的产物。二战后,因应时代发展变化的现实需要,区域史研究在欧美,尤其是美国得以盛行。作为一种舶来品,20世纪80年代以降,因应着我国改革开放后社会经济发展的新情势,区域史研究在中国大陆迅速传播。这一传播有两个突出的特点:一是理论移植来源与途径的多元化,造成区域史研究的理论解读及其实践(实证研究)的多样化;二是移植后的区域史研究与我国本土原有地方史研究的嫁接和融合,因此带着某些本土化印记。

值得指出的是,尽管区域史研究在20世纪80年代方在中国大陆学术界广泛传播,但在此之前,我国老一辈史学家已经在继承中国源远流长的地方史研究传统的基础上,开创了区域史——当时称地区史研究的先河。已故的一代宗师傅衣凌先生就是其中的佼佼者。作为我国社会经济史研究领域的奠基者,社会经济史的区域性研究——当时尚无区域社会经济史这一称谓——就是其最主要的学术贡献之一,并成为厦门大学历史学的传统研究领域之一。

或许正是受到这一学术传统和氛围的熏陶和影响,20世纪70年代末,我有幸成为恢复高考制度后首批进入大学求学深造群体的一员,来到厦门

口岸贸易与腹地社会:区域视野下的近代闽江流域发展研究

大学攻读史学后,渐渐对区域社会经济史情有独钟。因此,当我随后跟随陈诗启先生攻读中国近代经济史时,硕士论文选择的研究对象就是闽江流域,探讨的问题是近代闽江流域上游地区商品经济的演化路径与具象。此后,区域社会经济史研究成了我最早选择的研究领域,也成了我至今一直未曾离开的史学研究领域。尽管此后在陈诗启先生的引领下进入近代中国海关史这一新的研究领域,但在从事海关史研究的同时,我依然一边坚持区域史研究,并利用近代海关丰富多样的档案资料,将关注的区域从闽江流域扩展到闽南地区,再到南中国海地区,直至环中国海区域,陆续发表了一些相关文章,积累了一些心得。与此同时,我的足迹离最初徜徉流连的闽江流域也似乎渐行渐远了。如今细细品味水海刚的书稿,仿佛故地重游,浮想联翩。

闽江为地处我国东南沿海的福建省内最大的河流。它发源于福建(闽)江西(赣)边界的武夷山脉,由西北向东南横贯福建全省,注入东海。其水系河流总长2872公里,流域面积达60992平方公里,覆盖福建省内的30余县,几占福建全省面积的一半。在史学界熟悉的由著名美国汉学家施坚雅建构的我国九大功能性区域中,闽江流域是东南沿海大区的一个亚区。在本书中,作者以口岸与腹地关系为切入点,以颇为开阔的研究视野为依托,利用丰富翔实的史料,借助历史学、经济学、地理学和社会学等多种学科的理论与方法,对近代闽江流域这一特殊地理空间内的经济与社会变迁进行详细考察。全书从考察近代闽江流域的自然地理环境和人文社会环境这两个制约区域发展的基本要素入手,通过对近代闽江流域的水路交通网络、商品流通与市场网络、传统手工业与近代工业、职业技术人才培养、商人组织演变等历史具象的细心重构,生动展示了这一历史时期闽江流域社会经济变迁的历史风貌及其特征,并就此做了深入的、颇具说服力的学理性诠释。其中最吸引我的当属作者颇具匠心的区域史研究视野。

我们知道,从区域史兴起和传播的学术脉络观之,区域史是多种学科交叉融合的产物。由于理论素养来源的多样化,学界对区域这一区域史研究中的基本概念的解读也多有歧义。然而,区域作为一个学术概念,最先出现于以空间知识为学科研究对象的地理学,其基本含义系指具有整体特征和系统特征的地球表面的单元。区域地理学家进而将区域归纳为均质区和枢纽(节点)区两大类。这一区域概念被从事区域研究的学者所广泛接受,并不断补充、修订。施坚雅将我国空间划分为九大区域,就是依据这一区域观,以地文系统为参照,以内在功能联系为依据的。因而,就区域社会经济史研究而言,区域一般就指一个具有内在紧密的功能性联系的地理单元。然而,这并不意味着我们研究区域的视野仅仅聚焦于这个既定的空间。相反的,诚如我在研究我国东南沿海地区社会经济变迁时曾经指出的,一个既定区域的社会经济变迁,不仅受制于该区域内部的社会与自然因素,而且受制于该区域的外部联系,即该区域在一个更大空间内的结构性位置。这意味着,我们不能在区域史研究中就区域论区域,而是应当既立足区域做细部考察,也跳出区域做深入探究。这可以视为区域视野的扩展和延伸,或者说是一种跨区域的视野。这一区域视野的空间扩展可以朝两个内涵不同但相互联系的方面展开:其一是探索作为研究对象的既定区域在更大空间内的结构性位置;其二是在与类似区域的比较辨析中深化对研究对象的认知。就本书的研究对象近代闽江流域社会经济而言,前者意味着既要立足闽江流域内部展示其历史面貌,也要跳出闽江流域展示其外部联系的制约和影响;后者则意味着要在与我国其他口岸—腹地型区域的比较研究中进一步深化对闽江流域社会经济现代转型演化的认知。本书作者就此做了有益的尝试和探索。

作为一个相对完整的流域,闽江流域的空间结构具有如下的双重架构特征:一是由地文样貌构造的上游—下游结构,一是由经济功能构建的口岸—腹地结构。两者交错作用,制约、形塑着闽江流域社会经济变迁的路径与具象。作为一个由口岸和腹地构成的枢纽型区域,闽江流域的中心地口岸城市福州连接着向内的流域和向外的海域。是故,要准确把握近代闽江流域社会经济演化的脉络,无疑必须兼具区域和跨区域的视野。本书作者不仅细致入微地考察了闽江流域的水文地貌,自然灾害,主要物产,人口数量、人口密度与构成,耕地面积与粮食产量,水陆交通的通道与交通工具,流通商品的构成和数量及其流通网络,手工业和工业的生产形态、主要产品与规模,职业教育的数量、分布与成效,新旧商人组织的建构、交错与功用等各种构成近代闽江流域社会经济变迁的制约要素与历史样貌,而且进一步将闽江流域置放到海洋亚洲——或更准确说,环中国海地区——这一更为广阔的区域里加以考察。由此我们可以清晰地看到作为连接闽江流域与海洋亚洲的口岸城市福州在失去与琉球和台湾这两个地区的经济连接后,逐渐弱化了与海洋亚洲的关联,从外向性向内向性的转向,从而大大制约了中心地的极化功能,进而制约了闽江流域的社会经济变迁。这显示了作者跳出闽江流域,扩展区域视野所具有的敏锐的观察能力。尽管作者的论证还有进一步深化的空间,但这无疑是本书一个突出的亮点。

　　本书就研究视野展示的另一个亮点在于作者跳出闽江流域,扩展视野后对以上海口岸为中心地的长江流域近代社会经济演化历史所做的比较研究。已有的研究表明,近代的开埠通商使以长江流域为腹地的口岸城市上海的区位优势得以充分发挥:贸易的兴盛促进了口岸与腹地功能性连接的加强,进而形成了口岸与腹地社会经济有效互动的良性循环,实现了以港兴市,以口岸为枢纽带动区域社会经济发展的局面。与此形成鲜明对比的是,作为闽江流域中心地的口岸城市福州开埠后,虽然茶叶贸易的兴盛一度扩大了海外市场,但为时甚短,因而呈现出"港不兴、城不兴、近代产业不兴"的局面,更无力带动腹地的经济结构转型和良性发展。作者据此指出,与上海——长江流域的近代发展模式不同,近代福建闽江流域的口岸城市与腹地经济关系呈现出另外一种模式:一方面,口岸城市及口岸贸易对区域社会变迁的推进程度有限;另一方面,区域贸易的特征也使得口岸城市的自身发展举步维艰。由此足见近代口岸——腹地型区域发展路径的多元化,绝非一种模式可以囊括。这是很有见地的。

　　事实上,作为一种以探索人类活动在既定空间中展开的样貌及其内在发展脉络作为其本质诉求的区域史,其研究视野的宽窄、远近,是与研究者的问题意识密切相关的,其背后潜藏的则是研究者的学术理念与追求。当年鉴学派开始开展其区域研究时,其背后的学术理念与追求不仅在于对偏重事件演化时序而忽视空间关照的传统史学的批判,而且还在于对以国家(王朝)建构为核心的传统史学的批判,犹如年鉴学派代表人物布罗代尔在其久享盛名的代表作《菲利普二世时代的地中海与地中海世界》中所展示的。这样的研究视野,与时下盛传的全球史视野在学理上有暗合之处。然而反观国内的区域史研究,大多仍是在总体与局部简单区分的理念下,在国家视野下看待区域,将区域史视为国家(或王朝)历史在地方的展开,甚至使区域史成为国家(王朝)历史的复制版。这与上述年鉴学派建构的区域史研究理念大异其趣。

　　显而易见,我们需要有更为开阔的区域史研究视野:跨区域的、跨国界的、全球性的。在此意义上,本书在区域史研究视野上的拓展与延伸,虽然还稍显简略,但无疑是一种值得赞许和推进的尝试。

　　水海刚于2003年开始跟随我攻读博士学位。其博士学位论文便是以近代闽江流域的社会经济变迁为研究对象。尽管他的博士论文当时便获得评审专家的一致首肯和赞许,但他并没有急于将其成书出版。此后他一方面就这一研究对象深入探索,发表了一批相关论文,一方面则不断扩大自己的学术视野,在海洋亚洲这样一个更为广阔的区域视野里深化自己对近代历史的认知。在经历十余年的历练和积淀之后,在广泛吸收学术界已有的研究成果并融入自己的批判性思考之后,他方才最终完成这本书稿。一分耕耘自然会有一分收获。本书以闽江流域为个案,以探讨区域现代化为研究宗旨,就港口—腹地型流域社会经济的近代变迁,提出不少独到的见解,展示了作者良好的学术追求。

当然,区域史研究犹如一片空间辽阔、蕴藏丰富的沃野,即便是闽江流域这样一个有限的地理单元,其深藏的历史记忆也是如此的多姿多彩,错综复杂,需要不断用心地探究和阐释。我们有理由期待作者今后更为精彩的作品问世。

2019 年 3 月
于厦门大学海韵园

目 录

第一章 绪 论 ·· 1
 第一节 学术史回顾 ·· 1
 第二节 研究概念界定及相关问题说明 ·························· 16
 第三节 研究框架、理论方法与资料 ···························· 27

第二章 自然、生态与交通 ·· 34
 第一节 近代闽江流域的自然环境 ······························ 34
 第二节 近代闽江流域的人口、耕地与粮食 ······················ 48
 第三节 近代闽江流域的水陆交通 ······························ 59

第三章 商品流通与市场网络 ······································ 82
 第一节 近代闽江流域流通商品的构成 ·························· 83
 第二节 近代闽江流域的对外贸易 ······························ 89
 第三节 近代闽江流域的域内贸易 ······························ 134
 第四节 近代闽江流域的市场网络 ······························ 154

第四章 产业改良与产业发展 ······································ 184
 第一节 近代闽江流域的传统手工业 ···························· 185
 第二节 近代闽江流域的新式工业 ······························ 195
 第三节 近代闽江流域的农业改良 ······························ 211

第五章　近代闽江流域的社会变革···225
第一节　近代闽江流域职业教育的沿革·······································227
第二节　教育与社会:近代闽江流域职业教育·······························245
第三节　传统商人及其组织···267
第四节　新式商人团体与近代闽江流域社会··································282

第六章　口岸、腹地与亚洲···298
第一节　近代闽江流域发展的困境及反思····································298
第二节　口岸、腹地与亚洲···311

附　录···323

参考文献···348
后　记···369

图表目录

图 1-1　闽江流域略图 …… 22
图 2-1　福建省水道交通图 …… 60
图 2-2　沙溪流域图 …… 64
图 3-1　福建省物产全图 …… 91
图 3-2　崇安县产茶区域略图 …… 92
图 3-3　邵武县产茶区域略图 …… 92
图 3-4　政和县产茶区域略图 …… 93
图 3-5　近代闽江流域茶叶出口贸易系统图 …… 98
图 3-6　近代闽江流域木材外销地区示意图 …… 105
图 3-7　近代闽江流域茶叶流通示意图 …… 161
图 3-8　近代闽江流域木材流通示意图 …… 164
图 3-9　近代闽江流域粮食流通示意图 …… 169
图 3-10　近代闽江流域市场层级结构图 …… 172
图 3-11　近代闽江流域市场网络略图 …… 182
图 4-1　武夷岩茶采制程序图 …… 188
图 4-2　造料程序图 …… 190
图 4-3　造纸程序图 …… 191
图 6-1　福州口的茶叶输出(1856—1866) …… 318

表 2-1	闽江流域干支流一览表	38
表 2-2	闽江流域1861—1937年各地旱涝强度	42
表 2-3	闽江流域煤储藏量表	47
表 2-4	近代闽江流域各县人口数对照表	48
表 2-5	1912年闽江流域各县人口分类统计表	51
表 2-6	闽江流域各县人口密度比较表	53
表 2-7	福建省各县历年耕地指数对照表	54
表 2-8	闽江流域各县耕地面积一览表	54
表 2-9	闽江流域各县按耕地计算人口密度与垦殖指数一览表	56
表 2-10	闽江干流及各支流通航情况一览表	61
表 2-11	福州至闽江流域诸港小蒸汽船航路表	66
表 2-12	清末民初闽江流域航行之民船数量一览表	67
表 2-13	常关通过民船数量一览表(1916—1917)	71
表 2-14	福州的轮船公司及其外洋航线	72
表 2-15	近代闽江流域各干支路通车概况	78
表 3-1	福州口的茶叶输出(1856—1866)	94
表 3-2	福州口历年大宗输出品货值比较表(1899—1937)	96
表 3-3	抗战前闽江流域各县木材年均生产量值一览表	100
表 3-4	抗战前闽江流域各县林木年均生产量值一览表	101
表 3-5	近代闽江流域纸类主要外销区域一览表	106
表 3-6	福州口历年输出蔬菜、鲜果、干果、樟脑价值表(1819—1937)	109
表 3-7	1902—1908年闽江流域樟脑输出量值表	112
表 3-8	1909年福州樟脑再制炼者情况一览表	112
表 3-9	1861—1865年福州口棉布输入值表	114
表 3-10	福州历年主要输入货物统计表(1905—1930)	116
表 3-11	福州历年煤油输入量值表(1899—1937)	118
表 3-12	福州自外洋与外埠输入糖类比较表	121
表 3-13	福州口历年经由海关输入之火柴量与值(1899—1937)	124
表 3-14	福州由外洋与外埠输入面粉值比较表	126
表 3-15	福州口历年经由海关进口鸦片额(1861—1913)	127
表 3-16	福州口历年经由海关进出口贸易差值表(1861—1937)	131

表 3-17	福州口历年洋货与土货输入一览表(1903—1937)	132
表 3-18	民国时期闽江流域诸县粮食余缺统计表	141
表 3-19	闽江流域主要食米运销区域表	142
表 3-20	清末闽江流域各县米输出额	145
表 3-21	民国前期闽江流域各县米输出额	146
表 3-22	沙县各区清查五百亩以上荒山一览表	148
表 3-23	民国后期闽江流域米的贸易额	151
表 3-24	近代闽江流域各县茶叶、木材、纸品及粮食市场一览表	169
表 3-25	清中叶与民国时期闽江流域墟市数量对照表	174
表 3-26	近代闽江流域地方初级市场与墟市对照表	175
表 4-1	武夷岩茶采制所需人工及其职责一览表	187
表 4-2	土法制糖费用表(以一日之费用为标准)	192
表 4-3	1875—1917 年福州海关历年输出砖茶数量表	197
表 4-4	1919 年福州的锯木厂	199
表 4-5	闽江流域历年加工木材输出占木材总输出比重表(1912—1937)	200
表 4-6	福建造纸股份有限公司设备表	201
表 4-7	近代闽江流域电气公司一览表	205
表 4-8	沙县商办电灯公司厂屋机器线路清册	206
表 4-9	建安道苗圃苗木分类统计表(1920—1921)	216
表 4-10	改良种与原有种之比较(五十株之谷量)	220
表 4-11	历年经由福州输入肥田料数量统计表(1912—1937)	222
表 5-1	福建船政学堂课程设置表	230
表 5-2	清末新政期间闽江流域成立实业学堂一览表	233
表 5-3	1912—1922 年闽江流域职业学校一览表	236
表 5-4	1937 年闽江流域职业学校统计表	243
表 5-5	1933—1937 年福建省职业学校数量比较表	244
表 5-6	崇安县立初级职业中学校第一年级蚕科课程表	247
表 5-7	崇安县立初级职业中学校第二年级农科课程表	247
表 5-8	崇安县立初级职业中学校第三年级暂附普通科课程表	248
表 5-9	福建省 1931—1936 年职业学校数量、经费比较表	249
表 5-10	1932 年省立南平职业中学毕业生籍贯表	251

表 5-11	福建省南平农业职业学校 1935 年度第一学期教职员一览表	252
表 5-12	福建省南平农业职业学校 1936 年度第二学期教职员一览表	255
表 5-13	福州私立协和高级职业学校 1936 年度教职员表	257
表 5-14	崇安县立职业学校 1928—1929 年教职员一览表	259
表 5-15	省立南平农业职业学校印刷科毕业状况简表	263
表 5-16	民国时期在榕各地会馆、公会组织一览表	273
表 5-17	民国时期福州商事研究所一览表	287
表 5-18	川石乡农会职员一览表	291
附表 1	福州子口进口货物各地分配表(1873—1898)	323
附表 2	福州口历年经由海关茶叶出口额(1861—1937)	335
附表 3	福州口历年经由海关进出口货物统计表(1861—1911)	337
附表 4	福州历年输出入货物总值(1903—1937)	339
附表 5	福州历年经由常关输出入货值(1903—1931)	341
附表 6	福州历年经由海关进出口船只吨位数(1899—1937)	343
附表 7	闽海关历年税收统计(1899—1937)	345
附表 8	历年福州省出入超总值各口岸分配表(1912—1937)	347

第一章 绪 论

本章先就本书所涉研究领域的学术史进行回顾,同时对书中所用概念及相关问题做出界定,最后对本书的研究框架、所运用的理论方法及资料等问题做一交代。

第一节 学术史回顾

本书的着眼点在以口岸与腹地关系为切入点,对近代闽江流域这一特殊地理空间内的经济与社会变迁进行考察。就所涉学界已有研究成果来看,大致可以为分以下几类:一是直接以流域为对象的研究;二是区域史视野下的流域研究,在这里流域大致等同于区域;三是关于近代通商口岸及其与腹地关系的研究;最后则是关于本书的考察对象——闽江流域的研究。分述如下。

一、以流域为对象的研究

学术界对以流域为对象的研究基本上可以分为以下三种,其一是将流域界定为单纯意义上的地理空间,进而对这一地理空间的政治、经济、文化诸现象展开研究。这里的"流域"更接近于水系,涉及全国多数大的河流所在地区,较突出的有黄河流域、长江流域、淮河流域、珠江流域、辽河流域、海河流域、松花江流域等七大水系。在这里,流域是一个宽泛的概念,研究者在这个范围内可以使用可大可小的地理概念,或以整体涵盖部分,或以个体代表整体。学术界已有研究成果极为丰富,且多可区分为两类。第一类为历史学的研究,研究内容多为流域开发与发展史。① 第二类则从属于历史地理学研究,从区域历史地理研究走向历史流域学研究。自 2009 年起,王尚义于《光明日报》发表一系列文章,提出历史流域学的构想。② 在 2012 年于郑州召开的中国地理学会学术年会上,与会学者以王尚义、侯甬坚、王国梁为代表,提出"从区域进入流域"的研究路径,以推进区域历史地理学在区域范围内实现综合研究的目标,引起与会学者的共鸣。③

其二是将流域作为流域经济学的研究对象,在这里,流域被界定为地表水及地下水分水线所包围的集水区域的统称。流域经济的发展与水资源的综合有效开发及利用有着密切的关系,故流域经济学的研究目的在于,探讨"流域内水资源的开发利用以及与之相关的流域发展中的经济问题。也就

---

① 代表性论著有王鑫义主编:《淮河流域经济开发史》,合肥:黄山书社,2001年;齐民:《清江流域经济发展研究》,武汉:华中科技大学出版社,2002年;朱华友、徐宝敏:《钱塘江流域经济开发史》,北京:中国社会科学出版社,2009 年;陈雄:《钱塘江下游流域经济开发对环境变迁影响研究》,北京:中国社会科学出版社,2009年;吴春梅等:《近代淮河流域经济开发史》,北京:科学出版社,2010 年;范立君:《近代松花江流域经济开发与生态环境变迁》,北京:中国社会科学出版社,2013年;罗运胜:《明清时期沅水流域经济开发与社会变迁》,北京:社会科学文献出版社,2016 年;张学恕:《中国长江流域古代经济发展研究》,太原:山西经济出版社,2017 年。

② 参见王尚义、张慧芝:《关于创建历史流域学的构想》,《光明日报》2009 年11 月 19 日;王尚义、张慧芝:《流域问题研究的创新和不足》,《光明日报》2009 年 11月 21 日;王尚义、张慧芝:《科学研究解决流域问题》,《光明日报》2009 年 11 月 25日;王尚义、任世芳:《历史流域学研究视野中的水患——谈流域内人地关系与泥沙淤积》,《光明日报》2010 年 11 月 4 日。

③ 参见王尚义:《历史流域学的缘起及其理论构建》、王国梁:《略论历史流域学的对象、任务、性质及方法》、侯甬坚:《从区域进入流域:综合探讨实际问题的路径——历史流域学断想》,《中国地理学会 2012 年学术年会学术论文摘要集》,2012年 10 月 12 日,郑州。

是说,此类研究是以水资源合理利用为中心,以流域为范围,以提高经济效益为目标,探讨和研究流域内水资源的开发利用、治理保护以及与此相联系的流域发展中的经济问题",①它的研究范畴包括:水资源开发利用在流域发展中的地位和作用、水利水电工程建设的经济效益和综合经济论证、流域规划、水资源综合利用问题、流域环境及水库淹没问题、流域经济结构、流域内经济联系、跨流域问题等。② 在流域经济学的倡导问世后,以此为研究趋向的成果陆续出现,如以珠江支流右江流域经济开发为研究对象的《右江流域经济开发研究》③,以长江流域产业布局为对象的《长江流域城市经济布局》④、《长江经济带经济运行机制和增长动力分析——基于流域经济学视角》⑤和《流域生态产业初探:以乌江为例》⑥等。自 2015 年起,教育部人文社科重点研究基地重庆工商大学长江上游经济研究中心创办《流域经济评论》⑦,该刊物专注于流域经济理论与实践,以探索和推动流域经济学的发展。在后继研究中,研究者进一步界定了流域经济的特性:(1)流域经济为沿江经济,具有开放性。(2)流域经济是水域系统经济,具有流动性。(3)流域经济是梯级高、势能位差明显的经济,具有级差性(即流域上下游间的经济不平衡性)。(4)流域经济在区位、资源及产业上具有内部互补性。(5)流域经济又是条块状经济,具有相当的整体性。⑧

其三是将研究范围界定为流域,即以地表水面积为界限的地理空间,研

---

① 张思平:《流域经济学》,武汉:湖北人民出版社,1987 年,第 7 页。
② 张思平:《流域经济学初探》,《中国社会科学院研究生院学报》1984 年第 2 期。
③ 李疆、周长军、翁乾麟、梁燕梅:《右江流域经济开发研究》,南宁:广西民族出版社,1994 年。
④ 温强洲主编:《长江流域城市经济布局》,武汉:中国地质大学出版社,1992 年。
⑤ 张畅:《长江经济带经济运行机制和增长动力分析——基于流域经济学视角》,深圳大学硕士学位论文,2017 年。
⑥ 文传浩、程莉、马文斌等:《流域生态产生初探:以乌江为例》,北京:科学出版社,2013 年。
⑦ 文传浩主编:《流域经济评论》(第一、二、三辑),北京:科学出版社,2015—2018 年。
⑧ 李疆、周长军、翁乾麟、梁燕梅:《右江流域经济开发研究》,南宁:广西民族出版社,1994 年,第 3~5 页。

究的内容则归属于区域经济学的范畴,着重研究社会劳动地域分工、生产力布局、地区各部门优势的发挥、地区经济结构及综合发展等等。在这里,流域等同于区域,一个特殊的以流域地表水面积为界限的区域空间。这类研究与流域经济学的研究虽然都是以研究一定地域内的经济问题为主要对象,但两者在研究对象、内容和范围上仍存在着根本的区别。流域经济学是研究按照河流的自然集水面积而划分的地域内与水资源综合开发利用有关的经济问题,而区域经济学的研究是按照经济区划分的地域内共同性的一般经济问题。因此即使在个别情况下,流域经济学与区域经济学研究的地域范围相一致时,两者研究的对象也是不一样的。①

流域在某些情况下等同于区域,但需指出的是,我们所说的流域指的是严格地以河流的自然集水面积而言,但对于区域经济学的区域而言,它着重的是经济区的划分,着眼点在于同一性与功能性上。因此在将流域视为区域的同时,我们所谈的流域已不完全是原来严格意义上的流域,而是依其内部的经济联系、自然地理、行政区划做出了一定取舍的流域。

二、区域史视野下的流域研究

20 世纪 80 年代末,受欧美区域史研究理论、方法及论著的影响,华南沿海地区社会经济史研究领域的学者率先发起对区域史相关理论问题的探讨。② 杨国桢指出,所谓的社会经济区域,是指"社会经济有机体的地域组合",而"所谓的社会经济有机体,指一定的历史范畴内,一定的'社会时间'内,人们在现存的生态环境和人文社会环境下从事经济活动及有关的社会联系所形成的社会经济机制"。因此,社会经济区域"必须是自然生态环境、经济环境、人文环境、政治环境条件大体相同或相近的地理空间"的有机结合。③ 在美国汉学界关于"中国中心观"史学革新的影响下,这种有机结合的地理空间,多被分解为中国以下"较小的、较易于掌握的单元",它们多以

---

① 张思平:《流域经济学》,武汉:湖北人民出版社,1987 年,第 10~11 页。
② 戴一峰:《区域史研究的困惑:方法论与范畴论》,《天津社会科学》2010 年第 1 期。
③ 杨国桢:《清代社会经济区域划分和研究构架的探索》,叶显恩主编:《清代区域社会经济研究》(上册),北京:中华书局,1992 年,第 32~33 页。

"区域、省份或是地方为中心"①,流域也成为其中的一种单元划分,研究成果层出不穷,主要集中在以下几个流域。

汉水流域。以鲁西奇为代表,学者们自区域历史地理研究出发,将汉水流域视为一个代表性的地理单元,以回应宏大历史研究中的基本叙述。②

西江流域。西江水系是珠江三大河流之一,在近代商品交换不断增强的前提下,相关研究者们开始以市场体系构建为主要指标,把西江水系的主要河流沿江地带及附近区域视作一个经济区,并区分为上游经济区与下游经济区。③ 近代以来,随着北海、梧州、龙州、南宁等地相继开埠,西江流域构建了自城镇墟市—中心市镇—口岸城市的市场体系,将流域内各地区城市墟市连为一体,在此背景下,城镇墟市数量不断增加,同时规模也日渐壮大。④ 研究者同时也将注意力转向西江流域区域化的动力机制分析上,从交通与商业互动的角度出发,认为19世纪末新式航运在西江内河的出现及发展,对内河运输模式和结构、流域腹地对外贸易、区域市场网络构建乃至市镇经济结构的演变都产生了重要的影响。⑤ 梧州港作为西江流域的重要口岸,在华南地区的近代化过程中发挥了应有的优势。⑥ 随着研究群体的

---

① (美)柯文:《在中国发现历史——中国中心观在美国的兴起》,北京:中华书局,1989年,第142页。

② 鲁西奇:《论地区经济发展不平衡——以汉江流域开发史为例》,《中国社会经济史研究》1997年第1期;《历史时期汉江流域农业经济区的形成与演变》,《中国农史》1999年第1期;《明清时期汉水流域农业经济的区域差异》,《中国社会经济史研究》2000年第1期;《区域历史地理研究:对象与方法——汉水流域的个案考察》,南宁:广西人民出版社,2000年。

③ 陈炜、徐毅:《试论近代西江流域商品经济发展的区域性特点及其互动关系》,《广西民族学院学报(哲学社会科学版)》2001年第S1期;陈炜:《试论近代西江流域区域市场发展的特点》,《广西教育学院学报》2002年第2期。

④ 陈炜:《近代西江流域城镇墟市发展与民族经济融合》,《中国社会经济史研究》2004年第3期。

⑤ 宋永忠、李志亮:《论近代新式内河航运发展与腹地商业结构的演变——以西江流域广西为中心》,《经济与社会发展》2008年第4期;《近代西江流域中外轮船运输比较研究——以广西为中心进行考察(1897—1937)》,《传承》2008年第4期。

⑥ 陈宇思:《近代华洋交流中的西江流域口岸研究——以1897年至抗战爆发前夕的梧州港为例》,《经济与社会发展》2012年第6期。

扩大和田野工作的深入,研究者逐渐将视野下移,对西江流域的具体市镇展开了翔实的个案研究。①

山东运河区域。学界对山东运河的研究由来已久,但以区域史视野进行的研究起步相对较晚,王云的《明清山东运河区域社会变迁》②一书应是最早研究该领域的专著。王云认为:京杭运河在山东境内的开挖、沿革与管理,带来了以运河为中心的发达的交通网络,从而影响了运河周边地区的城镇布局、市场网络以及商品交流,运河区域因此形成。此后,学界围绕山东运河区域市镇、村落、宗族、民间信仰等主题发表了一批研究成果,③同时一批学位论文也围绕着运河区域的变迁展开。④

太湖流域。明清两代太湖流域地区的市镇及市镇经济早已引起学界的关注,在区域史研究被引入之前,太湖流域更多地被视为一个宽泛的地理空间。陈学文明确提出,以太湖周围苏、松、常、杭、嘉、湖六府为限来界定太湖流域,就商品经济与市场网络的角度来考察市场经济的萌发、发展以及由此给太湖流域地区带来的社会变化等。作者认为在明清江南地区,其市场已形成一个体系,且结构是多级多层次的,分初、中、高级市场及全国性市场,

---

① 参见张明胜:《清代中后期到民国初期广西西江流域经济变迁管窥——以平南县大安镇为视窗》,《传承》2009 年第 10 期;宾长初:《清代西江流域城镇商业的量化分析——以平乐镇为个案的考察》,《城市史研究》2013 年第 2 期;宾长初:《清代西江流域圩镇商业的个案考察——以广西大乌圩为对象》,《中国社会经济史研究》2015 年第 1 期。

② 王云:《明清山东运河区域社会变迁》,北京:人民出版社,2006 年。

③ 吴欣:《村落与宗族:明清山东运河区域宗族社会研究》,《文史哲》2012 年第 3 期;吴欣:《明清山东运河区域"水神"研究》,《社会科学战线》2013 年第 9 期;胡梦飞:《明清时期山东运河区域庙会习俗考述》,《济宁学院学报》2017 年第 6 期;胡梦飞:《保漕与祈雨:明清时期山东运河区域的龙神信仰》,《华北水利水电大学学报(社会科学版)》2017 年第 1 期;路洪海、邓焕广、董杰:《山东运河开凿对区域洪涝灾害的影响》,《河北师范大学学报(自然科学版)》2017 年第 4 期;王玉朋、高元杰:《明清山东运河区域城市洪涝及御洪之策》,《聊城大学学报(社会科学版)》2017 年第 2 期。

④ 高元杰:《明清山东运河区域水环境变迁及其对农业影响研究》,聊城大学硕士学位论文,2013 年;舒方涛:《明清山东运河区域书院研究》,聊城大学硕士学位论文,2018 年;董叙彤:《明清山东运河区域人群生活方式研究》,聊城大学硕士学位论文,2018 年。

形成了以苏、杭为代表的区域中心及各层级市场,这一市场网络是一个联系紧密的整体。① 无独有偶,来自地理学的研究也验证了这一历史现象。陆玉麒、董平指出,明清时期的太湖流域虽然水网密布,水系发达,并有许多湖泊存在,但并不影响中心地结构在该区域的形成,其形成机理是地形平坦、水系呈规则的圩田塘埔系统,及高度发达的市场体系。该中心地结构的中心城市是苏州,而苏州位于太湖流域的几何中心;另一方面,不同等级中心地的间距之间存在着高度的对应性。②

珠江流域。梁钊、陈甲优主编的《珠江流域经济社会发展概论》是"建国以来第一部较全面论述珠江流域经济社会发展的专著",该书的第三编以珠江流域生产力布局与经济分工协作为主题,论述流域内分工与协作的客观基础即流域作为区域的自然条件支撑、具体特点和发展趋势,已然将珠江流域作为横跨粤、桂、云、贵等省区的经济区来看待。③ 在此基础上,陈炜、杨辉、韦国友等研究者将近代珠江流域分为上下游区域,并对区域间的经济交往进行了探讨,文章认为近代以来,随着开埠通商与内外贸易的扩展,位处珠江上下游的广东与云贵等省区之间的经济往来日益密切,双方依据自身经济发展进程的特点和需求,建立了长期而频繁的商贸交流,从而在一定程度上弥补了双方自身发展过程中的不足,共同推动了近代珠江流域经济的整体发展。④

韩江流域。黄挺对闽粤两省交界的韩江流域经济区也做出了相关界定,指出以韩江为交通干道的闽粤赣边区在明代中叶以后,社会结构中商品经济的比重增加,内部逐渐形成具有地方特点的原料生产、成品制造和再加

---

① 陈学文:《明清时期太湖流域的商品经济与市场网络》,杭州:浙江人民出版社,2000年。

② 陆玉麒、董平:《明清时期太湖流域的中心地结构》,《地理学报》2005年第4期。

③ 梁钊、陈甲优主编:《珠江流域经济社会发展概论》,广州:广东人民出版社,1997年。

④ 陈炜、杨辉:《近代珠江流域上下游地区之间的经济交往》,《学术论坛》2007年第11期;韦国友、陈炜:《近代珠江流域区域经济发展进程中的分工与互补——以两广为中心的考察》,《广西民族研究》2008年第4期;韦国友、陈炜:《近代南部边疆地区省际间的经贸交往——以珠江流域为考察中心》,《中央民族大学学报(哲学社会科学版)》2008年第5期。

工的生产分工,促进了边区内部的商品流通,使得各地区的经济互相依存、共同发展,这导致了该地区作为一个独立经济区域的形成。①

长江流域。王笛的《跨出封闭的世界——长江上游区域社会研究(1644—1911)》撇开行政区域的划分标准,借助自然与人文要素,界定了一个以四川为中心的长江上游区域,借助区域史的视野,从社会经济史切入讨论该区域的近代化。② 戴鞍钢则从口岸与腹地的关系考察了近代上海与长江上游地区的经济关系。他指出,近代上海作为中国经济中心城市的崛起,直接带动了长江流域商品流通市场网络的架构,渐次形成以上海为中心,沿江各口岸城市为支点,涵盖流域内各省,多层次衔接的市场流通网络,并以此为纽带,加强了各地区间的物资交流、资金融通和信息传输。上海与内地的经济联系空前增强,也为近代技术的传播提供了内流的渠道,是内地近代工业兴起的最初动因之一。③ 上海中心城市地位的确立,与周边地区及内陆省份之间形成了互补互动的双向经济关系。④

最后值得一提的是,厦门大学历史系的一批学者于1995年第2期的《中国社会经济史研究》杂志上以专题研究方式,阐发了他们对流域经济区内地区经济差异与经济发展的系列观点。杨国桢、陈支平、林汀水、刘永华、刘正刚等分别以不同的流域为范围做出了个案考察,成为以区域史研究视野关照流域研究的重要组成。⑤

---

① 黄挺:《明清时期的韩江流域经济区》,《中国社会经济史研究》1999年第2期。

② 王笛:《跨出封闭的世界:长江上游区域社会研究(1644—1911)》,北京:中华书局,1993年。

③ 戴鞍钢:《近代上海与长江流域市场网络的架构》,《复旦学报(社会科学版)》1996年第5期。

④ 戴鞍钢:《港口·城市·腹地——上海与长江流域经济关系的历史考察(1843—1913)》,上海:复旦大学出版社,1998年。

⑤ 见杨国桢:《明清东南区域平原与山区经济研究序论》,《中国社会经济史研究》1995年第2期;陈支平:《闽江上下游经济的倾斜性联系》,《中国社会经济史研究》1995年第2期;林汀水:《晋江流域山海经济的特点》,《中国社会经济史研究》1995年第2期;刘永华:《九龙江流域的山区经济与沿海经济》,《中国社会经济史研究》1995年第2期;刘正刚:《汀江流域与韩江三角洲的经济发展》,《中国社会经济史研究》1995年第2期。

三、近代通商口岸及其与腹地关系研究

20世纪80年代之前,在零星的关于某一通商口岸对外贸易状况的研究中,学者们的注意力尚停留在强调口岸的殖民地化及其负面影响上,但在海外及港台地区,学者对上海、汉口、香港新界、天津、汕头、九江、大连、烟台、天津、重庆等口岸的贸易及影响已均有涉猎。① 改革开放以来,随着学界对近代中国口岸贸易及其影响关注程度的提升,对口岸与周边地区关系的研究也逐渐成为一门"显学",经历了相关研究概念和研究模式上的转换。

其一,提出通商口岸"一身二任"的特点,即将殖民地化与近代文明的建立与传播等而观之,并在后一种层面上,将通商口岸视为近代城市文明的扩散基地。②

其二,以中国近代城市史研究为依托,着重开展重点通商口岸城市研究,并在此基础上形成了强调近代城市对周边乡村地区的影响。③

其三,在通商口岸影响周边地区研究模式的基础上,着重阐明两者间相互促进、相互依赖、相互制约的结构关系。"一方面,近代通商口岸城市的发展促进了周边地区的经济结构变迁;同时,城市的近代化也离不开周边农村的依托和支持。"④

其四,"港口—腹地"模式的提出及其应用研究。"港口—腹地"模式的提出源于复旦大学历史地理研究中心,以戴鞍钢、吴松弟两位学者为代表,把经济地理学上的港口与腹地概念移植于近代经济地理研究上,将通商口岸及其周边地区也视为港口与腹地关系,并成功地建立起相关分析范式,即

---

① 林满红:《口岸贸易与近代中国——台湾最近有关研究之回顾》,"中央研究院"近代史研究所编:《近代中国区域史研讨会论文集》下册,台北:"中央研究院"近代史研究所,1984年。
② 参见罗兹·墨菲:《上海——现代中国的钥匙》,上海:上海人民出版社,1986年;陈振江:《通商口岸与近代文明的传播》,《近代史研究》1991年第1期。
③ 参见张仲礼主编:《东南沿海城市与中国近代化》,上海:上海人民出版社,1996年;《长江沿江城市与中国近代化》,上海:上海人民出版社,2002年;隗瀛涛主编:《近代长江上游城乡关系研究》,成都:天地出版社,2003年。
④ 林星:《近代东南沿海通商口岸城市城乡关系的透视——以福州和厦门为个案》,《中国社会经济史研究》2007年第2期。

强调"城市、腹地与经济联系方向为基本要素的地域经济组合",并将之扩大到全国。① 自 2004 年起,复旦大学历史地理研究中心先后有数十位研究生依此研究范式,对近代不同口岸如上海、天津、青岛、大连、广州、烟台、汉口、重庆、香港、福州的埠际贸易及腹地经济展开了研究,形成了丰富的系列性成果。② 在此基础上,吴松弟、戴鞍钢主编了九卷本的《中国近代经济地理》③,以"港口—腹地与中国现代化空间进程"为理论框架,较好地解释了中国近代经济变迁的动力、方向、区域差异及其成因等。

值得注意的是,以"港口—腹地"模式来理解区域经济变迁,首先须要明确区域及其划分标准,由于区域内在的具有跨边界与行政区的特性,故港口的腹地并非单向的内陆腹地;其次,"港口—腹地"模式下的区域经济变迁,毫无疑问地过于突出和强调了港口即通商口岸的单方面作用,将其视为区域经济变迁的当然动力源与责任者,不可避免地带上了"口岸中心论"的色彩。以本书的研究对象闽江流域而言,口岸抑或港口,似并未完全承担起这一功能,近代闽江流域的发展也呈现出别样的面相。

四、以闽江流域为对象的研究

直接以闽江流域整体作为研究对象的成果甚为少见,且大多并非关注社会经济问题,但学术界实际的研究却异常丰富。

汪毅夫的《文化:闽江流域与台湾地区——清代闽台关系的一个侧面》着重从文化移民方面考察了清代闽江流域与台湾地区文化人士的互动。他指出,闽江流域与闽南地区不同,不曾有大规模移民进入台湾的历史记录,但却有大批文人以游宦、游幕、游学的方式由闽江流域迁徙入台,同时也有部分文人从台湾到闽江流域居官和求学。这直接带动了区域文化交流和文

---

① 参见戴鞍钢:《港口·城市·腹地——上海与长江流域经济关系的历史考察(1843—1913)》,上海:复旦大学出版社,1998 年;吴松弟:《港口—腹地和中国现代化进程》,《河北学刊》2004 年第 3 期。
② 樊如森:《港口—腹地与中国现代化进程学术研究综述》,《史学月刊》2004 年第 12 期。
③ 吴松弟、戴鞍钢主编:《中国近代经济地理》(全九卷),上海:华东师范大学出版社,2014—2016 年。

化品位的提升。① 刘传标则对生活于闽江之上的疍民的生活形态及文化习俗按阶段做出了详细考察。指出在鸦片战争后,由于福州成为五口通商口岸之一,外国人在闽江中下游创办公司、工厂,闽江流域的疍民分化出部分专门服务或兼业于洋人企业、公司的族群,出现贫富分化,部分成为船主,选择陆居,部分则只能靠出卖体力成为近代轮船的水手、舵工及水师练勇等。② 此外,亦有人类学家对闽江流域民俗文化进行的研究,③在此不一一列出。

就经济层面而言,对闽江流域内部各地区的研究要以戴一峰最为值得关注。他以近代闽江上游山区为研究对象,对其商品生产状况及制约因素、商品市场、交通状况以及具体行业部门进行了详细而深入的探讨。④ 他指出在近代的闽江上游山区,其商品生产在商品流通的刺激下有所发展,但这种发展主要表现为生产区域的扩展与产量的上升,即表现为面的扩张与量的增值。但其生产水平则基本上滞留于封建时代的小商品生产阶段,带有资本主义性质的商品生产为数尚少,发展甚缓,生产规模与能力均十分有限,生产工具与生产技术与明清时代相比,进步甚微。⑤ 究其原因,近代闽江上游山区的商品经济受制于传统封建因素、外国资本主义经济侵略及流域内落后的交通条件。⑥ 其商品经济的发展,尤其是山区茶叶、木材、纸等大宗产品的生产和运销促成了山区初级市场的形成,但近代闽江上游山区的初级市场,尤其是与对外贸易相联系的初级市场实质上乃是近代由外国

---

① 汪毅夫:《文化:闽江流域与台湾地区——清代闽台关系的一个侧面》,《东南学术》1994年第5期。
② 刘传标:《闽江流域疍民的文化习俗形态》,《福建论坛(经济社会版)》2003年第9期。
③ 庄孔韶:《谷口的端午——福建省闽江端午透视》,《民俗研究》1995年第3期。
④ 见戴一峰:《区域性经济发展与社会变迁:以近代福建地区为中心》,长沙:岳麓书社,2004年。
⑤ 戴一峰:《近代闽江上游山区的商品生产》,《厦门大学学报》1988年第4期;《再论近代闽江上游山区的商品生产》,《中国社会经济史研究》1989年第4期。
⑥ 戴一峰:《论近代闽江上游山区商品经济发展的制约因素》,《中国社会经济史研究》1987年第3期。

侵略势力所操纵的买办高利贷商业剥削网伸向山区的触角。① 另外,戴一峰还从经济与环境的角度指出近代闽江上游山区的开发导致了生态平衡的失调,生态环境破坏严重。其原因在于外国资本主义的经济掠夺与小商品生产的盲目性与破坏性。② 除此之外,他还对近代闽江的航运业、近代福建的林业经济及木材业等行业经济做了详细的探讨。③ 对闽江下游地区的研究,学界现有的成果还有崔来廷对大闽江口的研究。他将福州地区北起连江,南至福清,包括福州府城以及闽县、侯官、长乐等沿海县份在内的沿海区域界定为大闽江口区域,着重考察了有明一代该区域内的社会群体,包括官方以及民间的各种海上力量向海洋发展并从事海洋活动的情况。他指出有明一代,大闽江口区域的海洋发展作为中国海洋发展的组成部分,对中国海洋社会、海洋经济史的发展做出了贡献。④ 陈支平则对明清时期闽江流域内部的地区经济差异及其成因做出了详细考察。他指出,随着明清两代社会经济的发展,闽江上下游地区的经济往来渐趋活跃,商业联系相当密切。然而,在这种日益增加的经济交往背后,闽江上下游地区的经济发展程度并不平衡,而这种不平衡在近代福州开埠后又有进一步拉大的趋势,成为阻碍明清以来该地区社会经济顺利发展的一个重要因素。⑤

除上述专门针对闽江流域诸地区的研究外,林仁川、林汀水、徐晓望诸位学者的研究也多涉及闽江流域经济在各时期的状况。林仁川考察了民国

---

① 戴一峰:《近代闽江上游山区初级市场试探》,《中国社会经济史研究》1985年第3期。

② 戴一峰:《近代闽江上游山区的开发与生态环境》,《厦门大学学报》1991年第4期。

③ 戴一峰:《近代闽江的航运业试探》,《中国社会经济史研究》1986年第3期;《试论明清时期福建林业经济》,《中国农史》1991年第4期;《论近代福建的植树造林——近代福建林业史研究之一》,《中国社会经济史研究》1990年第2期;《论近代福建的木材业——近代福建林业史研究之二》,《中国社会经济史研究》1991年第2期。

④ 崔来廷:《明代大闽江口区域海洋发展探析》,《中国社会经济史研究》2005年第1期。

⑤ 陈支平:《闽江上下游经济的倾斜性联系》,《中国社会经济史研究》1995年第2期。

时期福建的木材、纸、烟草的生产与运销问题,①并着重对近代福建海关的建立及其对社会经济的影响做了详细阐述。他指出近代福建海关的设立对福建社会经济的影响是多元的,一方面导致鸦片的大量输入,造成民穷财匮的局面;另一方面,在客观上又促进了福建茶叶的出口,刺激商品经济的发展,对福建山海经济的开发是有利的。② 徐晓望则对明代包括闽江流域在内的福建商品性农业的发展、市镇的兴起及与江浙的区间贸易做出了考察。他指出晚明的福建为中国对外贸易的中心,发达的海外贸易推进了福建农业商品生产的发展,商业性农业的兴起,尤其是经济作物的种植兴盛,使经济结构发生了很大改变。③ 与此同时,海上私人贸易的兴盛、全球航海体系的建立以及国内贸易的兴盛,刺激了福建的市镇经济在晚明的发展,一批市镇在福建各地发展起来,这些市镇多为贸易型市镇,且其中的部分市镇成为沟通中外贸易的主要通道之一。④ 徐晓望还指出,晚明福建与江浙之间的区域贸易相当发达,双方经济的发展,都有赖于对方的市场、原料和资本,其依赖程度之深,早已不是可有可无的。⑤ 作为与江浙贸易主要通道的闽江流域,在该时期内也因之相当繁盛。林汀水着重从经济发展与环境变迁的角度探讨了明清时期福建经济作物的扩种以及由此带来的植被破坏与水土流失问题,⑥指出明清福建经济作物的扩种造成了粮田面积的萎缩,从而加剧了福建缺粮的状况;与此同时,随着商品经济发展,茶与木材的需求量增大,人们又都上山植茶伐林,山地丘陵的植被遭受破坏,水土流失严重。另

---

① 林仁川:《民国时期福建的木材生产与输出》,《中国社会经济史研究》1988年第4期;《民国时期福建纸的生产与运销》,《中国社会经济史研究》1989年第1期;《明清福建烟草的生产与贸易》,《中国社会经济史研究》1999年第3期。
② 林仁川:《近代福建海关的建立及对社会经济的影响》,《中国社会经济史研究》1992年第4期。
③ 徐晓望:《论晚明福建商业性农业的发展》,《中共福建省委党校学报》2003年第4期。
④ 徐晓望:《明代福建市镇述略》,《史林》1999年第1期。
⑤ 徐晓望:《晚明福建与江浙的区域贸易》,《福建师范大学学报(哲社版)》2004年第1期。
⑥ 林汀水:《明清福建经济作物的扩种问题》,《中国社会经济史研究》2000年第4期;《明清福建植被的破坏与水土流失》,《中国社会经济史研究》2002年第3期。

外徐晓望也从森林采伐的无序性角度探讨了福建自明清以来自然环境的变更。① 除以上针对农村地区经济作物的种植、运销展开的研究外,学界对近代福建包括闽江流域在内的产业史、部门史研究颇丰,罗肇前、曾玲对福建产业史及手工业史有过专门的著述;② 屈春海依据历史档案对清末福建官办樟脑事业进行了详尽的研究;③ 林庆元主编的《福建船政局史稿》对清末筹办的福建船政局从设立、造船到办学等活动进行了翔实的探究;④ 郑剑顺则对船政局的成效问题、技术引进及船政学堂与近代西学传播的关系做出了探讨。⑤

从社会层面来看,学界对闽江流域社会的研究集中在闽北(即闽江上游地区)。杨国桢通过对明清福建土地所有权内在结构的研究指出,明清福建土地私人所有权发生了很大的变化,这推动了地主土地所有制和自耕农土地所有制形式的多样化。特别是从地主土地所有制发展而来的变态形式——一田多主制和乡族地方所有制,具备了晚期封建社会的特征。⑥ 陈支平对福建家族社会的成因和经过、内部管理和外部关系、阶级结构与社会功能、传统意识和基层文化等进行了多角度的剖视,展示了福建(包括闽江流域)家族社会与文化的多层面的历史风貌。⑦ 郑振满以明清时期闽江上游的上三府(建宁、延平、邵武)所属各县为研究对象,剖析了闽北地区乡族地主经济的形态、结构及所有权关系,着重考察了闽北乡族地主经济的发展进程,并对由此引起的农村社会经济结构的变迁加以探讨。他指出,明清时

---

① 徐晓望:《商品经济与明清以来福建自然环境的变更》,《中国历史地理论丛》2000 年第 3 期。

② 罗肇前:《福建近代产业史》,厦门:厦门大学出版社,2002 年;曾玲:《福建手工业发展史》,厦门:厦门大学出版社,1995 年。

③ 屈春海:《清末福建官脑局兴办始末》,《历史档案》2003 年第 3 期。

④ 林庆元:《福建船政局史稿》,福州:福建人民出版社,1986 年。

⑤ 郑剑顺:《关于福建船政局的成效问题》,《中国社会经济史研究》1988 年第 3 期;《清末福建船政局的技术引进》,《中国社会经济史研究》1994 年第 4 期;《福建船政学堂与近代西学传播》,《史学月刊》1998 年第 4 期。

⑥ 杨国桢:《明清福建土地私人所有权内在结构的研究》,见傅衣凌、杨国桢主编:《明清福建社会与乡村经济》,厦门:厦门大学出版社,1987 年,第 30~68 页。

⑦ 陈支平:《近 500 年福建的家族社会与文化》,上海:三联书店上海分店,1991 年。

期,由于乡族组织与地主经济的直接结合,闽北已经衰落,封建地主经济得到了强化。私人地主以乡族组织的面目出现,共同进行封建剥削,是这一时期地主经济结构的运行趋势,也是近代农村社会经济形态的重要特色。乡族地主经济的形成与发展,不仅延缓了封建土地关系的解体过程,而且阻碍了阶级分化与阶级斗争的发展,延缓了封建人身依附关系的解体过程。① 除此之外,其他方面的研究则有刘海峰、庄明水对福建教育的专项研究②及相关教育研究等③。

总体看来,学界以流域为区域展开的研究并不多见,这缘于流域并不一定能称之为区域,一方面两者在范围上并不完全一致;另一方面在河流自然集水面积所形成的地域范围内,其各部分并不一定能够成为经济意义上的经济区,即各部分之间并不一定能形成一个具有共同性和功能互补性的区域。就本书所涉及的闽江流域而言,由于明清两代流域内商品经济的发展带来的商品流通、产销等方面的发展,导致其内部形成了产业分工,市场等级结构逐步成形,使得这一流域在近代成为一个完整意义上的区域。学界目前对该区域的研究多集中在上游山区,研究内容上多集中于农村经济作物的商品生产、运销等环节,缺乏对其市场结构、工业发展以及区域社会的考察。本书着眼于此,将闽江流域视为一个整体,以区域研究的视角对其在近代的变迁做出考察。

---

① 郑振满:《明清时期闽北乡族地主经济》,厦门:厦门大学出版社,1984年;《明清福建家族组织与社会变迁》,长沙:湖南教育出版社,1992年。
② 刘海峰、庄明水:《福建教育史》,福州:福建教育出版社,1996年;檀仁梅、庄明水主编:《福建师范教育史》,福州:福建教育出版社,1990年。
③ 刘德荣、黄玉良:《近代福建的中医教育》,《中医教育》1995年第1期;刘德荣:《近代福建的西医教育》,《中华医史杂志》2001年第1期;吴少静、黄少枚:《近代福建基督教学校音乐教育简况及启示》,《星海音乐学院学报》2004年第2期。

第二节

研究概念界定及相关问题说明

一、流域与区域

依照经济学的解释,流域为河流的集水面积或受水面积,是分水界内径流最后汇于一条干流的总区域,包括地表水和地下水的集水区域。但习惯上常将河流地表水的集水面积称为流域。① 区域为占有一定空间的地方和景观,有特定的政治、自然和经济意义的地域范围,在政治上主要指行政区域,在自然上指自然区,在经济上指综合经济区与部门经济区。② 区域的概念在于它不仅是一个可界定的连续空间,一个具有相对稳定性的空间,更重要的还在于它是一个由给定空间内的各种要素构成的一个综合体,一个有机的整体。流域与区域的共同之处在于两者均为一定的地理空间,一定程度上流域即为自然意义上的区域;两者的区别在于流域只能依地表水面积而定,而区域除此之外,还可从行政、功能等方面来加以界定。在社会经济史的区域研究中,"区域"的划分,既可以按行政区域为界,也可打破行政区域的界限,按山脉走向、江河流域、市场网络和人文风俗等的不同标准来确定,本无一定之规。③ 以本书所讨论的近代闽江流域为例,其首先为地理意义上的自然区域,在近代之前,流域内部上下游之间便因地域分工的不同存在着较密切的经济联系。福州被迫开埠后,流域内部商品流通频仍、市场整合程度逐步提高,这些因素都促使其逐渐形成一个有机的经济空间,由一个地理意义上的同质区域变为一个经济(功能)意义上的区域。

---

① 于光远主编:《经济大辞典》,上海:上海辞书出版社,1992年,第2010页。
② 于光远主编:《经济大辞典》,上海:上海辞书出版社,1992年,第215页。
③ 叶显恩、陈春声:《论社会经济史的区域性研究》,《中国经济史研究》1988年第1期。

二、港口、腹地及其关系

港口指设于港湾、口岸、湖滨,有一定范围和设施的能供船舶航行,停泊,修理,补充燃料、淡水和人员上下,物品装卸、转运、堆存、包装加工的基地,由水域和陆域两部分组成。① 腹地是一种以交通线或其港、站为中心的运输经济区,亦即交通线或其港、站的服务区;②亦指载负着具有内在联系的经济运动,而且这些运动又具有共同运动指向、共同经济中心的地域范围,它与经济中心、经济网络共同构成经济区域三大要素。③ 而港口腹地则是港口客货集散所及的地区,即港口集散客货的最经济、合理的吸引范围,随联系港口至腹地的集疏运条件的变化而不同,也随有无邻近港口分流而不同。④ 而按照经济地理学的解释,所谓的腹地,是指位于港口城市背后、提供出口物资和销售进口商品的内陆地区。这一解释当然是正确的,但由于近代中国港口商品集散的结构相当复杂,我们不能将腹地简单地等同于港口出口物资的来源地和进口物资的销售地。吴松弟即认为近代中国港口城市的腹地是由基本腹地和交叉腹地组成的。他指出,港口—腹地既是一片陆地相连的区域,必然会有自己的边界。就进口商品而言,一部分通过港口背后的交通路线直接输往内地,一部分再次出口到其他港口(称为转口)。各块腹地的边缘部分除了和所属的港口发生物流联系之外,也和其他港口发生同样的联系,虽然在物流总量中所占的比重,后者往往不及前者。这种边缘地带,我们称之为交叉腹地。交叉腹地在各港口—腹地的边缘地区是一种相当普遍的现象。如果我们将基本不存在交叉现象的腹地称为基本腹地的话,任何一个港口的腹地便都由基本腹地和交叉腹地两部分组成。⑤ 依据这一界定,我们可将近代闽江流域视为福州的腹地,其中闽北各地与浙、赣两省交界之地以及汀州府的一部为福州口与宁波口、温州口、杭州口

---

① 于光远主编:《经济大辞典》,上海:上海辞书出版社,1992年,第2351页。
② 于光远主编:《经济大辞典》,上海:上海辞书出版社,1992年,第715页。
③ 张跃庆、张念宏主编:《经济大辞海》,北京:海洋出版社,1992年,第572页。
④ 于光远主编:《经济大辞典》,上海:上海辞书出版社,1992年,第2352页。
⑤ 吴松弟:《港口—腹地与中国现代化的空间进程》,《河北学刊》2004年第3期。

的交叉腹地,其余则为福州口的基本腹地。三都澳于清光绪二十五年(1899年)自主开埠后,福州口的腹地受到压缩,闽东地区的商品流动不再完全依托于福州港。

现代港口经济学对港口与腹地的关系做出如下界定:港口作为综合运输的枢纽和进出口货物的主要集散地,在整个物流网络中起着举足轻重的作用。港口与腹地经济的发展密切相关。腹地经济的发展为港口生产带来强有力的动力,同时,港口为腹地各行各业的发展创造了条件。港口对腹地经济的促进作用,可以从港口与所在城市之间的互动关系和港口与广大腹地的互动关系等不同角度进行深入的分析。港口对所在城市经济的促进是港口对腹地经济影响最直接的体现,港口对城市经济的发展有着直接的影响力。"港兴城兴"是港口对所在城市经济促进作用的最直接表述。港口在对港口城市产生直接影响的基础上,还通过对内集疏运网络,对港口腹地产生辐射影响作用。港口作为资源运输集散的枢纽,是为整个腹地服务的,与其腹地区域发生着密切的联系。港口是腹地区域经济发展的门户,港口与腹地区域是相互依存、相互促进的关系。通过对内腹地集疏运网络,港口可提高对腹地区域的可达性,加强腹地与外部的联系,提高港口腹地区域资源的流动性,使腹地资源流动成本降低,生产要素资源优势能得到更充分的发挥和利用,形成港口的辐射力,促进腹地经济的发展。港口及其集疏运系统①使腹地与其他地区特别是与国际市场联系更为紧密。这同时也是一把双刃剑,在为腹地提供更多发展机会的同时,也使国际上具有竞争力的产品更容易进入,使竞争加剧。②

近代中国自鸦片战争后沿海沿江各港陆续依约开放为通商口岸,这些口岸在近代中国的现代化过程中扮演了极其重要的角色。这些通商口岸因其地理位置的因素,成为近代中国与西方的接触点。这些通商港口一方面是其腹地与世界市场的联结点,另一方面它们也连接着中国广袤的内地与

---

① 所谓港口的集疏运系统,是指以港口为中心,运用港口本身设施,联结港外的公路、铁路、管道、航空运输,有机地组成出口货物集中和进口货物疏散的运输系统。集运时,由各腹地经各种运输方式辐辏到港口来;疏运时,经各种运输方式从港口辐射出去。见于光远主编:《经济大辞典》,上海:上海辞书出版社,1992年,第715页。

② 李增军:《港口对所在城市及腹地经济发展促进作用分析》,《港口经济》2002年第2期。

世界,构成了近代中国的经济格局。①

三、对近代闽江流域的界定

依据本书的研究内容,参照以上概念的界定,我们对本书的研究对象——近代闽江流域做出以下界定。

闽江属于典型的格子河系形(Trellis drainage pattern),由各支流汇聚而成干流,至福州出海,因而闽江各支流所触及之区本身即为流域的自然范围。闽江上流分为三个支流,分别为建溪、富屯溪和沙溪;下游有古田溪、尤溪、梅溪和大樟溪。陈文涛辑《福建近代民生地理志》述之如下:

> 本省最大之江曰闽江,有三源。北源曰建溪,出浦城县北四十里渔梁山,南流一百八十里曰水吉镇,为建阳县界,又五十三里曰双溪口,而崇溪之水流入焉。崇溪源出崇安西北七十里,南流内武夷九曲之水,而舍于建溪。并流而五十三里至建瓯,而松溪之水亦流入焉。松溪源出浙江庆元县西南二十里,经松溪县南,政和之水流入焉。谓之东溪。既合建溪,南流一百三十里至南平,而西北源富屯溪流入焉。富屯溪源出光泽县西北九十里之杉关,南流至邵武合樵溪、紫云溪诸水流入顺昌县西,合将乐之将溪,东流合闽江西南源之沙溪。将溪、沙溪皆发源于宁化山中,东流经清流县,又东分为二派,一自泰宁入将乐谓之将溪,一自永安入沙县谓之沙溪。二派相合共引而东谓之西溪。又东至南平合于东溪为剑江。东南流九十里至尤溪县口。有湖头溪承大田梓溪自西南注之。又东南流纳古田水,经九十七里至水口。……水口而东五十里曰小箬,又东十里曰闽清口,又四十里曰白沙、竹崎、柑蔗,至侯官市而下,江流分为两支,自东而南曰洪塘江曰南台江。又东南流五十里为马尾。其自南而东六十里曰阳崎江,合永泰之大樟溪。又东四十里合马江以入海。②

由上述可知,闽江自然流水所达之处构成的流域包括清代的建宁府、南平府、邵武府、福州府及汀州府和永春州的一部分。所涉县份有浦城、松溪、

---

① (美)罗兹·墨菲(Rhoads Murphey)著,上海社会科学院历史研究所编译:《上海——现代中国的钥匙》,上海:上海人民出版社,1986年。

② 陈文涛纂:《福建近代民生地理志》,福州:远东印书局,1929年,第13~14页。

政和、崇安、建阳、建安、瓯宁①、邵武、光泽、泰宁、建宁、宁化、清流、将乐、永安、沙县、顺昌、南平、古田、大田、德化、永泰、闽清、侯官等县。各府县间的通航情况如下:

> 由闽江口至罗星塔可以通行大船;自闽侯至水口镇二百十余里可以通行小轮……自水口至南平二百里可以通大民船。南平以上,江分三支,溯富屯溪自洋口至邵武二百四十里,可通民船,至光泽三百二十里亦可通行船只。上流水浅,运货皆用木筏。溯建溪自同南平至建瓯一百廿五里可通大民船。建瓯而上又分东、西二溪,东溪通政和松溪,西溪通浦城、崇安,皆可通行小船。溯沙溪自洋口至永安计程三百四十里,可通大民船。……永安以上亦分南、北二溪,一通宁化,一至连城。②

闽江流域各地多可通航,惟航行船只种类不同而已,这就在很大程度上维系了流域作为一个区域的完整性。

以上所述各县是指闽江地表水所涉之地域,从区域经济联系的角度来看,有些县份虽不列入闽江地表水所涉范围,但仍可划入这一范围内。如屏南县,古田溪一支流源于屏南县的富洋溪,其流山岳重叠,水流湍急,河中岩石突出,且水量极少,舟楫不行,仅古田至水口百余里间可通二三十担小舟。但古田输出的货物主要是屏南县产的茶、米、木油等,另外也输入由水口转来的货物如石油、杂货等。③ 类似的还有以福州为中心的福州府下属各县。④ 因而本书所讨论的近代闽江流域即包括如下县份:浦城、崇安、松溪、政和、建阳、建安、瓯宁(建瓯)、南平、尤溪、沙县、顺昌、将乐、永安、邵武、光泽、建宁、泰宁、宁化、清流、归化、德化、大田、闽县、侯官(闽侯)、屏南、古田、闽清、福清、连江、长乐、永泰,共计31县(民国时期为29县)。这些县份在

---

① 建安、瓯宁二县于民国二年(1913年)三月裁府并县时取两县首字合为建瓯县。参见郑宝恒:《民国时期政区沿革》,武汉:湖北教育出版社,2000年,第82页。
② 陈文涛纂:《福建近代民生地理志》,福州:远东印书局,1929年,第19~20页。
③ (日)东亚同文会编:《中国省别全志》第十四卷:福建省,东京:东亚同文会,1920年,第172~195页。
④ 清代福州府下属各县为闽县、侯官、闽清、福清、古田、屏南、罗源、连江、永泰、长乐。闽县与侯官于民国二年(1913年)裁府并县,合为闽侯县。其中罗源因与福州的经济联系并不如其与别的地区联系那么密切,被排除在本书所讨论的范围之内。

清代分属建宁府、邵武府、延平府、福州府、汀州府及永春州。1912年以后，分属于闽海道、汀漳道和建安道，占全省民国时期62个县份的约47%，由此亦可看出闽江流域在全省所居之地位。

从区位优势上来看，福建凭其地处东南，山海交错的地理优势，早在近代以前就已成为中国海外交通的重地，清季中英鸦片战争后，开五口通商，福建一省更是独占两口。福州此后西商、西教云集，成为近代吸纳欧美文化，得开风气之都市。① 闽江流域更是因毗连浙、赣两省，以闽江贯通流域内地与福州间的联系，进而将福州与海洋直接相连，使之具备了远洋交通的条件。再加上流域在近代初期本身是作为一个大的产茶中心出现于中国对外联系的舞台，因此"人们认为福州开辟作为通商口岸具有伟大的前途"。② 从全国范围来看，近代以福州为中心的闽江流域地处中国新旧对外贸易中心——上海与广州——之间，在广州、香港与上海间起着中间联结的作用，福州贸易与转口的货物更是远及温州、宁波、上海、芝罘、胶州、牛庄、泉州、厦门、汕头以及台湾的淡水、基隆、台中等处，显然是长江以南中国东南沿海一外贸重镇。但近代以降，以福州为中心的闽江流域因流域内交通不便以及福州港口、航道设施的不完善，再加上流域以大宗农副土特产品出口为主的输出贸易的衰落，其区位优势逐渐削弱，以致民国时期孙中山先生在其《实业计划》中将福州划入二等港之列。③

---

① 李金强：《区域研究：清代福建史论》，香港：香港教育图书公司，1996年，第2页。

② （英）卫京生（Wilkinson）著，刘玉苍译：《福州开辟为通商口岸早期的情况》，《福建文史资料》第一辑，福州：福建人民出版社，1962年，第138页。

③ 孙中山：《孙中山选集》上卷，《建国方略之二》，北京：人民出版社，1956年，第265～266页。

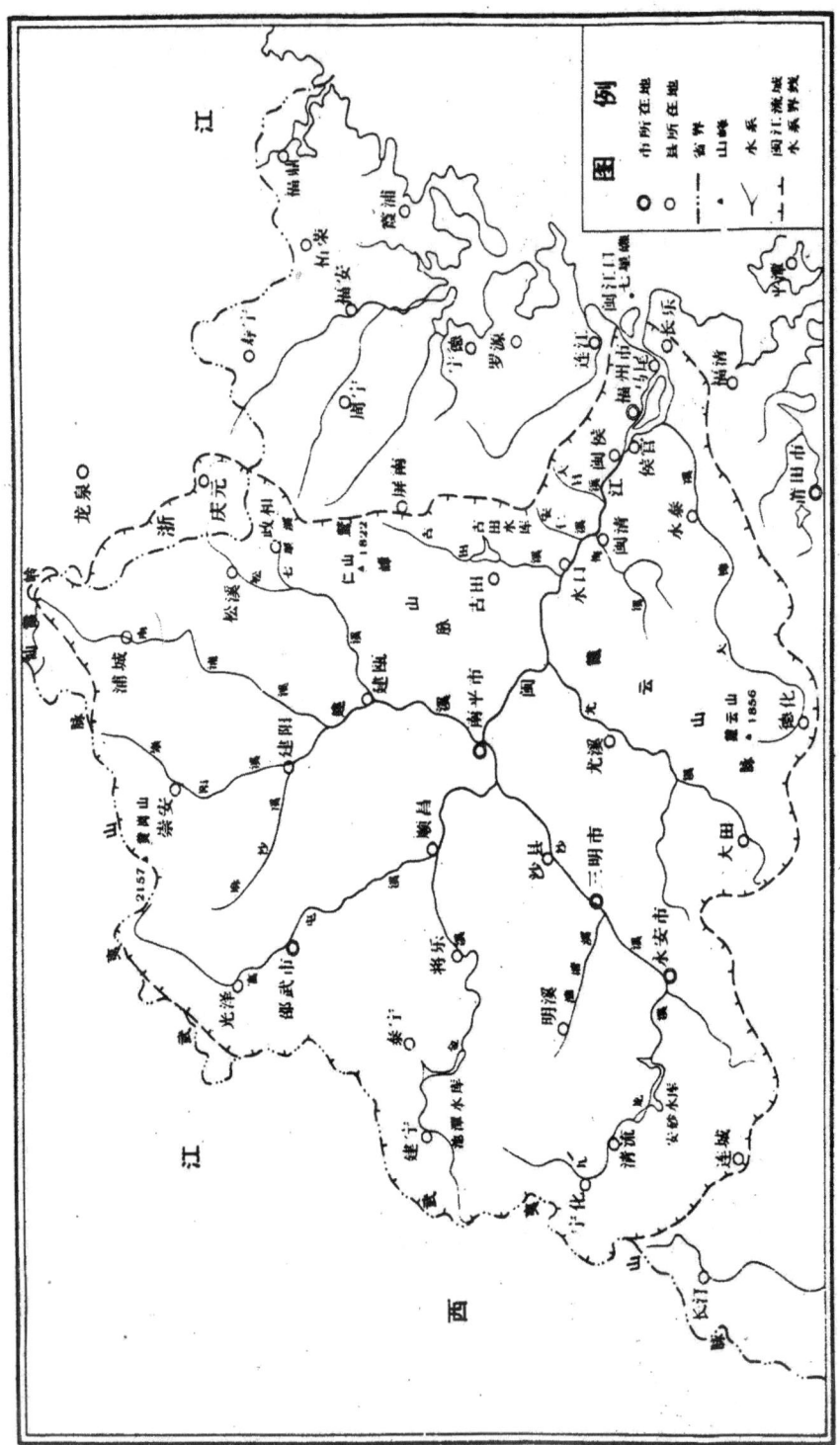

图1-1 闽江流域略图

资料来源：福建地方交通史志编纂委员会：《福建航道志》，北京：人民交通出版社，1997年。

四、关于本书的主要研究内容

闽江流域作为一个严格意义上的经济区域的出现是在清末五口通商之后。在此之前,闽江上下游之间虽然有着较多的经济联系,但尚不能形成一个具有经济中心、经济腹地和经济网络的经济区域。

从地理范围上看,闽江流域包括北起浦城,南至德化,西到宁化,东临罗源的广大地区,其整体可分为两部分,上游属于华中区的江南低山、丘陵、盆地小区,下游地区则属于华南区的闽粤沿海丘陵、平原小区。晚明以来,闽江上游山区大量向以福州为核心的沿海输出木材、纸张、茶叶、红曲等商品。如邵武的杉木"可转贩以供下四府宫室之用。盖骎骎乎与延建之杉等矣。郡人之所谓货,此其最重者也"。①《闽大记》也记载曰:"杉木出上府,集于洪塘,可备宫室之资,为利甚薄。"②纸张的情况也是如此。万历年间吕一静回顾兴化府的情况时说:"彭志云:文赋里茧村有皮纸,今皆转贩于延建上郡。"③"莆人所用纸,皆自顺昌等县兴贩而至者。"④除此之外,上游山区向福州沿海输出的物产中,最为重要的是粮食。"福州一府,上仰延、建、邵、汀及古田、闽清大箬、小箬各山各溪米,皆系彼处商贩顺流而下,屯集洪塘、南台二所,以供省城内外,及闽安镇以下沿海之民转籴。……各处米,大约出之浦城、松溪、建阳等居其十之四,出之邵武者十之六……延汀米差少。"⑤

就明清福州沿海对闽江流域上游山区的贸易而言,主要集中于食盐的运销上。闽江上游的政和、寿宁两县民众"常往福宁盗贩"。⑥何乔远也记

---

① 韩国藩等:万历《邵武府志》卷九,《物产》,明万历四十七年刻本,第31页。
② 王应山:《闽大记》卷十一,《食货考》,北京:中国社会科学出版社,2005年,第191页。
③ 吕一静等:万历《兴化府志》卷一,《物产》,福州:海峡书局,2017年,第77页。
④ 周瑛等:弘治《兴化府志》卷十二,《货殖》,清同治十年重刊本,第12页。
⑤ 周之夔:《弃草集·文集》卷五,《条陈福州府致荒缘由议》,扬州:江苏广陵古籍刻印社,1997年,第917~918页。
⑥ 郭造卿:《闽中分处郡县议》,载顾炎武:《天下郡国利病书》第二十六册,《福建》,第22页。

载安溪人"行贾通于永安、大田,民众盐入鬻之,而皆盗盐也"。① 王应山则称"盐出福、兴、泉、漳滨海七场,晒日以成,最苦阴雨。转运司督课实边,召商开中,关津把截,私贩有禁,拒捕者绳以重典。然行盐之地,不越本省"。② 据此我们可以明显看出,福州及闽江流域上游山区间的贸易往来是不均衡的,上游山区在很大程度上只是福州消费品和出口品的提供者。陈支平曾指出,自明清两代以来,闽江上下游间的经济发展程度一直不平衡,且存在着倾斜性的经济联系:下游较上游发展程度高,但向上游输出产品较从上游输入产品少。③

除了沿海地区与闽江上游山区的倾斜性商品交流外,由于地处闽赣、闽浙交通孔道,闽江上游山区事实上也是闽省国内贸易往来的枢纽,如浦城县"地当孔道,海禁未开之日尤觉冲繁,五方杂处,向来本多客民"。④ 明清两代由于海禁政策盛行,福建与江浙间的交流主要依靠陆上商道,历来有两条,一条是从武夷山脚下的崇安分水关通往江西,然后再由赣东北通往江浙;另一条是从闽江支流建溪上游的浦城仙霞岭通往浙江的江山县。此外,还有经邵武光泽通往江西的杉关。因此,闽江流域上游山区地方文献中关于商品运输往来的记载比比皆是。如南平"当二水之交,为都会,上游舳舻、舆马,其密如栉,与他驿道简僻不同"⑤,再如建宁府"居七闽之上游,襟山环水,东邻括苍,北距上饶,而西南之间,遥控交广。凡福、兴、泉、漳诸郡品物之贡输三吴、两浙,商贾之来往,罔不辐辏于斯。边藩要会,莫有逾于此也"。⑥ 因此,若从城市数量这一角度来说,明代中叶的闽江上游要比福建沿海区域更为繁荣,其原因在于两点:其一,闽江上游是物产丰富的区域,在

---

① 何乔远:《闽书》卷三八,《风俗志》,福州:福建人民出版社,1994年,第943页。
② 王应山:《闽大记》卷十一,《食货考》,北京:中国社会科学出版社,2005年,第194~195页。
③ 陈支平:《闽江流域上下游经济的倾斜性联系》,《中国社会经济史研究》1995年第2期,第21~30页。
④ (清)翁天祜等修,翁昭泰等纂:光绪《浦城县志》卷六,《风俗》,清光绪二十六年刻本,第3页。
⑤ 郑庆云:嘉靖《延平府志》卷五,明嘉靖刻本,第26页。
⑥ 杨荣:《文敏集(外三种)》卷十四,《送徐都指挥还建宁序》,上海:上海古籍出版社,1991年,第214页。

第一章　绪　论

省内乃至国内都有其市场;其二,闽江上游的河道是福建通往外省的主要商道,过往商业带动山区经济的繁荣,当地的市镇经济也因而发达。①

学界现有的研究显示,晚明以来,福建与江浙间的区域贸易相当发达,江浙向福建输出生丝、绸缎、棉花、棉布、粮食等商品,福建向江浙输出荔枝、龙眼、柑橘、木材、夏布、纸张及在海外贸易中获得的白银,双方经济的发展都有赖于对方的市场、原料和资本,相互间产生了较深的依赖。② 但由这些商品的构成来看,福建输出商品多来自闽江下游及沿海地区,而自江浙输入的商品、原料等,也是为沿海地区的对外贸易服务,换言之,闽江上游山区在该时期的商品交流中没有扮演重要角色,而充其量是一个商品流通的驿站。这显然无助于福州沿海港口对闽江上游山区经济的整合。

闽江上游山区为什么在明清两代仍然无法被有效地纳入沿海港口的贸易范围?问题还是出在港口与腹地间的集疏运系统上。福州港至闽江各处主要依赖水运。然闽江水运却因自然条件的限制,有许多不便之处,主要表现为闽江河道的险恶及水位的大幅变化。闽江及其支流各航道多险滩,严重妨碍航运。

福州开口后,其辐射腹地的扩大首先得益于商品输出路线的转移,一为茶叶,一为纸张。茶叶为闽江上游山区的传统产品,其生产可远溯唐代。但在五口通商前的广州制度时期,茶叶作为中西贸易的大宗出口商品,在外销途径上受到清政府的严格限制。产于闽浙皖等地的茶叶,必须从产地陆运或内河航运往广州出口。闽江上游所产之茶须经分水关入江西河口,尔后转运广州出口。③ 嘉庆十八年(1813年)以后,民间渐由海道贩运。嘉庆二十二年两广总督蒋攸恬奏请茶叶仍由内河运行,其理由为"洋面辽阔,漫无稽查,难保不夹带违禁货物,私行售卖"。④ 五口通商初期,武夷茶叶部分改由河口向东北行,由陆路转运上海出口。直到咸丰三年(1853年),由于太

---

① 徐晓望:《16—17世纪环台湾海峡区域市场研究》,厦门大学历史系博士学位论文,2003年,第16页。

② 徐晓望:《晚明福建与江浙的区域贸易》,《福建师范大学学报(哲学社会科学版)》2004年第1期。

③ Description of Tea, in *Chinese Repository*, Vol. 8, pp. 144-149, July 1839.

④ (清)昆冈等修,刘启端等纂:(光绪)《钦定大清会典实例》卷六百三十,《续修四库全书》第807册,史部·政书类,上海:上海古籍出版社,1995年,第771页。

平军攻占江浙要地,茶叶旧有运输商道受阻,因而时任福建巡抚王懿德向朝廷奏请暂弛海禁,允准上游茶叶改由福州海运出口。闽北地区所产茶叶便顺闽江而下至福州海运出口,茶叶的运输路线为之改变。至于纸品,五口通商以前,作为福建主要产纸区的闽江上游的纸品,大多由陆路商道出江西、浙江,转销他处。五口通商后,由于东北三省与南洋各地海纸市场的开拓,贸易的勃发,加之沿海贸易航运中轮船代替旧式帆船提供了速度与运费上的便利,上游纸品多改循闽江而下至福州海运出口,纸品商道亦为之一改。① 而近代闽江流域输出的另一大商品——木材的外销通道则素来多循闽江水路,这样闽江流域三大外销商品茶、纸、木材的运销通道在五口通商后都经由闽江至福州输出,这加强了流域内部的经济联系。

鸦片战争后福州被迫开港,由于地处闽江入海口,外销商品及内运商品皆由此转运,福州因而成为闽江流域的中心,流域通过福州与国内外市场发生着密切的联系。在福州开埠后,闽江流域内的商品性农产品因市场需求增加而大量输出,茶、纸、木材从流域内各个角落经福州运输到国内外市场,与此同时,进口商品也循着商道抵达每一个墟镇。商品运输的繁盛导致了流域内部层级市场结构和市场网络的形成,而后者又反过来进一步促进了进出口商品数量上的剧增。从本书研究的时间断限来看,闽江流域作为一个完整意义上的区域与外界的经济往来主要是物品的流动。在这里,区域的外部联系地区被分为两部分,即国际市场与国内市场。"无论是国际市场还是国内市场,对特定区域的经济而言都是不可忽略的外部市场,具有同样重要的意义。如果只研究国际市场而不研究国内市场,便不能看到区域经济外向性的规模和深度。"② 对闽江流域而言,其外销商品在福州开口后相当长一段时间内主要以茶叶出口为主,而茶叶的主要消费地是欧洲市场,这使得它与国际市场的联系密切程度比国内市场要高。

但这一现象在茶叶输出衰落后发生了转变。由于流域内另外两大类输出产品纸和木材的主要销售地多在国内,因而流域的对外经济联系转向了国内市场。这一转变使得闽江流域在近代的外向性的规模和深度都处于衰

---

① 戴一峰:《近代闽江的航运业试探》,《中国社会经济史研究》1986 年第 3 期。

② 吴松弟:《港口—腹地与中国现代化的空间进程》,《河北学刊》2004 年第 3 期。

退的趋势,与省内以厦门为代表的海洋城市形成了鲜明的对比。

同时,在港口对腹地经济的带动方面,近代闽江流域的港口与腹地之间未形成良性的互动,这一点从流域内输出的商品自始至终为农产品和自然资源,而输入品多为日用消费品就可得知。这样,一方面,港口城市的不发展使得口岸未能带动流域内经济的发展(生产的改进与技术的引进)与转型(指工业化),近代闽江流域的新式工业多萌发自流域内传统的大宗输出品产业,这背后的影响实质上来自流域外部市场需求的刺激,受输出品多为农副土特产品的影响,此类工业的性质多为加工性质,而于制造方面却贡献甚微;而以农业种植为主的产业改良方面却受困于流域内商人资本积累与外来投资的不足,长期处于不发展的状态。此外近代闽江流域内政局多变,社会动荡的形势也使得政府在制度支持上相形见绌,新式产业改良步履维艰。另一方面,流域的特性也使得口岸城市的性质发生了变化,其外向性减退,成为一个主要面向国内市场和腹地市场的港口城市。

第三节

研究框架、理论方法与资料

一、研究框架

本书以近代闽江流域为研究对象,以区域研究的方法来考察其近代经济与社会的变迁。与近代中国的其他通商口岸地区一样,以福州为中心的闽江流域在近代也是以商业兴盛的。在福州开埠设关后,其进出口商品总值有了明显的增加,增幅颇高。贸易的繁盛必然导致市场的形成,进而影响到传统手工业向近代工业的转变。在社会层面上,本书关注的是与经济变迁相关的职业教育及相关社会团体如商会、农会等。全文分为以下几章:

第二章为对近代闽江流域自然生态环境及交通支撑条件的考察。在自然环境上着重考察的是近代闽江流域的地理环境与气候、自然灾害、物产分布等。社会环境方面,本书着重考察了流域内部人口、移民及粮食等问题。

交通方面,水运着重对航道、船只、码头等情况展开描述;陆运方面则集中于流域内部水运不能到达之地以及流域同邻近省份浙江、江西间的陆路往来,此外还有对驿站、近代公路交通等的考察,力图在此基础之上勾勒出近代闽江流域的交通网络。

第三章为对近代闽江流域商品流通及市场网络的考察。在输出商品方面,着重对流域内三大出产物品茶叶、纸张、木材进行分别考察。对其在近代的生产组织状况、运销情况、历年输出额、输出地等总量进行探讨。在进口商品方面,着重剖析其进口商品结构、运销地等情况,以期在此基础上展现近代闽江流域在本书所讨论的时限内经济状况所发生的变化。另外本章也对区域内部以米为主的贸易展开了讨论。在此基础之上,本章着重考察近代闽江流域的市场结构。通过对外销商品的产地、集散、中转、中心等市场的考察,再加上进口商品运销流域内部各处的情况,尝试勾勒出近代闽江流域的市场结构,并在此基础上指出:近代闽江流域的市场结构的形成一方面得益于进出口商品的流通,另一方面受到了自然地理条件的严格限制。

第四章为对近代闽江流域传统手工业及近代工业的考察。在贸易增长的基础上,近代闽江流域内传统手工业生产产生了变革,增添了新的因素,同时近代工业开始萌发并有一定程度上的发展。但是限于流域内中心城市对腹地辐射力不足,流域核心并未在人力、资金、技术上向其腹地提供有力的支持,导致了近代闽江流域手工业和近代工业发展缓慢。

第五章是对近代闽江流域社会变革的考察。与流域内手工业和近代工业发展相对应的是职业技术人才的培养,这是促使本书展开对职业教育情况讨论的动因。本章通过总体考察和个案分析相结合的手法审视了近代闽江流域职业教育开展的情况。同时本章也以近代商会及农会组织为考察对象,对近代社会团体产生的动因、运作情况、社会影响做了探讨。在此基础上指出近代闽江流域社会团体的产生、运作与经济变迁过程休戚相关,两者的关系体现了经济与社会关系的一个侧面。

第六章将近代福州置于一个更广阔的空间下予以考察。以亚洲内部的传统而言,明清以来福州的发展,其支撑一来自琉球,一来自于台湾,这两个要素在近代均告消失,遂影响到了近代福州作为口岸城市地位与功能的转变。

第一章 绪 论

二、研究方法及资料说明

本书考察的是一个特殊的区域——近代闽江流域的社会经济变迁,其主线是区域的现代化,涉及贸易与社会、口岸与腹地、区域与市场等多方面的问题。因而本书也关注其他学科如经济地理学、流域经济学、区域经济学、港口经济学、发展经济学、制度经济学、经济社会学及社会经济学等学科的相关理论及方法,注重多学科的交叉运用。在研究方法上,除历史学的实证考察外,本书着重应用系统论的方法,在谈及不同港口城市的特性时还应用到比较分析的方法。与此同时,本书在对流域经济与社会变迁的研究中着重应用现代化理论和发展理论。需强调指出的是,本书在对研究对象的考察上尽量避免对其变迁过程进行预设,即不强调其发展,而注重的是其变迁过程以及在该过程中所呈现出的特征,借以说明近代中国区域发展的不同类型,这也是本书的出发点之一。

本书所讨论的对象是近代闽江流域的经济与社会的变迁,所涉及的层面较广,有着较丰富的内容,因此欲"还原"该时期整个流域的原貌,对资料的要求较高。就本书所设计的研究框架而言,需对自然生态环境、传统农业、商品性农业、贸易与市场、手工业与近代工业、职业教育、社会团体等方面的情况有一定程度的了解。本书在撰写的准备阶段,对资料收集曾下了较大的工夫,兹就文中所用资料的情况介绍如下。

本书所用资料可以简单划分以下几个类别:档案类、调查统计类、政府出版物类、地方文献类、报刊类等。

1. 档案类。该部分主要是由海关档案与省市各地档案馆收藏档案构成。海关档案主要指的是由海关总署与中国第二历史档案馆合作出版的《中国旧海关史料(1859—1948)》以及吴松弟整理的《美国哈佛大学图书馆馆藏未刊中国旧海关史料》,①这些档案涵盖了自1859年至1937年间福州口的贸易状况,内中资料有贸易统计、年度报告、十年报告等,对于研究以福州口为中心的闽江流域的商品生产、商品输出、商品输入等情况大有裨益。

---

① 中国第二历史档案馆、海关总署办公厅:《中国旧海关史料(1859—1948)》,北京:京华出版社,2001年;吴松弟整理:《美国哈佛大学图书馆馆藏未刊中国旧海关史料(1860—1949)》,桂林:广西师范大学出版社,2014年。

另外还有温州口、宁波口、杭州口的贸易状况,有助于了解闽北部分地区与这些口岸的商品输出与输入状况。另外,20世纪80年代福州海关组织人员从海关报告中编译而成的《近代福州及闽东地区社会经济概况》①一书,收入了福州口全部十年报告和大部分年度的贸易报告。省市各地档案馆收藏档案指的是由福建省档案馆、福州市档案馆及闽江流域各县市档案馆如永安市档案馆、沙县档案馆、南平市延平区档案馆、建瓯市档案馆、邵武市档案馆、武夷山市档案馆等收藏的未经整理出版的原始档案。这类档案多为民国时期档案,其内容涉及各地物产产销、社会团体、教育等诸多经济与社会的情况,几乎涵盖了本书所讨论的内容,是本书的重要参考资料。

2. 调查统计类。该类资料构成了本书资料的主要组成部分之一,可以分为外人与国人两类。外人的调查统计资料主要是指日本人于甲午战争割占台湾之后对福建及华南所展开的一系列调查而形成的资料。主要有东亚同文会的《清国商业综览》(1906)、《中国省别全志》第十四卷《福建省》(1920)、《中国政治地理志》(1922),②日本外务省通商局的《福建事情》(1917),③三五公司的《福建事情实查报告》(1907),马场锹太郎的《中国水运论》(1936),④赤松佑之编的《中国各省经济事情》(1936),⑤野上英一的《福州考》(1937),⑥东亚问题研究会的《南中国产业要览》(1939),⑦台湾总督府的《南中国的资源与经济》(1938)、《福州事情》(1941)。⑧此外,还有佚名的《南中国内河水运概况》(1941)等。其他有 The Anti-cobweb Society

---

① 池贤仁主编:《近代福州及闽东地区社会经济概况》,北京:华艺出版社,1992年。
② (日)东亚同文会编:《清国商业综鉴》(2),东京:丸善株式会社,1906年;(日)东亚同文会编:《中国省别全志》第十四卷:福建省,东京:东亚同文会,1920年;(日)东亚同文会编:《中国政治地理志》上卷,东京:丸善株式会社,1922年。
③ (日)外务省通商局:《福建事情》,东京:东洋印刷株式会社,1917年。
④ (日)马场锹太郎:《中国水运论》,上海:芦泽印刷所,1936年。
⑤ (日)赤松佑之编:《中国各省经济事情》,东京:日本国际协会,1936年。
⑥ (日)野上英一编:《福州考》,福州:东瀛学校,1937年。
⑦ (日)东亚问题研究会:《南中国产业要览》,东京:三省堂,1939年。
⑧ (日)台湾总督府热带产业调查会编:《南中国的资源与经济》第一卷:福建省,台北:南洋协会台湾支部,1938年;(日)台湾总督府外事部:《福州事情》,台北:台北印刷株式会社,1941年。

编的 *Fukien Arts and Industries*①，内有关于福州的茶、丝、纸各类工业的记载，是重要的参考资料。国人所做调查统计的成果可分为贸易统计与其他统计两大类。贸易统计有杨端六、侯厚培等人的《六十五年来中国国际贸易统计》，周浩等编的《二十八年来福建省海关贸易统计》，福建省政府秘书处统计室编的《福建历年对外贸易统计》等。② 其他统计则有福建调查统计丛书（包括《福建之纸》《福建之茶》《福建之木材》等）、农业经济调查报告（包括《福建省松木产销调查报告》《福建省墟市调查报告》《邵武米谷产销调查报告》等）、农业经济研究丛刊（包括《福建省农民生活费用与食物消费之分析》《福建省农产贸易之研究》《福州二南乡柑橘之产销》等）、福建省农业统计资料，此外还有诸如《福州便览》《福州指南》《福州要览》《福建省概况》等城市指南性著作，铁道部业务司调查科编的《京粤线福建段沿海内地工商业物产交通报告书》及《京粤线福建段福州市县经济调查报告书》，厦门大学生物系的《福建省农产调查报告》。专题性的统计有关于教育的《福建省教育统计》《第一次中国教育年鉴》《（民国）二十一年度全国高等教育统计》《（民国）二十一年度全国社会教育概况统计》《福建省五年来中等教育》《教育部视察各省市职业教育报告汇编》《全国高等教育概况统计》《全国高等教育统计》《全国职业教育概况》《全国职业学校概况》《全国中等教育概况》《现代中国职业教育之产生与发展》，关于电厂的《中国电厂统计》等，还有就是福州电气公司农村电化部编辑出版的《福州电气公司农村电化部报告》，内中包括各类报告书，涉及农业改进、农村建设、农村教育等诸多方面，是关于福州地区农村社会经济方面难得的个案材料。调查统计类资料多为实地考察所得，提供了相对集中的原始资料，于本书所进行的研究大为有益。

3. 政府出版物类。这部分资料多为由政府部门主持编纂而成的，主要有统计局的《中华民国统计提要》，省政府的《福建省统计年鉴》（第一回）、《各县市最近简要统计》，省政府秘书处统计室的《福建历年对外贸易统计资

---

① The Anti-Cobweb Society, *Fukien Arts and Industries*, Foochow：Christian Herald Industrial Mission Press, 1933.
② 杨端六、侯厚培等：《六十五年来中国国际贸易统计》，国立中央研究院社会科学研究所专刊第四号，1931年；周浩等编：《二十八年来福建省海关贸易统计》，福建调查统计丛书之六，福建省政府统计室，1941年；福建省政府秘书处统计室编：《福建历年对外贸易统计》，福建省政府秘书处公报室，1935年。

料》,建设厅的《福建建设报告》《福建实业月报》,农林处统计室的《农业统计资料》,华北水利委员会编的《福建沙溪工程报告》等,此外尚有政府各部门编纂的《闽政三年》《闽政一年》《闽政丛刊》《福建公报》《福建经济研究》《福建经济概况》《福建茶叶之研究》《重订福建省单行法规汇编》等。

4. 地方文献类。该部分资料主要包括学者编著类和地方史志类。学者编著类主要是指时人所著或编纂而成的各种文集及专题性资料。主要有陈文涛编纂的《福建近代民生地理志》、林传甲著的《大中华福建省地理志》、陈愧三的《政和茶考》、王孝泉纂的《福建财政史纲》、巫宝三的《福建食粮之运销》、郑林宽的《邵武农村经济调查报告书》、郭柏苍《闽产录异》、李景铭《闽中会馆志》、卞宝第《卞制军政书》、谢章铤的《赌棋山庄文集》等,此外尚有《福建禁烟记述》《福建全省舆图》《福建省之特产产销》《福建之纸业》《福州船政成绩概略》《福州东文学堂三年报告》《福州钱庄业史略》《闽浙百粤纪游》《七闽现代闻见录》《榕城纪纂》《使闽杂记》《闻见偶录》《雅歌堂全集》《芝城纪略》《云寮山人文钞》《闽琐记》《闽江诸水篇》等。此类专题资料及个人文集涵盖了当时闽江流域的整体状况,内中多有颇有价值的材料。地方史志类主要包括三部分,一为乡土地理,二为地方志,三为文史资料。乡土地理多为清末民国时期各县所编写的乡土地理教材,其内容丰富,涵盖面广,主要有《福建地理》《建安县乡土志》《沙县乡土历史教科书》《尚干乡土志》《泰宁县乡土志》《五夫子里志稿》《永泰乡土志》《政和县乡土地理历史教科书》等,这类资料多为描述性记载,少量化统计分析,故史料价值不高。地方志主要包括清代及民国前期所修的省志、各府府志及各县县志等,也包括新中国成立后各地新修的志书。旧志体例多注意人文、制度方面,于社会经济方面的记载往往不甚重视,故利用价值亦不甚高。文史资料指的是新中国成立后各地政协文史委员所编的各地文史资料,内容多为关于各地方社会经济文化的带有回忆性质的文章,史料价值较高,其弥补了文献记载的缺陷,提供了许多有用的资料和线索,但由于其颇类似于口述史料,于年月、事实多有差错,也存在一定的局限性。此三类史料可互相印证使用,亦构成了本书资料来源的一个重要组成部分。

5. 报刊类。报纸主要有晚清的《商务官报》《光绪旧报汇录》,民国时期福建的《福建官报》《福建民国日报》《闽报》《福建民报》《江声报》等,杂志则有《东方杂志》《福建文化》《福建文化月刊》《福建文化季刊》《社会科学》等。其中以《福建文化》和《社会科学》最为重要,内容多为当时学者们对福建的专题研究,涉及福建近代农业、工业、金融、教育、社会团体等方面,是相当重要的一手材料和研究成果。

总而言之,关于近代闽江流域经济与社会的历史资料十分丰富,这一方面有利于我们系统梳理出该区域在近代的变迁,另一方面由于近代福建政局的变迁及抗日战争的影响,历史材料多有遗失或消亡,这导致我们现今所能见到的材料多集中于民国时期尤其是南京国民政府时期,清末及民初北洋时期的材料相对较少,这给区域的历时性研究带来了困难,只能以方志和其他地方文献做补充。

第二章

自然、生态及交通

生态环境按广义上的定义可包含自然环境与社会环境,前者多指作用于给定地区经济与社会变迁的自然因素,后者则指由社会主体人的活动所造就的、并进一步反作用于该活动的因素,包括人口、耕地、制度、文化等。由于近代闽江流域是一个以农业为主导的社会,因而在本章中,我们着重就影响农业生产的自然环境以及与农业生产相关的人口、耕地和粮食等问题做一背景式的分析,为下文关于近代闽江流域经济与社会的相关研究奠定基础。

第一节

近代闽江流域的自然环境

费尔南·布罗代尔在其著作《菲利普二世时代的地中海与地中海世界》一书中对地理环境的作用倍加重视。他认为"这是一种缓慢流逝、缓慢演变、经常出现反复和不断重新开始的周期性历史"。但他声称:"我不愿意忽视这种几乎置身于时间之外的、与无生命物打交道的历史,也不愿仅仅满足于为这种历史撰写地理性质的导言。"①而这种对地理环境的研究在布罗代尔看来,与其说是研究地理,不如说是研究历史,它是历史的一个组成部分,是属于"长时段"的历史。王笛在考察长江上游区域时也称:"地理环境和气候作为一个长期相对稳定的因素,时刻影响着人类的活动,研究政治制度、历史事件及人物思想或许可以轻视自然环境的影响,但考察一个以农业为主的传统社会,这却是一个必须注意的重要因素。在传统社会中,自然环境是影响社会发展和生产力布局的主导因素。"②因此,要深入研究区域经济与社会,自然环境是我们不容忽视的因素。

一、地理环境与气候

本书的研究对象闽江流域,其全境位于福建省内,位置大致位于东经$116°23′\sim119°35′$,北纬$25°23′\sim28°16′$之间。闽江主流发源于武夷山脉、杉岭和仙霞岭南麓,向东注入大海,流域集水面积在1000平方公里以上的支流有19条,500~1000平方公里的有21条,100~500平方公里的有150条,总集水面积为60992平方公里,约占福建全省面积的一半。由于气候影响,闽江流域水量丰富,其水量丰度居全国各大河流之首,达到每平方公里130.05立方米,产水系数达0.597,因此是我国水量最丰富的地区之一。同时,水情系数大是闽江流域的一大特征,上游一般均在200左右,下游逐小变小,到竹岐为57.2,水情系数大表明水资料的利用率很差。流域地表径流系数达53%~60%,绝大部分降雨都转化为地表径流,流域年径流量为$62.1×10^9$立方米,占全省径流量的57%,居全国第七位。

闽江流域包括的地理范围北起浦城,南至德化,西到宁化,东临罗源,从自然地理意义上看,整体可分为两部分。流域上游山区属于华中区的江南低山、丘陵、盆地小区,为我国典型的亚热带地区,即亚热带常绿阔叶林—红壤地区。红壤磷、钾、钙等含量很少,腐殖质和氮素亦很缺乏,肥力较低。土壤酸性强,黏性大,结构不好,但它的土层深厚,有利于耕作。天然植被以常

---

① (法)费尔南·布罗代尔著,唐家龙、曾培耿等译:《菲利普二世时代的地中海和地中海世界》,第一版序言,北京:商务印书馆,1996年,第8~9页。
② 王笛:《跨出封闭的世界:长江上游区域社会研究(1644—1911)》,北京:中华书局,1993年,第14页。

绿阔叶树为主。山间有许多断陷盆地,盆地中普遍堆积有红色沉积岩,红层受侵蚀后,多成为丘陵、岗地,相对高度不过 100 米左右,为人口和农业中心。流域下游地区则属于华南区的闽粤沿海丘陵、平原小区,具有热带与亚热带之间过渡的自然景观与农业生产特征。① 从地质构成和地层分布上看,闽江上游地区主要以前震旦系变质岩为主,广泛分布于建阳、南平、将乐、邵武及崇安、浦城一带,岩性以片麻岩、片岩为主。在这些古老的地层中,蕴藏着磷、硫、铜、石墨、石英岩、大理岩、白云岩及稀有稀土和若干金属矿产。中下游地区的地层多为中生界形成的火山岩。这是晚侏罗—早白垩世福建地质发生重大变革、大量岩浆喷出地表形成的结果。②

闽江源于闽西北及闽中的大山带,③ 流经之处多为山区,故我们先来看一下福建省内的山。

福建省为"南岭山脉干支各脉所盘结,地势崎岖险峻,为我国东南各省之冠。除沿海及河谷两岸有若干狭隘的平原外,随处皆是四百公尺以上的高地。超过一千公尺的高峰,亦所在有之"。④ 全省山脉可分为六支:

(1)博平岭脉。为九龙江与韩江之分水岭,"闽省山脉此为第一大支,其天然之林矿既丰,人力之培植开采亦渐盛"。⑤

(2)戴云山脉。一名佛岭山脉,闽省山脉以此为最高。其所经各县为连城、宁洋、永安、德化、大田、永春、仙游、莆田、福清、平潭,支脉所经县份有尤溪、闽清、长泰、同安、安溪、南安、晋江、惠安。《大中华福建省地理志》称其"当南条斜面,地势斜峻,山峦重叠,耕地甚少,所赖矿脉充厚,山地之生殖力甚饶。茶、樟、果实极为丰裕。溪流湍急,海岸纷错,皆此山脉构成之也"。⑥

(3)长岭山脉。位于金溪、沙溪之间。其所经县为武平、宁化,支脉所经

---

① 任美锷主编:《中国自然地理纲要》(修订版),北京:商务印书馆,1985年,第 211~249 页。

② 福建日报社编:《八闽纵横》第一集,福州:福建日报资料室,1980年,第 33~34 页。

③ 关于其正源众说纷纭,莫衷一是。对其源头的考证,自古以来已有多次,规模最大、最后定案的一次为 1992 年初,由福建省计委牵头,在福州召开鉴定会,最后敲定建宁县均口乡张家山村严峰山麓上的一汪清泉为闽江源。

④ 福建省政府秘书处公报室:《福建省概况》,福州,1937年,第 1~2 页。

⑤ 林传甲:《大中华福建省地理志》,福州:福建印刷所,1919年,第 23 页。

⑥ 林传甲:《大中华福建省地理志》,福州:福建印刷所,1919年,第 25 页。

县份为上杭、连城、清流、归化、永安、将乐诸县。

(4)杉岭山脉。以多杉得名,岭上有杉关,为闽赣往来之孔道。其所经各县为建宁、泰宁、光泽、邵武,支脉所经县份有建阳、顺昌、建瓯、南平、将乐。

(5)仙霞岭枫岭脉。岭上有关名曰仙霞关,为八闽之咽喉要道。"闽中冠盖往来,公车北上,皇华使者,荣戢常临,但自海运有轮船来往,所有闽浙人士往返及闽人之入京者,不复取道于此。"①其所经各县为浦城、松溪、建瓯、古田、政和、福安、屏南、连江、罗源、闽清、宁德等县。

(6)霞浦山脉。其所经县份为福鼎、霞浦、寿宁等县。

由上可知,福建省的山脉大致亦可分为闽西北大山带、闽中大山带与闽南大山带,本书的研究对象闽江流域各干支流所经山脉包括戴云、长岭、杉岭及仙霞诸岭。境内多山的情势使得闽省的地形多为丘陵地,高度在海拔200米以下者仅占总面积的12.5%,200米~500米者占51.4%,500米以上者则占36.1%,而农田之分布,多在500米以下之地域,这种情形造成了全省耕地面积不足的局面。②

从河流情况来看,闽江为福建全省最大的河流,同时亦为水路交通的大动脉,其上游区包括建溪、富屯溪、沙溪三大支流;中游区干流指南平—水口段(又称剑溪),支流有尤溪、古田溪;下游区干流自水口以下,支流有大樟溪、梅溪。闽江干流长577公里,总长度为6145公里。其干支流情况如表2-1所示。

闽江上游河床坡降达7‰~8‰,滩多流急,航行困难,干流自水口以下,河床坡度渐缓,江面宽阔、水深、含沙量少,便于发展航运。③ 据民国初年日本人的调查称,闽江流域内从福州到光泽的840里、福州到浦城的845里及福州到宁化的980里间,本支流悉可通行大小船只,实为福建内地唯一的交通要道,航行其上的船只载重量多的达四五万斤,少的也有两三千斤。④ 而据1928年国民政府交通部的统计,闽江流域的通航里程大汽船达

---

① 林传甲:《大中华福建省地理志》,福州:福建印刷所,1919年,第33页。
② 福建省政府秘书处公报室:《福建省概况》,福州,1937年,第2页。
③ 陈及霖:《福建经济地理》,福州:福建科学技术出版社,1984年,第20~21页。
④ (日)外务省通商局:《福建事情》,东京:东洋印刷株式会社,1917年,第112页。

31公里,小汽船达138公里,而民船则达895公里,合计达1064公里。①

表2-1 闽江流域干支流一览表

流域	干流	支流	分支流	发源地点	江口地名或港湾	起点	讫点	长度(公里)
闽江流域	闽江	沙溪		杉岭南麓九县山	闽江口	宁化	长门	500
			北溪	宁化	永安	宁化	永安	
			南溪	连城	永安	连城	永安	
		富屯溪		杉关	沙溪口	杉关	沙溪口	181
			金溪	宁化	顺昌	宁化	顺昌	
			池湖溪	盖洋(明溪)	南口	盖洋	南口	
		建溪		仙霞岭南	延平	枫岭	延平	248
			松溪		建瓯	松溪	建瓯	
			浦溪		丰乐	浦城	丰乐	
			崇溪		丰乐	崇安	丰乐	
		尤溪		上京(大田)	尤溪口	上京	尤溪口	147
		古田溪		金字山南麓	水口	上楼	水口	107
		大樟溪			南台岛	李溪	世科	228
	岱江					路上	筱澳	100

资料来源:林观得编著:《福建地理》,福州:建国出版社,1941年,第20~21页。

闽江流域所处的纬度较低,南临北回归线,太阳高度角大,因此气候受海洋和地形影响较大。下游地区受海洋的调节,上游地区可能受到的南下寒流为西北山地所阻挡,两者共同形成了流域的亚热带海洋性季风气候,但流域上下游间的气候因地形原因亦存在着较大差异,表现出由海洋性气候向大陆性气候过渡的特点,年平均气温的总体趋势是自上游山区向沿海地区递增。上游地区地势高耸,平均气温较低,夏季最高气温不超过40℃,冬季最低-1℃~8℃,全年无霜期约260天左右;而下游地区受海洋气候调

---

① (日)赤松佑之编:《中国各省经济事情》第十六编:福建省,东京:日本国际协会,1936年,第70页。

剂,冬季暖于上游,闽江口以南沿海地区,冬季温暖晴朗,一般不见霜雪,夏季也不酷热。

就降水而言,流域内大范围降水主要是锋面雨和台风雨,其中内陆山区平均降雨量为1200~2200毫米,下游沿海地区为900~1200毫米。从流域整体来看,降雨量在各地的分布很不均匀,自沿海地区向山区递增。沿海低丘、平原、岛屿位于台湾岛的雨影区,地形较为平坦开阔,降雨量一般在900毫米左右;闽中大山带的迎风坡,降雨量明显增多,一般达1600毫米以上;而介于闽中大山带和闽西北大山带的内陆谷地,降雨量则少于戴云山的迎风坡,而多于沿海地区。闽西北大山带的迎风坡为全省降雨量最多的地区,达1800~2000毫米。形成这种现象的原因在于福建省是冬季大陆气团南下及夏季海洋气团北上的常经之地,因而包括闽江流域在内,全省各地降水不仅有地区差别,同时也有明显的季节变化。

每年入春后,由于南方暖湿气流的势力逐渐强盛,登陆后继续北上,与盘踞在福建省的冷空气争夺地盘,形成锋面而降雨。尤其是在每年三月到六月间,冷暖空气南下北上,互有进退,频繁交锋,造成春季气温多变和多阴雨的"梅雨"天气。这一时期的雨期长,雨量多,约占年降雨量的50%~60%。从六月底起,锋面雨带移至江淮一带,流域在副热带高压的控制下,天气既晴又热,降雨很少。这一时期下游沿海地区的降水,主要视台风影响的大小而定。夏季七至九月,是台风登陆的季节,尤以八月份最为频繁。台风雨约占年降雨量的35%以上。但由于台风雨时间短,强度大,特别是强台风所到之处常生成暴雨,中断运输,破坏农作物生长,摧毁房屋,破坏性较大。进入秋冬季节(每年十月至来年三月),由于干寒的蒙古高压的影响,流域天气持久晴寒,降雨量少,约占全年降雨量的10%左右。

从流域整体来看,其降雨量丰富,雨热同期的气候特点,利于喜热喜湿的水稻、甘蔗、茶叶以及多种亚热带作物的生长,也利于林木的生长。另外由于雨量的季节分配比较集中(与此相对应的就是闽江流域径流量的变化),遂使流域内部交通运输也呈现出季节性的变化,在闽江干支流径流量充沛时,货物运输便利,反之则货物流动不畅通。这一现象引发的另一后果则是或导致山洪暴发,江河泛滥,或引起干旱,对农业生产非常不利,因此水灾、旱灾成为闽江流域主要的自然灾害。

二、自然灾害

在以农业生产为主的社会里,自然灾害成为影响社会生产与生活的重要因素,在传统社会中尤为如此,这个问题在本书的考察对象闽江流域中亦较为突出。然而,由于过去所保存气候资料的不足,我们不能对闽江流域19世纪60年代至20世纪30年代这一时间段内的自然灾害情况做出准确的描述,而只能根据有限的资料对其做一概括性的介绍。

上文述及,水旱灾害是闽江流域社会生产与生活的主要威胁,由于自然地理条件的限制,流域内水旱灾害的形成在时间和地域上都较为集中,再加上闽江流域水系呈扇形分布,因此灾害一旦形成,往往带来巨大的破坏。崇安清同治元年(1862年)六月大水,"西北乡洪水暴涨,高丈余,漂荡田亩无算,屋倒墙倾,人多压死";①清光绪十二年(1886年)七月,"洪水入城,东北门民居漂荡,各乡田庐桥梁农作物多损坏";②宣统元年(1909年),"东乡溪头村山崩水涌,民房十余家尽成沙洲";③民国五年(1916年)四月大水,"是日大晴,忽分水关附近洪水暴,冲坏桥梁田亩无算"。④ 光泽县光绪七年(1881年)七月,"大水冒城至夜,舟自西北城堞上流入,西乡决,田庐瀹,溺人畜无算";九年"大旱,是年秋冬,早晚天色如焚,照地皆赤";十二年"七月北溪大水决,田庐淹没人畜无算,同日城堞四隅各圮十余丈";二十三年"春夏霪雨自正月至五月,晴不满一月"。⑤ 建宁县同治八年(1869年)"大水,城乡桥冲颓殆尽";十年"辛未夏大旱";十一年"壬申夏四月雨,菽里河东民房毁";光绪二年"丙子五月初八日大水,文庙坏,城垣崩,万安桥圯,水溢石

---

① 刘超然等修,郑丰稔等纂:民国《崇安县新志》卷一,《大事》,民国三十一年铅印本,第38页。
② 刘超然等修,郑丰稔等纂:民国《崇安县新志》卷一,《大事》,民国三十一年铅印本,第39页。
③ 刘超然等修,郑丰稔等纂:民国《崇安县新志》卷一,《大事》,民国三十一年铅印本,第41页。
④ 刘超然等修,郑丰稔等纂:民国《崇安县新志》卷一,《大事》,民国三十一年铅印本,第42页。
⑤ (清)盛朝辅原本,李麟瑞、钮承藩续修,何秋渊续纂:光绪《光泽县志》卷一,《时事表》,清光绪二十三年增刻本,第4页。

栏尺余,城内水深丈许";十六年"庚寅五月端午日大雨,城内水深五尺"。① 建阳县同治四年(1865年)"五月初四日大水涨至童游桥面,适漂来大树横梗桥墩,墩遂倾,桥上数十人随桥屋冲去,幸均经救起,时米价大涨";光绪九年"大旱六十余日,知县费荨臣斋宿郊坛为民请命,旋得甘霖,是后田多丰,米每石银二圆";十八年"五月西溪水涨,嘉禾、永忠、崇泰各村市水深数尺或及丈,夏亢旱,秋稻大歉";二十六年"夏大水,水势浩荡,以城内水所到地测之,比二十一年洪水仅浅一尺,旋亢旱,秋稻歉,是后丰歉无常,米价渐高";民国十四年"夏五六月间无雨,山又无泉,农方苦旱,米值渐涨,每斗小洋七角"。② 永泰县同治三年"七月初七日,嵩口水围地,百余亩变为深潭";光绪十六年"五月二十八日,三十三都小溪大水,计流棺木一十九具,漂没人口百余,坏田地千有余亩"。③ 除流域上游地带因降水分布关系所造成的水旱灾害外,流域下游沿海诸县份的水旱灾害往往还伴随着风灾。如连江县清同治七年"闰七月初二日飓风大雨溪流涨溢,沿溪庐舍田园多漂没",光绪七年"闰七月二十九日飓风暴发,大树尽拔,文庙东老松摧仆,是日浮曦狮岐渡船覆溺死三十余人",光绪二十四年"秋八月十五夜,飓风大作,海潮逆涌,比晓县治洪流高过城堞,墙屋崩圮无算,化龙桥边游某家被压溺死者母子四人",三十一年"八月初一日,暴风大作,沿海渔船沉没,死者以千计",宣统元年(1909年)"七月,飓风大作,海潮汹涌,民舍崩塌,田禾淹没,沿海船户遭覆溺无算"。④ 此外,地方志中尚有多处"溪涨入城"的字眼,概多与大风相关。从以上零星记载中我们可以大略了解到自然灾害给流域人们生产和生活带来的巨大破坏。

就闽江流域整体而言,19世纪60年代至20世纪30年代这个时间段内的灾害情况如下表所示。

---

① 钱江修,范毓桂纂,吴海清续修,张书简续纂:民国《建宁县志》卷二十七,《灾异》,民国八年续修铅印本。
② 万文衡等修,罗应辰等纂:民国《建阳县志》卷一,《大事志》,民国十八年铅印本,第29页。
③ 董秉清等修,王绍沂纂:民国《永泰县志》卷二,《大事志》,民国十一年铅印本,第7页。
④ 曹刚等修,邱景雍纂:民国《连江县志》卷三,《大事记》,民国二十二年铅印本,第57~61页。

表 2-2　闽江流域 1861—1937 年各地旱涝强度

单位：年，%

地区	特涝		大涝		中涝		特旱		大旱		中旱		总计	
	分布年数	占百分比	分布年数	占百分比	分布年数	占百分比	分布年数	占百分比	分布年数	占百分比	分布年数	占百分比	分布年数	占百分比
建阳	2	5	3	7	27	64	1	3			9	21	42	100
三明	2	5	3	7	27	64			2	5	8	19	42	100
龙岩	1	2	2	5	31	76					7	17	41	100
宁德			2	4	29	63			1	2	14	31	46	100
莆田			6	13	24	51	1	2			16	34	47	100
平均	2.4%		7.2%		63.6%		1%		1.4%		24.4%		100%	

注：建阳地区包括浦城、武夷山、建阳、建瓯、松溪、政和、光泽、邵武、顺昌、南平十县；三明地区包括建宁、泰宁、将乐、明溪、沙县、三明、永安、尤溪、大田九县；龙岩地区包括宁化、永安、清流等九县；宁德地区有十县，其中包括屏南、古田二县；莆田地区包括十县，除莆田、仙游外，均为福州地区各县，分别为连江、福州、闽侯、长乐、永泰、福清、平潭、闽清。

资料来源：由《1470—1991 年历年省、地的旱涝强度》改制而成。参见黄文等编：《福建旱涝灾害》，福州：福建科学技术出版社，1993 年，第 121～141 页。

上表之中 5 个地区所属各县中，已将闽江流域所属的 31 县份包括在内，因而该表基本上反映了闽江流域在该时段的水旱灾害情况。在本书所讨论的 77 年时间内（1861—1937），各地区灾害分布年份均达到 50% 以上，而流域下游以福州为中心的 8 县中，灾害分布年份高达 61%。这是因为除由上游地区带来的水、旱灾害外，沿海地区另有由大风所引起的灾害，因而在受灾年份上要较上游地区为多。

从整体上看，闽江流域的自然灾害主要是水灾。从受灾年份上看，特涝、大涝及中涝占到灾害总数的 73.2%，而旱灾只占到 26.8%，这与流域的特性密切相关，水灾中特涝和大涝亦占有相当比重，占总受灾年份的 9.6%。从水、旱灾的等级上看，流域主要的灾害则是中涝及中旱，其中尤以中涝为主，占到总受灾年份的 63.6%。

而与水、旱灾并行的则是瘟疫。如清光绪二十六年（1900 年）夏五月，德化旱，鼠疫始生。光绪二十八年（1902 年），永泰夏旱，鼠疫作。自是连岁苦疫,死者枕藉。光绪二十九年四月,长乐县鼠疫,城厢死人甚多。① 瘟疫的出现,有自然灾害的原因,同时亦与人为因素密不可分,在近代闽江流域,社会的动荡所带来的影响亦成为瘟疫流行的重要因素。如民国十年,闽侯大水,琅岐乡饿死、病死 1300 多人;金砂、凤窝等四个村逃荒 1000 多人,卖妻卖子女 500 余户。② 其中病死的多为瘟疫流行所致,这与民国时期政局动荡、政府救助不力是分不开的。

闽江流域因其下游临海,风灾与海潮灾害亦成为另一构成主要破坏的自然灾害。如沿海的长乐县于清同治三年(1864)自 6 月 25 日大风至 7 月底止,屋破墙崩不计其数,这次风灾前前后后持续一个月之久,为福建省风灾纪录史上少见;宣统元年(1909 年)八月初二日飓风为灾,坏庐舍船只甚多。又如平潭县于民国八年(1919 年)7 月大风雨,数日不休,海潮高数丈。8 月 25 日午后三时,飓风挟猛雨至,海潮怒涨,雨水壅积平地,水深数尺,田园淹没,发屋沉舟无算。就近代闽江流域整体来看,因风潮带来的灾害次数达到了 39 次之多,其中尤以流域下游临海县份受灾为重。③

总的看来,近代闽江流域的自然灾害频发,对流域的社会生产与生活带来了巨大的破坏。考察自然灾害的成因,除自然、气候因素外,人为因素亦是造成灾害频发的一个原因。如在近代,闽江流域内部由于经济作物如茶的过度种植,大量山坡植被遭到破坏,水土流失严重,这是形成水、旱灾的另一原因。

三、物　产

闽江流域物产丰富,除盛产粮食作物外,还有大量可供输出的经济作物,如三大特产茶、纸与木材等;除此之外,流域内部山岭重叠,由于地质构造的原因,其地层中蕴藏着磷、硫、铜、石墨、石英岩、大理岩、白云岩及稀有稀土和若干生金属矿产。

---

① 戴启天编:《福建省历史上的灾害饥荒瘟疫辑录(318—1948)》,福建省民政厅、民政学会编印,1988 年,第 309~313 页。

② 戴启天编:《福建省历史上的灾害饥荒瘟疫辑录(318—1948)》,福建省民政厅、民政学会编印,1988 年,第 321 页。

③ 戴启天编:《福建省历史上的灾害饥荒瘟疫辑录(318—1948)》,福建省民政厅、民政学会编印,1988 年,第 212~219 页。

(一) 米

闽江流域各县均产米。其内部除福州盆地外,殆少平地,这导致流域内部耕作面积有限。但从土壤及肥瘠情况来看,上游地区土壤为灰化红壤,其土质肥于其余各处。从耕作方式上看,福州平原每年可植间作式的稻作两次,闽北则只有一次。因而从粮食产区的分布上看,闽江下游(福州平原周围)为产量最大区,上游地区次之。其主要产地有福州区的闽清、尤溪、古田、侯官、竹歧、长乐、龙门、营前、金峰、潭头、连江、管头等地;建瓯区的崇安、建阳、建瓯、界首、常平、莒口、将口、松溪、政和、兴田、浦城、白沙等地;洋口区的洋口、南平、邵武、拿口、建宁、泰宁、将乐、顺昌、沙县等地。闽江上游诸地区虽然米产量不及下游地区高,但因人口稀少,地方消费有限,反而可大量供给下游(福州地区)。① 另外各县除产米之外,尚有其他如麦、大豆、番薯、玉蜀黍、落花生等粮食作物,以闽北崇安县为例,"稻有早稻、晚稻……全年产量向无确实调查,然以全县水田四四二七四亩计之,当为六六四零五六市担,曝干为米当为三七八五一一市担。麦有大麦、小麦二种。邑人所种均小麦,又名子麦,产于下梅、吴屯、星村、黄土、兴田、城村各处,全年产约一千市担。大豆,俗名黄豆,产于曹墩、星村、黄土、兴田、城村各处,每年产量约二千市担。甘薯,俗名番薯,产于城厢、黄柏、赤石、星村、曹墩、公馆等处,全年产量约二千市担。玉蜀黍,俗名包黍,各乡均有出产,而以封禁山为多,全年产量约一千市担。落花生,有大小二种,大者俗名洋花生,小者俗名三眼连,产地赤石、星村、曹墩等处,全年产量约一千市担"。②

(二) 经济作物

近代闽江流域最重要的特产为可供出口的大宗商品,即茶、木材和纸。就茶而言,流域内主要产区为上游九县,即崇安、邵武、建阳、建瓯、松溪、政和、浦城、水吉和沙县,中游的永春、大田、古田、屏南四县及下游的连江、闽

---

① 巫宝三、张之毅:《福建省食粮之运销》,上海:商务印书馆,1938 年,第 2~5 页。
② 刘超然等修,郑丰稔等纂:民国《崇安县新志》卷十九,《物产》,民国三十一年铅印本,第 1 页。

侯两县。① 其中尤以崇安的武夷茶最为著名,明季徐勃在《茶考》中称:"环九曲之内不下数百家,皆以种茶为业,岁产十万斤"。再有如政和县,"茶,有种类名称凡七。曰银针,即大白茶芽,产地始自铁山、高仓头山,现到处均有布种。曰红茶,产西南里;曰绿茶,产地与红茶同。曰乌龙,产东平里。曰白尾,曰小种,曰工夫,随地皆有,皆以制造后而得名"。② 闽江流域内纸的产地较广,主要有建溪的浦城、崇安、建瓯、松溪、政和等县;富屯溪的邵武、顺昌、将乐、建宁、泰宁等县;沙溪的沙县、永安、明溪、清流、宁化等县;半溪的南平、尤溪、古田、大田、闽清等县以及大樟溪的永泰、德化两县。其中富屯溪的邵武、顺昌二县产地均在一百村以上,将乐亦有数十村,各县产纸之盛由此可窥一斑。③ 闽江流域的产林地主要分布于闽西北各县,东起闽侯、古田,西迄宁化、建宁,南自德化、大田,北及崇安、浦城,实占全省产林地的半数以上。各县产地有建溪的浦城、崇安、建瓯、建阳、松溪、政和诸县;富屯溪的邵武、顺昌、建宁、泰宁、将乐诸县;沙溪的宁化、清流、明溪、永安、沙县等县;半溪的南平、尤溪、大田、屏南、古田、闽清、闽侯等县及大樟溪的永泰、德化两县。其中以建溪流域的建瓯、浦城二县同称产林盛地,建瓯年产林木多在三十万元以上,浦城常年亦有二三十万元之谱;富屯溪流域邵武的林木生产年亦可达二十余万元;而半溪流域之林地首称尤溪,年在六七十万元之多,为全省产木最多县份。④

除茶、纸与木材外,流域内尚出产其他如烟草、笋、果实、甘蔗、竹及竹制品及香菇等经济作物。"烟草,种出东洋,近多莳之,价昂,甚以腴田种艺者"⑤,主要产自沙县、顺昌等县;甘蔗,永春、德化产之,福州西门外洪山桥

---

① 唐永基、魏瑞德合编:《福建之茶》上册,福建省调查统计丛书之五,福建省政府统计处,1941年,第9~11页。

② 黄体震等修,李熙等纂:民国《政和县志》卷十七,《实业志》,民国八年铅印本,第3页。

③ 林存和编:《福建之纸》,福建调查统计丛书之四,福建省政府统计处,1941年,第25~26页。

④ 翁礼馨编:《福建之木材》,福建调查统计丛书之三,福建省政府秘书处统计室,1940年,第13~14页。

⑤ 吴栻等修,蔡建贤纂:民国《南平县志》卷六,《物产志》,民国十七年铅印本,第5页。

一带及连江县出白蔗,甚至有以甘蔗为地名者(甘蔗乡)。① 笋有春笋、冬笋之分,1915年从福州口海关输出高达九万担,常关输出也达二万五千担,实占全国输出的九成左右,其产地有沙县、永安、建瓯、邵武、南平等县。②

(三)矿产

闽江流域矿产种类丰富,有煤、铁、亚铅、铅、金、笔铅矿、大理石、钼等矿藏。就煤而言,民国实业部地质调查所第四次矿业纪要载福建省煤储藏量为五亿吨,但据日本人调查仅为五千万吨,多分布在闽江流域(见表2-3),且年产额小,1935年《申报年鉴》统计其仅为五万吨。铁矿主要分布于德化、永春等县,此外尚有建瓯县的松源村、松溪县的王塘浦村亦有磁铁矿砂分布。亚铅分布于政和县的狮子山,矿区面积达133亩。笔铅矿分布于屏南县,其境内黄家山笔铅矿面积达246亩。金沙矿则主要分布于建瓯,其东游塘金沙矿面积达780亩。而大理石与滑石矿主要分布于南平及泰宁县。③钼矿主要分布于永泰的犁壁坑,位于"距县城东三十里埔边村,山脉连亘,中劈成谷,谷底有溪曰犁壁,源于村之西南山麓,北折而东流。该矿区向为荒山,清光绪二十年间,春雨骤涨,土石崩裂,土人黄子忠者入山樵木,忽于石裂处发见该矿,触之手黑,烧之不燃而成白粉,奇之……当时虽知为稀有之矿,而无能名之。民国纪元前后,有矿师王宠佑、卢芳年等始悉为钼矿。同时有邑孝廉周蘧然、明经郑仰樵等组织永宝钼矿公司,举矿商刘悦岩为总理。二年二月呈请注册,采其最纯者含硫质平均百分之四十,钼质平均百分之六十;普通稍含杂质百分之一或百分之二。……采出之苗由汰口运至福州,转运英国伦敦市场,其买入者为炼钢原料及化学用品等需"。④

---

① (日)台湾总督府热带产业调查会编:《南中国的资源与经济》第一卷:福建省,台北:南洋协会台湾支部,1938年,第258～259页。
② (日)台湾总督府外事部:《福州事情》,台北:台北印刷株式会社,1941年,第231～232页。
③ (日)赤松佑之编:《中国各省经济事情》第十六编:福建省,东京:日本国际协会,1936年,第87～89页。
④ 董秉清等修,王绍沂纂:民国《永泰县志》卷七,《实业志》,民国十一年铅印本,第8页。

表 2-3　闽江流域煤储藏量表

县别	炭田	面积（平方公里）	炭层（米）	无烟炭（百万吨）
邵武	蕉坑洒口	7.2	2.0	15
建瓯	梨山	10.0	1.5	12
崇安	下梅	20.0	0.5	20
浦城	渔梁岭	4.0	0.6	4
总计				51

资料来源：（日）赤松佑之编：《中国各省经济事情》第十六编：福建省，东京：日本国际协会，1936年，第87页。

但近代闽江流域在矿藏的开采利用以促进经济发展方面却未有较大建树，以煤炭资源为例，"福建省全省殖产石炭，仅供其地方炊事用，未见经济上的大价值"①，流域各地的开采也多为零星的手工操作，少见大规模的矿山开发。民国年间，建瓯梨山煤矿先后曾有多家公司采用新法开矿，然最终都不免亏折失败。这其中很大一部分原因要归因于交通运输的不便，如民国《建瓯县志》在评价当地煤矿公司停产的原因时称："其停顿原因虽各不同，而最大障碍则在交通不便。盖煤之为物，设非源源而为，继续接济，则试用者大感困难。建瓯地处闽江上游，陆路崎岖，水道艰涩，纵使终年搬运，不稍停滞，亦不足供一大埠之燃料，所得价值又不敷运费。异日铁路畅通，可期矿产之发达也。"②而资源开采利用的不力也是闽江流域近代新式工业发展缓慢的原因之一。

① （日）东亚同文会编：《中国省别全志》第十四卷：福建省，东京：东亚同文会，1920年，第861页。
② 詹宣猷修，蔡振坚等纂：民国《建瓯县志》卷二十五，《实业志》，民国十八年铅印本，第14页。

第二节

近代闽江流域的人口、耕地与粮食

近代以降,闽江流域的人口总数呈不断下降之趋势。据统计,清道光九年(1829年)全流域 31 个县份总人口数为 7194991[①] 人,而抗日战争前(1936—1937年)全流域总人口数下降为 4639989[②] 人,前后 109 年人口数下降了 2393168 人,降幅达到了 35.51%,年人口递减率为 3.26‰。1829年、1926年与1936—1937年全流域各县人口数对照如下:

表 2-4 近代闽江流域各县人口数对照表

单位:人

县名	1829 年	1926 年	1936—1937 年
闽县	595994	1508630	1028610
侯官	341356		
长乐	132855	317000	227801
福清	764333	469863	412103
连江	174406	222300	221565
平潭	—	111225	115753
古田	143127	189660	178815
屏南	56602	79843	80537
闽清	105826	93456	121939
永福	262281	278793	166065
南平	123004	199630	158916
顺昌	88752	49171	44752

---

① 据《清道光九年福建省各县户口数》得出,其中建阳县数据或存误。见陈景盛:《福建历代人口论考》,福州:福建人民出版社,1991年,第133~137页。

② 据《抗日战争前福建省各县区户口数》得出,见陈景盛:《福建历代人口论考》,福州:福建人民出版社,1991年,第139~141页。

续表

县名	1829年	1926年	1936—1937年
将乐	196502	82496	63011
沙县	77423	139160	116037
尤溪	194263	307482	145460
永安	188925	204530	95228
建安	227134	422836	282358
瓯宁	306940		
建阳	1220000*	112234	93580
崇安	109264	117535	47934
浦城	239476	181798	180364
松溪	90148	62526	60267
政和	113510	66105	80367
邵武	280629	195326	99595
光泽	169326	68094	84895**
建宁	108021	100506	57098
泰宁	88041	110470	44254
宁化	379240	204850	133772
清流	93032	58968	57887
归化	115664	55742	37731
德化	109130	104821	107250
大田	99787	271777	96045

注：*此数字为道光十一年(1831年)数字,陈景盛疑为笔误。

　　**此数字为清宣统三年(1911年)统计数字。

资料来源:陈景盛:《福建历代人口论考》,福州:福建人民出版社,1991年,第133～141页;铁道部业务司调查科:《京粤线福建段沿海内地工商业物产交通述要》,1933年,第181～185页。

以上表观之,近代闽江流域人口总数的减少主要集中在上游地区,其中以闽西北地区的建宁府最为显著。究其原因,在于以下两个方面:

其一是移民因素的影响。近代福建存在着相当规模的人口迁移,从省际迁移的角度来看,最主要的是外省人口向福建的迁移,可分为商人与手工业者及经济作物种植者两种类型。商人多来自广东、浙江、安徽、江西等省，他们进入福建后，除一部分集中于沿海地区都会外，余皆集中于闽西、闽北的山区。这是因为闽西北是福建传统产品如茶、木的产地。如清末的建瓯县城"居民多属江西人，约占半数，重要商店大半为江西人所经营"①，其中县城的西门街、临江门、道济门附近，为商店及小买卖商人聚集地，其中在西门、临江门者多江西人。② 除商人外，近代外省人口向福建迁移为数更多的还是从江西、浙江、广东邻省向闽西北山区迁移的各类手工业者与经济作物种植者。手工业者中以茶工居多。据载，清咸丰朝后，闽北茶区每届茶季，从江西来的茶工多达数十万人，这些茶工依茶季起止而来往，属于季节性迁移。另有浙江处州人到闽北制造乌烟，每年秋初而来，春末而归，人数亦达数万，这也属于季节性迁移。此外近代闽江流域的各类工匠亦多为江西、浙江、广东人。至于经济作物种植者，主要为种植茶叶、烟草与栽培香菇者，民国年间，浙江庆元、龙泉、景宁三县菇农往返于闽西北山区者人数常达二十余万。③ 从省内人口迁移来看，当为闽南沿海一带及闽江流域下游一带向闽西北山区的移动。其迁移者多为手工业者与种植业者，此外亦多有商人移居闽西北山区经商。其中以福州商人的势力为最大，如《中国省别全志》称福州人在建瓯县城内商业势力最大，而尤溪县城内商贾亦多为江西、福州人。④ 戴一峰认为近代福建人口的迁移，其主要流向乃是闽东南沿海一带及邻省人口向闽西北山区方向亦即闽江上游地区移动。这一迁移在清同治、光绪年间曾出现高潮（见表2-5），但其持续时间甚短，随着清光绪中叶后福建茶叶生产、贸易的衰败而日渐低落。

---

① （日）外务省通商局:《福建事情》，东京：东洋印刷株式会社，1917年，第392页。

② （日）东亚同文会编:《中国省别全志》第十四卷：福建省，东京：东亚同文会，1920年，第131页。

③ 戴一峰:《近代福建的人口迁移与城市化》，《中国经济史研究》1989年第2期。

④ （日）东亚同文会编:《中国省别全志》第十四卷：福建省，东京：东亚同文会，1920年，第132、151页。

表 2-5　1912 年闽江流域各县人口分类统计表

地名	总人数（人）	外县人数（人）	外省人数（人）	（Ⅰ）外县人所占比重(%)	（Ⅱ）外省人所占比重(%)	（Ⅰ＋Ⅱ）非本县人所占比重(%)
延平府	926989	136391	55095	14.7	5.9	20.6
南平县	203509	31115	15561	15.3	7.6	23.9
顺昌县	48056	12482	7306	30.0	15.2	45.2
将乐县	66987	1497	2102	2.2	3.1	5.3
沙县	159371	19753	9553	12.4	6.0	18.4
尤溪县	257404	31544	573	12.3	2.2	14.5
永安县	191663	40000	20000	20.9	13.6	34.5
建宁府	1091355	143805	311346	13.2	28.5	41.7
建瓯县	534847	89696	129964	163.8	24.3	41.1
建阳县	95122	9498	53995	10.0	56.8	66.8
崇安县	155887	816	35470	7.3	30.6	37.9
浦城县	177723	32657	73978	18.4	41.6	60.0
松溪县	75210	1405	5003	1.9	6.7	8.6
政和县	110836	2033	12936	18.3	11.7	30.0
邵武府	328286	45221	52023	13.8	15.8	29.6
邵武县	117496	23631	11592	20.1	9.9	30.0
光泽县	40489	199	3745	0.5	9.2	9.7
建宁县	83173	12756	19895	15.3	23.9	39.2
泰宁县	87228	8635	16791	9.9	19.2	29.1
合　计	2346630	325417	418464	13.9	17.8	31.7

资料来源：本表系根据日本外务省通商局编《福建事情》，第 94～96 页提供资料编制。戴一峰：《近代福建的人口迁移与城市化》，见戴一峰：《区域性经济发展与社会变迁：以近代福建地区为中心》，长沙：岳麓书社，2004 年，第 24～25 页。

由上表可见，至清末，闽西北延平、建宁、邵武三府移民人数达 74.4 万，占人口的 31.7%，其中以建宁府最多，约占人口总数的 41.7%。由此可知，在本书所关注的这个时间段内，闽江流域上游山区人口的减少是有移民原因在内的。随着福建传统的出口产品生产与贸易的衰落,那些原本从外省或省内闽南沿海及闽江下游一带迁移而来的人因此纷纷离开,这直接导致了闽江流域上游地区人口的锐减,以表 2-5 与表 2-6 对照观之,亦可得出此种结论。

其二是农村经济的衰落导致的人口减少。近代闽江流域农村经济的衰败基于两方面的因素。第一是经济作物种植的失败,以茶叶、香菇为代表的经济作物的种植曾于清末时期吸引大量人口聚集上游山区,但随着经济作物输出的衰落,农村经济走向没落,从而导致当地人口的大量流失;第二即社会环境的恶化,民国时期,闽江流域上游地区陷于动荡之中,各种军事斗争使得这一地区的人们无法进行正常的农业生产,导致人口流失,土地抛荒。以闽北邵武为例,邵武农村在近代人口逐年递减,其总人口,据 1938 年调查只有 96463 人,而 1920 年有 180000 人,在 1936 年尚有 120000 人。其人口年递减率达到了惊人的 2.44%。另外就是荒地的增加,邵武面积有 2570 平方公里,又根据 1938 年土地陈报结果,该县可供耕种的民田有 283405 市亩,尚未开垦使用的荒地(山地除外)已达 15 万市亩,这其中的原因在于农产品生产量的激减。如茶叶本来是邵武农村的主要农产品之一,年输出额几达二十万元,但后来却极度衰落;再如纸,1926 年输出总值曾达三百万元以上,到后来只有十几万元了。① 从中我们不难看出,闽西北地区农村经济的衰落是该地区人口流失与荒地大量增加的主要原因。

关于近代闽江流域的人口构成,限于资料的缺乏,我们无法对其具体人口年龄及职业构成做出详细的说明,现仅据 1947 年的统计数字对此做一粗略估计。1947 年福建省总人口为 8315465 人,其中农业人口为 3553890 人,约占总人口的 42.74%;从事矿业的有 16826 人,占 0.20%;工业为 261227 人,占 3.14%;商业为 359929 人,占 4.33%;交通运输业为 86537 人,占 1.04%;公务为 109812 人,占 1.32%;自由职业为 61479 人,占 0.74%;人事服务为 2249985 人,占 27.06%;其他 76258 人,占 0.92%;无业人口为 1539252 人,占总人口的 18.51%。② 另据日人的调查称 1939 年福

---

① 傅家麟主编:《福建省农村经济参考资料汇编》,福建省银行经济研究室,1941 年,第 59 页。
② 福建省档案馆编:《民国福建各县市(区)户口统计资料》,福州,1988 年,第 196~197 页。

建省农户数占总户数的71.1%①,而工、矿、商业从业人口则数量甚微,这从一个侧面反映了近代福建包括闽江流域在内仍是一个以农业为主的社会,其工、矿、商业发展甚缓,于经济结构的影响不大。以此情况类推,可知本研究时段内,闽江流域的人口大部分仍属农业从业人口。

从人口的地理分布上来看,近代闽江流域的人口主要聚集在下游地区。从人口密度来看,从上游至下游地区呈依次递增的态势,人口最密集的地区是闽侯、长乐、福清、连江、平潭等县,而最少的地区则是归化、崇安、清流、建宁、泰宁等上游诸县,如下表所示:

表2-6 闽江流域各县人口密度比较表

县名	人口密度(每平方公里平均人数)	县名	人口密度(每平方公里平均人数)
闽 侯	333.20	建 瓯	55.70
长 乐	359.20	建 阳	42.90
福 清	319.80	崇 安	27.90
连 江	259.40	浦 城	56.01
平 潭	312.20	松 溪	53.60
古 田	60.30	政 和	44.70
屏 南	48.90	邵 武	32.50
闽 清	88.30	建 宁	32.40
永 福	48.09	泰 宁	35.40
南 平	50.60	宁 化	35.30
顺 昌	30.70	清 流	29.80
将 乐	31.70	归 化	19.10
沙 县	39.50	德 化	47.40
尤 溪	48.01	大 田	45.30
永 安	33.20		

资料来源:据《福建省各县人口密度比较表》改制而成,林观得编著:《福建地理》,福州:建国出版社,1941年,第28~29页。

---

① (日)东亚问题研究会:《南中国产业要览》,东京:三省堂,1939年,第117页。

再来看耕地与粮食的情况。近代闽江流域的耕地面积因资料缺乏难以准确估计,惟以20世纪30、40年代的各种调查资料加以推断。从总体趋势上来看,近代福建包括闽江流域在内的耕地面积经历了一个逐步衰减的过程(见表2-7、表2-8),清末经济作物的种植衰退之后,流域各县区都出现了土地抛荒现象。

表2-7　福建省各县历年耕地指数对照表

年　份	耕地指数:固定基本 清同治十二年(1873)为100	耕地指数:移动基本 清同治十二年(1873)为100
同治十二年(1873)	100	100
光绪十九年(1893)	96	96
民国二年(1913)	92	96
民国二十二年(1933)	81	87

资料来源:郑林宽:《福建之人与地》,农业经济研究丛刊第三号,福建省农业改进处调查室编印,1946年,第21~22页。

从全省耕地面积数字来看,1935年《福建统计年鉴》(第一回)称全省共有耕地面积为2138万亩,另据南京国民政府时期的调查统计,1939年福建省耕地面积为2329万亩,其中水田1198.6万亩,旱地1130.2万亩,平均每户耕地面积为14余亩。① 1941年福建省农业改进处调查室编印《福建之人与地》,对全省各县区耕地面积有一详细统计,全省实有耕地面积计为15794765市亩,其中水田面积为9838017市亩,旱田面积为5956748市亩,闽江流域各县耕地面积和垦殖指数如表2-8和表2-9所示:

表2-8　闽江流域各县耕地面积一览表

县份	总　计		水　田		旱　田	
	面积(亩)	百分比(%)	面积(亩)	百分比(%)	面积(亩)	百分比(%)
闽　侯	527130	100	341232	64.7	185898	35.3
长　乐	238460	100	122993	51.6	115470	48.4
福　清	444460	100	219420	49.4	225040	50.6
连　江	213783	100	141953	66.4	71830	33.6

① (日)东亚问题研究会:《南中国产业要览》,东京:三省堂,1939年,第117页。

续表

县份	总计		水田		旱田	
	面积(亩)	百分比(%)	面积(亩)	百分比(%)	面积(亩)	百分比(%)
平潭	45800	100	2759	6.0	43041	94.0
古田	261160	100	104460	40.0	156700	60.0
屏南	219000	100	145000	66.2	74000	33.8
闽清	178070	100	81086	45.5	96984	54.5
永福	141800	100	15860	11.2	125940	88.8
南平	369000	100	197000	53.4	172000	46.2
顺昌	131000	100	100100	76.3	31000	23.7
将乐	247203	100	246107	99.6	1096	0.4
沙县	299000	100	201000	67.2	98000	32.8
尤溪	363000	100	210000	69.3	125940	30.7
永安	134309	100	91000	67.7	43000	32.3
建瓯	563287	100	373687	66.3	189600	33.7
建阳	248344	100	246126	99.1	2200	0.9
崇安	185252	100	60870	32.9	124382	67.0
浦城	705180	100	700769	99.4	4411	0.6
松溪	152001	100	116000	76.3	36000	23.7
政和	104561	100	52528	50.2	52033	49.8
邵武	360212	100	285394	79.2	74808	20.8
建宁	180135	100	179769	99.7	366	0.3
泰宁	176029	100	173392	98.5	2687	1.5
宁化	215200	100	103442	48.0	111758	52.1
清流	171000	100	106000	62.0	65000	38.1
归化	104000	100	83000	79.8	21000	20.2
德化	267000	100	214000	76.4	63.000	23.6
大田	288000	100	137000	47.6	151000	52.4

资料来源：郑林宽：《福建之人与地》，农业经济研究丛刊第三号，福建省农业改进处调查室编印，1946年，第21~22页。

表 2-9　闽江流域各县按耕地计算人口密度与垦殖指数一览表

县　份	人口密度（每平方公里耕地人口数）	垦殖指数	县　份	人口密度（每平方公里耕地人口数）	垦殖指数
全　省	1133	8.9	永　安	982	3.5
闽　侯	2724	12.2	建　瓯	568	9.8
长　乐	1466	24.5	建　阳	549	7.8
福　清	1233	24.9	崇　安	537	5.2
连　江	1739	14.3	浦　城	806	13.8
平　潭	3479	9.0	松　溪	563	9.5
古　田	1029	5.9	政　和	1108	4.1
屏　南	524	9.3	邵　武	402	8.1
闽　清	1038	8.1	建　宁	434	7.5
永　福	1611	3.0	泰　宁	389	9.1
南　平	626	7.5	宁　化	852	4.2
顺　昌	655	4.6	清　流	502	6.0
将　乐	401	7.9	归　化	502	3.8
沙　县	489	8.0	德　化	580	8.2
尤　溪	710	6.8	大　田	535	8.5

资料来源：郑林宽：《福建之人与地》，农业经济研究丛刊第三号，福建省农业改进处调查室编印，1946年，第33～34、23～24页。

由表 2-9 我们可以看出，近代闽江流域的耕地垦殖指数仍处于一个较低的水准。从全流域来看，其主要的耕地仍是集中在下游地区，超过全省平均垦殖指数的县份除福州地区诸县外，主要集中在浦城、松溪、泰宁、建瓯诸县。从可耕地面积的人口密度来看，下游地区明显偏高。这都从一个侧面验证了近代闽江流域的粮食产地问题，即上游地区是粮食的主要产地之一。但若按每个农民所摊得之耕地计算，则全省每个农民仅有 1.79 市亩，当时世界上欧美各国规定每人须得 12 市亩方能维持正常生活，两相对照便可知福建省农民和农村经济在近代的贫困与衰败了。

再来看粮食问题。福建自明清以来就是粮食不能自给的省份，闽江流域亦不例外，其粮食多仰赖于台湾、广东、浙江的输入。步入近代以来，由于农业生产率的停滞不前,加上耕地日益缩减,故粮食供应更显不足。我们先来看近代闽江流域的粮食亩产量。据戴一峰教授的研究,民国时期全省籼粳稻的亩产量基本上保持在300斤上下。其最低年份(1915年)亩产仅249斤,最高年份(1937年)亩产为403斤。糯稻的亩产量则大致保持在350斤左右。其最低年份(1915年)亩产仅185斤,最高年份(1924—1929)亩产达400斤。由于各地生产条件的差异,水稻亩产量相差很大,其中闽西、闽北山区水稻亩产量常年则在150斤左右。另一种仅次于水稻的主要粮食作物番薯的亩产量基本上保持在1200斤上下。至于麦类作物小麦和大麦的亩产量仍停留在明清时代水平,小麦基本上为百来斤,民国时最高产量为265斤,最低数则为64斤,大麦亩产量亦大致相同,其最高亩产量为259斤,最低亩产量则为102斤。① 上述三种主要粮食作物中,除水稻为近代闽江流域全流域可耕种外,番薯多植于沿海地区的沙地,长乐、连江、闽清、古田等县为米薯兼食区,福清、平潭则主要以甘薯为主,其他县份也间有种植甘薯充作杂粮的;麦类作物则多植于上游山区。这是因为这一地区基本上是单季稻种植区,与北方地区一样冬闲时间长,有利于种植麦类作物。这样我们可以把近代闽江流域分为上游、下游两部分来看其粮食亩产量问题。上游地区产稻米及麦类作物,稻米亩产量为150斤左右,这一数字源于戴一峰教授的估计,另外民国后期翁绍耳等人对闽西北山区建宁县、泰宁县、邵武县的粮食亩产量进行调查,建宁县稻谷亩产量为1.52担,泰宁县为1.80担②,邵武为3.22担③,三县平均起来约为2.18担(合218斤),似可作为闽西北山区稻米亩产量。至于麦类作物,根据许道夫《中国近代农业生产及贸易统计资料》的统计,1914—1937年平均亩产量可得小麦为189斤,大麦为179斤。④ 下游地区为福建省主要产粮区,其粮食亩产量要高于上游同区,在此取戴一峰教授所得出的数字,分别为每亩产稻米300斤、番薯1200斤。

---

① 戴一峰:《近代福建农业的生产规模与技术》,见戴一峰:《区域性经济发展与社会变迁:以近代福建地区为中心》,长沙:岳麓书社,2004年,第201~203页。

② 翁绍耳、林文澄:《建宁泰宁米谷产销调查报告》,农业经济调查报告第五号,福建省农林处、私立协和大学农学院农业经济学系,1943年,第5~6页。

③ 翁绍耳:《邵武米谷产销调查报告》,农业经济调查报告第三号,私立协和大学农学院农业经济学系,1942年,第6页。

④ 许道夫:《中国近代农业生产及贸易统计资料》,上海:上海人民出版社,1983年,第43~44页。

从人均消费的角度来看,珀金斯在《中国农业的发展(1368—1968)》一书中指出中国农民每人每年最低消费需粮 400 斤,由此便可粗略判断出近代闽江流域是处于缺粮状态之下了。

与缺粮状态伴随的即是饥荒问题。近代闽江流域虽然经历着人口总数的缩减(主要集中于闽江流域的上游诸地区,而下游临海县份却有一定幅度的增长,参见表 2-4),但却因人均耕地缺乏和粮食低产的缘故,人口数量与土地所产之食物相比较,仍处于人口过剩状态之下。近代闽江流域就整体而言,由于人口分布的关系,上游地区成为下游地区的粮食输出地,食米运销路线是由以建瓯和洋口为中心的地区向南平、尤溪、福州地区移动。① 而发生饥馑次数较多的地方,大都为这些粮食输出地,且余粮越多的地区,越易发生饥馑。这其中的原因在于粮产区的粮食被过度输出,一旦歉收,势必造成饥荒。1936 年,南平因民食恐慌,米商纷纷前往上游邵武、建宁、泰宁、建瓯、建阳各县及洋口采运,邵武县即发生求过于供,米价上涨的情形,当时产米最富之区纷纷公议禁米出邵。②

总的看来,由于人均占有耕地的缺乏以及粮食产量的低下,近代闽江流域在人口总数缩减的情况下仍然面临着较为严重的人口压力,当然这种情况仍然局限于下游沿海人口分布较为密集地区。人满为患的情况使得愈来愈多的农民因无土地而成为"游民",那些失去生活资料的人们被迫离开原居地而去开辟新的生活途径。在近代闽江流域的下游地区,移民海外成为当地人们摆脱人口压力的首要选择。以 20 世纪 50 年代的统计资料观之,在福建省有华侨分布的县市中,属于闽江流域的县市有福州、闽侯、福清、德化、平潭、宁化、清流、永安、南平、古田、屏南、闽清、长乐、连江诸县市,多分布于下游福州地区周围,而上游如建阳、邵武地区则未见记录。③

---

① 巫宝三、张之毅:《福建省食粮之运销》,上海:商务印书馆,1938 年,第 4 页。
② 《据邵武县呈报粮食困难情形请分饬各机关勿再前来采运由》,沙县档案馆馆藏档案,档号 101-1-19。
③ 《福州省部分县(市)华侨、侨眷、归侨人数分布情况表》,见林金枝、庄为玑:《近代华侨投资国内企业史资料选辑(福建卷)》,福州:福建人民出版社,1985 年,第 26~27 页。

第三节

近代闽江流域的水陆交通

就给定的区域而言,交通运输是一个极其重要的变量,它影响着区域经济活动的布局,是区域社会经济发展的重要基础。近代闽江流域与流域外经济联系的主要方式——商品流通更是与交通运输密切相关,其主要交通方式可大致分为水运和陆运两种,其中当以水运最为重要。

一、水路交通

近代闽江流域的交通以水路交通为主,流域各地以闽江干流及各支流为依托,构建了一个庞大复杂的水运网络,为流域内部各地间的货物及人口流动提供了便利的条件。

(一)近代闽江流域的通航水路

上文述及,闽江较大的支流共有七条之多,分别为上游的建溪、富屯溪及沙溪,中游的古田溪及尤溪,下游的大樟溪及梅溪。其干流及各支流主要城镇间通航情况如表2-10所示,下就各支流情况详述之。

(1)建溪及其支流

建溪分为东溪、西溪,二溪会合于建宁流至南平,称为建溪。建宁上流120华里为西津,是东西二溪的会合点,东溪上溯30华里为政和,又20华里为石堂,其增水时民船可溯航,松溪为民船航行的终点。西溪又分为浦城溪及崇安溪二源,为通江西要路。建宁上流的叶坊村为二源会合处。浦城溪建宁、浦城间300华里可通民船,崇安溪建宁至建阳间可通大民船,而建阳上游则因河幅狭小而只可通行小型民船。①

---

① (日)马场锹太郎:《中国水运论》,上海:芦泽印刷所,1936年,第271页。

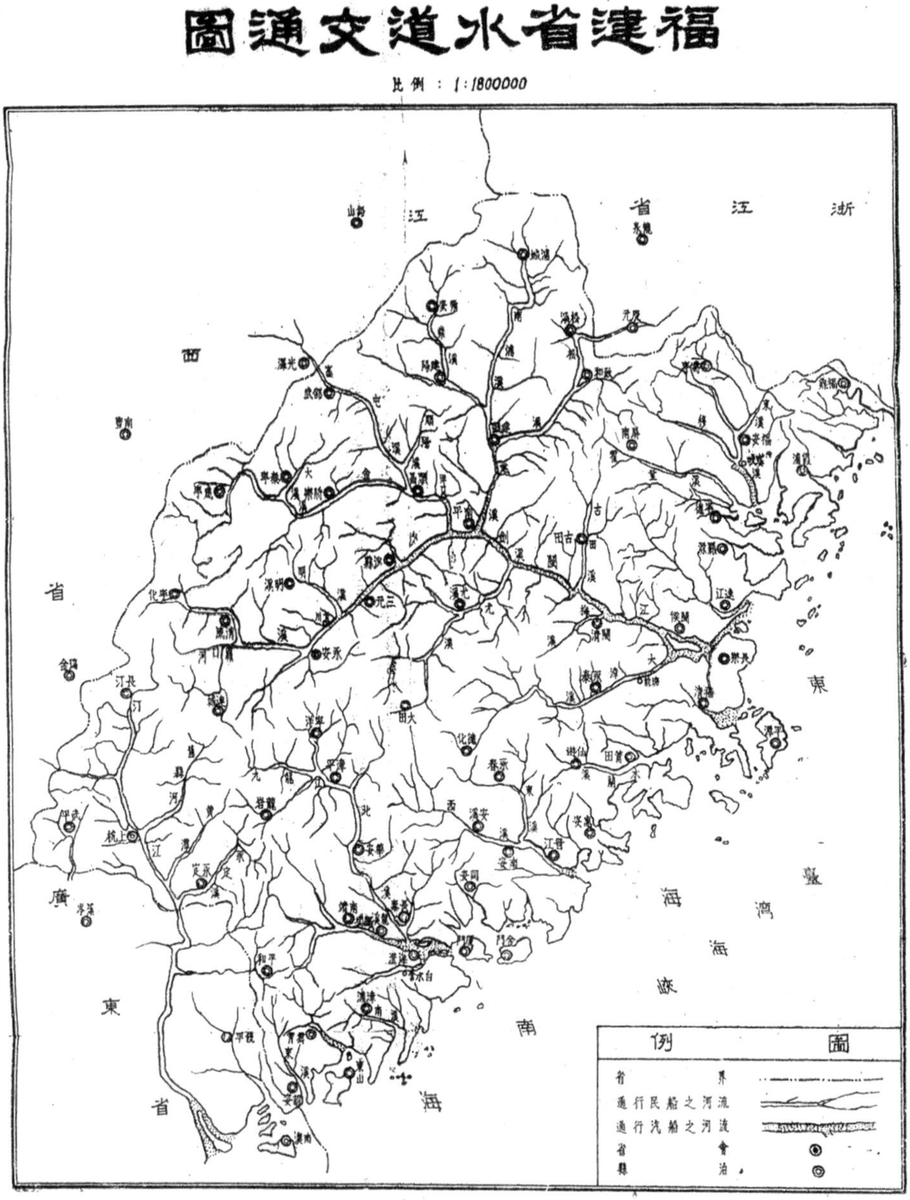

图 2-1　福建省水道交通图

资料来源：华北水利委员会沙溪工程处编印：《福建沙溪工程报告》，1944 年 11 月。

(2)富屯溪及其支流

闽江诸支流中,以富屯溪(邵武大溪)在水运上最为重要,两岸山岳迫江,河流屈曲,少激流湍流,因而民船往来极为频繁。其上游有北溪、西溪两源,合于光泽。光泽与上游西溪水口间50余里可以通行竹筏,货物赖之运送。光泽下游可通民船,但因水量不大的缘故,只能通行小型民船。光泽洋口间320里,溯航需7日乃至10日,下航需3日至4日。洋口距福州540里,通行四五百担大型民船,溯航需8日,下航则需3日。①

表 2-10 闽江干流及各支流通航情况一览表

区　　间	里程（千米）	航行日程 溯航	航行日程 下航	备　　考
闽江干流				
江口—马尾	40			可通行大型汽船
马尾—福州	14			吃水二米以下的汽船及大型民船可行,近年改修后,可通汽船
福州—洋口	360	八日	三日	上为大型民船,下为中型民船。小蒸汽船用以载客,货运以大型民船为主。其间有三十六险滩,亦可通行小型汽船
		九日	四日	
福州—水口	150	三日	二日	可通行四五百担大型民船,主要输送货物有龙眼肉、纸类、香菇、笋、盐、茶、面粉、杂货等
水口—南平	130			福州、南平间溯航七日,下航三日。主要输送货物有木材、乌烟、杂货、石油等
洋口—光泽	210	七—十日	三四日	
洋口顺昌间	20	六时	二时半	可通行大型民船,主要输送货物有米、芦、香菇、烟草、石油、盐、茶、木材
洋口拿口间	110	三日	二日	
洋口邵武间	160	五—七日	三日	
邵武—光泽	50			可通小舟,主要输送货物为米

---

① （日）赤松佑之编:《中国各省经济事情》第十六编:福建省,东京:日本国际协会,1936年,第71～72页。

续表

区　　间	里程（千米）	航行日程 溯航	航行日程 下航	备　　考
古田溪				
水口—古田	70	二日	半日	可通民船,主要输送货物有茶、米、木油、石油、杂货等
尤溪				
水口—大田	150			通民船,但航行困难
沙溪				
南平—宁化	370			可通行载重二万斤的民船
南平—沙县	80			福州沙县间溯航九日,下航四日
沙县—夏茂	40	一日	一日	通中型民船
沙县—永安	80	五日	二日	通中型民船
永安—小陶	80			通小舟
永安—安沙	50			通小舟,但多急滩,枯水期航行困难
安沙—清流	80			
清流—宁化	40			多赖陆运
建溪				
建瓯—南平	85	三日	一日	可通载重百担的大型民船
建瓯—石堂	135			可通载重二三十担的大型民船
建瓯—松溪	135	五日	二日	
建瓯—浦城	200	九日	二日	上为增水期,下为枯水期。可通载重四五十担的麻雀船。麻雀船主要向下流运米,向上流运盐和海产品,其载重量十担至四五十担不等。常常十数艘一团航行
		十一日	四日	
建瓯—建阳	80			可通百担乃至二百担的大型民船
建阳—崇安	80			可通二三十担的民船
金溪				
建宁—顺昌	200	七日	四日	可通民船,但仍以舟行为适

注：表中闽江干流指富屯溪及福州至南平段，涵盖了富屯溪及其支流的范围。

资料来源：《南中国内河水运概况》，1941年，第6～10页，见福建省档案馆馆藏档案，档号6-1-68。

（3）沙溪及其支流

南平上流40里处为沙溪口,沙溪在此与邵武大溪会合。沙溪口距永安240里,舟运便利,可通行中型民船。永安上游分为二流,其中九龙溪通宁化,260里水程可通小舟,但途中多急滩,枯水期时航行困难,故货物多于永安上流80里的安砂转陆运;南溪通小陶,120里路程,可通行小舟。①

（4）尤溪

尤溪口至尤溪县城约200里,可通行民船,但航行困难。②

（5）古田溪

此支流源于屏南县的富洋溪,注入闽江,其间山岳重迭,水流湍急,河中岩石突出,且水量极少,舟楫不行,仅古田至水口百余里间可通二三十担小舟,其间航行日数及运费如下：

上航：二日　运费（每担）二角半

下航：半日　运费（每担）一角

由于古田溪水势湍急,上航殊为艰难,仅百余里却须耗时二日,一路多危险,旅客多从陆路,以轿子代步,一日可达。运费为每10里50仙③,挑夫每100斤20仙内外,此间小车通行,货物全部采用水运。④

（6）梅溪

为闽江一支流,位于闽清至闽清口段。闽清县内交通以梅溪为主,县城为此地的中心。梅溪各地间有载重二三百担的民船往来,闽清口、县城间以土舟(梅舟,载重千斤内外)及麻雀船联络。此外梅溪口、水口及省城间有小蒸汽船往来,此间货物运费每100斤需5仙,旅客每位运费10仙;由闽清口至福州洪山桥舟行需七八小时,货物运费每100斤为15仙,旅客一人30仙。⑤

---

① （日）赤松佑之编:《中国各省经济事情》第十六编:福建省,东京:日本国际协会,1936年,第72页。

② （日）赤松佑之编:《中国各省经济事情》第十六编:福建省,东京:日本国际协会,1936年,第72页。

③ 一种通货单位,一仙相当于制钱八至十文。

④ （日）东亚同文会编:《中国省别全志》第十四卷:福建省,东京:东亚同文会,1920年,第280页。

⑤ （日）东亚同文会编:《中国省别全志》第十四卷:福建省,东京:东亚同文会,1920年,第275页。

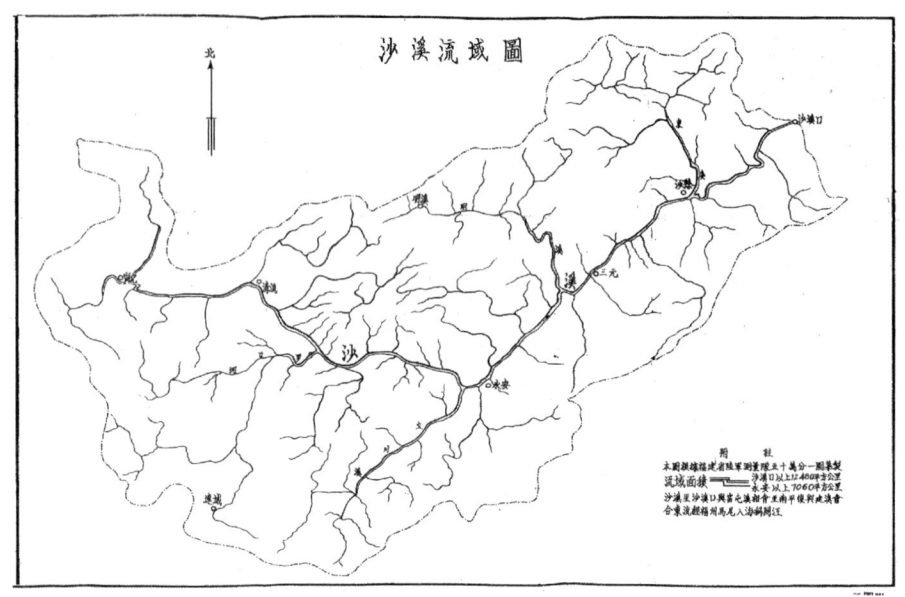

图 2-2　沙溪流域图

资料来源:华北水利委员会沙溪工程处编印:《福建沙溪工程报告》,1944 年 11 月。

(7)闽江干流(水口至福州段)

闽江流域中,水口至福州间约 200 里水路最为便利,闽清附近河幅达 1200 英尺,可通行小蒸汽船。本航路上最大的民船是福州船,大的载重有三四百担,小的在一百担内外,江西船次之,载重八九十担,此外尚有三四十担的麻雀船,其航行日数及运费如下:

上航:七日　　每百斤运费四角

下航:三日　　每百斤运费三角①

(8)福州至江口段

此地的交通以水运为主,陆路交通不发达。距河口 26 海里为马尾,两岸为 2000 乃至 3000 尺高峰耸立,宛然山间一大湖,河左岸为马尾市街,右岸为营前,河中为罗星岛,干潮时水深 6 英尺,商船、军舰在满潮时均可出入,江口至马尾满潮时需时 2 小时。罗星岛下水流颇急,船舶于潮汐时出入,满潮时 5000 吨巨船可自由出入,马尾锚地以上吃水 6 英尺,船舶航行困

---

①　(日)东亚同文会编:《中国省别全志》第十四卷:福建省,东京:东亚同文会,1920 年,第 282 页。

难,福州万寿桥下满潮时,可通行 200 吨小汽船。大船与马尾上流的联络以小蒸汽船和戎克船为主。南台及洪山桥有大码头设备,其中南台岸石段可供乘客上下岸、货物装卸、船舶及木板的靠泊。福州与邻近地区交通以小蒸汽船为主,航线如下:

福州、三都澳间:一周往返一回,夏季茶输出时每隔一日发一到二只。

福州、兴化间:一月三次以上,不定期。

福州、泉州间:一月三次以上,不定期。

福州、沙埕间:不定期,春夏时一二周一次。

福州、马尾间:此间每日一回小蒸汽船航行,所需时间为一小时。

福州、水口间:福州洪山桥至上流水口间每日二只,两地互发,溯航需十小时,下航需六小时。

福州、管头间:每日二只,两地互发,亦可达连江及罗源,需五个半小时。

福州、长乐间:一只,每日往返,航程四个半小时。

福州、坵屿间:每日一只往返,经尚干,航程五个半小时。

福州、阮田间:一只,每日往返,需四小时。

福州、磾头间:一只,每日往返,需六小时。

福州、长门间:一只,每日往返,需六小时。

福州、大樟间:一只,二日往返一回,需八小时。

上述在各地往来的小蒸汽船,多是运送旅客,而货物搬运则全部依赖民船,福州民船碇泊处为中洲下流及南台岸、福州岸等,此等水面殆皆停泊民船。此外闽江及城内小运河也有民船碇泊,其数达 2000 艘。

(二)近代闽江流域的通航船只

近代闽江流域内航行之船只类型大致可分为二类,即民船与小蒸汽船。后者多航行于以福州为中心的闽江干流及福州至江口段,且多用以载客,其余诸如上游各处多行民船。据《中国省别全志》称,清末民初航行于福州下游的小蒸汽船约有 19 艘,总吨位达 471 吨(见表 2-1)。民国年间,闽江全线的小轮船增至 138 艘,总吨位数达 2432 吨。其中下游一线 50 艘,总吨位数 288 吨;中游一线 17 艘,总吨位数 255 吨;上游一线 69 艘,总吨位数 1889 吨。①

---

① 郑宗楷等编:《福州便览》,福州:环球印书馆,1933 年,第 42~48 页。

表 2-11 福州至闽江流域诸港小蒸汽船航路表

船名	吨数（吨）	乘客定员（人）	国籍	航行地	里程（里）
万金	24	123	中国	马尾	11
海光丸	107	—	日本	马尾	11
南台	5	107	英国	尚干	90
陶江	15	146	英国	尚干	90
万安	20	123	中国	长乐	90
江甲	83	214	日本	长乐	90
江闽	15	—	英国	长乐	90
江丁	8	116	英国	长门	—
万茂	20	132	葡萄牙	磹头	—
台龙	11	129	英国	阳门	—
福龙	14	132	中国	珠湖	—
远宝	28	172	英国	管头	120
江戌	17	145	英国	管头	120
江丙	30	165	中国	管头	120
台闽	15	—	中国	大乡	—
江辛	11	95	中国	洪山桥	20
江济	17	25	中国	洪山桥	20
闽春	20	—	英国	水口	220
江庚	11	85	中国	水口	220

资料来源：（日）东亚同文会编：《中国省别全志》第十四卷：福建省，东京：东亚同文会，1920年，第335~336页。

福州上游的民船又可分为江西船、福州船及麻雀船三种，前者船夫皆为江西人，故得名；福州船又分为闽船和墟船，载重可达二百及至四五百担，此外尚有小者称为三板，载重四五十担。麻雀船航行于省城福州至邵武间，运米贩盐，其载重量由十担至四五百担不等，常十数艘联合群行。福州下游的民船有洋驳、小驳、夹板、鼠船等，于福州与马尾间载客运货。此外尚有航行于外洋的称为戎克船的民船。① 就具体类别而言,近代闽江流域内航行之民船分布面广,船型复杂,名称各异,可分为二十余种,如刀子船、鸡公船、十锦标、闽船、延平墥、顺昌墥、大鸠尾、中鸠尾、小鸠尾、短路鸠尾、坪尾、中柴溘、小柴溘、大麻雀、中麻雀、小麻雀、大舢板、小舢板、洋驳、小驳、鸭姆肢、渡船等。② 至于航行于近代闽江流域民船的数量,据不完全统计,清末闽江共有民船11000多艘,③有学者估计在清末民初时闽江上游地区有不少于三千余艘的民船(见表2-12),另据国民党福建省政府在1938年编查民船时的统计报告,其时闽江航运民船数约为九千余艘。④ 在福州开埠后,沿海口岸进出货物日益增加,进口货物有棉纱、布匹、五金、冶铁、煤油、肥田粉等,出口货物有茶、纸、木材、笋、菇、糖等。这些货物或从港口到城镇,或从城镇到港口,全仰赖民船转运集散,近代闽江流域民船数量的快速增长亦从侧面反映了近代闽江流域水路交通的进一步发展。

表 2-12 清末民初闽江流域航行之民船数量一览表

地　点	停 泊 船 只		往 来 船 只	
	类型或载重量	数量(艘)	类型或载重量	数量(艘)
福州	民船	2000	洋驳	100以上
			小驳	70~80
			舟夹板	70~80
南平	二十至五十担	300		
洋口	民船	500		
永安	二十至二百担	40		
水口	麻雀船	30		
	福州船	10		
	鸡公船、刀子船	10		
白沙	二十至五十担	10以上		

---

① 陈文涛:《福建近代民生地理志》,福州:远东印书局,1929年,第137~138页。
② 戴一峰:《近代闽江的航运业试探》,《中国社会经济史研究》1986年第3期。
③ 林开明:《福建航运史(古近代部分)》,北京:人民交通出版社,1994年,第270页。
④ 福建省政府编:《福建省之交通》,第21页。

续表

地点	停泊船只		往来船只	
	类型或载重量	数量(艘)	类型或载重量	数量(艘)
沙口	一二十担	数十		
顺昌—邵武			二三十担	20
顺昌—将乐			二三十担	20
建瓯—松溪			二三十担	20
南平—建瓯			二三十担	数十
洋口—邵武			鸡公船、麻雀船	数百
福州—洋口			三十至五百担	20以上
沙县—梓口坊			一二十担	16

资料来源：戴一峰：《近代闽江的航运业试探》，《中国社会经济史研究》1986年第3期。

(三)码头

所谓码头，即"物所出所聚处也"，是指商品生产与商品交换的场所，它既是交通枢纽，在商品集散中转过程中起商品流通作用，又是商品流通领域中商品交换的重要载体，并有一定的、与之相适应的商业服务体系。① 近代闽江流域因水路交通兴盛的缘故，其水运所通之处的都邑皆有码头的功能。如福州南平间的水口镇，《中国省别全志》称"此地位于福州延平间，为第一货物集散地。福州的小蒸汽船往来其间，其碇泊场为街头河岸，约十二三间之广，诸货物直接由福州移入，然后再向近乡移出，附近的木炭、龙眼肉皆从此输出"。再如南平，处于闽江流域建溪、沙溪的合流点，"上下航民船多于此处泊碇，是以次第隆盛"。② 除此之外，近代闽江流域各支流与干流的汇合处亦皆具有码头的功能，这是因为河流交汇处的河面一般都比较宽阔，较适合于船只碇泊，是以常常成为船只的聚集场所，货物通常由附近都邑运出，于此装载或卸运，如近代闽江流域著名的货物集散地洋口。洋口一称上洋，"位于顺昌县城下游水路约三十华里处的闽江北岸(左岸)，为闽江一小

----

① 陈学文：《明清时期太湖流域的商品经济与市场网络》，杭州：浙江人民出版社，2000年，第68页。
② (日)东亚同文会编：《中国省别全志》第十四卷：福建省，东京：东亚同文会，1920年，第108、143页。

支流入口,挟东西,连南北,东临龟山,西靠后面山,北面为平地,南临闽江",①实为顺昌县下的一市镇,但其上接邵武,下连福州,成为闽江上流的水运中心地。集于此地的民船最多时达四、五百只,平常也有百余只,民船以此地为起点在各地间往来,洋口遂成为近代闽江流域上游的第一商业中心。清末民初时政府曾于此地分设船牌局(另一地为福州),以年为期对民船进行船体检查,若有违犯规定者,剥夺门牌,处以一定制裁,足见其水运之繁盛。此类船只碇泊场所还有闽侯县的白沙镇(成塘溪与闽江合流处)、闽清口(梅溪与闽江合流处)、尤溪口(尤溪与闽江合流处)等等。事实上,闽江流域各处都邑的地理位置也多位于河流交汇处,从这一点来讲,近代闽江流域的各干支流会合点都大体具备了水运码头的功能,为流域内部货物的集散、配运提供了便利条件。

(四)近代闽江流域的对外交通

近代闽江流域的对外交通以福州的对外交通为主,且多为水路交通。依福州对外贸易的区域划分,可分为两部分,一为与国内沿海各口岸的交通,二为国际交通;依航运船只划分也可分为两部分,一为民船航运,二为轮船航运。一般而言,民船航行的线路主要为国内沿海各港口,国际交通则以轮船为工具,但随着近代航运技术的革新,传统民船航运路线也渐为轮船所侵夺,形成了两者混杂的局面。

就与国内沿海各港口的口岸贸易而言,福州港历来就与国内南北各港有着贸易往来,福州港民船(木帆船)的沿岸贸易范围颇广,北至温州、宁波、上海,远达芝罘、天津、牛庄;南至泉州、厦门、汕头;东至台湾的淡水、基隆、台中等地。② 输出货物以茶、笋、菇为大宗,输入则有东北土豆及江浙棉花、绸布等。此外福杉也由福州港运往山东,建纸则由此销往东北。外运商品中,以茶叶销路最广,国内远达关东(即辽东半岛)。③ 在与北方各港之间贸

---

① (日)东亚同文会编:《中国省别全志》第十四卷:福建省,东京:东亚同文会,1920年,第156～159页。

② (日)东亚同文会编:《清国商业综览》(2),东京:丸善株式会社,1906年,第351～352页。

③ 林开明:《福建航运史(古近代部分)》,北京:人民交通出版社,1994年,第221～222页。

易往来中,木帆船所走航线时称"三北"航线,有上北、中北、下北之分:上北从福州至天津、大连、营口;中北从福州至青岛、烟台;下北从福州至宁波、上海。① 民船以其所属地不同而在船头涂色以示区分,如宁波船船头为黑色,称为乌槽,大的载重三千担,小的四百担,清末其数量达一百五六十艘,主要航行于福州、宁波、胶州间,一年往来三次;福建船称为绿头,航行于福州、天津、牛庄之间;台湾船称为白底,大至一二千担,小的也有四五百担,从事福州与台湾间的贸易往来;广东船称为红头,大至八千担左右,为福建船的一大劲敌,主要从事北部沿海一带航运业,近代汽船发达后大受损害,主要从事广东与福州间的贸易运输;厦门船也称为绿头,主要从事福厦间航运业;泉州船称为篷船,航行于福州、泉州之间。②

五口通商后,福州的沿海民船先是受到外国海盗船"护航"的勒索,继则又遭到外轮的排挤,几陷于"收帆歇业"的地步,船只数量大大减少,处于十分困难的境地。1858年《天津条约》缔结后,外国商船可以自由航行于中国沿海各港,转口时不再重征税钞,以致大批沿海土货贩运业务为外国商船所揽,福州沿海民船业进一步遭受打击,每况愈下,日见萧条。③ 但闽江流域输出的大量木材却依然以民船为主要运输工具,因而从事沿海各港口航运的民船仍有所发展。1882—1891年的闽海关十年报告称:"从事本口岸(指福州)航运的民船数量,全年估计超过2000艘,它们都是正式商船。"④ 到了1901年,海关十年报告更是称:"民船运输贸易量很大,并且十分繁荣,福州与天津、山东和牛庄之间往来的民船都叫'北驳',约有四十艘,它们运来水果、大豆、豆饼、虾油、瓜子、红枣、黑枣、粉丝、毛皮和毡等,运走原木、厚木板、纸张、笋、茶叶和神香等。福州与兴化之间的民船叫'海盐船',约有三十

---

① 聂宝璋:《中国近代航运史资料》第一辑,上册,上海:上海人民出版社,1983年,第1259页。
② (日)东亚同文会编:《清国商业综览》(2),东京:丸善株式会社,1906年,第352~353页。
③ 林开明:《福建航运史(古近代部分)》,北京:人民交通出版社,1994年,第265页。
④ 《闽海关十年报告(1882—1891)》,池贤仁主编:《近代福州及闽东地区社会经济概况》,北京:华艺出版社,1992年,第375页。

艘;开往台湾的船叫'台湾船',约有七艘……"①

1916—1917年,福州港经由常关出入民船数量分别为2733和2420艘(见表2-13)。

表2-13 常关通过民船数量一览表(1916—1917)

入 口	1916年	1917年	出 口	1916年	1917年
天 津	3	2	天 津	1	1
牛 庄	19	17			
山东诸港	69	44	山东诸港	47	48
上 海	244	314	上 海	213	268
长江诸港	154	55	长江诸港	217	185
浙江诸港	461	521	浙江诸港	498	475
福建诸港	823	5464	福建诸港	765	5270
海洋渔场	839	10981	海洋渔场	606	10609
台湾诸港	122	128	台湾诸港	73	130
合 计	2733只 3861781担	17526只 5310817担	合 计	2420只 3589605担	16988只 5175103担

资料来源:(日)东亚同文会编:《中国省别全志》第十四卷:福建省,东京:东亚同文会,1920年,第82~86页。

自轮船出现后,福州港的国内沿海口岸航线也有了各轮船公司轮船的出现,其先多为外轮,1872年上海轮船招商局成立,民族轮船业始介入沿海航运。招商局在上海设立总栈,并遍设分栈于沿江、沿海,福州即为其一,其航线为"由川石、山东通台湾淡水,由厦门东北通上海,西南通香港"。据调查,民国时期在福州开设的轮船公司及其航线如下表所示:

---

① 《闽海关十年报告(1882—1891)》,池贤仁主编:《近代福州及闽东地区社会经济概况》,北京:华艺出版社,1992年,第399~400页。

表 2-14　福州的轮船公司及其外洋航线

公司名称	航　线
大阪商船社	上海、台湾线
日清汽船会社	上海、福州、厦门、香港、广东线
三北公司	上海、福州线
招商局	上海、福州线
太古洋行	上海、广东线
怡和洋行	上海、广东线
道格拉斯轮船公司	福州、厦门、汕头、香港线

资料来源：（日）赤松佑之编：《中国各省经济事情》下卷，东京：日本国际协会，1936 年，第 69～70 页。

在福州港的国际贸易方面，近代闽江流域因茶叶的大量输出和洋货的大量输入而与境外，尤其是欧美各国有着直接的贸易往来，以直接贸易国和地区来看，主要有日本、美国、英国、德国、荷属东印度、菲律宾、新加坡、泰国、缅甸、关东租借地、荷兰、加拿大及香港、台湾地区，①其中香港成为众多输出入货物赖以中转的重要枢纽，因而近代福州港的国际航线多以福州与各国和香港之间的往来为主。

总的看来，近代闽江流域的水路交通内依闽江各干支流，以民船为媒介，业已形成了一个井然有序的水运交通网络，其触角遍及流域的绝大部分地区，这为流域内部货物的流动提供了支持，同时成为近代闽江流域市场结构形成的重要前提。通过民船和轮船对外联结国内沿海各港口、口岸，流域市场同国内其他各地市场密切联系在一起。除此之外，远洋航线更是使得流域与国际市场相联结，也使得流域市场卷入了更大的国际市场，这左右了流域在近代的发展。

---

① 周浩等编：《二十八年来福建省海关贸易统计》，福建省政府统计室，1941 年，第 36 页。

二、陆路交通

(一)民国之前的陆路交通

据成书于民国初年的《中国省别全志》记载,近代闽江流域内陆路主要有四条。一为由福州与闽江并行,经闽清、延平、顺昌、邵武、光泽至江西建昌;一为由南平沿建溪经浦城至浙江江山;一为由浦城分路至浙江龙泉;一为由南平沿沙溪、归化、清流、宁化至江西石城。① 此四条亦为闽江流域与浙江、江西两省的交往孔道。光泽与江西建昌,浦城与浙江江山、龙泉,宁化与江西石城在陆路上均有密切往来。闽江流域运往两省的货物通过水路运到上述三县,然后经陆路向外输出。但在客运方面,由于闽江上游水急滩多,故客运在南平以上多从陆路。在古代沿闽江设有水陆并用的驿站,如南平至浦城段的大安驿(今崇安县西北)、长平水驿(今崇安县城内)、崇安驿(武夷山)、兴田驿(今崇安县东南)、建溪驿(今建阳县城西)、太平驿(今建瓯县南太平)、大横驿(今南平市东北);南平至杉关段的剑浦驿(今南平市东)、王台驿(今南平市西)、双峰驿(今顺昌县城内)、富屯驿(今顺昌县西北)、拿口驿(今邵武市东南)、樵川水驿(今邵武市境内)、杭川驿(今杭川县);南平至福州段的茶亭驿(今南平市东南)、黄田驿(今古田县东南)、水口驿(今古田县南)、小箬驿(今闽清市西)、白沙驿(今闽侯县西北)、芋源驿(今闽侯县城内)、西门驿(今福州市郊)、三山驿(今福州市内)。② 虽然这些驿站为水陆并用,但客旅往来却多从陆路。如清光绪十六年(1890年)钦差大臣贵恒由京赴闽,从浙江江山过仙霞岭,在福建省内的行程为:浦城(营头驿)—建阳—(叶坊驿)—建瓯(太平驿)—南平(大横驿)—黄田—水口—小箬—竹崎—洪山桥—福州。其中浦城至南平为陆行,南平至福州为舟行,至水口后换乘福州派往的小轮。其沿途停宿的驿站即为上述我们提到的水陆两用的驿站,但南平以下停靠点则为水驿。③ 这一状况在民国年间时人的著述中

---

① 陈文涛:《福建近代民生地理志》,福州:远东印书局,1929年,第124页。
② 李厚基等修,陈衍等纂:民国《福建通志》卷十一,《邮驿志》,民国二十七年刻本。
③ (清)贵恒:《使闽杂记》,福建师范大学图书馆古籍室藏传抄本。

仍可得到体现,李旭旦在其撰写的《闽浙百粤纪游》中清楚地描述自己从浙江龙泉入闽至福州的路线,即从龙泉入松溪,陆行至南平,然后由南平舟行至福州。①

除客运外,因闽江流域内山岭重叠,道路崎岖,不惟人行艰难,驮货之牲畜,亦费力已甚,故流域内货运交通不重陆运,而以水运为主。陆运占主要地位的地方主要为闽江干支流航行之终点,其交通方式多停留在步行、肩挑、乘舆、畜驮的落后状态,主要有以下几处:②

（1）沙溪终点

宁化、清流至永安段:沙溪至永安水量渐大,可通行民船。但清流下游九龙滩(安砂)为沙溪航行之终点,水运货物至此均得卸货转陆运。"宁化清流间六十里,道路比较平坦,然甚屈折,路幅五尺内外,沿道山迫,树木多",沿途主要停靠点有巷子桥、石结岭、上林、刘家村、杨家店、觉大亨等地,同时永安至清流间陆路亦为便利。

清流归化段:清流归化间有百余里,道路宽广,丘陵起伏,高低曲折,沿道各都邑有嵩溪、茶亭岗及五通坳。

归化沙县段:归化到沙县城间通陆路,其间山岳重迭,行客多从归化县城东一百零五里处的梓口坊转乘小舟到沙溪口,然后换乘大船到沙县。梓口坊为沙溪支流民船终航地。沿路主要都邑有龙湖、土地亭、鱼林、夏阳、梓口坊及沙口。

（2）建溪终点

政和松溪间:此间山道长四十里,以石敷就,道幅约四尺,交通困难,沿道的溪流、川皆盖有木桥,交通工具有轿子,货物运送用挑夫。

（3）古田溪终点

古田屏南间:多赖陆运,屏南县下出产之茶、米、木油等皆陆运至古田向外输出。

水口古田间:水口与古田间以古田溪通,然而此支流水势急,上航殊难,仅百余里要耗时二日,一路多危险,故旅客多从陆路以轿子代步,一日可达。运费为每十里五十仙,挑夫运送货物每百斤需二十仙内外,另外此间也可通

---

① 李旭旦:《闽浙百粤纪游》,福建师范大学图书馆古籍室藏。
② (日)东亚同文会编:《中国省别全志》第十四卷:福建省,东京:东亚同文会,1920年,第353~424页。

行小车。

(4) 尤溪终点

尤溪大田间:可利用的水路有二百里。陆路交通为山道,道路幅五尺乃至一间,以石铺道,但此地道路土质为黏土,降雨时泥泞不堪,故甚难行。

(5) 闽江口附近

连江马尾间:客货由陆路从连江过云际关到福州,其间陆路经管头至闽江北岸的闽安,然后搭乘民船至福州。沿途都邑有管头岭、东岐、英士、亭头、闽安等。管头至福州间有小蒸汽船定期往来(一日一回),于闽安寄港。闽安附近丘陵众多,亭头地方稍大,有二三百户人家,商业稍盛,民船亦于此碇泊。

福州福清间:福州到福清水路可到阮田,然后从陆路可至。阮田至福清间沿途都邑有东渡、蕉岭、石胡岭、作坊、福清等。

(二) 民国之后的陆路交通

进入民国以后,闽江流域的陆路交通一方面延续之前的状况,另一方面则出现了新的变化,主要表现为近代公路的修筑以及公路运输的开展。

1. 近代公路的修筑

闽江流域是福建公路运输的创始地。1914 年,福建巡按使许世英建议福州筑城区马路,并于是年九月特设专局主其事,历时二载,筑成了一条由水部门经南公园至台江汛的汽车路。此后于 1917 年进口汽车,行驶于福州市区。这条马路后由延福泉汽车公司扩建,将原起点站由水部门移至城内南门兜,再沿茶亭、洋头口转向南公园而达台江汛。这条马路沿着市区中心通过,乘客稍感便利。①

福州毗邻地区的公路交通在 20 世纪 30 年代进入发展时期。向东北经马尾、连江通向闽东;向东通向长乐樟港;向西自塘前通向永泰等线公路均先后建成通车。其中,1926 年马来亚华侨曾深等数人回国,兴办福建华侨劝业银行及福马汽车路,计划投资 100 万元,以 60 万元筑路,40 万元购置车辆及建筑码头、仓库、房屋等,后因种种原因被搁置。1928 年省公路局再次筹筑福马公路,但因经费困难,延至 1933 年全线 23 公里始告建成,并于

---

① 杨杞栋主编:《福建公路运输史》第一册,北京:人民交通出版社,1987 年,第 2~4 页。

翌年11月11日正式通车。福州发车地点分设两处,城内自鼓楼起,经旗汛口至王庄,南台自大桥起,经南公园至王庄,王庄以下,同经凤坂、后屿、廨院、协和大学、魁岐、快安,到达马尾海潮寺。1935年,从马尾通向连江、罗源的马连罗公路,由马连罗公路工程处继续修筑,并计划接通宁德、福安、福鼎,伸向浙江。但至1936年7月,连罗之马尾至君竹段4.36公里及罗星塔支线2.7公里始告通车。直至1937年抗日战争爆发,这条公路也仅仅增筑了连江至管头一段,随后就被搁置下来。

福州经峡兜至长乐的福长公路线长35公里,其中自福州至峡北19公里公路属福厦公路北段,于1930年建成。另从峡南经营前至长乐县城的16.3公里路段,系于1934年底开始兴筑,其中,长乐至营前7公里公路,于1935年9月首先建成通车。至此,省会福州与长乐县之间的交通联络,可通过福马路至马尾,然后斜渡闽江抵营前,再从营前转由公路通向长乐,交通较以往稍见便捷。1936年1月,峡南至长乐公路全线修通,福州至长乐路线,可从公路通到峡北,然后过渡到峡南,再沿长峡公路直抵长乐。

福永路是省会福州西通邻县永泰的交通要道。该路靠近市区的福州至湾边7公里的路段,于1932年底建成,由商营福峡汽车公司承租经营。1935年2月,永泰至塘前31公里公路开始兴筑,至1937年底建成通车。惟湾边至塘前20公里公路,因有水路可通而未建。福州至永泰,可从陆路至湾边,然后转水路至塘前,又由公路通达永泰。①

闽江流域上游地区近代公路的修筑则始于1928年,时驻闽北的国民革命军独立第十四师卢兴邦部,为巩固其实力,曾计划修筑南平至水口、建瓯至南平、邵武至光泽等线公路。其中,南平至水口公路的首段——南平至安济段17公里,于翌年4月首先建成,并通行汽车。随后,建瓯至南平公路的首段——建瓯至鲁口17公里公路建成通车。1933年,闽浙赣边区警备司令赵观涛至浦城视察防务,认为浦城是闽、浙、赣三省的咽喉,亟应修筑公路,以利"围剿"。遂由军事委员会南昌行营电令浦城县赶筑通向浙、赣两省公路。同年11月20日,十九路军在福州成立"中华共和国人民革命政府",公开宣布反蒋抗日。蒋介石为消灭十九路军,从浙江一带调派大批军队向福建进发,因而,抢筑自浙江江山至福建浦城的浙闽通道,更是迫在眉睫。

---

① 杨杞栋主编:《福建公路运输史》第一册,北京:人民交通出版社,1987年,第78~82页。

当时,闽浙赣皖边区公路处调集了浙闽两省力量日夜赶筑,于1933年年底依限完成通车。

1934年1月,由十九路军领导人所发动的"福建事变"失败。紧接着,国民党政府又集中全力向革命根据地进攻。军委会南昌行营对抢筑"围剿"公路做了部署,采取军队和工人分段修筑的办法,对处于闽北地区的浦阳(浦城至建阳)、阳延(建阳经建瓯至南平)、阳邵光(建阳经邵武至光泽)、邵泰建(邵武经泰宁至建宁)、延沙永(南平经沙县至永安)、延顺将(南平经顺昌至将乐)、阳崇(建阳至崇安)等线公路,限期于当年8月底前赶筑完成。①而实际建成的路段及通车时间是:浦城至建阳公路,1934年6月通车;建阳至南平公路,同年8月通车;建阳经邵武至光泽公路,1935年2月通车;南平沙溪口经永安至连城文亨公路,1935年7月通车;建阳至崇安公路,1935年春季通车。

闽北初期各线公路的开筑,主要是为了适应当时军事"围剿"的紧急需要,由军队兵工及派用民工赶筑的,工程极为草率。各路不但没有铺设路面,而且坡陡、弯急、路窄,因此,不适宜正常行车。遂经省公路总工程处逐段稍加改善,勉强通车营业。至于当初建成的江浦(浙江江山至福建浦城)公路属于福建辖区的浦城至枫岭路段,乃于1935年4月开始,租给浙江省建设厅经营客货运输业务。②

2. 近代公路运输的开展

近代闽江流域的公路,除下游福州地区之外,上游闽西北地区则陆续于抗战前十年左右开始修筑,时值1934年,全流域也只有福州地区周围及南平到安济段通车运输,③流域内各干支路通车状况如表2-15所示。

---

① 《闽西闽北兵工筑路限期》,《福建民报》民国二十三年四月十三日。
② 杨杞栋主编:《福建公路运输史》第一册,北京:人民交通出版社,1987年,第68~69页。
③ 参见《福建省汽车运输路线图》,1934年6月,见杨杞栋主编:《福建公路运输史》第一册,北京:人民交通出版社,1987年,第45页。

表 2-15　近代闽江流域各干支路通车概况

线　别	通车路段	里程(公里)	性质	现有车数(辆)	每月营业收入(元)	附　注
闽浙第一干线	福州至魁岐	12	开放开车			本段系福马干线路之首段,全路工程未竣,无人组织。公司行驶公共汽车暂行开放
闽浙第二干线	水西至鲁口	17	延建邵公路分局自置汽车设站行驶	1	600	水鲁段属建瓯县辖
闽赣第一干线	福州南门至洪山桥	7	闽西汽车承担	4	3000	
闽赣第一干线	延平至安济	17	延建邵公路分局自置汽车设站行驶	3	1000	延安段属南平县辖
闽海区支路	福州上渡至湾边角	8	福峡汽车公司承担			车辆及营业收入已合算在福峡段内
闽海区支路	闽清至鹿角桥	34	福峡汽车公司承担	3	2000	
闽海区支路	闽清马鞍渡至金沙	10	福峡汽车公司承担	1	400	
闽海区支路	福清至宏路	8	福峡汽车公司承担	6	3000	

资料来源:据《福建省各干支路通车概况》改制而成,1933年,见《福建省公路运输史(第一册)资料汇编》第一集,福建省档案馆、福建省汽车运输公司编印,1984年,第6~9页。

第二章 自然、生态及交通

1934年5月10日,福建省建设厅以浦瓯公路业经修筑完成为由,令该浦阳一段亟应先行通车,以利运输,并随后成立浦阳车务所,颁发印戳。① 1935年11月27日,福建省汽车管理处通告实行闽北各路段货运汽车开放办法,其延建邵路段开放路线及里程有延平经建瓯、建阳至浦城线,计233公里;建阳至崇安线,计长61公里;建阳经邵武至赣省光泽边界线,计长112公里,延沙永路段有延平经沙县至永安线,计长146公里。② 其中,延浦线的客运分为两段经营:先由省建设厅在建阳设立浦阳段车务所,并从浙江购来大客车4辆,于1934年7月起,开行该路浦城至建阳段的客运班车;同年8月,又在南平设立延阳段车务所,开行南平至建阳的客运班车。迨至1935年2月,延阳段车务所迁至建阳,与浦阳段车务所合并,成立延建邵车务所,同时增开了建阳至邵武路段的客运班车。后因建邵线公路损坏严重,停止行车,复经抢修,至同年11月1日恢复通车,并展通至光泽。至于建阳至崇安路段,直至1936年1月始告通车营业,每日对开客运班车一次,以暂时维持交通。③

延沙永路段系延沙永连路段的一部分,后者全长246公里,为闽西北交通纽带。1935年11月,省汽车管理处在南平设立延沙永车务所,配备大客车4辆,于同年12月,首先开行南平至沙县62公里的客运班车。④ 翌年5月,省政府对该路加以局部改善之后,又于6月将延沙永车务所迁往沙县,同时增开了沙县至永安83公里的客运班车。⑤ 1936年8月,延浦路与延沙永两路连接完成,自此闽西北公路可相互联络。1936年11月,永安至大田公路开工兴筑,并于1937年全线建成,自当年10月1日起,先由省汽车管理处在该路的永安至西洋段通行客车营业。闽西北与闽西南公路的衔接宣

---

① 《成立浦阳车务所》,见《福建省公路运输史(第一册)资料汇编》第一集,福建省档案馆、福建省汽车运输公司编印,1984年,第52页。

② 《福建省单行法规汇编》五,第160页,见《福建省公路运输史(第一册)资料汇编》第一集,福建省档案馆、福建省汽车运输公司编印,1984年,第46页。

③ 杨杞栋主编:《福建公路运输史》第一册,北京:人民交通出版社,1987年,第69页。

④ 《南平至沙县通车》,《公路(季刊)》第二卷第二期,南京全国经济委员会公路处公路季刊编辑委员会编,1936年。

⑤ 《南平至永安通车》,《公路(季刊)》第二卷第二期,南京全国经济委员会公路处公路季刊编辑委员会编,1936年。

告完成。①

闽江中游方面有谷口至古田及谷口至义洋段公路。谷口至古田段长32公里,其路段载客运货之营业由古谷长途汽车股份有限公司自1935年9月1日向福建省建设厅承租经营。②

至于近代闽江流域上下游的公路运输则是通过水陆联运实现的。为便利闽北商旅往来于闽江上下游之间,省建设厅于1935年命令汽车管理处与闽江运输处合办福延浦(福州经南平至浦城)汽船、汽车联运事宜。双方经协商订立《福延浦汽船汽车载客联运规章》,指定捷顺、万安、永华、华康、祥康、永宝6艘为联运汽船,并自是年5月1日起按日开行福州—南平的联运客船,接送浦城—南平沿线往来福州的乘车旅客。③ 至1936年10月,省汽车管理处为增进运输业务,自购"建平"号快艇1艘,定期行驶福州—南平航线,与延建邵、延沙永线上的客车相衔接,自成水陆联运体系。④ 在流域外的公路交通方面,1937年间,东南各省市开始筹办公路联运,以方便省际的行旅往来。福建省汽车管理处亦奉令办理有关闽浙两省联运事宜,经与浙江省建设厅商议联运办法,于是年8月1日起,开行建瓯至江山联运班车。福建方面以建瓯为起点,浙江方面以江山为起点,每日对开一班。联运班车实行联票,定点在浦城站换车接运。⑤ 这样,至抗战爆发前,近代闽江流域的公路已能遍及流域除松溪、政和、屏南、尤溪、建宁、泰宁、将乐、明溪、宁化、清流等县以外的大部分地区,⑥除南平福州段以水运连接外,其余皆以公路连接,近代闽江流域公路交通网络初步成形。

但需指出的是,近代闽江流域的公路修筑与运输的开展除福州地区外多是于抗战前的十年内完成的。其中闽北地区的公路是因军事需要而修筑

---

① 杨杞栋主编:《福建公路运输史》第一册,北京:人民交通出版社,1987年,第71页。

② 《古谷公路承借款合约》,见《福建省公路运输史(第一册)资料汇编》第一集,福建省档案馆、福建省汽车运输公司编印,1984年,第36页。

③ 《福延浦水陆联运》,《福建民报》1935年4月28日。

④ 杨杞栋主编:《福建公路运输史》第一册,北京:人民交通出版社,1987年,第71~72页。

⑤ 《闽浙联运通车布告》,《福建民报》1937年7月17日。

⑥ 参见《福建公路运输路线示意图》(1937年6月),见杨杞栋主编:《福建公路运输史》第一册,北京:人民交通出版社,1987年,第97页。

的,因而其公路工程低劣,桥梁结构简陋,车辆经常因路阻而停开,特别是暴雨、涨洪季节,一停少则几天,多则几个月;再者,由于各线车辆安排不足,且时常中途损坏抛锚,旅客纵使能乘上汽车,也难保中途不被耽搁,因此凡有水路可通的地方,旅客多改行水路,闽北各路的营业状况,也因此受到影响。① 再加上流域内部上下游之间的公路运输因水陆联运而给客货运带来了种种不便,因而也可以说近代闽江流域的公路运输网络未给流域内部的交通状况带来根本上的变革。对于公路运输而言,各段运输多为客运,水路运输仍是货物运输的首要选择,这意味着近代闽江流域并未能实现交通运输上的近代化,这同时也成为整个流域在近代的一个缩影。

---

① 杨杞栋主编:《福建公路运输史》第一册,北京:人民交通出版社,1987年,第72页。

第三章

商品流通与市场网络

近代以降,随着福州被辟为通商口岸,闽江流域作为一个区域,内部各地之间的经济联系在明清两代的基础上大大增加了,这主要表现为以福州为中心的商品流通的加强。以茶叶为例,其外销通道由陆路转向海道,这一转变使得其贸易量大为增加,1855 年福州有不下 15739700 磅的茶叶被运往外国市场,1856 年这一数字达到了 40972600 磅,其后三年的平均数为 35476900 磅。① 除此之外,随着近代交通工具的日渐改善,沿海地区出现了轮船,大大改善了闽江流域另外两种土特产品纸和木材的外销方式。与此同时,随着福州的开放,洋货逐渐向内地输入,学者认为自 19 世纪 70 年代以后,外国商品开始大量输入福建各地,福建逐渐沦为西方国家的商品销售市场,②闽江流域自不例外。近代闽江流域的商品输入路线循着其土特产输出路线抵达流域的每一个墟镇,这样,在商品流通加强的同时,在明清墟市的基础上,近代闽江流域形成了一个以福州为中心的市场网络,这反过来又进一步影响着流域的内部贸易与对外贸易。

---

① (美)马士著,张汇文等译:《中华帝国对外关系史》第一卷,北京:三联书店,1957 年,第 406 页。

② 林仁川:《福建对外贸易与海关史》,厦门:鹭江出版社,1991 年,第 209 页。

第一节

近代闽江流域流通商品的构成

近代闽江流域的商品流通可分为域内流通与域际流通两大部分。所谓域内流通是指流域内部各地物产之间的互通有无,而域际流通则是指近代闽江流域作为一个整体与外界(包括省内、省外及国外)的商品流动,后者显然还可以再分为两个小部分,即商品输出与商品输入。

谈及近代闽江流域的商品流通,其前提条件当然是商品生产。闽江流域是一个以农业为主的社会,其商品生产于明清时期已有所发展,但在近代以前其商品生产多为以小私有制和个体劳动为基础的小商品生产。据戴一峰教授对近代闽江上游山区的研究,其小商品生产可划分为三种不同层次的类型,即农民自给生产剩余部分之转化,该层次的商品生产多为粮食作物的生产;农民为市场从事的兼业生产,这是小农从事的家庭手工业和其他副业生产,近代闽江流域上游山区的商品生产,举凡种茶、制茶、造纸、植杉、制笋、种菇,以及药材、樟脑、桐油、茶油、靛、木炭、莲子、矿产等的生产大多属于这一类型;独立小商品生产者的专业生产,这部分从事专业生产的小商品生产者,主要不是来自闽江流域当地农户,而是外来的无业游民,由于他们系失地的外来移民,故更易成为小商品生产专业户。五口通商后,闽江流域的商品流通在数量和规模上都大为增加,但在整个商品生产中,小商品生产的比重约占到85%左右,上述三种类型的小商品生产在整个上游商品生产中所占比重分别约为30%、50%和20%。[①] 除去小商品生产以外,近代闽江流域也出现了资本主义性质的商品生产,其主要出现在茶业、纸业、木业和矿冶业等生产部门。茶叶中资本主义性质的商品生产主要有两种:一是茶商自置茶山或租山种茶,雇工经营;一是制茶的资本主义手工工场。纸业中雇工达10人以上者当可视为具有资本主义性质的手工工场。木业中的伐木业当称为资本主义性质的商品生产,木商在买下杉木后,便雇工砍伐。

---

① 戴一峰:《再论近代闽江上游山区的商品生产》,《中国社会经济史研究》1989年第4期。

其雇工方法,多系由包头承办。承办方法有二:一仅由包头代雇工人,木厂之架设,工人之管理,均由木商自负其责;一则由包头包工砍伐,即木商将杉木株数点交包头,议定包价,提供林具,余则皆由包头负责,木商概不过问。但总的看来,近代闽江流域上游山区的资本主义商品生产在其商品生产总值中,仅占到16%,而其生产工具与生产技术,则与小商品生产几无明显区别。①

明清时期闽江流域的商品流通主要表现为闽江上游向下游输出农副产品(下游地区除作为上游地区物产的消费地以外,福州还担任着对外输出物品集散地的责任),此外尚有闽北地区向江西、浙江一带输出物产。其流通的商品主要有米、松、杉、竹、漆、麻、蔗糖、夏布、纸、茶叶、菇、笋、药材、食盐等,此外尚有煤炭、薯莨、红柴、桐茶油、竹丝、筒朴、棕、滑石、花竹、牛皮、剪刀、皮枕、寿板、兰花等。就流通的商品来看,大致可以分为四个类型,其一是粮食、食盐等生活必需品,其二是竹、木、矿、铁等生产原料,其三是茶叶等适应海外贸易需求的商品,其四是上游山区的土特产土纸、香菇、竹笋等。②五口通商以后,福州开放,在国内外市场需求的刺激下,闽江流域流通商品的结构发生了变化,这主要表现为新的原料如樟脑等的对外出口以及外国工业品的输入,以下就域内和域际两方面分述之。

就域内贸易流通商品而言,多为流域内各县所出产的物品与制造品,虽然理论上几乎所有农民主业或副业产出的物品都可进入商品流通市场,但事实上一部分出产,如生活必需品,是没有进入流通领域而直接在当地消耗掉的。如建瓯县,其出产物有茶、木、笋、竹、纸、豆、莲子、红糖、香菇、朱菇、蕨粉、百合粉、番薯粉、油类、靛、碱、药品、乌烟、李咸、皮蛋、碗、陶器、砖瓦、矿产等,③可谓种类繁多,产量产值亦相当可观,其物产进入流通市场的则只有茶叶、竹木、纸料、香菇、樟脑、樟油、莲子、桐油、糁油、药材、米谷等,④

---

① 戴一峰:《近代闽江上游山区的商品生产》,《厦门大学学报(哲社版)》1988年第4期。

② 陈支平:《闽江上下游经济的倾斜性联系》,《中国社会经济史研究》1995年第2期。

③ 詹宣猷修,蔡振坚等纂:民国《建瓯县志》卷二十五,《实业志》,民国十八年铅印本,第1~11页。

④ 建宁商务分会:《建宁府物产销场情形》,见北京农工商部署内商务官报局:《商务官报》第三册,光绪三十四年(1908年)第14期。

因此我们可以看出,近代闽江流域各地出产物品供县外销售的主要为包括米谷在内的土特产品。以沙县为例,其物产以早晚稻为大宗,甘薯、玉蜀黍、麦、豆、薯、芋、芸苔等副之,出产有闽笋、杉木、松木、烟草、大广、小海、香菇、红菇等,每年得二三十万元。就其实业而言,"沙县手工业,有粗细木匠,能制造日常用具,烟业能造成烟丝,熟米能造成米粉,铁沙能铸成锅罐,泥工能陶成碗缸,竹丝能造成大广纸、海纸,茶子能造成茶油,桐子能造成桐油,甘蔗能制成乌糖,麻苎能织成夏布,米和百草能制成酒曲等种,上制各物,除大广纸烟丝有出销外,余专供本土之用,至布料粗杂货鱼货等物,均须贩自外县,漏卮实大"。① 至于近代闽江流域物产的总体情况,戴一峰教授在对近代闽江上游山区商品生产的研究中指出,清末民初闽江上游山区商品生产之大宗物产有茶、木材、纸、米、香菇、笋、樟脑、桐油、茶油、药材、烟、苎、靛青、花生、糖、麻、漆器、木船、矿产等,②《福建省农村经济参考资料汇编》称民国时期本省各地墟市上最为常见的货物有米谷、麦、甘薯、糖、笋、菇、茶、豆、苎麻、蔗、植物油、烟叶、茄芋、药材、泽泻、苗子、水果、蔬菜、牛、猪、鱼、肉、盐、布匹、杂货等,③上述农产除调剂本县供求外,以县际运销占多数,外省及其他甚少。④

就目前所掌握的资料来看,近代闽江流域内部流通商品的构成如下所示:

(1)生活必需品:米、薯干、薯饼、盐、布匹

(2)手工业制品:纸、矿产、陶器、酱油、漆器、木船

(3)生产原料:苎、靛、麻

(4)土特产品:茶、木材、香菇、笋、樟脑、桐油、茶油、药材、莲子、烟叶、落花生、糖、鱼货、海味、花生油、桂圆、水果、甘蔗、泽泻、牛皮、枫油

再来看域际流通的商品。就出口方面而言,由于福州为近代闽江流域唯一的口岸兼港口,因而考察近代闽江流域向外输出商品的结构离不开对

---

① 《福建省沙县乡土教材参考资料》,沙县档案馆馆藏。
② 戴一峰:《再论近代闽江上游山区的商品生产》,《中国社会经济史研究》1989年第4期。
③ 傅家麟主编:《福建省农村经济参考资料汇编》,福建省银行经济研究室,1941年,第289页。
④ 郑林宽:《福建省农产贸易之研究》,农业经济研究丛刊第五号,福建省农业改进处调查室编印,1946年7月。

福州对外贸易商品结构的考察。清末《商务官报》称"福州输出于外国及中国各港之货,其重要者共十八种,茶、纸、竹笋、木、樟脑、椎耳、李干、李咸、蜜柑、桂圆、橄榄、荔枝、松烟、竹及竹叶竹丝、羽毛、药材、伞、中国靴。"①此外尚有木炭等。② 依海关贸易统计来看,近代闽江流域输出的商品类别如下所示:③

(1)茶叶:以红茶、绿茶为大宗。武夷山所产茶叶最为闻名,武夷山横亘福建西北境,所产之茶香味秀逸,为世人所称道。

(2)纸:纸的种类可以分为上等纸、次等纸、纸箔及其他纸类等四项,其中以纸箔及上等纸较多,次等纸次之,其他纸类为数甚少。

(3)木材:出口木材可为分重木材、轻木材、杉木、未列名木材等四项,其中尤以杉木为大宗。

(4)烟草:产自沙县、顺昌、政和以及崇安等闽江上游县份,经福州向外输出。

(5)蔬菜:包括竹笋、香菇、罐头蔬菜及其他蔬菜等项,其中尤以竹笋、香菇为大宗。

(6)干果:所谓干果,有黑枣、红枣、柿饼、干梅、罐头果、未列名干果及果之制品等,总数亦颇不少。

(7)鲜果:鲜果输出,以福橘、橄榄为大宗,栗子、梨、香蕉及其他未列名鲜果,则为数甚少。

(8)糖:福州地区周围为产蔗之区,制成冰糖售于华北。

(9)鱼介海味:出口较少,多经由常关输出。

(10)樟脑:樟脑为福建特产,但产额有限,不能经常出口,故历年出口额变化甚烈。

(11)纸伞:为近代闽江流域重要手工业产品,每年经由福州出口者甚多。

---

① 《福州重要输出品》,北京农工商部署内商务官报局:《商务官报》第二册,光绪三十三年(1907年)第16期。

② 《福州木炭》,北京农工商部署内商务官报局:《商务官报》第二册,光绪三十三年(1907年)第16期。

③ 福建省政府编:《福建历年对外贸易统计》,福建省政府秘书处公报室,1935年,第14~20页;周浩等编:《二十八年来福建省海关贸易统计》,福建省政府统计室,1941年,第82~127页。

(12)粉丝:包括面条、线面、粉干,以及各种粉丝及通心粉。

(13)瓷瓦器:为乡村主要的工业产品,多经常关运销北方。

除此之外,还有陶器、竹及竹器、生皮熟皮、五金矿砂、酱及酱油、香油、植物油、毛羽、药酒、药材、麻袋、神香等商品输出。

总的看来,近代闽江流域向外输出的商品种类繁多,品种齐全。这些商品可以分为以下几类:

(1)手工业品:纸、松烟、纸伞、中国靴、瓷瓦陶器、酱及酱油、木炭、麻袋、神香。

(2)原料:竹及竹叶竹丝、羽毛、生皮熟皮、五金矿砂。

(3)农产品:茶、木材、竹笋、樟脑、椎耳、烟草、蔬菜、糖、粉丝、通心粉、香油、植物油。

(4)干鲜果品:龙眼、荔枝、橄榄、橘子、各种蜜饯。

(5)水产品:鱼介海味。

(6)中草药品:药酒、药材。

而就输入的情况来看,近代闽江流域进口的商品多为生活消费品如鸦片、棉布、麦粉、米谷、纸烟、植物油、煤油、汽油、豆类、棉制品、鱼介海味、药材、蔬菜、粉丝、通心粉、鲜果、干果、籽仁、炼乳、燕窝、糖、茶、烟草、酒、棉花、毛及毛制品、丝及丝制品、麻、生皮熟皮、水泥、火柴、石蜡、纸、化妆品、爆竹等,而作为生产原料及生产资料输入的商品则较为少见,有肥田粉、豆饼、五金矿砂、染料、棉纱、电气材料、车辆、煤、机器等。其中外国货中"鸦片、棉织物、棉纱、绒织物、金类、石油、玻璃、糖、机器、麦粉以及杂货等类,如潮而至,皆称进口大宗",而"本国进口货仅有豆麦米丝,总值不逮远矣"①。分述如下:

(1)棉布:本类货物,包括各种本色棉布、漂白棉布、染色棉布、印花棉布、染纱织罗缎、各色土布、市布、粗布,以及其他未列名染纱、织锦布等项。

(2)米谷:近代闽江流域粮食未能自给,故米谷亦为输入之大宗,年约数百万元。

(3)棉纱:棉纱为织布之原料,故其与棉布输入互为增减,棉纱输入减少,棉布输入必增。

---

① 章乃炜:《福州商务》,北京农工商部署内商务官报局:《商务官报》第三册,光绪三十四年(1908年)第3期。

(4)豆饼:豆饼产于东北,为上好肥料,培植果实,尤不可少。

(5)糖:近代闽江流域虽为产糖区域,然而却因当地人们喜食糖的缘故,也常有大量进口,大部来自外洋地区。

(6)麦粉:近代闽江流域产麦甚少,磨粉工业尤属绝无仅有,故每年麦粉输入,与米谷同为大宗。

(7)鱼介海味:此类商品主要来自日本,近代日本渔业利用科学方法,锐意精进,以廉价之产品,倾销于闽江流域。

(8)豆类:来自外省。

(9)肥田料:所谓肥田料,包括硫酸铔及各种化学或人造肥料,由外洋输入。

(10)五金矿砂:包括铜、锡、铅、铝、铁、钢铁,各金属原料及其制品,以及各种矿砂等,大部来自外洋。

(11)纸烟:为近代闽江流域一种增长迅速的消费品。

(12)煤油:煤油亦为必需品之一,近代闽江流域全靠外洋输入。

(13)药材:近代闽江流域药材输入分为外洋与外埠两种,来自外洋者为多,来自外埠者次之。来自外洋者为洋参、干槟榔、砂仁、豆蔻、肉桂、胡椒、化学药品及各种普通药材等,来自外埠者则为槟榔、桂皮、其他桂品、茯苓、甘草、大黄、人参、药剂丸、散丹膏及各种普通药材等。

综而论之,近代闽江流域流通的商品就流域内而言多为包括米谷在内的土特产品,就各地物产而言,除半数以上供当地消费以外,余皆多向外县运销。就流域的对外贸易而言,出口商品多为流域土地气候所适宜生产的原料,少手工业制品与机器工业产品;入口商品则多为民生日常之主要必需品,少生产原料性质的商品,这使得近代闽江流域日益成为原料输出地与外来商品的销售地,影响了流域社会经济在近代的发展。

第二节

近代闽江流域的对外贸易

近代闽江流域对外的经济联系主要表现为商品输出与输入。就输出而言,其商品构成主要为农副土特产品,并且在出口结构上随着时间的推移其主导商品也在发生着变化;近代闽江流域自外部输入的商品多为消费品,就商品的来源地而言,也经历着一定的变化。商品输出与输入方面的一系列变化影响到了近代闽江流域的中心港口城市福州的对外贸易,进而也影响到了流域经济在近代的发展,兹分述如下。

一、商品输出

近代闽江流域向外输出的商品包括生产性原料及农副产品如茶、木材、笋、蔬菜、干鲜果、樟脑等,手工业产品中也只有纸类一项得以名列出口商品的前列,以下为各大宗出口产品的产地、产量以及运销、外销地等情况。

(一)茶叶

1. 茶叶输出的兴起

闽江流域产茶的历史可谓悠久,最远可追溯至唐代,[1]历五代而经宋元明清。在五口通商前,闽江流域的武夷山茶已经在国际上享有盛誉,如梁章钜记载说英国人就很喜爱"中国之茶叶,而崇安所产尤为该夷所醉心"。[2]从地理条件上看,闽江流域多山,其山坡阳光充足,往往成为植茶的理想场所。但就茶叶的种植情况来看,福州开埠前,武夷茶的产地受到很大的局限,时人称"茶固闽产,然只建阳、崇安数邑",[3]造成这种现象的原因在于清政府对茶叶贸易路线的限制。五口通商前的广州制度时期,茶叶作为中西

---

[1] 唐永基、魏德端合编:《福建之茶》上册,福建省政府统计处,1941年,第1页。
[2] (清)梁章钜:《归田琐记》卷二,北京:中华书局,1981年,第21页。
[3] (清)丁绍仪:《东瀛识略》卷五,台北:大通书局,1987年,第64页。

口岸贸易与腹地社会：区域视野下的近代闽江流域发展研究

贸易的大宗出口商品，在外销途径上受到清政府的严格限制。产于闽浙皖等地的茶叶，必须从产地陆运或内河航运运往广州出口。闽江上游所产之茶须集中于崇安，然后经崇安分水关入江西河口，尔后转运广州出口。① 清嘉庆十八年（1813年）以后，民间渐由海道贩运，嘉庆二十二年（1817年）两广总督蒋攸铦奏请茶叶仍由内河运行。② 五口通商初期，武夷茶叶部分改由江西河口向东北行，由陆路转运上海出口。直到咸丰三年（1853年），由于太平军进入江浙地区，茶叶旧有运输商道受阻，时任福建巡抚王懿德向朝廷奏请暂弛海禁，允准上游茶叶改由福州海运出口。闽北地区所产茶叶便顺闽江而下至福州海运出口，茶叶的运输路线为之改变，这对近代闽江流域茶业的发展有着重大的影响。

这种影响首先体现在茶叶产区的扩大。由于近代闽江流域的茶叶可顺闽江而下抵达福州，比之以前经江西至广州或上海的翻山越岭大大节省了运费，③所以各县茶业都发展很快，时人论道："乃自各国通商之初，番舶云集，商民偶沾其利，遂至争相慕效，漫山遍野，愈种愈多。"④闽江流域产茶县

---

① Description of Tea, in *Chinese Repository*, Vol.8, pp. 144-149, July 1839.

② （清）昆冈等修，刘启端等纂：（光绪）《钦定大清会典实例》卷六百三十，《续修四库全书》第 807 册，史部·政书类，上海：上海古籍出版社，1995 年，第 771 页。

③ 关于这一问题，福州开埠初期的外商有着清楚的了解。闽江流域产茶区和广州的距离超过一千英里，很大部分的路程中货物要由"苦力"肩挑，而距离福州口岸最远的产茶区却没有超过三百英里，大部分的路程又是很便利的水运，当时英国驻福州领事阿礼国估计闽江流域的茶叶由福州出口比由广州出口在运输费用上的节省，可以使茶叶的价格降低 25%。见（英）卫京生（Wilkinson）著，刘玉苍译：《福州开辟为通商口岸早期的情况》，《福建文史资料》第一辑，福州：福建人民出版社，1962 年。另外根据林仁川教授的估算，当时闽江流域的一箱茶叶北运至上海，全程 1800 多华里，运费总计需 1740 文，即每担运费 1.359 两，再加上茶叶成本费、加工烘焙费、包装费、厘金及出口税，每担茶叶至上海的总用为 9.773 两，而武夷山茶在上海的售价一般每担在 11 至 12 两上下，茶叶的利润很微薄。见林仁川：《福建对外贸易与海关史》，厦门：鹭江出版社，1991 年，第 234～235 页。

④ （清）卞宝第：《卞制军政书》卷四，《札福建藩司延建邵道》，福建师范大学图书馆古籍室藏，第 1 页。

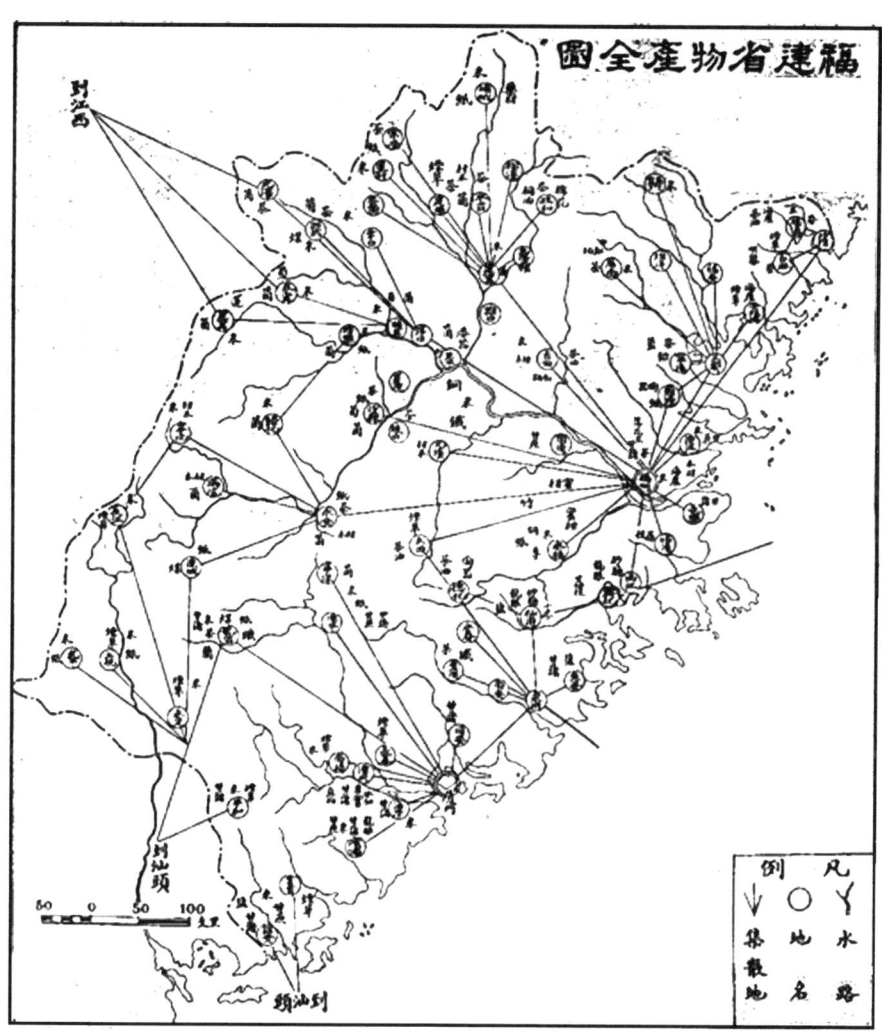

图 3-1 福建省物产全图

资料来源:林鼎华:《福建出产品纪要》,1928 年 12 月,福建省档案馆藏档案,全宗号 5-4-74。

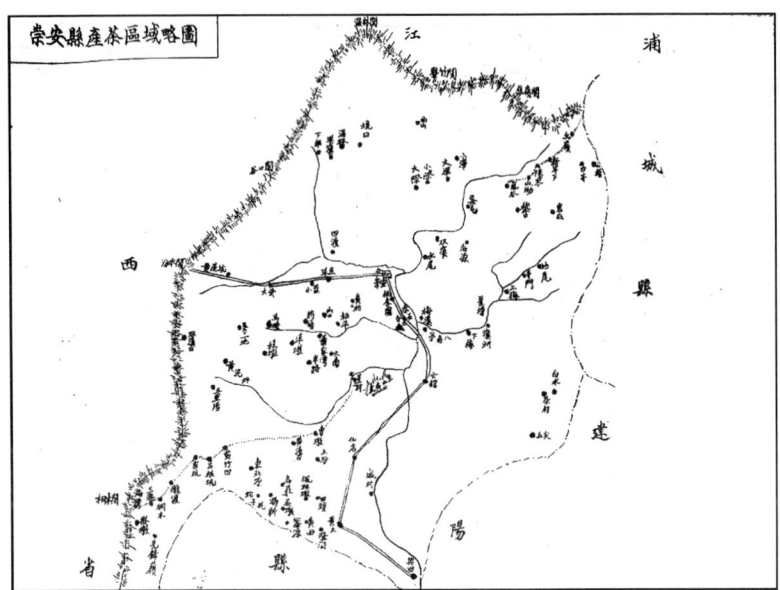

图 3-2　崇安县产茶区域略图

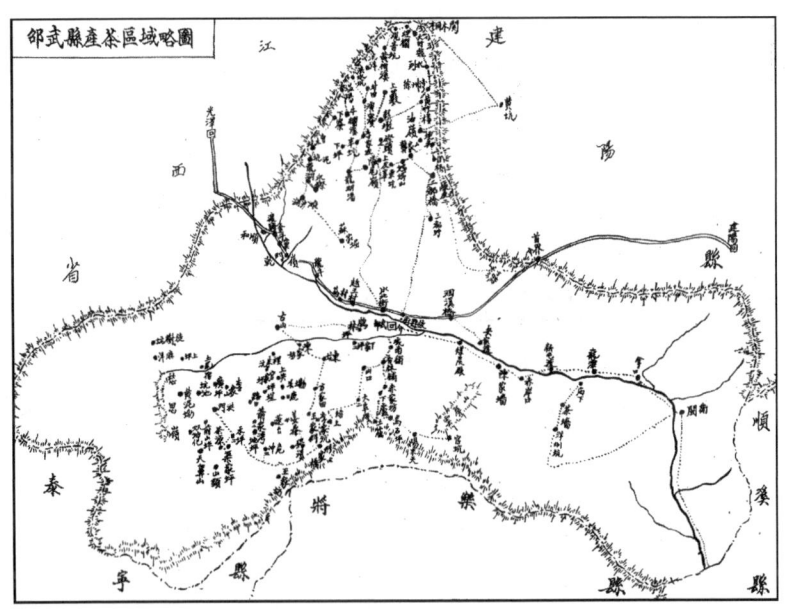

图 3-3　邵武县产茶区域略图

资料来源：福建省政府建设厅茶业管理局编印：《福建省各县产茶区域图》，1939年12月。

第三章 商品流通与市场网络

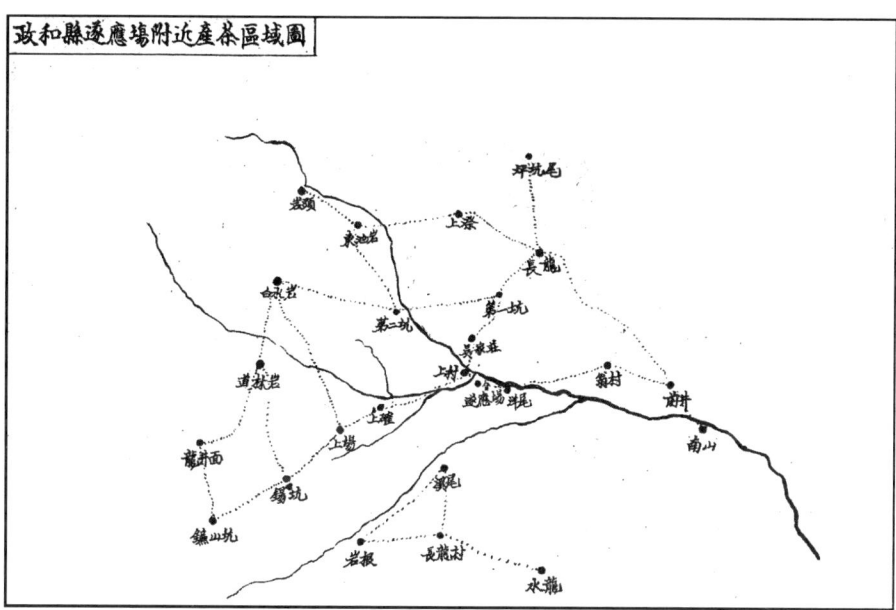

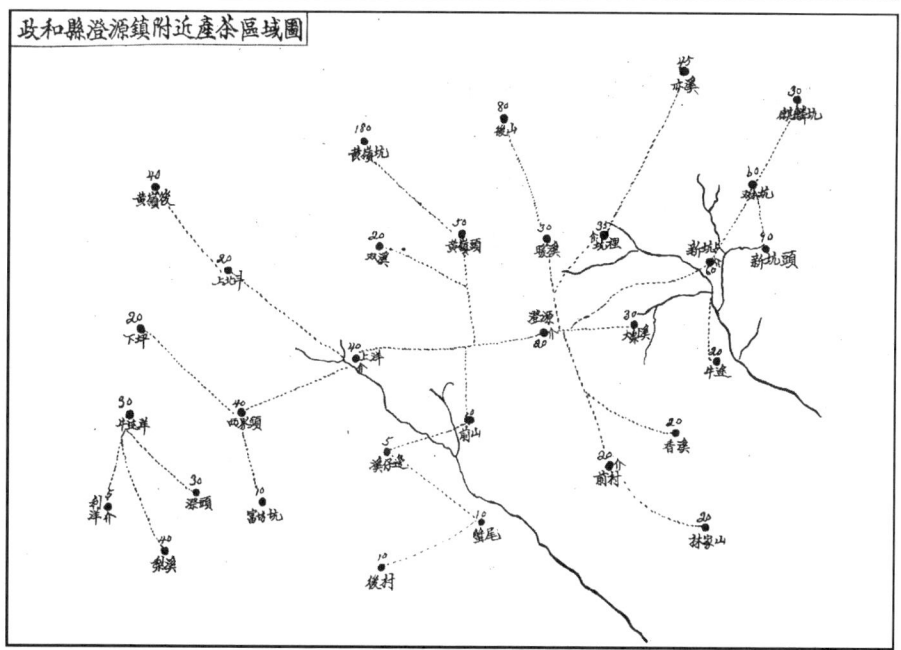

图 3-4 政和县产茶区域略图

资料来源：福建省政府建设厅茶业管理局编印：《福建省各县产茶区域图》，1939 年 12 月。

份由先前的建阳、崇安等县扩展开来。据《福建之茶》统计,近代闽江流域产茶县份主要有崇安、建阳、松溪、政和、建瓯、邵武、浦城、沙县、水吉、屏南、古田、连江、闽侯、大田十四县。① 除这些县份之外,其他县份也多产茶,如《闽侯县志》称"茶,福州诸县皆有之。闽之方山、鼓山,侯官之水西,怀安之凤冈尤盛"。② 再有如闽清县"茶,十四都、十七都、十二都等处出产最多,而四都白岩之茶,味尤清芬"。③

其次是茶叶产量的剧增。近代闽江流域各产茶县中,以崇安、建阳、政和、建瓯、沙县产量为巨,如沙县清末最高年产值曾达 267 万元,建瓯县曾达 500 多万元。④ 就流域的整体情况⑤来看,1855 年福州有不下 15739700 磅的茶叶被运往外国市场,1856 年茶叶运输路线改道后这一数字达到了 40972600 磅,其后三年的平均数为 35476900 磅,⑥到了 19 世纪 60 年代中期,这一数字已增至 65545036 磅(见表3-1)。

表 3-1　福州口的茶叶输出(1856—1866)

单位:磅

年代	输出地			
	英国	美国	澳大利亚	总计
1856—1857	21396500	7435600	3375500	35280000
1857—1858	21813300	6259300	2684200	32050300
1858—1859	18227300	6701700	4376600	29305600

---

①　唐永基、魏德端合编:《福建之茶》上册,福建省政府统计处,1941 年,第 11~18 页。

②　欧阳英、陈衍纂修:民国《闽侯县志》卷二十五,《物产三》,民国二十二年刻本,第 1 页。

③　杨宗彩、刘训瑞纂修:民国《闽清县志》卷三,《物产志》,民国十年铅印本,第 6 页。

④　徐晓望:《福建历代茶政沿革考》(下),《福建茶叶》1986 年第 2 期。

⑤　福州口的茶叶输出不等同于近代闽江流域的茶叶输出,本书所引用的关于经福州口输出的茶叶贸易数字,所取的仅是一种趋势,而并非具体数字,下列其他货物贸易数字同。

⑥　(美)马士著,张汇文等译:《中华帝国对外关系史》第一卷,北京:三联书店,1957 年,第 406 页。

续表

年代	输出地			
	英国	美国	澳大利亚	总计
1859—1860	26472500	8615400	5363700	41348600
1860—1861	36507700	11293500	11797200	61666500
1861—1862	35417650	7215010	8094944	55713433
1862—1863	45002481	227930	2352405	52316780
1863—1864	46152936	6966702	8037750	63468298
1864—1865	45248390	4763830	9127246	62951916
1865—1866	44000000	6206910	9735272	65545036

资料来源：Robert Gardella，*Harvesting Mountains：Fujian and the China Tea Trade*，1757—1937，Berkeley and Los Angeles：University of California Press，1994，p.61。

2. 茶叶输出贸易的阶段分期

近代闽江流域的茶叶输出可分为繁荣期、衰落期及恢复期。繁荣期是指1856年福州开埠后茶叶运销路线改变至清光绪中叶，这一时期茶叶外销曾达到顶峰，据当时外商估计达64000000磅。[①] 衰落期指自19世纪80年代直至1927年南京国民政府成立，这一时期闽江流域的外销茶叶因质量低下以及印度、锡兰茶竞争等原因而逐渐衰落，很多茶园因茶业的衰落而荒废或者改植其他农作物，如光泽县"咸丰、同治以来，遍处种茶，生息亦广，近因价钝，多荒废不理矣"。[②] 恢复期则是指1928年至1937年，这一时期因北伐成功，"闽垣弥平后，闽茶稍渐有起色，输出渐次回涨"，[③] 但这一时期农村元气已大为损伤，茶业须重新经营，故在输出规模上仍远远不及繁盛期，如抗战爆发前当时报纸称"按闽北转输出者，以马来半岛各属最多，往常每年之出口量，计达十余万箱，而今年上半年，则二千箱不足，其数目之差，实足

---

① 唐永基、魏德瑞合编：《福建之茶》上册，福建省政府统计处，1941年，第8页。

② （清）盛朝辅原本，李麟瑞、钮承藩续修，何秋渊续纂：光绪《光泽县志》卷五，《舆地略》，清光绪二十三年增刻本，第2页。

③ 唐永基、魏德端合编：《福建之茶》上册，福建省政府统计处，1941年，第9页。

使人惊骇"。① 但比较流域出口各大宗商品的货值而言,茶叶长久以来一直处于出口的第一位(参见表 3-2)。

表 3-2　福州口历年大宗输出品货值比较表(1899—1937)

单位:千元

年份	茶叶	木材	纸张	年份	茶叶	木材	纸张
1899	10510	509	597	1919	3694	5730	2639
1900	8655	490	394	1920	3012	10301	2646
1901	5941	863	776	1921	4269	14899	2943
1902	6539	1512	1024	1922	4420	15707	2845
1903	5822	1190	1205	1923	4520	23026	3209
1904	6304	851	1304	1924	4847	16202	2606
1905	4565	2204	1604	1925	5688	15101	3265
1906	6079	1194	1492	1926	5615	11638	3247
1907	6081	2324	1412	1927	5266	16375	3009
1908	5028	1622	1445	1928	13544	22292	2852
1909	5913	1577	1459	1929	15446	22414	2780
1910	5064	2461	1608	1930	13668	13418	2368
1911	6488	2417	1726	1931	14620	3622	4228
1912	4750	2733	2288	1932	12165	2898	3720
1913	6199	2981	2119	1933	10894	2416	4120
1914	5060	3049	1808	1934	10480	2003	3029
1915	5671	3090	2211	1935	8563	2390	2008
1916	7173	2327	1877	1936	10837	4854	2683
1917	3914	2211	1676	1937	10515	6116	2125
1918	3621	2532	1571				

资料来源:福建省政府编:《福建历年对外贸易统计》,福建省政府秘书处公报室,1935年,第79~88页;周浩等编:《二十八年来福建省海关贸易统计》,福建省政府统计室,1941年,第82~94页。

---

① 《福建民报》1935 年 10 月 9 日。

由上表我们可以看出,自 19 世纪末以来,近代闽江流域茶叶的输出货值就一直处于逐年减少的状态,并且自 1919 年开始,茶叶就失去了外销商品第一的位置而由木材取而代之,直到南京国民政府成立后茶叶的输出才有所转机,其输出值于 1929 年达到了该时期的顶峰,相应的,茶叶于 1930 年后又在闽江流域输出商品的格局中重新占据了第一的位置。

3. 茶叶的出口贸易

近代闽江流域茶叶的出口贸易系统由茶贩、内地茶庄、庄客、茶栈、经纪人、茶行、洋行、茶庄、茶叶店、代办行等机构组成。茶贩属于临时性质,无专营固定之资本,凡略识门径者,均能任之,其人数之多寡,亦视茶市之盛衰而定,他们向茶农收集零星毛茶,和成大堆,就近转售于内地茶庄。内地茶庄亦称茶厂或茶号,开设于各茶区之地方市场,资本不甚充足,多赖中心市场茶栈之贷款以资周转,其业务为一方收买毛茶,一方设厂加工精制,制成之茶少有直接出口者,均须运至中心市场投栈。庄客亦称山客或茶客,与内地茶庄性质相类似,系受茶栈委托,或自与茶栈接洽,代其往产地采办。茶栈可分为洋茶栈与毛茶栈两种,洋茶栈亦称箱茶栈,是红、绿茶已制成箱茶出口的中介机构,分别为红茶栈与绿茶栈,居内地茶庄与洋行之间,专事介绍茶户输出贸易;毛茶栈又称袋茶栈,因毛茶均以袋包装,所经营为粗制之绿毛茶,介于内地茶庄与茶行及茶叶庄、店之间,也为中介商,代客发售,抽取佣金。经纪人可分为三种,即绿茶之经手,箱茶之马签与洋行之买办,经手为毛茶栈与茶行买卖之中间人;马签为英文 Merchant 的音译,为箱茶栈与洋行间之经纪人,专与洋行买办接洽箱茶买卖事宜;买办则为代洋行向茶栈购买茶叶者。茶行为中心市场精制茶叶之茶厂或茶号,其规模较大者称为茶行,它们直接经营出口,自负盈亏。洋行则为茶叶运销国外的中间商,经介绍成交后,由其改装运出。茶庄为设于中心市场的零售兼批发商,也有自行收买毛茶加以精制者,但规模不及茶行,其所办茶叶,除供本地消费外,亦运向省外各地。茶叶店则为规模较小之茶庄,专营零售,营业范围仅限于当地。代报行则为代出口茶商报关,赚取手续费者。①

---

① 唐永基、魏德端合编:《福建之茶》下册,福建省政府统计处,1941 年,第 195～198 页。

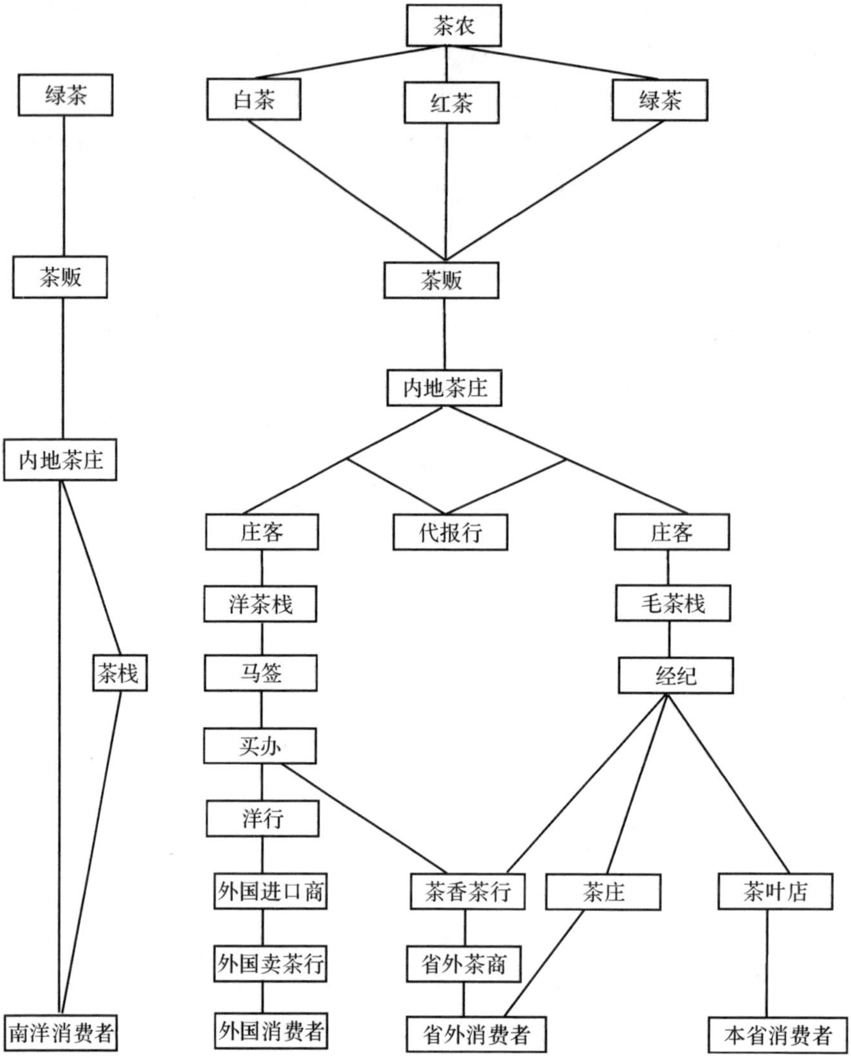

图 3-5　近代闽江流域茶叶出口贸易系统图

资料来源：唐永基、魏德端合编：《福建之茶》下册，福建省政府统计处，1941年，第196页。

就近代闽江流域茶叶的外销地来看，主要以欧美市场为主，其中红茶多销欧洲，绿茶多销南洋、美国各处及国内潮、汕各地，白茶则主销德国与安南。光绪末年的《商务官报》称：

　　红茶销路盖以欧洲为第一，中国北方为第二，绿茶则中国人及琉球人所嗜者也,近来输向外国者逐年递减,而输向中国各埠者次第增加,其砖茶一种,销俄罗斯,茶末则或以制砖,或以供中国贫人饮用。①

在福州开埠至光绪年间近代闽江流域茶叶输出兴盛时,茶叶输出成为福州口岸对外贸易的主要商品,这使得福州的对外贸易主要以国际贸易为主,然而随着茶叶贸易的衰落,这种特性逐渐为国内贸易所替代。

(二)木材

1. 产地与产量

闽江流域盛产林木,其林地面积占全省产林地的半数以上。林木种类繁多,有杉、松、樟、柟、花梨、漆树、油桐、乌桕、榉、桉、椎、白杨、黄杨等种,主要林木则为杉木、松木及樟木。闽江流域的木材输出可以追溯至清初,如清中叶的《闽政领要》记载"建宁木植多在深山通涧之处,秋冬砍伐,俟春水涨发,由溪顺流而下,木客于南台收买,扎箄海运江浙售卖"。② 在本书所关注的时间段内,木材输出长时间处于蒸蒸日上的态势。就产地而言,遍布于闽西北各县,东起闽侯、古田,西迄宁化、建宁以接江西,南自德化、大田,北及崇安、浦城与浙江交壤,其中尤以建溪流域的建瓯、浦城两县,富屯溪流域的邵武,沙溪流域的宁化、清流各县以及闽江下游的尤溪、南平、古田、德化、永泰为著。建瓯年产林木多在三十万元以上,浦城常年亦有二三十万元的产量,邵武林木的生产每年也可达二十余万元,而尤溪林木平均产值每年在六七十万元之巨,为全省产木最多县份。③

就流域整体的林木产量而言,年平均产木材达 3507725 株,价值 4399710 元。④ 各县林木产值情况如表 3-3 所示。

---

① 《福州重要输出品》,北京农工商部署内商务官报局:《商务官报》第二册,光绪三十三年(1907年)第16期。
② (清)德福辑:《闽政领要》卷中,《各属物产》,福建师范大学图书馆藏抄本。
③ 翁礼馨编:《福建之木材》,福建省政府秘书处统计室,1940年,第10~14页。
④ 翁礼馨编:《福建之木材》,福建省政府秘书处统计室,1940年,第27页。

表 3-3　抗战前闽江流域各县木材年均生产量值一览表

县名	量(株)	值(元)	县名	量(株)	值(元)	县名	量(株)	值(元)
浦城	181960	333200	泰宁	10430	24280	古田	401530	263700
崇安	19600	18000	将乐	62080	58980	尤溪	696620	856100
建瓯	237800	386500	宁化	12200	42500	大田	29200	38000
建阳	73200	104000	清流	4840	10000	闽清	112540	101500
松溪	62660	100030	明溪	31370	19160	闽侯	——	
政和	63230	89530	永安	39270	52060	德化	112600	242800
邵武	190600	269200	沙县	175515	230150	永泰	303100	224800
顺昌	178000	275000	南平	385200	438100	连江	27706	20550
建宁	116500	210300	屏南	7230	11820			

资料来源:《近年福建各县木材生产量值》,见翁礼馨编:《福建之木材》,福建省政府秘书处统计室,1940年,第29~32页。

就输出木材的类别来看,近代闽江流域外销的林木主要是杉木、松木、樟木及其他杂木。其中杉木产销量均高居第一位,据统计,抗战前闽江流域年产杉木达253万余株,值372万余元。以产地观之,主要集中于闽江上游地区,大概可分为三大区域,一为东溪区,即建溪流域,产量最高可达万余连,以政和县为例,"杉木,随地山林均可布种,年可出息数万元";① 二为西溪区,包括沙县、明溪、永安、清流、宁化、顺昌、将乐、泰宁、建宁、光泽,年产量也可达万余连;三为南平县以下区,如尤溪、古田、闽清等县,最高输出也可达万余连,尤溪一县每年出产约有两千余合(尤溪二连为一合,相当于闽江一连)。② 近代闽江流域松木产地也以建溪、富屯溪和沙溪各县为主,《闽产录异》即称"大松出建安之房村溪及各水口者(易于出水者为水口),锯为松木板运省",但其输出较杉木要晚得多,"其始由西人之创始砍伐,继则中西合营范围渐广,末由国人独营以运销于省外"。③ 先是光绪末年英商祥泰

---

① 黄体震等修,李熙等纂:民国《政和县志》卷十七,《实业志》,民国八年铅印本,第4页。
② 《闽江流域杉木调查》,1936年,第2页。
③ (清)郭柏苍著,胡枫泽校点:《闽产录异》卷一,《货属》,长沙:岳麓书社,1986年,第27页。

洋行向洋口、建瓯沿溪一带采松木,后天祥、建兴及德商禅臣洋行亦继之而起,砍伐数量年约二十余万筒,民国七年(1918年)以后,年输出在五六十万筒以上,价值二三百万元,①民国十七、十八年以后输出进一步增加,民国二十五、二十六两年出口达七八十万筒左右,达到松木外销的全盛时期。② 至于樟木,闽江流域许多县份如浦城、建瓯、建阳、松溪、邵武、将乐、明溪、永安、沙县、古田、尤溪、闽清、永泰均有出产,战前常年产量达 3365 株,值 36930 元,其中以建瓯县为最,其年产曾达 1000 株,值 10000 元以上。③ 至于各县历年所产林木的量与值,限于资料缺乏已无法加以考证,下表为各县于抗战前常年所产林木的量值一览表,以资参考。

表3-4 抗战前闽江流域各县林木年均生产量值一览表

单位:株、元

县名	杉木		松木		樟木		杂木	
	量	值	量	值	量	值	量	值
浦城	142000	300000	24500	18000	460	5000	15000	10200
崇安	12000	16500	7600	1500	—	—		
建瓯	200000	347000	21200	18500	1000	11000	15600	10000
建阳	50000	94000	17000	4000	200	2000	6000	4000
松溪	48880	88000	8400	2500	180	2030	5200	7500
政和	52700	85000	8030	2230	—	—	2500	2300
邵武	153000	244000	12100	4200	500	4000	25000	17000
顺昌	133000	240000	10000	3000	—	—	35000	32000
建宁	102000	193800	2500	500	—	—	12000	16000
泰宁	7680	22480	1000	300			1750	1500
将乐	30000	45000	27000	12000	80	600	5000	1380
宁化	2200	40000	10000	2500				

---

① 疑为二三十万元之误。
② 翁绍耳:《福建省松木产销调查报告》,农业经济调查报告第一号,私立协和大学农学院农业经济学系印行,1941年,第5~7页。
③ 翁礼馨编:《福建之木材》,福建省政府秘书处统计室,1940年,第44~46页。

续表

县名	杉木		松木		樟木		杂木	
	量	值	量	值	量	值	量	值
清流	500	8000	4340	2000	—	—	—	—
明溪	10000	15000	20000	2000	120	1500	1250	660
永安	21000	30000	10700	9700	20	200	8000	12160
沙县	152000	198900	22000	2900	15	200	1500	2050
南平	330000	396000	10200	7100	—	—	45000	35000
屏南	2280	6840	4100	3880			850	1100
古田	200000	200000	200000	60000	30	300	1500	3400
尤溪	641500	726000	50200	114300	420	6600	4500	9200
大田	17000	25000	10700	12000			1500	1000
闽清	86000	92000	25000	8000	40	500	1500	1000
闽侯	—	—	—	—	—	—	—	—
德化	68000	206000	44200	35600	—	—	400	1200
永泰	70000	105000	232000	116000	300	3000	800	800
连江	20000	18000	6500	2000	6	50	1200	500
合计	2551740	3742520	789270	470810	3371	36980	191050	169950

资料来源:据翁礼馨编:《福建之木材》第28～52页统计数字制成。

2. 近代闽江流域木材的外销

林木在砍伐后,往往先是以散株就近投入溪中,然后在溪流合流处集百株左右组筏,各筏再组成连筏,下运至福州外销。① 故近代闽江流域的林木外销市场通常由初级市场及中心市场组成,前者即生产市场,为产地林木集散之场所,后者则为木材转运之场所,以聚集流域各产地之木材,转运省外各销区。初级杉木市场一般由山客、采办人与木行构成,山客为林木买卖的居间人,多为熟悉当地林木市况者,其经营范围为从事介绍林户与采办人间的木材买卖,以赚取佣金,也有部分山客兼营入山办木,转贩采办人,以从中

---

① (日)三五公司:《福建事情实查报告》,1907年,第11页。

获利;采办人又称木客,为从事采购产林地木材,汇集后转运中心市场贩售者,是初级市场最主要的木商,其业务除为自行集购转贩外,兼有贷款给山客,以为将来集购林木之预订者;木行为集购贩林木之木商,所经营业务,除购集木材转运中心市场贩售外,还有就地零星售贩木材。杉木经林户—山客(采办人)—木行流向中心市场并向流域外输出。就中心市场而言,由于地理位置的关系,福州毫无疑问是近代闽江流域林木的集聚转销中心,福州杉木市场上的主要木商一般由采办人或内地木行、杉行、木贩、锯木厂及江浙庄客组成,其中采办人或内地木行同时也为生产市场上的木商。杉行按其经营范围的不同可以分为一般杉行与南港杉行两种,前者专门从事介绍闽江干流闽北各地所产杉木买卖,多分设于福州义洲、帮洲一带;后者为经营大樟溪一带永泰、德化等地木材买卖的木商,规模一般较小,其主要业务仍为中间人性质,专以介绍采办人与木贩、锯木厂间的交易。木贩为从事购买杉木,运外发售或转贩于江浙庄客或本地木作商之商人,依贩卖地域的不同可分为天、南、福、台、长等帮。庄客即江浙木客,为江浙各地木商派往福州采购木材之木客,故其向采办人木贩或锯木厂收购之木材,均运回江浙各木号,其采购内容均听命于总号。锯杉厂则从事杉板截锯。

与杉木不同,松木的初级市场与中心市场都要相对简单一些,其初级市场主要以松行为主,松行即松木采办商人,专门上山采购松木运往中心市场,转售予出口商,但有时也有自行锯板转贩省外,故松商主要集中设于尤溪、福州等地。近代闽江流域松木中心市场福州的木商主要有锯松厂及松行两种,前者为福州松木市场上最主要的木商,主要业务为收购松行采办运到福州的松木,加工锯板,转贩给江浙庄客或自行运销于外埠;后者在初级市场为采购松木之木商,规模较大者在福州设松行,也兼营转贩木材于外地的业务,实际上也是中心市场上推销松木的木商。至于樟木的中心市场组织则更为单纯,商人一般为收集各地零星集聚之樟木及各项什木,而转贩于外地者,也有售与本地细木商者。其主要木商有两种,一为樟板行,一为樟木行。前者为买卖硬木板的商行,经营范围除收购采办人运往福州的樟木或其他硬木,转运外地贩售外,还介绍初级市场木商出售樟木给中心市场木作商;后者为专营制船木料如樟木及各种什木的木商,带有中介人的性质,以介绍采办人售木给制船船户,仅开设于福州苍霞洲一带。①

3. 木材输出贸易的阶段分期

闽江流域木材输出在本书研究的时段内可以划分为三个时期,一为发展期,一为繁盛期,一为衰落期。发展期是指自1861年至1918年,这一时期闽江流域的木材输出呈逐年增长的趋势,其原因在于清同治末年太平天国起义平息,闽江上游地区木市较盛。繁盛期为1919年至1929年,这一时期林木的输出贸易剧增,以海关统计数字观之,1918年福州口林木输出总值为2532千元,1919年则猛增至5730千元,此后一直居高不下,1923年则高达23026千元(参见表3-2)。衰落期指1931至1937年抗战爆发,自1931年开始,闽江流域的木业即开始有骤然衰退的迹象,1930年经福州口输出的木材总值为13418千元,1931年则骤降为3622千元,这其中的原因则在于这一时期闽江流域地区地方秩序的失常、林木销场的缩减与销路的紧缩。

4. 木材的外销地区

近代闽江流域的木材销售区较为广泛,可分为国内与国外两大类,国内为主要销售区。以杉木为例,福州市场上的从事贩运木材至外埠的木贩依其推销范围可分为天津、闽南、福州本地、台湾及长江流域五类,由此可以看出国内各地为闽江流域木材的主要销售区。其中以上海和天津二地为著,"上海附近一带所需木材,除外国建筑或铁道所用者皆由美国及日本输入外,而其他固皆仰给于福建",②此外还有牛庄、青岛、烟台、宁波、广州以及长江流域各埠均为闽江流域木材转售口岸。境外销区主要有香港、菲律宾、日本、台湾、关东租借地及荷属印度等地。兹将近代闽江流域木材主要销区图解如下:

---

① 翁礼馨编:《福建之木材》,福建省政府秘书处统计室,1940年,第104～139页。

② 杨荫杭:《上海商帮贸易之大势》,北京农工商部署内商务官报局:《商务官报》第一册,光绪三十二年(1906年)第12期。

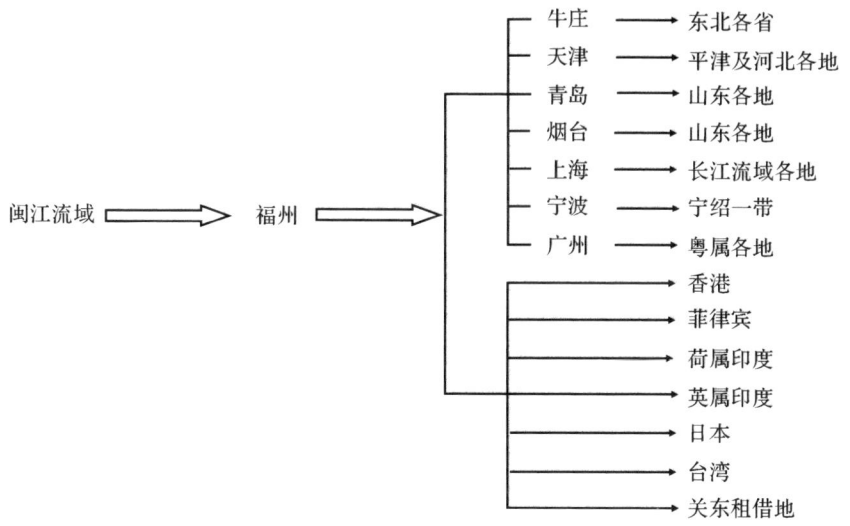

图 3-6　近代闽江流域木材外销地区示意图

资料来源：翁礼馨编：《福建之木材》，福建省政府秘书处统计室，1940年，第145页。

（三）纸类

纸类为近代闽江流域的第三大输出品，其产销也历时悠久。闽江流域的纸多由竹制成，《闽产录异》称："延建邵汀皆做纸，凡篁竹、麻竹、绵竹、赤枧竹，其竹穰皆厚，择其幼稚者，制上等、中等。"[①]近代闽江流域的纸类名目繁多，据统计有八九十种之多。由其制造方法的不同可分为熟料纸与生料纸两大类，熟料纸是经过漂白蒸煮之后精制而成，其成品多为上等纸，生料纸则是纸料不经漂白等手续而加工制成，其成品较熟料纸为逊色；从纸类的用途上看可分为白料纸、甲纸与海纸，白料纸主要用于书写，称为上等纸，甲纸则可供物品包装之用，称为下等纸，海纸则专供制纸箔冥币之用，此类纸多薄而易破，是利用残料制成的。

近代闽江流域内几乎各县份均产纸，其中较大县份有建溪流域的浦城、崇安、建瓯、松溪、政和；富屯溪流域的邵武、顺昌、将乐、建宁、泰宁；沙溪流域的沙县、永安、清流、明溪、宁化；半溪流域的南平、尤溪、古田、大田、闽清以及大樟溪流域的永泰、德化等县。上述地区中，建溪流域各县多兼产熟料

[①]　（清）郭柏苍：《闽产录异》卷一，《货属》，长沙：岳麓书社，1986年，第20页。

及生料纸,而富屯溪及沙溪流域则均以生料纸为主。就各县产地而言,以富屯溪流域的邵武、顺昌、将乐为著,邵武、顺昌二县产纸村庄达百余村,将乐也有数十村。①

就纸类的输出而言,福州开口前,闽江流域所产纸类除福州附近各县以福州为集散中心外,上游各县所产之纸多循陆路运往江浙。五口通商后,闽江流域各产纸县所产之纸均循流而下,聚集福州运往外省,因而就纸类外销的量与值而言,福州海关的统计数字足以代表整个闽江流域。以表3-2观之,1902年以后闽江流域纸类开始了输出的黄金时期,年输出值均在二百万元左右,最高曾达四百万元之多。该时期内纸类输出稳定增长,由1902年的一百余万元增至1913年的二百余万元,在经过一战带来的短暂低落之后,其输出值又开始了进一步增长,这种状况一直持续到了抗战爆发前。

表 3-5 近代闽江流域纸类主要外销区域一览表

国内销区	广州	转销粤省各地	境外销区	安南
	宁波	转销浙东各地		关东租借地
	上海	转销长江流域各地		台湾
	烟台	转销山东各地		日本
	青岛			南洋各属群岛
	天津	转销北平及华北各地		菲律宾
	营口	转销东北各省		香港
	粤东各地			
	浙南及赣省各地			

资料来源:林存和编:《福建之纸》,福建省政府统计处,1941年,第179页。

近代闽江流域纸类的外销地可分为国内与国际市场,清末《商务官报》称"(福州)竹纸之输出,专往中国北方各地,其往香港、台湾及海外各者亦间有之"②。国内市场除西北、西南各省较少外,其他如东北三省、河北、山东、江苏、浙江、江西、安徽、广东各省每年皆有巨额销量,境外市场则有日本、菲

---

① 林存和编:《福建之纸》,福建省政府统计处,1941年,第25~26页。
② 《福州重要输出品》,北京农工商部署内商务官报局:《商务官报》第二册,光绪三十三年(1907年)第16期。

律宾、香港、安南、台湾、关东租借地及南洋各地,其中以安南、台湾及南洋为主要外销区,境外销售对象主要以侨胞为主,以海纸为大宗产品(参见表3-5)。

(四)其他输出品

1.蔬菜

近代闽江流域蔬菜输出一项,包括竹笋、香菇、罐头菜及其他蔬菜等项,其中尤以竹笋、香菇为大宗,常年占输出物品的第四位。闽江上游盛产竹木,"多竹之山,出笋必旺",① 故产笋、菇极多,如《闽产录异》称"笋,各属皆产,福州及西四郡为多",又称"香菇,西四郡皆产之,建属为多"。② 就笋类产销而言,以建瓯县为例,其"冬笋,冬天上市……旧时唯供本地食用,近三十年始运输省会及上海,岁出约数百万斤,沙笋年可出二三百万斤,运销上海、汉口等处……乌笋年出约数十万斤"。③ 再如政和县,"笋,随地皆有,而制为熟货销售外地者,多在上下里、东衢里、南里各乡,有大小年之别,岁入约四万金左右"。④ 沙县"大年约出七八千篓,小年约出二三千篓,每篓装百八十斤"。⑤ 此外,笋还可以制成笋干向外输出,其制作方法如下:"笋干,取冬笋之极大而不伤锄者,汤燖甫透,即烘干之。晒干者味佳,色不明亮,闽呼笋片,以其似玉兰花之片片然,亦呼玉兰片,又一种择麻笋之幼大者,切片(火单)之,烘之,得火色则通明,故名明笋,有大片、苏尖之别,又有笋粽、笋粿、笋银鱼各色。以烟熏者色黑,名乌笋,皆装载行远。"⑥ 崇安县"笋干,产

---

① 梁伯萌修,罗克涵等纂:民国《沙县志》卷八,《实业志》,民国十七年铅印本,第2页。
② (清)郭柏苍:《闽产录异》卷二,《蔬属》,长沙:岳麓书社,1986年,第50、53页。
③ 詹宣猷修,蔡振坚等纂:民国《建瓯县志》卷二十五,《实业志》,民国十八年铅印本,第5页。
④ 黄体震等修,李熙等纂:民国《政和县志》卷十七,《实业志》,民国八年铅印本,第3页。
⑤ 梁伯萌修,罗克涵等纂:民国《沙县志》卷八,《实业志》,民国十七年铅印本,第2页。
⑥ (清)郭柏苍:《闽产录异》卷一,《货属》,长沙:岳麓书社,1986年,第26～27页。

于上梅、白水等处。种类有三:产于冬者,曰玉兰片,售上海,全年产量约二千市担;产于春者,曰桃花片,售河口,全年产量约一千市担;产于夏者,曰大笋,又曰明笋,谓其质颇透明也,佳者为黄尖,其次为秀尖、全尖、全片、条片,售河口,全年产量约五千市担"。①

再来看香菇,闽江流域香菇的产销由来已久,《闽产录异》记载香菇的生产方法如下:"先时畲民斩楠梓槠等木于深山中,雨雪滋冻,则生菇,味香,因名香菇。后山民仿其意,斫楠、梓枝仆地,淋以米汤,掩之;秋末采、焙,至冬经霜雪,尤美,近山民以全山杂木出秵菇客,戒以伤枝不伤本。菇客以刀乱斫杂木枝,覆以草,及时采之,不必皆楠梓。楠,香;梓,松;菇特芳美,他木所出,乃薄小,焙后分别装载……"②闽江流域上游各县各主要出产区香菇的生产多操于外省人如浙江人之手,如崇安县"种菇者则为浙江庆元、龙泉两县之人,每年农历十月结伴前来,翌年二月回去"。③ 建瓯县"香菇向系浙江庆元、龙泉、景宁三县人营业,十月方来,次年三月归,率以为常。大年产额百余万斤,小年亦七八十万斤,固实业之一大宗也。俗谓,砍树、刻花、布种,有秘术不传,利权唯浙人操之"。④ 再如沙县"香菇出产甚多,然沙民不能制。年至秋末,浙人鱼贯而来,散处各乡,设厂制焙干后,发商贩卖"。⑤

以竹笋、香菇为主的蔬菜,其主要销售地为以上海为主的国内市场,就其产量而言,年输出值约为二百万元左右,参见表3-6。

---

① 刘超然等修,郑丰稔等纂:民国《崇安县新志》卷十九,《物产》,民国三十一年铅印本,第1页。

② (清)郭柏苍:《闽产录异》卷二,《蔬属》,长沙:岳麓书社,1986年,第53页。

③ 刘超然等修,郑丰稔等纂:民国《崇安县新志》卷十九,《物产》,民国三十一年铅印本,第1页。

④ 詹宣猷修,蔡振坚等纂:民国《建瓯县志》卷二十五,《实业志》,民国十八年铅印本,第6页。

⑤ 梁伯萌修,罗克涵等纂:民国《沙县志》卷八,《实业志》,民国十七年铅印本,第3页。

表 3-6 福州口历年输出蔬菜、鲜果、干果、樟脑价值表(1899—1937)

单位:千元

年份	蔬菜	鲜果	干果	樟脑	年份	蔬菜	鲜果	干果	樟脑
1899	725	220	112	—	1900	658	162	117	—
1901	637	201	221	—	1902	897	132	169	17
1903	968	188	158	98	1904	1190	241	104	111
1905	988	228	221	478	1906	699	228	278	1754
1907	812	234	304	2602	1908	1394	210	332	810
1909	956	238	270	418	1910	1349	345	406	105
1911	999	330	312	64	1912	1335	337	283	20
1913	1361	527	326	23	1914	1614	402	297	6
1915	1120	362	232	12	1916	1167	407	189	48
1917	984	336	151	40	1918	1512	279	212	44
1919	1495	387	224	737	1920	1615	548	266	1693
1921	2168	426	402	528	1922	1938	612	343	258
1923	1733	432	431	232	1924	2677	565	317	76
1925	1748	418	342	47	1926	2229	583	420	11
1927	1450	511	309	2	1928	1833	586	286	3
1929	2010	500	375	0.25	1930	1762	468	506	—
1931	2057	632	441	11	1932	1855	638	384	—
1933	2091	517	465	—	1934	2058	839	532	—
1935	1300	857	376	—	1936	2170	830	398	—
1937	1245	1005	481	—					

资料来源:据福建省政府编:《福建历年对外贸易统计》,第79~88页;周浩等编:《二十八年来福建省海关贸易统计》,第82~94页所列统计表制成。

由上表我们可以看出,民国之后,闽江流域蔬菜的输出便处于一个较稳定的状态,由年输出一百余万元递增至二百余万元,这显示了蔬菜作为近代闽江流域较大宗的输出商品,其利源具有相当的稳定性。

2.鲜干果

近代闽江流域外输的鲜果以橘子、橄榄为大宗,其他则为数甚少;而干果则以荔枝干、桂圆为大宗,其他有如黑枣、红枣、柿、干梅、罐头果等。

鲜果的产地以闽江下游地区为主,以柑橘为例,其主要产区是福州的南屿、南通两乡(简称二南乡)。福州地滨东海,属典型的亚热带季风气候,土质多为壤土,适宜于柑橘的生长,福橘成为其中的代表。二南乡位于福州的西南,离城有三十里,风土与福州相近,福州柑橘十之八九出自该区,本地农民也以种植柑橘为其专业。① 除此之外,闽江流域其他地区也有鲜果出产,如南平县"近来人多种李,于数千株,结实累累,不独南营道之李为佳,橘柚橙楠产自各乡,若北路之杨默林,较胜他处"。②

以表3-6观之,近代闽江流域鲜果的年输出额经历了发展期、增长期与繁盛期三个时期,发展期是指清末至民国成立这一时期,该时段内闽江流域鲜果的年输出额基本上保持在二十万元左右,没有经历明显的起伏;增长期则是指1912年至1918年这一时期,该时期内闽江流域鲜果的输出开始了明显的增长,即便由于一战的影响,这一增长趋势并没有保持下去,但与前一时期相比,该时期鲜果输出仍有较大的增长;繁盛期是指一战结束至抗战爆发这一时段,该时期内国内市场对以福橘为代表的鲜果需求旺盛,据统计,当时一亩田地用于产橘者要较种稻可获利二倍半之多,农民多改种水稻为种果树,于是形成了鲜果输出的黄金时期。这一时期鲜果的输出从1919年的三十余万元增至1937年的一百余万元,增幅不可谓不大。以闽侯县为例,清光绪年间其鲜果的输出计有"福橘,年约出三百余万斤。桂圆,年约出三千箱。青果,年约出百余万斤。荔枝干,年约出十余万斤。杨梅,年约值银数千两"③,而到了民国二十二年(1933年)前后,"桂圆较上年加有三千二百余担,橘子三万九千余担,鲜橄榄七千一百余担,莲子一千六百余担"。④

与鲜果相比,近代闽江流域干果的输出在货值上要少(参见表3-6),但

---

① 郑林宽:《福州二南乡柑桔之产销》,农业经济研究丛刊第九号,福建省农业改进处调查室编印,1946年,第2页。

② 吴栻修,蔡建贤纂:民国《南平县志》卷十,《实业志》,民国十七年铅印本,第4页。

③ (清)朱景星、李骏斌修,郑祖庚等纂:《闽县乡土志》,商务杂述四,福州:海风出版社,2001年,第262页。

④ 欧阳英修,陈衍纂:民国《闽侯县志》卷二十八,《实业》,民国二十二年刻本,第4页。

其基本趋势则与鲜果保持一致。两者的销售市场也均以国内市场为主,其销售范围甚广,包括上海、天津、汉口、南洋、菲律宾等地。

3.樟脑

近代闽江流域的樟脑多产自闽江上游地区,其中以延平、建宁二府为最多,皆由福州向外输出。其可分为两种,"一山脑,二油脑。制山脑者系樟林所在地方,所有粗杂之小户,所用一切器具皆苟且不良,制油脑者即此制脑家之副产物,乃取树上自然流下之脑油,而加以制炼者也。山脑率生于闽江流域,若建宁、洋口、沙县、尤溪、浦城、邵武等地较多,大半系用出口联单运至福州,而后输向外国,油脑则系在此等地收成脑油运至福州再为制炼"。① 民国《建瓯县志》对其制法有着详细的记载:"以枝干劈成小片入甑内,安置于炼铁锅,注水蒸之,热至一百七十五度,起分解甑口,有一帽满装稻草,其气结稻草上曰生脑,又可于锅内得油及一种臭油,再用升华法将生樟脑加石灰少许,变白贮入大瓶封之,稍温化气,凝于向光一边,为净脑。"②

近代闽江流域樟脑的输出始于光绪末年,光绪二十八年(1902 年)"大吏创设樟脑专卖局,聘日本人技师爱久泽其人者包办,迩来世界益知樟脑为化学工业所需,市价日昂,福建脑业乃愈进步"。③ 其后爱久泽创办三五公司,专门经营樟脑业,华人也开始效仿制脑,光绪三十二年于福州创设樟脑局,以布政使兼总办之职,更有提调及委员数人,至光绪三十三年福州已有制脑者十八家。

世界市场的需求使得樟脑的价格日渐上涨,以 1902 至 1908 年福州市场樟脑的价格观之,1902 年每担值 50 两,1903 年值 55 两,1904 年值 59 两,1905 年值 76 两,1906 年值 100 两,1907 年之价最低 94 元,最高 150 元,而尤以 1908 年三四月间为最高,每担值至 170 元,故当年输出竟有二百万斤。④ 这使得近代闽江流域樟脑的输出自光绪末年起开始了其持续增长的

---

① 杨志洵:《浙闽樟脑业》,北京农工商部署内商务官报局:《商务官报》第四册,宣统元年(1909 年)第 2 期。
② 詹宣猷等修,蔡振坚等纂:民国《建瓯县志》卷二十五,《实业》,民国十八年铅印本,第 4 页。
③ 《福州重要输出品》,北京农工商部署内商务官报局:《商务官报》第二册,光绪三十三年(1907 年)第 16 期。
④ 杨志洵:《浙闽樟脑业》,北京农工商部署内商务官报局:《商务官报》第四册,宣统元年(1909 年)第 2 期。

趋势,如下表所示。

表3-7　1902—1908年闽江流域樟脑输出量值表

年　份	量(担)	值(两)
光绪二十八年(1902)	222	11228
光绪二十九年(1903)	1144	62896
光绪三十年　(1904)	1210	71366
光绪三十一年(1905)	4036	306736
光绪三十二年(1906)	11369	1136900
光绪三十三年(1907)	10653	1299666
光绪三十四年(1908)	20000	3400000

注:1.1905—1908年的价值数字是根据当年樟脑每担的价格计算得出,其中1907年的价格是取当年最低价格与最高价格的平均数,1908年的价格取当年最高价格。2.1907年的生产量为该年正月至五月的统计数字。3.1907—1908年的价值数字,其单位为元。

资料来源:据《福州重要输出品》,杨志洵:《福州樟脑输出概况》《浙闽樟脑业》中相关统计数字制成,见北京农工商部署内商务官报局:《商务官报》第二、四册。

表3-8　1909年福州樟脑再制炼者情况一览表

再制炼者	原灶数	现有灶数
三五公司	14	6
合成	4	3
余泰	5	4
合兴	8	3
福同祥	7	1
文美	3	2
广福昌	6	2
朋兴	12	6

资料来源:杨志洵:《浙闽樟脑业》,北京农工商部署内商务官报局:《商务官报》第四册,宣统元年(1909年)第2期。

近代闽江流域樟脑的外销地主要以欧美市场为主,且多经由香港中转,故其市场价格为香港所左右。清宣统元年(1909年),受国际市场的影响,樟脑的价格大跌,闽江流域樟脑的输出也因之剧减,当年自正月至七月输出不过6297担,即不过62万斤。与此相对应的是樟脑制炼者的减少,1908

年福州尚有再制炼者 20 家,1909 年脑价暴落之后"破产者接踵,现在数目大减,只余八家耳,此八家者,亦半属烟突腐蚀,门前冷淡"。

1919—1923 年闽江流域樟脑的输出又经历了一个高潮(参见表 3-6),然而自此之后,樟脑的输出就一蹶不振。这其中的原因固然在于国际市场上对樟脑的需求已偏向工业制脑,但另一方面,近代闽江流域此前由于各地仅知滥伐,不事补植,以致樟树产量渐稀,原料日缺,显然也是樟脑输出日渐衰落的原因之一,故 1934 年以后,福建省政府开始着手推行振兴樟脑工业计划,针对樟树的滥砍滥伐情形,制定相应办法,具体有三:

一、凡适于植樟各省请于接到通咨后转饬林务局筹办樟木林场一处或数处,以广栽培,若因限于财力,亦应就原有林场范围,量予扩充,从事培植樟林,同时并须充分准备樟树种子苗木,以供推广民林之用。二、各地经营樟林作业方法,应由各省林务主管机关,统加指导,所营樟林应酌用萌芽林方式,将植树距离缩小,株间行间各为一公尺至二公尺,俟树生五六年后,即可采制樟脑,嗣后再利用根株萌芽,每隔三数年采伐一次。惟每亩必须保留原植樟树十株以上勿加采伐,俾能继续生长,庶一面可持早收获时期,一面可养成适用樟材。三、各地对于原有老龄樟树,应由各省林务主管机关妥订保护办法,防止任意滥伐,俾樟树种子有所取给。①

但其后因抗日战争的爆发,这些办法均流于形式而没有产生实际的效果。

二、商品输入

近代闽江流域输入的商品主要为棉布、棉纱、石油、面粉、火柴、鸦片、绸缎、海产品及杂货等,除食品及肥田料是输自其他通商口岸外,其余多为外国工业品,其中洋布输自英、美诸国,棉纱输自日本及印度,石油和面粉大都从美国输入,火柴则输自日本,鸦片来自印度、波斯及中国南部地区,绸缎则来自江苏浙江地区,杂货多为洋杂货及京广杂货,包括洋钉、香水、洋灯、洋杯、玻璃器、西药、针、匙、毛巾、床布、珐琅洗面器、手巾、洋伞、衬衣、油绘、帽

---

① 《福建省政府训令》,沙县档案馆馆藏档案,档案号 101-1-40。

子、靴、麦酒、葡萄酒、镜等。① 从商品的种类而言,可分为以下几个大类:②

(1)棉毛纺织品类:为外国最主要的倾销品,种类繁多,数量也最大,增长速度最快。品种有本色市布、漂白市布、染色布、印花布、缀布、粗斜纹布、平纹细布、本色洋标布、土耳其红棉布、棉剪绒、手帕、原棉、棉纱、毛毯、羽绸、旗布、羽纱、贡呢、羽绫、哔叽、多罗呢、毛棉混织布。

(2)金属类:铁条、铁丝、铅、水银、钢、锡、黄铜。

(3)农产品类:豆饼、黑红枣、花生饼、大豆、豌豆、金针茶、香菇、豆油、大米、红糖、小麦、面粉、马铃薯、芝麻籽、花生、酒、稻草、粪饼、植物油。

(4)鸦片:喇庄土、公班土、波斯土、白皮土。

(5)杂货类:煤油、黑白椒、白蜡、黄蜡、大麻、丁香、檀香、苏木、玻璃等。

下面我们来看看近代闽江流域几种主要商品的输入情况。

1. 棉布与棉纱

在近代闽江流域的主要进口商品中,棉布与棉纱有着较突出的地位。就棉布而言,福州开埠后输入量有很大增长,自1861年至1864年,棉布输入从337423元增至706738元,年平均增长率达到了27.36%,见下表。

表3-9 1861—1865年福州口棉布输入值表

单位:元

年份	原色棉布	白色棉布	原色标布	美国斜纹布	西班牙条纹绒布	剪绒布	骆驼绒	合计
1861	58720	13127	127335	78030	22978	12771	24462	337423
1862	120233	23401	277009	23944	80484	26020	44787	595878
1863	299222	48941	114919	121	111581	66500	60849	702133
1864	207430	76745	217459	112	97900	51058	56034	706738
1865	178448	38358	60081	960	66452	18456	62611	425366

注:1861年统计时间为该年7月14日至12月31日。

资料来源:《闽海关年度贸易报告(1865年)》,池贤仁主编:《近代福州及闽东地区社会经济概况》,北京:华艺出版社,1992年,第2~3页。

---

① (日)三五公司:《福建事情实查报告》,1907年,第77页。
② 林庆元主编:《福建近代经济史》,福州:福建教育出版社,2001年,第222~223页。

在经过初期棉布输入的增长后,棉纱开始成为输入速度增长最快的商品,这是因为洋纱的价格和棉花的价格比较起来,显得非常便宜,所以用洋纱织布就比用中国人自纺的纱合算了。[1] 1888年,在时任总督卞宝第的赞许下,福州成立了织布局,"它第一次出现于1888年,目的要制造一种为劳动阶层所适用的棉布,使本省不再依赖上海和外国市场的供应。为了实现这个目的,同时也为了使这项商业能够盈利,发起人向政府报了这个对国内有利的方案,取得了政府的支持,他们成功地取得了财政方便,新布匹在全省享受免税待遇。使用的织布机是木制的,结构简单,操作方便,一个初学者在几天以内就会使用。迄今生产出现(两)种不同的布匹,一种是质量好的,门宽15寸,长22.6尺,一块布卖40分钱;另一种粗糙得多,长只有20.6尺,一块卖35分。布的颜色和质地颇似外国的本色布。……以从事纺织生产人数已达数千这一点来判断,它控制了相当的市场"。[2] 与此情形相对应的是外国棉布输入的减少,到了19世纪80年代,福州口外国纺织品的输入年已不过一百万两左右了,且呈不断缩减之势,1882年进口棉花与毛织品393000匹,价值950000海关两,1891年降为361000匹,价值754000海关两。[3] 而1892年"洋纱(从孟买运来的)进口增于四倍"[4]。到了19世纪最后的十年,海关报告称在这一时期对棉织品需求的变化很大,尤其是对印度和日本纱的需求量特别大,1892年日本纱只进口一担,而1901年增至4388担。在棉织品中,衰退数量最大和最受人注意的是市布,它从1892年的218559匹降到1901年的143863匹,降低34%。当地人现在用进口棉纱布匹,因此对市布的需求量大为减少。[5]

	由于棉纱的输入是用于自织棉布,故近代闽江流域棉布与棉纱的输入

---

[1] 林仁川:《福建对外贸易与海关史》,厦门:鹭江出版社,1991年,第206页。

[2] 《闽海关十年报告(1882—1891)》,池贤仁主编:《近代福州及闽东地区社会经济概况》,北京:华艺出版社,1992年,第375页。

[3] 《闽海关十年报告(1882—1891)》,池贤仁主编:《近代福州及闽东地区社会经济概况》,北京:华艺出版社,1992年,第360页。

[4] 《1892年福州商业报告》(英文),转引自林仁川:《福建对外贸易与海关史》,厦门:鹭江出版社,1991年,第207页。

[5] 《闽海关十年报告(1892—1901)》,池贤仁主编:《近代福州及闽东地区社会经济概况》,北京:华艺出版社,1992年,第386页。

在数量上便互为增减,在棉布输入多时,棉纱输入减少;反之棉纱输入增加时,棉布输入自减。近代闽江流域棉纱的输入平均保持在约一百万元左右,然而20世纪以降,其输入大致呈跌落之势,1905年及1910年棉纱输入皆占各种输入货物的第三位和第二位,到了1915年和1920年则降为第四位,迨至1925年则又降至第六位,1930年已至八位开外了(见表3-10)。究其原因,在于近代闽江流域社会秩序的不稳定,在社会稳定时,农民以织布为其副业,故棉纱需求较殷,而一旦社会秩序出现不稳定的状况时,其副业自然每况愈下,棉纱的输入也就大为减少了。

表3-10　福州历年主要输入货物统计表(1905—1930)

单位:国币千元

商品	1905年	1910年	1915年	1920年	1925年	1930年
米谷	33	202	2	473	3411	1554
小麦	628	44	81	38	22	15
面粉	198	934	2149	2504	2543	3048
鱼介海味	1427	1203	2239	3034	3949	4198
粉丝及通心粉	—	—	38	39	72	231
豆类	820	517	946	1553	1289	1670
干果鲜果	248	250	361	477	383	637
籽仁	148	74	273	398	273	505
糖类	1003	924	1139	1844	2599	2507
烟草	242	168	236	332	301	325
酒	100	100	223	345	224	406
棉花	138	134	207	169	85	169
棉纱	1788	1424	1518	2263	1813	1129
棉布	2512	1961	2482	2932	2587	4262
麻类	285	76	349	366	186	205
五金矿砂	2792	513	750	949	908	771
煤	108	129	382	678	456	648
煤油	608	536	843	1032	1707	1810

续表

商品	1905 年	1910 年	1915 年	1920 年	1925 年	1930 年
火柴	96	134	147	7	129	102
植物油	658	491	752	490	703	1046
豆饼	232	76	464	287	585	519
肥田料	—	—	0.46	0.53	0.21	1.04

资料来源:据《福建历年对外贸易统计》第 69~78 页整理而成。

就近代闽江流域棉纱的输入地而言,其先由印度独占,而后上海纱输入激增,印度棉纱输入逐渐衰退,1905 年由印度输入福州的棉纱约 39605 担,而由上海输入的仅为 1832 担,到了 1910 年,从印度输入的棉纱降为 27726 担,由上海输入的增为 3830 担,1915 年两地输入棉纱的数字分别变为 18883 担和 18097 担,[①]从中我们可以看出上海棉纱输入速度增长之快。除此之外,近代闽江流域尚有从香港及日本输入的棉纱。

2. 煤油

煤油是近代闽江流域少数输入稳定增长的商品之一,多来自俄、美、英及日本诸国。煤油主要用于点灯照明,在其出现于近代闽江流域市场上之前,本地居民主要用桐油、茶油、松油等来照明,如沙县,"油有三种,一名茶油,一名菜油,一名桐油。以桐实晒干而榨出者为桐油,人不可食,乡家多用以点灯,不及茶油之光亮,故出数最少"。[②] 但在煤油开始输入之后,这些传统用于照明的油类逐渐开始退出市场,以建瓯县为例,"桐油以桐子制油,出自石砾山者,多结实而且多油。二十年前,输出以数万担计,今不及十之一二。盖自煤油传入,种桐者少"。[③] 再如永泰县"油有桐、茶、芝麻三种。近洋油盛行,榨油之桐只十存一二矣"。[④]

---

① (日)外务省通商局:《福建事情》,东京:东洋印刷株式会社,1917 年,第 284 页。

② 梁伯荫修,罗克涵等纂:民国《沙县志》卷八,《实业志》,民国十七年铅印本,第 3 页。

③ 詹宣猷修,蔡振坚等纂:民国《建瓯县志》卷二十五,《实业志》,民国十八年铅印本,第 8 页。

④ 董秉清等修,王绍沂纂:民国《永泰县志》卷七,《实业志》,民国十一年铅印本,第 7 页。

煤油因其物美价廉的特性受到近代闽江流域居民的欢迎,因而就输入量而言,在福州开口初期,其经历着稳定的增长。它于1864年第一次出现于统计表,当时的进口量为1510加仑,以后继续缓慢增加,到1877年达到16750加仑。1877年以后的五年中剧增到280000加仑。① 19世纪80年代中期,闽江流域煤油的输入量遭受到了挫折,时任闽海关税务司的汉南(C.Hannen)称这其中的原因在于中国政府担心发生火灾,禁止居民点煤油灯,据说多起火灾都是由于使用这种新式照明引起的,为此官府以布告的形式周期性地禁止居民使用煤油,要他们恢复使用无害的菜油。但居民没有听从。由于煤油的亮度高,价格低,对人们有吸引力,因此人们不考虑它的危险。经过精心的加工和提炼,大大地减少了点用煤油灯的危险后,以前认为煤油是火灾根源的说法,慢慢已经很少听到了。除此之外,煤油的使用还扩展到了社会各个阶层,如贫民阶层亦已经普遍使用玻璃瓶里装上煤油的原始油灯。② 到了19世纪90年代,海关报告称"当地人对煤油的需求量很大,消费可观","当地人宁可用煤油点灯,而不用菜油。原因是一,煤油价廉;二,使用煤油点灯的人越来越多了"。煤油的广泛使用使得其输入量不断增加,1892年进口美国煤油43730加仑,到1893年增加到514300加仑,同期俄国煤油进口量从213050加仑增加到1147500加仑,1895年第一次出现Laugkal煤油。③ 历年来近代闽江流域煤油的输入量与价值如下表所示。

表3-11 福州历年煤油输入量值表(1899—1937)

年别	量(美加仑)	值(元)	年别	量(美加仑)	值(元)
1899	3093000	782169	1900	2627850	788946
1901	2651970	675027	1902	2938690	540118
1903	2662215	754902	1904	4506489	1163137
1905	3066690	608217	1906	2875399	525116

---

① 《闽海关十年报告(1882—1891)》,池贤仁主编:《近代福州及闽东地区社会经济概况》,北京:华艺出版社,1992年,第361页。

② 《闽海关十年报告(1882—1891)》,池贤仁主编:《近代福州及闽东地区社会经济概况》,北京:华艺出版社,1992年,第361页。

③ 《闽海关十年报告(1892—1901)》,池贤仁主编:《近代福州及闽东地区社会经济概况》,北京:华艺出版社,1992年,第387页。

续表

年别	量(美加仑)	值(元)	年别	量(美加仑)	值(元)
1907	3170348	633329	1908	4071176	997316
1909	4307297	1025363	1910	2306626	536452
1911	4480848	984694	1912	3699221	606356
1913	3239827	796680	1914	4330565	1308627
1915	2858691	842579	1916	4099945	1896404
1917	1322260	429030	1918	2026746	783633
1919	4196195	1706611	1920	2252429	1032445
1921	3758212	1849782	1922	2592675	1266589
1923	4589438	1766989	1924	2990840	1115430
1925	3837213	1706795	1926	4106368	1681570
1927	2610962	945267	1928	3512428	1363710
1929	3308167	1496775	1930	3769968	1810303
1931	1502698	1028765	1932	1277696	883605
1933	2163880	1110616	1934	1605279	552475
1935	826153	256669	1936	1405808	484316
1937	1749532	515567			

注:1934—1937年输入量数字由公升换算而来,1公升=0.2642美加仑。

资料来源:福建省政府编:《福建历年对外贸易统计》,福建省政府秘书处公报室,1935年,第163页;周浩等编:《二十八年莱福建省海关贸易统计》,福建省政府统计室,1941年,第154页。

随着煤油输入的增加,其使用已逐渐普及至近代闽江流域的腹地。1915年从福州口输入煤油的三成(价值七十九万三千余两)即是通过三联单向闽江流域内地转输。① 另外,随着机器使用的出现,煤油除用于照明外,在近代闽江流域的一些地方,也被用作近代机器工业的能源。如建瓯县创办于民国十四年(1925年)的大丰碾米厂,其由商人集资购办的一台碾米

---

① (日)外务省通商局:《福建事情》,东京:东洋印刷株式会社,1917年,第296页。

机器即是以煤油为动力源。① 煤油的大量输入对制造煤油箱用的厚木板的需求十分迫切,近代闽江流域厚木板的出口价值从1899年的14000海关两增至1901年的34000海关两。这些木材在闽江对岸的锯木厂锯成所需要的规格,然后运出装钉成煤油箱,再运到中国其他地方销售。② 另外在近代闽江流域也出现了专门从事煤油灯罩生产的玻璃工厂,③ 从这方面看来,煤油的大量输入在一定程度上也带动了近代闽江流域产业的发展。

3. 糖

糖类进口是近代闽江流域甚至福建省一个值得研究的现象。闽省历来盛产蔗糖,《闽产录异》载闽江"下游多种甘蔗,泉、漳、台湾尤多"。④ 蔗糖可分为赤糖、白糖、冰糖等种类,其制法详述如次:

> 甘蔗亦称糖蔗,又称饴蔗。捣之或磨之,入釜煎熬为赤糖,亦名红糖。和桐油并灰,入筴压之,名糖板。入盆凝之,曰糖碗。以洲蔗成者,净而无少,名洲板。以红糖再炼,燥而成霜,为白糖。白糖加石膏,入盆凝之,为盆结。红糖之未煮者曰糁糖。以白糖再煎,加姜,煨窨中,以稻草覆之,使凝结如石,而片片凿之,其白如霜,曰糖霜,即冰糖,又称白冰。⑤

以闽江流域观之,其下游福州地区为重要产蔗区,甚至有以种蔗闻名而得以变成地名的地方。⑥《闽侯县志》称"福州西门外各乡业糖者,垂百余年,以新洲为最盛,年约产糖二三万担,近年尚有七八千担。马洲、官洲、甘蔗洲次之,各有四五千担"。⑦ 另外,各县也多产糖,以远居上游地区的政和县为例,"蔗有甘蔗、糖蔗二种,多产西乡各处园坂。甘蔗备生食,产量无几。糖蔗

---

① 詹宣猷修,蔡振坚等纂:民国《建瓯县志》卷二十五,《实业志》,民国十八年铅印本,第13页。
② 《闽海关十年报告(1892—1901)》,池贤仁主编:《近代福州及闽东地区社会经济概况》,北京:华艺出版社,1992年,第389页。
③ 《闽海关十年报告(1902—1911)》,池贤仁主编:《近代福州及闽东地区社会经济概况》,北京:华艺出版社,1992年,第413页。
④ (清)郭柏苍:《闽产录异》卷一,《货属》,长沙:岳麓书社,1986年,第25页。
⑤ (清)郭柏苍:《闽产录异》卷一,《货属》,长沙:岳麓书社,1986年,第25页。
⑥ 如侯官之甘蔗洲,以多种甘蔗煎糖而得名。
⑦ 欧阳英修,陈衍纂:民国《闽侯县志》卷二十八,《实业》,民国二十二年刻本,第3页。

年约十万斤,产糖约数万斤(售价不一)"①,再如建瓯县产"红糖,以上窑等处为佳……产额年有二三十万元,输出阳、崇、浦者约三分之一"。②沙县的"糖,煮荻蔗为之,即红糖,俗呼沙糖。近年,南区高砂等乡出产颇多,可抵福产运到者,曰板糖"。闽清县产"糖,甘蔗榨成,出产于一都、二都、十六都,而二都为最多"。③"一都、二都、十六都等处均设有糖厂,乡民每年栽种甘蔗,至冬节之前,蔗已成熟,即运至糖厂榨成红糖,全年约计得价万余金。"④除各县自产糖外,福建沿海出产的糖还大量输往闽江流域内陆各地,据《光泽县乡土志》的记载,光泽县每年要消费从福州运来的糖约值七八万两。⑤

表3-12 福州自外洋与外埠输入糖类比较表

单位:国币千元

年　份	外　洋	外　埠	合　计
1905	1003	—	1006
1910	924	—	924
1915	1086	53	1139
1920	1202	642	1844
1925	2059	540	2599
1930	2268	239	2507

资料来源:福建省政府编:《福建历年对外贸易统计》,福建省政府秘书处公报室,1935年,第73页。

然而,近代闽江流域同时也是一个糖类大量输入的区域,且多输自外洋,参见表3-10及表3-12,输入的白糖以爪哇糖为主,精糖主要为香港糖,

---

① 黄体震等修,李熙等纂:民国《政和县志》卷十七,《实业志》,民国八年铅印本,第5页。
② 詹宣猷修,蔡振坚等纂:民国《建瓯县志》卷二十五,《实业志》,民国十八年铅印本,第7页。
③ 杨宗彩、刘训瑺纂修:民国《闽清县志》卷三,《物产志》,民国十年铅印本,第1页。
④ 杨宗彩、刘训瑺纂修:民国《闽清县志》卷五,《实业志》,民国十年铅印本,第4页。
⑤ 林庆元主编:《福建近代经济史》,福州:福建教育出版社,2001年,第212页。

系太古洋行及怡和洋行经营。这其中的原因一方面在于土产蔗糖无法与洋糖竞争而导致洋糖大量进口,如政和县虽能"产糖约数万斤,但业此者不明化学之作用,仅能制造红糖,故售价不多,而品质洁白甘美之糖多自外至"。① 民国初年以后,近代闽江流域制糖业继续衰落,洋糖大量进口,制糖户亏累歇业,蔗农被迫改种它物,1933年经过大幅度提高糖的进口税率,抵制洋糖的倾销后,土糖价格有所回升。然而由于生产技术陈旧,产糖区交通不便,使得土糖没有能力与洋糖竞争而一再衰落。② 另一方面也是最重要的原因则在于流域当地人们的饮食习惯。闽人饮食嗜甜,糖的使用首先在于敬神过节,③ 如《榕城纪纂》称福州人除夕"以豚糕相遗,曰馈岁,又曰分年"④,《福州考》记载福州人于窃九(正月二十九日)晨间以糖粥供神,随后举家同食;亲戚间(特别是年龄中之有"九者",如明九——九岁、十九岁、二十九岁等;暗九——十八岁、二十七岁、三十六岁等)则互赠糖粥及太平(即鸭蛋)。此种糖粥,俗称"窃九粥",除用糖之外,尚加有花生、红枣、宝圆(即龙眼干)、尾棃(即荸荠)及芝麻等。⑤ 此外,糖在日常生活中也较多使用,故糖的消费量很大,以福州为例,《中国省别全志》称闽江西岸新州北方为平坦地,一般栽培甘蔗,使用水牛,制出赤糖,其耕地面积约一千五百町步,收获一段约三四十斤,故砂糖产出额三万余担,主要由地方消费,小量向闽江上游输出,可见糖的消费量之大。⑥

4. 火柴

近代闽江流域火柴的输入呈现出的是一种由洋货大量输入到自主生产

---

① 黄体震等修,李熙等纂:民国《政和县志》卷十七,《实业志》,民国八年铅印本,第5页。

② 林庆元主编:《福建近代经济史》,福州:福建教育出版社,2001年,第13页。

③ 如除夕所蒸的年糕、窃九所食之糖粥,再如其他果子、中秋月饼及正月饼等多混砂糖,故糖的贸易在各节日前后格外繁忙。

④ (清)林春溥编:《榕城纪纂》卷下,《风俗》,见中国华东文献丛书编委会、甘肃省古籍文献整理编译中心编《华东史地文献》,第31卷,北京:学苑出版社,2010年,第460页。

⑤ 野上英一:《福州考》,福建师范大学图书馆古籍室藏再版手抄本,第156~157页。

⑥ (日)东亚同文会编:《中国省别全志》第十四卷:福建省,东京:东亚同文会,1920年,第705页。

且部分出口的状况。火柴一开始是由欧洲输入的,因为它是属于那种中国不能制造的生活必需品,故进口量逐年增长。到了光绪年间,日本火柴开始后来居上,逐渐占领了大部市场,当时有报告称福州的"(火柴)进口量非常大,以前可以买到的只有瑞典火柴和后来少量的布莱恩特—梅氏火柴两种,但是现在日本火柴几乎已经把他种火柴排斥在这个市场以外而大量进口,并以内销执照在内地各处畅销,1891年日本火柴的进口超过他种火柴五倍之多"。① 在该年火柴的进口总量中,欧洲产品只占15%,其余的为日本产品。② 光绪十九年的"福州口华洋贸易论略"称"东洋所制自来火,起色尤为可观,方之去年,计赢二万八千余各罗斯,而欧洲来者反觉瞠乎其后"。③ 而日本火柴的畅销也并没有能持续多久,十年后的《闽海关十年报告》称:"日本火柴在过去十年(指1892—1901年)里取得了很大成功。这种火柴价格便宜,质量好,它从1892年的113486罗逐年增加,到1891年达236964罗,但自此以后,一再下降,1901年只进160000罗,这是因为当地制造的火柴开始与日本火柴进行竞争。它们不但价廉,而且质量也不亚于日货,或者更好些。很明显,它们不久一定会把别国火柴统统排挤出市场。"④本地生产火柴除供流域内各地消费外,甚至开始可供少量出口,1900年火柴第一次出口,价值12000海关两,1901年则已增至44000海关两。民国十二年(1923年)后,福州口火柴输入的来源逐渐由外洋转向外埠,后者所占比重日益加大(参见表3-13)。

---

① 《1891年福州商业报告》,转引自林仁川:《福建对外贸易与海关史》,厦门:鹭江出版社,1991年,第207~208页。

② 《闽海关十年报告(1882—1891)》,池贤仁主编:《近代福州及闽东地区社会经济概况》,北京:华艺出版社,1992年,第362页。

③ 爱格尔(H.Edgar):《光绪十九年福州口华洋贸易论略》,中国第二历史档案馆、海关总署办公厅:《中国旧海关史料(1859—1948)》第29册,北京:京华出版社,2001年,第164页。

④ 《闽海关十年报告(1892—1901)》,池贤仁主编:《近代福州及闽东地区社会经济概况》,北京:华艺出版社,1992年,第387页。

表 3-13　福州口历年经由海关输入之火柴量与值(1899—1937)

年份	自外洋		自外埠	
	量(罗)	值(元)	量(罗)	值(元)
1899	236117	102289	—	—
1900	183438	81332	—	—
1901	160100	71575	—	—
1902	216593	77176	—	—
1903	226472	102325	—	—
1904	206762	63074	—	—
1905	250021	95825	—	—
1906	301636	88960	—	—
1907	303610	118255	—	—
1908	273200	108219	—	—
1909	340200	132508	—	—
1910	340950	134099	—	—
1911	317227	138419	—	—
1912	383750	178170	—	—
1913	357858	151651	—	—
1914	332372	161066	—	—
1915	290687	146862	—	—
1916	307157	203232	—	—
1917	308946	221446	—	—
1918	310306	219295	—	—
1919	259895	177919	—	—
1920	8124	6821	—	—
1921	1667	1198	—	—
1922	5586	3610	—	—
1923	25183	12459	209178	123090
1924	4168	3524	254667	148599
1925	3400	2189	225581	126433
1926	1000	668	212150	114290
1927	79094	59375	115750	65196

续表

年份	自外洋		自外埠	
	量（罗）	值（元）	量（罗）	值（元）
1928	46564	31232	300000	184903
1929	952	1641	317300	207711
1930	25579	16661	322650	184988
1931	23449	21943	331500	189920
1932	—	—	316133	171266
1933	—	—	307150	158509
1934	10276	7536	180250	121498
1935	13456	8888	165050	90225
1936	13294	5546	267865	143453
1937	2489	994	317252	199355

资料来源：福建省政府编：《福建历年对外贸易统计》，福建省政府秘书处公报室，1935年，第164页；周浩等编：《二十八年来福建省海关贸易统计》，福建省政府统计室，1941年，第223页。

5. 粮食

粮食输入包括面粉及米谷等。近代闽江流域粮食进口的直接原因在于稻田的减少。粮食生产的减少导致其价格上涨过快，为平抑粮价，不得不自外大量进口粮食。以1876年为例，大米从农历一到五月每担3200钱，涨到六月的4000钱，七八月每担涨到4200钱，随后不断进口，价格下跌到3600钱。这种价格一直持续到年底。这其中的原因即是之前的二十年，年年有大量稻田改种茶叶，稻田减少，过去闽江口上游产米供应福州，这时则相反，福州米要供应上游。与1875年相比，1876年福州面粉进口由20336担上涨至36443担；白米进口由52162担上涨至230172担，可见增加之多。[①]而当流域各地粮食生产足以自给时，米和外国小麦的进口便不再出现于海关统计表中。

以米谷而言，福建历史上就有缺粮问题，闽江流域也不例外，其米谷的

---

① 《1876年闽海关年度贸易报告》，池贤仁主编：《近代福州及闽东地区社会经济概况》，北京：华艺出版社，1992年，第113页。

进口多赖于国内其他各地,如台湾、浙江、广东等地,到了近代这一状况并未有太多的改变,近代闽江流域米谷的输入,其来源地也多为国内市场。如1883年闽海关年度贸易报告称该年度"土货的进口额减少了近50万海关两,这主要是由于少进口大米,仅这一项就少了243000海关两。剩下的减少额由另外80多种进口土货分摊"。① 与米谷主要依赖于国内市场不同,面粉的输入多由外洋进口。1882—1891年的闽海关十年报告称面粉是一种被居民赏识的商品,主要产自美国,居民用其制造各种食品,或专用制造,或将其与本地面粉混合起来制造。② 由于外国面粉价廉物美,当地小麦又很缺乏,对外国面粉的需求量大为增加。1892年进口4155担,以后逐年增加,到1899年达44238担,1900年为21580担,1901年为28122担,虽然1901年的数量只占1899年的36%,但是比1892年仍有显著的增加。③ 然而与火柴等商品相类似的是,这种面粉由外洋输入的状况在民国成立前后逐渐得到改变,由外埠输入面粉在总输入中所占的比重超过了由外洋输入的面粉,参见下表。

表3-14 福州由外洋与外埠输入面粉值比较表

单位:元

年　份	外　洋	外　埠	合　计
1905	180610	17669	198279
1910	191893	742513	934406
1915	2522	2146932	2149454
1920	4319	2499839	2504158
1925	387995	2155389	2543384
1930	449924	2598672	3048596

资料来源:福建省政府编:《福建历年对外贸易统计》,福建省政府秘书处公报室,1935年,第70页。

---

① 《1883年闽海关年度贸易报告》,池贤仁主编:《近代福州及闽东地区社会经济概况》,北京:华艺出版社,1992年,第147页。

② 《闽海关十年报告(1882—1891)》,池贤仁主编:《近代福州及闽东地区社会经济概况》,北京:华艺出版社,1992年,第362页。

③ 《闽海关十年报告(1892—1901)》,池贤仁主编:《近代福州及闽东地区社会经济概况》,北京:华艺出版社,1992年,第387页。

6. 鸦片

在福州开埠的前几年,鸦片成为外商输入中国价值最贵的商品。据卫京生的记载,1845年就有两艘双帆鸦片船停泊在闽江口,船主甚至在福州租房以图长期居留。他同时也指出:"在当时鸦片是外国输入中国最重要又是最值钱的货物,名义上中国政府对鸦片买卖是禁止的,但由于官吏的纵容,这个贸易几乎完全是免税的。单在福州地区一年的消耗量估计约在二千至三千箱之间,大约有半数的成年男子染上了烟瘾。这些鸦片船在还没有来之前,此间消耗的鸦片是取道福、厦之间的泉州进口的,鸦片船来了之后,鸦片就直接运到福州了。据我从材料所能了解到的,从来没有当地的中国官员对英国侨民参加这种生意表示了不满,鸦片生意从来不曾作为彼此间摩擦的事由,或是当局和领事间讨论的问题。说明两方面对这件事都不好谈,特别是因为多数官员自己吸食鸦片,而又能在鸦片买卖中从中取利。"①1885年《烟台条约续增专条》签订后,鸦片输入合法化,鸦片在进口时,每箱缴纳正税30两、厘金80两后,由华商凭单运往内地销售,中途不必再缴纳任何捐税,自此以后,鸦片大量涌入近代闽江流域。以海关统计观之,历年经由福州口输入的鸦片量与值如表3-15所示。

表3-15 福州口历年经由海关进口鸦片额(1861—1913)

年 份	量(箱)	值(海关两)	年 份	量(箱)	值(海关两)
1861	3039	2309740	1862	7349	5789391
1863	—	—	1864	6245	—
1865	4962	3226285	1866	5055	4454846
1867	5024	2060640	1868	4639	3286800
1869	4471	3372335	1870	4335	1417019
1871	3265	1719119	1872	3613	1836171
1873	3064	1513645	1874	2948	1936926
1875	3771	2389140	1876	4017	1568642
1877	3165	1249769	1878	4025	1673016

① (英)卫京生(Wilkinson)著,刘玉苍译:《福州开辟为通商口岸早期的情况》,《福建文史资料》第一辑,福州:福建人民出版社,1962年,第146页。

续表

年 份	量(箱)	值(海关两)	年 份	量(箱)	值(海关两)
1879	4272	1874033	1880	4201	1822871
1881	4783	2006312	1882	4224	1576577
1883	4364	1570744	1884	4070	1530980
1885	4407	1631649	1886	4748	1678289
1887	4931	1595299	1888	6163	2102017
1889	5641	2131480	1890	5171	1776047
1891	5019	1737565	1892	5253	1812287
1893	4945	2345612	1894	4409	2401981
1895	3699	2182162	1896	3568	1709674
1897	3571	1676889	1898	4102	1757096
1899	3842	2037264	1900	2919	1704685
1901	2700	1566552	1902	3416	1922732
1903	4417	2685658	1904	3851	2465173
1905	3301	—	1906	3362	—
1907	3194	—	1908	2869	—
1909	2558	—	1910	1779	—
1911	1449	—	1912	927	—
1913	1049	—			

注：1861—1869 年统计单位为美元。

资料来源：据《中国旧海关史料(1859—1948)》中福州口贸易统计数字制成。

除经由海关进口外，近代闽江流域还存在着大量的鸦片走私，再加上从四川、云南和甘肃等地输入的土鸦片并不体现于海关统计数字中，故我们可以判知近代闽江流域历年鸦片的输入数字要远远超过上表中所呈现的数字。

鸦片的输入给近代闽江流域人们的社会生活带来了严重的影响，它一方面摧残了各阶层人民的身心健康；另一方面造成白银大量外流，民穷财竭的局面。① 正是基于此,鸦片自输入之日起就受到了各阶层人们的反对,涌现了各种各样的禁烟运动,如在福州就成立了福州禁烟公会与福建禁烟协会等组织,他们大力提倡禁止吸食鸦片,并取得了相当大的成功。1907年闽海关税务司式美第(A. Schmidt)称,"官府和福州禁烟公会已在竭力降低鸦片消费,我相信在年青人已获得某种成功……本年度外国鸦片进口量下降168担,土鸦片下降372担"。② 除了禁止吸食鸦片外,各种禁烟活动的目标也指向了鸦片种植,1908年,福州禁烟协会在一份报告中称,由于该协会的努力,本省的鸦片产量已经减少了一半。此后总督又两次告示,奉旨严禁在本省种植罂粟,违者要受到包括没收土地在内的重罚,禁烟协会积极揭发纵容种烟的地方官,对那些无意合作的官员施加压力,而且将发动民众舆论来反对吸食和种植鸦片,不仅协助而且强迫官吏们采取行动。时任闽海关税务司的欧森(J. F. Oiessen)称"吸鸦片现在不是一种流行的消遣方式,它已经被视为一种恶习,不受青年人的欢迎。烟枪已经绝迹。禁烟协会的影响和不懈努力价值不可估量。……鸦片的消费量肯定会逐年减少,这就不足为奇了"。③ 1910年外国鸦片进口量比上一年少了759担,政府已经开展了几次反对吸食鸦片的运动,鸦片进口量开始逐年递减。而到了1911年9月9日,土鸦片被禁止输入,外国鸦片中波斯土亦于1912年1月1日被禁止进口,禁烟协会继续采取多种有力措施取缔非法吸食鸦片。1913年时任闽海关税务司庆丕(P.H.King)评价鸦片输入时说道:"以本口洋药命运而言,觉此些微之数,似亦无足重轻,惟有最堪表决之一端,乃本省省界中,莫不热诚盼望洋药贸易之早日告终也。"④ 之后鸦片输入逐渐断绝。

总的看来,近代闽江流域的对外输出与输入贸易有以下特点:

其一,就近代闽江流域对外贸易的总体情况来看,其长期处于出超的地位(参见表3-16)。长期的贸易顺差带来了大量的剩余资金,以经由海关输

---

① 参见林仁川:《福建对外贸易与海关史》,厦门:鹭江出版社,1991年,第226~232页。

② 《1907年闽海关年度贸易报告》,池贤仁主编:《近代福州及闽东地区社会经济概况》,北京:华艺出版社,1992年,第266页。

③ 《1908年闽海关年度贸易报告》,池贤仁主编:《近代福州及闽东地区社会经济概况》,北京:华艺出版社,1992年,第273页。

④ 《1913年闽海关年度贸易报告》,池贤仁主编:《近代福州及闽东地区社会经济概况》,北京:华艺出版社,1992年,第301页。

入的金银数量来看,在春季——此时正是购买茶叶和装运茶叶出口的季节——每年都会进口大量金银。从1882年至1884年,每年进口的金银数量都超过400万元,在以后的两年,每年都超过700万元。① 但商品输出所带来的社会财富并没有转换为新的投资,这一点在茶叶输出衰落后仍然没有得到改观。1891年时任福州海关税务司法来格(E.Farago)在海关十年报告中写道:"虽然投入茶业的资金比以前大为减少,但是还不能确定这些资金已转入本省的其他各种地方企业,如烟叶的种植和晒烤、造纸,以及糖、油、棉花、毛织品等的进口贸易,虽然已经存在多年,但是在省内没有得到应有的赞许,没有显示出对它们的日益增长的需求,日益增多的资金没有得到适当的使用。"② 显然,近代闽江流域剩余的资金是用于了进口商品。但就输入商品的结构来看,多为消费品,其中不乏属于奢侈无益型消费品如纸烟等,在这种情况下,当地人们的生活费用日益增加,洋货开始充斥于流域各地,几乎家家可见洋布、面粉、煤油等物品。与此同时,近代闽江流域生活费用增加的趋势也日益明显起来,民国初年,时任闽海关税务司华善(P.R.Walsham)称:"现在中国人接受西方的衣着和生活方式的思想,已到了相当高的程度,使用的每一件东西都比先前进步了。昔日穿着普通兰布衣服的青年女子,现在换上丝绸裙子和长袜;青年上穿上最时髦的西服,手上握一根文明杖,头上斜戴圆礼帽,装作绅士样子,这些要花很多钱。"③ 但近代闽江流域输入的商品中,用于再生产的生产性资料及原材料却很少见,以此言之,贸易对于流域近代产业发展的促进作用是极为有限的。

---

① 《闽海关十年报告(1882—1891)》,池贤仁主编:《近代福州及闽东地区社会经济概况》,北京:华艺出版社,1992年,第366页。

② 《闽海关十年报告(1882—1891)》,池贤仁主编:《近代福州及闽东地区社会经济概况》,北京:华艺出版社,1992年,第359页。

③ 《闽海关十年报告(1912—1921)》,池贤仁主编:《近代福州及闽东地区社会经济概况》,北京:华艺出版社,1992年,第428~429页。

表 3-16　福州口历年经由海关进出口贸易差值表(1861—1937)

单位:千元

年份	差　值	年份	差　值	年份	差　值	年份	差　值
1861	+509	1862	+7744	1863	—	1864	+8238
1865	+12177	1866	+8328	1867	+10256	1868	+13282
1869	+11137	1870	+6496	1871	+8667	1872	+8334
1873	+8735	1874	+10738	1875	+8480	1876	+5997
1877	+4489	1878	+6391	1879	+4675	1880	+4993
1881	+3542	1882	+3845	1883	+4100	1884	+3470
1885	+3448	1886	+4054	1887	+3514	1888	+3868
1889	+1227	1890	+1121	1891	+565	1892	+862
1893	+265	1894	+599	1895	+1084	1896	+1057
1897	+126	1898	+759	1899	−366	1900	−1299
1901	−2522	1902	−1221	1903	−3478	1904	−2832
1905	−3189	1906	−346	1907	+141	1908	−2073
1909	−2489	1910	−2110	1911	+423	1912	+408
1913	−2688	1914	+1649	1915	+1322	1916	+1754
1917	−873	1918	+845	1919	+2666	1920	+5833
1921	+4642	1922	+10310	1923	+13623	1924	+3769
1925	+6185	1926	−261	1927	+406	1928	+9378
1929	+6175	1930	−8495	1931	−18444	1932	−8516
1933	−13202	1934	−11783	1935	−8949	1936	−2189
1937	−2872						

注:1861—1870年单位为千美元,1870—1911年单位为千海关两,1911—1937年为国币千元。

资料来源:1861—1911年的统计数字见中国第二历史档案馆、海关总署办公厅:《中国旧海关史料(1859—1948)》,北京:京华出版社,2001年;1912—1937年的统计数字见周浩:《二十八年来福建省海关贸易统计》,福建省政府统计室,1941年,第7~8页。

其二,就输出贸易而言,其主导商品以农副土特产品为主,且存在着主导地位的更替,这影响到了近代福州对外贸易的市场取向。从近代闽江流域三大外销品茶、木材和纸的输出来看,后二者输出的高峰期均开始于茶叶输出衰落之后,这使得木材和纸的输出在茶叶输出衰落之后成为福州口岸输出品的主导。由于近代闽江流域的大宗输出品中,除茶叶和樟脑的输出是面向国际市场外,木材、纸品、蔬菜、鲜干果等商品的输出均是以国内市场为主,因而这种输出商品主导位置的更替决定了福州口岸对外贸易市场的变迁:在福州开埠初期,其输出商品几乎全部为茶叶,如1860年代福州茶叶的输出约占其总输出的99%,①可见当时的福州,其对外贸易几乎是全部面向国外市场,但当19世纪末茶叶输出衰落而木材和纸输出兴盛时,福州口岸的贸易便逐步由以前的面向国际市场转向了国内市场,其外向性逐步减弱,而内向性日益增强,这进而影响到了福州口岸的进口商品市场。

其三,就输入贸易而言,以往那些仅能依靠外洋输入的货物随着时间的推移开始更加依赖于国内外埠输入。这其中的一个原因便是福州对外贸易市场取向的转变。以1881年为例,当年福州口岸黄豆的进口量异乎寻常地比前一年大量增加,达58442担,这并非是由于流域当地的需求量有那么大,而是作为开去牛庄的船所运回来的回程货。很显然,出口商品市场的转移在很大程度上会导致进口市场重心的同步转移,如表3-17所示。

表3-17　福州口历年洋货与土货输入一览表(1903—1937)

单位:国币千元

年　份	洋货进口值	土货进口值	年　份	洋货进口值	土货进口值
1903	12601	7937	1904	13315	6793
1905	13960	5888	1906	11692	6447
1907	12327	6030	1908	12031	6557
1909	11161	9006	1910	11919	7698
1911	11721	5858	1912	11933	7067
1913	13751	12127	1914	10893	10484
1915	8736	12301	1916	10440	11894
1917	8657	12043	1918	8532	11593
1919	10453	12654	1920	8145	17648
1921	12998	21081	1922	10724	18023

---

①　(日)东亚问题研究会:《南中国产业要览》,东京:三省堂,1939年,第133页。

续表

年　　份	洋货进口值	土货进口值	年　　份	洋货进口值	土货进口值
1923	13830	21119	1924	14499	24407
1925	12615	22077	1926	16826	21285
1927	16366	22312	1928	15095	30931
1929	16876	34617	1930	14329	32829
1931	15917	36390	1932	13094	21396
1933	11933	26168	1934	10007	25117
1935	9256	19848	1936	7659	21638
1937	8823	20548			

注：1.1899—1902年，因经由常关输出入货值数字无从查取，故缺。

2.1932—1937年的洋货进口值，每年已补由他埠进口洋货与复出口洋货之差值2473000元。

资料来源：《福建省历年对外贸易统计》，第26页；《二十八年来福建省海关贸易统计》，第22页。

由上表观之，自19世纪末起，福州口岸进口贸易的重心便逐步由国际市场向国内市场转移。清光绪三十四年（1908年），时人称"福州进口货物，本国货不敌外国货之半"[①]，而1903—1937年进口洋货与土货的数值比例由原先的1.6∶1演化为1937年的1∶2.33，相比较而言，进口洋货比起初减少了30%，而进口土货则增加了将近3倍之多，可见福州口岸作为近代闽江流域的中心，其内向性大大增加。

其四，对外贸易市场重心的转移使得近代闽江流域得以与当时中国经济的发展相适应，其商品输出与输入的变化也体现了当时中国国内经济发展的变化。以近代闽江流域洋纱、面粉和火柴输入的变化为例，在一开始，这些商品是作为洋货进入流域各地的，然而随着20世纪中国国内民族资本主义经济的发展，民族纺纱业、面粉业及火柴制造业逐渐发展起来，流域棉纱、面粉及火柴的输入重心便由外洋转向了外埠。

---

① 章乃炜：《福州商务》，见北京农工商部署内商务官报局：《商务官报》第三册，光绪三十四年（1908年）第3期。

第三节

近代闽江流域的域内贸易

近代闽江流域不仅存在着大量的面向流域外的输出与输入贸易,而且流域内部也存在着规模较大的各地产品间的互通有无,本节讨论的也正是其流域内部各地间的产品调剂,而不涉外来输入品经福州在各地间的分配。

过去,由于闽江流域上下游之间地理与社会环境的差异,上游山区向下游沿海平原一带输出的主要是米谷①、茶叶、香菇、纸类,而下游向上游输出的主要为海产、鲜干果、糖、盐等商品,这一状况一直持续到近代,在本书所讨论的时间段内仍大致如此。从流域内流通商品的构成来看,其无一例外的是农产品或农副土特产品,没有为市场而专门生产的商品。除了上下游之间的产品调配外,近代闽江流域各地还存在着大量的墟市贸易,这为各地农村的农副产品的交易提供了方便,如民国时期闽清县"十五都珠墩乡设有硋厂一所,烧成硋器如缸钵瓮坛之类,光润坚实,价不昂贵,足供各乡人家之用,且有挑赴尤溪、永泰等邑售卖者,全年可得价数千金"。② 再有如黄田"以制造酱油、味噌而闻名,产额年三万元左右,其产酱油粘气强,香味浓,为附近乡村的供给所在"。③ 但出于资料的限制,我们无法对众多的流通商品有一清楚的交代,在本节中,我们将着重以近代闽江流域的大米贸易为主,来考察其流域内部的商品流通。

近代闽江流域是一个以农为主的社会,米谷生产是头等的农业活动,但由于自然地理条件及人文条件(主要指人口变迁)的限制,流域内部各县间米谷的产量与消费量并不一致,这成为产生大米贸易的基本原因。以下我们就近代闽江流域内部米的流向、大米的运销及其贸易额、从事大米贸易的

---

① 胡寄馨:《明清时代福建粮食问题》,《社会科学》第 3 卷第 3、4 期,《福建问题专辑》,1947 年 12 月。

② 杨宗彩修,刘训瑺纂:民国《闽清县志》卷五,《实业志》,民国十年铅印本,第 2 页。

③ (日)东亚同文会编:《中国省别全志》第十四卷:福建省,东京:东亚同文会,1920 年,第 104 页。

商人及其贸易习惯、影响大米贸易的因素分析等方面来对这一流域内主要流通商品加以分析。

一、近代闽江流域内部大米的流向

欲清楚了解近代闽江流域大米的流向,首先我们必须搞清楚的一个问题就是流域内部各县的粮食自给情况。自晚清至民国,闽江流域粮食输出县与缺粮县的情况因社会经济环境的变迁而处于变动当中。我们先来看看近代之前闽江流域内部粮食的流向。朱维幹教授所著《福建史稿》引道光《福建通志》卷五十一《蠲赈门》中详载的清乾隆时期闽县人郑光策著《闽政领要》,对清代福建省粮食供求情况有着较详细的叙述,其中涉及闽江流域各府属县,分列如次:①

1. 福州府属:闽侯二邑,为会城首县,居民稠集。岁产米谷,亦只敷本地一季食用,惟赖上游客贩接济。故南台河下米船,三日不到,则米价必然骤涨。闽清、永福(今永泰)二县,米谷稍多,水路亦通,尚可运出发卖。古田、长乐、连江、罗源四县,只敷本地食用。屏南居大山之中,虽有米谷,但不能运出。福清土壤,浮松多沙碛,有一半种番薯,以资食用。

2. 延平府属:南平、沙县、顺昌、将乐四县,地土稍厚,米谷出产亦多,尚有客商贩运。尤溪、永安二县,只敷本地食用。

3. 建宁府七属及邵武府四属:田多膏腴,素称产谷之乡,而浦城、建宁两县,尤为丰裕。故民谣有"浦城收一收,有米下福州"之说。② 省城民食,所以不致缺乏者,盖赖延、建、邵三府之接济也。

4. 汀州府属:所属宁化、清流诸县,素藉江西米谷接济。

5. 永春洲:大田、德化皆在内地,土脉深厚,出产颇丰,不仰藉于外县。

郑光策所述清代闽江流域诸县粮食供求情形基本符合当时的情形,然

---

① 朱维幹:《福建史稿》(下),福州:福建教育出版社,1986年,第474~475页。

② 陈侃如等:《"闽北粮仓"浦城》,《浦城文史资料》第二辑,1982年,第43~50页。

而朱维幹教授也指出其有不符之处,并征引各地方志加以修正。①

依以上叙述,我们可以得出清中叶时期闽江流域各县的粮食自给状况:

余粮县:福州府之闽清、永福(永泰)二县;延平府之南平、沙县、顺昌、将乐四县;建宁府七属及邵武府四属,其中以浦城、建宁两县为著;汀州府属的归化县等。

自给县:屏南、古田、连江、尤溪、大田、德化等县。

缺粮县:闽县、侯官、长乐、宁化、清流、永安等县。

总的看来,清代中期以前闽江流域内部米谷大致的流向为延、建、邵三府向下游地区的福州府属县流动,其中尤以闽、侯二邑需求最殷;除此之外,在各地间尚有少量的米谷流动,如明溪的米向永安输出等。

第一次鸦片战争以后,福建被辟为通商口岸,外国资本主义势力的入侵导致闽江流域卷入世界市场,受国际市场需求的影响,近代闽江流域上游山区以茶叶为代表的经济作物的种植在前代的基础上得到迅猛发展,这影响到了近代闽江流域内部粮食流向,使之与清中叶以前相比产生了一些变化。晚清闽江流域各县粮食余缺情况如下:

余粮县:古田、屏南、闽清、永福、宁化、清流、邵武、泰宁、光泽、浦城、松溪、政和、建安等。

自足县:大田、德化、建宁、顺昌、建宁、瓯宁等。

缺粮县:闽县、侯官、长乐、福清、连江、归化、南平、尤溪、永安、沙县、建阳、崇安等。②

同清中叶相比,晚清闽江流域内部粮食的供销情况有了些许改变,原来作为输出粮食的闽江上游诸县份如南平、沙县、顺昌、建宁、建安、瓯宁、建阳、崇安等县份开始由余粮县转为粮食自足或缺粮县,也就是说闽江流域上

---

① 如《闽政领要》述及长乐县粮食足以自给,朱维幹引民国《长乐县志》记载,称本县山多田少,粮食多仰给于延建;再如永安县,朱维幹引雍正《永安县志》说:"全县面积,山林居其九,田亩仅一分耳。田亩少者仅支数月之食,与无米者皆取给于吉口一月六墟之米。计一邑之收,不足以供一邑之食"证明永安县粮食不足自给,而有赖于明溪接济。见朱维幹:《福建史稿》(下),福州:福建教育出版社,1986年,第476页。

② 林庆元主编:《福建近代经济史》,福州:福建教育出版社,2001年,第193页;另据日本三五公司于1907年的调查资料称,建宁、崇安两县为粮食输出县,年输出均在50万元以上。

游有余粮外销的延建邵三府粮食下运大为减少,如清末的浦城县,"本县的米产额为福建北部各县中闻名,平年约五十万石向各地移出,当局因需给关系,限每月五千石,因为米谷移出导致米价上腾,惹起平民的困难,实际移出十万石以上"。① 各地由于种种原因开始禁止米谷外运,以传统产粮大县邵武为例,道光年间其地方官称"邵武土宜稻,而北境狭,稻米出于东北与西南者多,拿口之米顺流而东运之省城。西南禾坪、古山市集颇大,需内食米率取诸此,土棍乘米价稍昂,聚匪把持,私禁搬运,托为保固地方"。② 米价上涨的原因在于粮食出现缺额,这说明传统的粮食输出地区在这一时期产生了变化,它们甚至一度还成为粮食输入区,如时人称"福州向资浦城、泰宁溪米,今废磳田,反将海运之北米盘济上游"③。一遇荒年,闽江流域上三府更加需要下游经由福州输入之海米接济,如南平县"(光绪)丁丑三年闰五月,东溪大水入城,铁像坊至东门大街水深数尺。父老传闻,国初大水,有童谣'水流延平府',因以'延平府'匾送,河水退,知府张国正仿行之。时米价昂,官开粜,于天宁寺运海米接济"。④ 这种状况一直持续到清末民初,究其原因,在于以下几个方面:

其一,以茶叶为代表的大量经济作物的种植导致耕地数量的减少,这在一定程度上削弱了闽江上游地区的粮食生产。近代闽江流域茶叶的种植以上游山区为盛,该地区同时也是传统的粮食种植区,在茶叶种植兴盛的同时,粮食生产必然受到削弱。清代人郭柏苍在《沁泉山馆诗》中写道:"年来通商号令行,穷黎遍享茶山利,高阜小邱恣铲除,百万磳田一朝弃。"⑤ 磳田即山田,由此可知,当时的农民不仅是将山地开为茶山,而且将山田亦用以种茶。另外郭起元在《论闽省务本节用书》写道:"闽地二千余里,原隰饶沃,

---

① (日)东亚同文会编:《中国省别全志》第十四卷:福建省,东京:东亚同文会,1920年,第586~587页。

② (清)陈盛韶:《问俗录》卷五,《邵武厅》,北京:书目文献出版社,1983年,第102页。

③ 黄清美:《止斋遗书》卷五,转引自傅衣凌、杨国桢主编:《明清福建社会与乡村经济》,厦门:厦门大学出版社,1987年,第196页。

④ 吴栻修,蔡建贤纂:民国《南平县志》卷二,《大事志》,民国十年铅印本,第29页。

⑤ (清)郭柏苍:《沁泉山馆诗》卷上,转引自徐晓望:《商品经济与明清以来福建自然环境的变更》,《中国历史地理论丛》2000年第3期。

山田有泉滋润,力耕之原足以给全闽之食。无如始辟地者,多植茶、蜡、麻、苎、蓝靛、糖蔗、离支、柑橘、青子、荔奴之属……闽地既去七八,所种秔稻、菽、麦亦寥寥耳,由是仰食江、浙、台湾。"①从中我们可以看出经济作物的广泛种植对粮食生产的侵害。

其二,大量经济作物的种植破坏了近代闽江流域上游产粮区的自然生态环境,造成严重的水土流失与泥石流现象,导致当地田地的贫瘠化,从而影响到了当地的粮食生产。以建阳县为例,建阳县为清代福建种植茶叶最盛的两个县之一,当地人很详细地论述了开辟茶山引致泥石流并造成田地贫瘠化的过程:"今桑麻不过十之一,笋十之一二,惟茶居十之八九。茶山非民食所急,而茶山之害,不可胜言。大率雨则涝,晴则干。由种茶之山不能停蓄雨水而汇为泉也。建阳在尤山中,田尽依册,资山泉灌溉。泉之生,必借草木蓊蔚。春雨涵濡深入于地,酝酿日久,始溢为泉。故谚有'春无雨,夏无泉'之语。山有草根堵水,则雨水强半渍土,而流下山麓者少而且清,势亦纾而不悍。今建阳所辖之山,惟近城官道旁种差少,山水挟砂土奔入山沟,自巅直冲而下,如飞瀑然。田间沟浍,一时不能尽泄,泛滥冲决,田塍坍塌。虽在数里外者,久亦并受其害。故沃田皆化为瘠壤。甚且当田中荡而为涧,涧左右之田,半成洲渚,而虚粮之累,自此多矣。即或离田数尺存山脚浚沟,令山水流入大溪,而岁久淘汰,山脚为裂,有阔至六七尺,深至一二丈者,一朝横决,阡陌皆溃。况复有出溪甚远,其末流必涌入田中者乎?至若预防其冲,割田以为沟,沟久汰削必复移之田;田且愈割愈缩,而变为硗确,荡为涧洲之害,仍属可虞。……茶山无尺寸青草,不能蓄雨水为泉,每当暑月,旬日不雨则田干旱,半成龟坼。近溪之田,或可用橘槔引灌;外此,则水道过远,惟蒿目而叹已!"②清末建瓯人蒋蘅也认为种植经济作物会损坏田土,他以建瓯为例叙述说"建多山泉,田不畏旱,古有大旱大熟小旱小熟之谣。缘山中林木阴翳,冬春雨雪之水渗入土脉,溢为泉眼,在易山下出泉,水草蓊密……自开茶山寸草不留,泉眼枯竭,雨泽偶愆,田立干涸,当春雨时山水溜急,沙土并下,壅场旁塌,旁田旋加修治,而黏土在下砂土在上,遂缠变原地

---

① (清)郭起元:《论闽省务本节用书》,(清)贺长龄辑:《皇朝经世文编》卷三十六,《户政》,上海:中西书局石印本,1899年,第5页。
② 道光《建阳县志》卷二,《风俗》,建阳方志办点校本,1989年,第109~110页。

硗确,又水无树叶草根浸渍,气不膏润,亦不能乳田。年来即不遇旱涝虫蝗则田土较昔薄收,皆以山光之故。"①

其三,近代闽江流域上游山区经济作物的大量种植吸引了外地移民的大量进入,从而导致当地人口迅速增加,粮食消耗也随之增大,之前闽江上游山区因人口稀少而能外输粮食的局面为之改变。据载,清咸丰朝后,闽北茶区,每届茶季,从江西来的茶工多达数十万人。② 这些茶工依茶季起止而来往,属季节性迁移。另外,有浙江处州人到闽北制造菇及乌烟,每年秋初而来,春末而归,人数达三万之多。③ 闽西北山区也为福建香菇产区,其生产者皆为浙江庆元、龙泉、景宁三县菇农,他们每年冬来春返,民国时期人数常达二十余万,此外尚有省内闽南漳泉一带的茶农移居闽北租山种茶,制茶师移居闽北制作茶地;闽江中下游一带伐木工人移民闽西北林区砍伐林木;漳州、永春造纸工人移民闽北产竹区造纸;寿宁人移居政和冶铁,制作砖瓦、陶器;兴化人移民建瓯租山植杉等。至清末,闽江上游地区延平、建宁、邵武三府移民人数计达 74.4 万,占人口总数的 31.7%,其中以建宁府为最多,约占人口总数的 41.7%。④ 大量的移民进入闽江上游地区给当地粮食消费带来了相当大的压力,并且进一步导致这些传统的粮食输出区不仅不能继续向下游地区输出粮食,而且一度还成为粮食的输入区。蒋蘅在其《禁开茶山议》里对这一问题有着详细的叙述:"(建安、瓯宁)两邑出米仅足自食,浦松政商运至郡者当供阳崇搬籴,茶厂既多,除阳崇不计瓯宁一邑,不下千厂,厂大者百余人,小亦数十人,千厂则万人,兼以客贩担夫络绎道途充塞,逆旅合计又数千人,田不加间而岁多此万数千人耗食,米价安得不贵?十三四年间,稍伤虫蚁收获尚及六成而米价至八千一石,为从来所未有,向时石四千即须开仓平粜,倔是四千为常价矣。"⑤人口的增加导致粮食供给紧张,从而

---

① (清)蒋蘅:《云廖山人文钞》卷二,《禁开茶山议》,福建师大图书馆古籍室藏本,第 22 页。
② (清)卞宝第:《卞制军奏议》卷十一,光绪二十年(1894 年)刻本,第 9 页。
③ 闽省商业研究所编印:《闽省各商之习惯》,《木煤商之习惯》,福建省图书馆特藏部藏本,第 8 页。
④ 戴一峰:《近代福建的人口迁移与城市化》,《中国经济史研究》1989 年第 2 期。
⑤ (清)蒋蘅:《云廖山人文钞》卷二,《禁开茶山议》,福建师范大学图书馆古籍室藏本,第 21 页。

造成粮价的大幅上涨,如建阳县"春二月突添江右人数十万,通衢市集、饭店、渡口有毂击肩摩之势,而米价亦昂"①,本地米价的上涨同时也使得原来外销之米仅供本地食用,成为这一时期闽江上游产米区所面临的新问题。

民国以后,闽江流域内部米的流通格局仍大致保持着以往的上游地区向下游地区输出的情形(见下表)。这一时期,茶叶输出已呈颓败之势,前述由于种植茶叶等经济作物所带来的对粮食生产的影响已大为减弱,如建阳县"清季自五口通商,民竞业茶,茶疲而仅守农田"②,与此同时,农民在茶利大减的情况下开始把眼光转向其他有利的作物种植如番薯等。1892年闽海关税务司法来格在十年报告中称:"种茶已成为无利可图的职业,农民逐渐放弃这种一度被他们喜爱的行业。以前生产名茶的几个有名茶区已经出现衰落景象,种茶被忽视了,番薯和其他蔬菜在茶园周围出现了。"③然而茶叶的持续衰落使得人们对其的兴趣大为降低,以至于"本地种茶人正在认真考虑在本来是茶园的地方改种其他农作物,因为他们再也不能忍受种出了东西却得不到报酬的状况"。④ 到了20世纪二三十年代,海关报告称:"晚近茶叶贸易更觉疲惫,农民无利可图,率将茶树铲除,改种他项有利植物矣。"⑤番薯等其他农作物的种植显然会在一定程度上缓解粮食供求压力,甚至可以代替一部分食米,输出外地。以崇安县为例,20世纪30年代全县番薯为产量仅次于稻谷的农作物,⑥这显然有利于替代民食。

这一时期闽江流域各县粮食余缺情况如表3-18所示。

---

① (清)陈盛韶:《问俗录》卷一,《建阳县》,北京:书目文献出版社,1983年,第54页。

② 万文衡等修,罗应辰等纂:民国《建阳县志》卷七,《实业志》,民国十八年铅印本,第59页。

③ 《闽海关十年报告(1882—1891)》,池贤仁编:《近代福州及闽东地区社会经济概况》,北京:华艺出版社,1992年,第374页。

④ 《闽海关十年报告(1892—1901)》,池贤仁编:《近代福州及闽东地区社会经济概况》,北京:华艺出版社,1992年,第388~389页。

⑤ 《闽海关十年报告(1922—1931)》,池贤仁编:《近代福州及闽东地区社会经济概况》,北京:华艺出版社,1992年,第435页。

⑥ 刘超然等修,郑丰稔等纂:民国《崇安县新志》卷十九,《物产》,民国三十一年铅印本,第1页。

表 3-18 民国时期闽江流域诸县粮食余缺统计表

单位:担

县名	粮食余缺额	余缺归类	县名	粮食余缺额	余缺归类	县名	粮食余缺额	余缺归类
闽侯	-1400000	缺粮	大田	2000	自足	邵武	130000	余粮
长乐	230000	余粮	宁化	15000	自足	建宁	80000	余粮
福清	—	自足	清流	-7395	基本自足	泰宁	24000	自足
连江	30000	自足	明溪	—	自足	光泽		余粮
古田	64000	余粮	南平	-86000	缺粮	建瓯	60000	余粮
屏南	—	自足	永安	-25000	基本自足	建阳	—	自足
闽清	-209600	缺粮	沙县	-39600	基本自足	崇安	-20000	基本自足
永福	-25000	基本自足	尤溪	-106982	缺粮	浦城	210000	余粮
平潭	-3000	基本自足	顺昌	14000	自足	松溪	35000	自足
德化	10000	自足	将乐	5000	自足	政和	-15000	基本自足

资料来源:福建省政府统计室:《非常时期之福建经济》,转引自陈明璋:《福建粮食问题》,福建省研究院编译出版室,1943年,第6页。

进入20世纪30年代后,闽江流域大米的流向格局发生了较大的变化,一个突出的现象即是以建瓯和洋口为中心的闽江上游地区大米的转运,其重心逐渐由福州向闽北靠拢,另外就是一些在晚清时期处于粮食输出地位的县份开始变为缺粮县,如闽清、永福等县。以民国二十年(1931年)为例,该年由建瓯向福州方向输出的大米为204000市担,运往闽江各地的米计85000市担,各占转运总数的70%和30%,这一比例到了民国二十三年(1934年)就分别变为52%和48%;洋口方面变动更为明显,民国二十年(1931年)运往福州的米计40000市担,至闽北各地的为20000市担,分别占转运总数的67%和33%;而到了民国二十三年(1934年)洋口运向福州的大米计5000市担,而至闽北各地的为15000市担,分别占总数的25%与75%。①

---

① 巫宝三、张之毅:《福建省食粮之运销》,上海:商务印书馆,1938年,第13~15页。

表 3-19　闽江流域主要食米运销区域表

名称	运销中心	供给地	消费地
福州区	福州	七里、白沙、侯官、竹歧、邵武、拿口、大干、洋口、建瓯、浦城、长乐、龙门、营前、金峰、潭头、连江、管头	福州
建瓯区	建瓯	界首、常平、莒口、将口、松溪、兴田驲	福州、南平、下道、龙溪口、樟湖板、迪化、房村
洋口区	洋口	建宁、泰宁、将乐、顺昌	福州、南平、下道、樟湖板

资料来源:据《福建省主要食米运销区域表》制成,见巫宝三、张之毅:《福建食粮之运销》,上海:商务印书馆,1938 年,第 4 页。

20 世纪 30 年代后,闽江流域内部传统大米的流向格局有了较大的转变,这一转变的背景即是上游地区社会环境的恶化,具体情形详见下文论述。

二、近代闽江流域内部大米的运销

近代闽江流域内部大米的运销情形自晚清至民国并无太大的改变,且各地情况大同小异,大致可以从以下几个方面来加以说明。

(一)大米的售购

大米的售购可分为两种形式,其一是谷的售购。在正常的情况下,谷的售购方法是不论何时何地,在购售双方同意下买卖,按照时价,一方出钱,一方出谷,这种交易,多买主直接向卖主购买时出现,其地点多在卖主家中或墟集上。但谷的售购更多的情形是一种非常态的售购方法,可分为三种。其一为预卖或预购,这种方式多发生于年关将近的时候,农户需款较急,就向地主、富户、粮商或碓户商借,议定于谷物收成时,以谷还债,至收成时计算利息加上本钱,按照时价收回谷物。其二是抵押售谷,也称为"出漂",这种方式多在青黄不接、农户需款甚急时出现。即农户向地主、富户求借时,以将来的收成物为抵押品,先估计其收获量,议定每担的价格,于收获时不论谷价的涨落,以谷还债,双方均不得有异议。普通这种抵押物价格的规定,多系按时价三分之二折扣。其三为"放禾生",即农户于春耕播种时因去年的消耗,使种子无着,或食粮不继,乃向富户、地主、粮商或碓户求借稻谷,按照惯例,在这时候借谷一担,收成时要还一担半。

其二是大米的售购。农家于稻谷收成后一时无需用款,故将谷晒干后,贮存于自备稻仓中,到需款时,再把稻谷加工,使变成糙米,然后挑往墟集出卖,亦有由米贩、粮商、碓户、船户前来直接购买者。

(二)大米的运销

据巫宝三、张之毅等人的研究,民国时期闽江流域内以上游地区为主的产米县向福州输出粮食的方式主要有三种:一是直接的移动,属于这个系统的有南平、下道、尤溪、沙县、古田、谷口、闽清、大箬、小箬、建瓯、洋口、浦城、邵武、建宁、泰宁、永泰等地。上述各地对福州的米运关系,除闽清县城为输入外,均系输出。二是通过闽江民船(主要是麻雀船)的搬运,主要是从邵武、光泽、拿口向福州运销。其三是间接地通过麻雀船搬运,属于这个系统的有建宁县城,泰宁的弋口、官常口及顺昌属的大干,这些地方的产米,一部分经洋口转运,一部分则由麻雀船贩运福州。① 除此之外,还有各县之间的粮食搬运。

就搬运方式而言,近代闽江流域内部各县在可通船的地方多以水运,运载工具有麻雀船、木筏及竹筏。麻雀船即浅水溪船,每艘下行可载重 3000～6000斤,上行可载 2000～3000 斤,为闽江上游最重要的交通工具;木筏以杉木制成,每筏用木 9 根,由山客由上流驶至城区,一方面将杉木出卖,一方面附带运米销售;竹筏多用于浅水过渡与运带小量米谷,和木筏一起多用于县境以内的交通,鲜见运输米谷出境者。除水运外,近代闽江流域各地间不通航之处大米的流通采用陆运的方式,运载工具有牲畜、手推单轮车或实行肩挑。畜牧驮载重量每匹在 120～200 斤之间,每日可行 70 里;手推单轮车可载重 100～150 斤,日可行 30～50 里,肩挑仅挑 50～70 斤,日行50～70 里。

---

① 巫宝三、张之毅:《福建省食粮之运销》,上海:商务印书馆,1938 年,第 5～6 页。

(三)粮　商

近代闽江流域的粮商可分为以下几类:一为水碓兼营粮商,他们一般为经营水碓的碓户,此类粮商与农户的交易程序为农户将谷物直接售与碓户,再由碓户加工成白米,卖给消费者,同时也有农户先将稻谷制成糙米,由碓户收买,碾白后售与消费者。二为粮商,此类粮商又可分为两类,在产地一般为收购商,在销地则为坐地开店贩米的粮商。近代闽江流域大米的贸易方式多为直接贸易,产地粮商到各地收购,或由农户挑米至地方墟市售与粮商,他们在收购农户或碓户售出的大米以后,或直接售与消费者,或售与船户,由船户运至下游各地售与当地的粮商,尔后售与消费者,故各地粮商数目颇多。以建宁县为例,民国二十年(1930年)以前,仅溪口一地就有正式的米粮店一百余家。① 三为船户,多为闽清人,他们将米由闽江上游贩至下游,卖与当地粮商。"闽清有麻雀船千余艘,驶往福州运盐及货,分赴南平、尤溪、永安、沙县、建瓯、上洋、顺昌、将乐、泰宁、建宁等县,复由上游各县采买米谷,下省售卖,设有上下公帮局。"②

三、近代闽江流域内部大米贸易额分析

就贸易额而言,由于近代闽江流域各粮食输出县状况的不稳定,故我们可以从三个时期来加以说明。

(一)清末(1861—1911)

这一时期闽江流域传统的粮食输出大县均因大量种植茶叶等经济作物而出现输出下降甚至停止输出的现象。这一时期的粮食输出县计有古田、屏南、闽清、永福、宁化、清流、邵武、建宁、泰宁、光泽、浦城、松溪、政和、建安等县,以各县观之,古田县:道光时期当地官员说古田输出粮食"数十万

---

① 翁绍耳、林文澄:《建宁泰宁米谷产销调查报告》,农业经济调查报告第五号,私立协和大学农学院农业经济学系,1943年,第21页。
② 杨宗彩修,刘训瑞纂:民国《闽清县志》卷五,《交通志》,民国十年铅印本,第1~2页。

石"①；永福县：年产出米值200多万元,其中糯米输出为3万余元；②宁化、泰宁、崇安年产出均在50万元以上；③建宁县土地肥沃,米产额达140万担,按当时商品粮的比例计算其可输出额为15担左右；④光泽县"每岁约产（米）二十余万石,由水路运销福州者约三四万石"。⑤建安县清末每年出产约有百余万石,出口约有二三万石；⑥浦城年约移出10万石左右。⑦ 兹列表如下：

表3-20 清末闽江流域各县米输出额

单位：万担

县份	输出额	县份	输出额	县份	输出额
古田	10	崇安	约1.3	浦城	10
屏南	—	建宁	15	松溪	—
闽清	—	光泽	3～4	政和	—
永福	约5	宁化	约1.3	建安	2～3
泰宁	约1.3	清流	—	总计	49—51

注：永福（永泰）县的数字系根据产额和商品粮比例（10.5%）以及当时米的平均价格（清末闽江上游地区上等米银四元二十仙,中等米四元,下等米三元六十仙,平均三元九十仙左右）估算而得,米价资料见《中国省别全志》,第586~587页。

由于上表中所列总额尚未包括清末全部粮食输出县份,故我们在此可以估计清末闽江流域米的贸易额当在五十万担以上,较之从前仅浦城一县就有五十万担之输出而言,毫无疑问清末时期闽江流域米的贸易量大大降

---

① （清）陈盛韶：《问俗录》卷二,《古田》,北京：书目文献出版社,1983年,第68页。

② （日）三五公司：《福建事情实查报告》,1907年,第23~24页。

③ （日）三五公司：《福建事情实查报告》,1907年,第23~24页。

④ 比例数字为10.5%,取当时全国商品粮占产量比例。参见林枫：《试析清末福建市场商品流通额》,《中国社会经济史研究》1998年第1期。

⑤ 丘豫鼎：《光泽乡土志略·商务》,清光绪三十二年（1906年）刊本。

⑥ 林庆元主编：《福建近代经济史》,福州：福建教育出版社,2001年,第192~193页。

⑦ （日）东亚同文会：《中国省别全志》第十四卷：福建省,东京：东亚同文会,1920年,第586页。

低了,这一现象所带来的直接后果就是流域粮食市场的不断扩张以及外米的大量进口。

(二)民国前期(1912—1930)

这一时期闽江流域以茶叶为代表的商品性农业作物的全面衰退使得其对粮食生产的威胁大为降低,粮食生产较清末而言有了很大的好转,许多县的粮食自给程度较之前大为提高,而原来的粮食自给或输出县在这一时期纷纷由自给转为输出,抑或可输出规模较以前有所扩大。以建瓯县为例,民初其为建溪流域的消费兼转运中心,每年食米的输入就高达600000市担。再来看另一转运中心洋口的情况,民初洋口食米的输入每年也约有500000市担①,两者相加计1100000市担,由于建瓯、洋口在当时处于闽江上游地区向下流输出粮食的重心,故二者输出入之和似可计做整个流域米流通的数额,这一数字要比晚清时期的食米贸易数额高出约一倍,由此我们可以得见这一时期闽江流域粮食生产的恢复情况。

该时期内闽江流域米的流通量情况如下表所示:

表 3-21　民国前期闽江流域各县米输出额

单位:万担

县份	输出量	县份	输出量	县份	输出量
长乐	23	建宁	8	浦城	21
古田	6.4	光泽	20	其他	—
邵武	13	建瓯	6	合计	97.4

注:光泽县一向为赣米闽盐的交换地,故其粮食输出一向甚多,据《中国省别全志》(福建省)记载,其年输出额约为二十万担,第189~192页。

资料来源:福建省政府统计室:《非常时期之福建经济》,转引自陈明璋:《福建粮食问题》,福建省研究院编译出版室,1943年,第6页。

与这一时期闽江流域两个粮食集散中心建瓯和洋口的大米流通量相比较而言,上表中所列大米流通量较小,但有一些县份由于粮食自给程度较高,仍不排除粮食输出的可能性,另外使用番薯或其他杂粮代食而出售米的

---

① 巫宝三、张之毅:《福建省食粮之运销》,上海:商务印书馆,1938年,第11~14页。

做法在一些地方也屡见不鲜,如 1921 年闽海关十年报告就称"番薯同样地大量耕种,在许多县已成为当地居民的主粮。它不但在沿海沙质土种植,而且在山地也大量种植"①,故我们判定民国前期闽江流域米的流通量当在 110 万担以上。

(三)20 世纪 30 年代(1931—1937)

该时期闽江流域上游各产粮大县的粮食输出处于不断缩减状态,这导致流域大米的贸易也走向了衰落。究其原因,在于以下几个方面:

其一,20 世纪 30 年代以后,闽江上游山区因军事斗争的开展而处于地方不靖的局面,在这些地方,农民的粮食生产虽然仍在进行,但多自种自食,绝少输出,很多地区返回自给自足的状态。军事斗争开展的一个直接后果就是当地驻军人数的增多,给粮食供给带来了额外的压力。以建阳县为例,当时的报纸称:"建阳蕞尔弹丸之地,本为海陆队防地,日来军队驻扎该处者,计有海陆队二旅二团二营营部,营长为林耀东,省防军第一旅旅司令部,此外尚有陆战队林秉周旅长所统属之建阳县民团、常备队,队长为廖光亭及潘厉所统属之瓯阳松政崇五县民团常备之第二大队,眼下四军云集,供应浩繁,今日索饷,明日借饷,该县人民已大难负担……"②另外,兵燹过后,当地人们多四散流亡,土地大量抛荒,以崇安县为例,民国后期土地抛荒十之有八,以致 1936 年"绥靖主任蒋鼎文,前赴闽北,道经崇安,目击该县地广人稀,令各部队招集领垦民众,或以遣散老弱兵,前往垦殖"。③ 再如沙县,1935 年清查其荒山荒地情况如表 3-22 所示。

---

① 《闽海关十年报告(1912—1921)》,池贤仁主编:《近代福州及闽东地区社会经济概况》,北京:华艺出版社,1992 年,第 424 页。
② 《福建民国日报》1931 年 4 月 23 日。
③ 《江声报》1936 年 5 月 4 日。

表 3-22　沙县各区清查五百亩以上荒山一览表

区别	乡名	土名	备考
第一区	杜坑乡 大坑乡 漈口乡 大坑乡 村尾乡 半溪乡 七　都 二　都	漈岭、桂花垅、亭回遥、天王山 莲花山、罗砂墩 吴坑 大坑南 大池洋 大灵峰 马头山、员东坑、深洋 洋尾墘	
第二区	横坑乡 杜水乡 东华乡 历西乡 三元乡 杉口乡 陈墩乡	连合坑、洋溪长、圳山 大泰源、殿峡马山、下树洋 南平头，吉畬 禅山岭、严坑垈 后门山 高山峡、小蕉 碧玉洋	
第三区	罗邦乡 高桥乡 桂岩乡 上坑乡 桂口乡 新墟乡 月邦乡 中堡乡 弓坑乡 田中乡 正地乡 上洋乡 高桥乡 富口乡 宝峰乡 延溪乡 夏茂乡	天巫山 白虎山、大斗窠 天台山 七罗山 老鸡崎 白叶窠 五峰山 立龙山 龙坡山、真珠窠 岩官窠 下洋山 倪婆山 廖花杭、吴早山 居田坑坂 宝峰坂 延溪贩 对门山、不尾山、俞邦、后门山、圳峰溪边、塔边、 后门山、溪坪、溪坑坪、横路、上洋帮、大行路	
	石山猴 姜岗岭 龙锯峡	八百亩 一千亩 一千二百亩	此三处 系荒地

资料来源：《沙县各区清查五百亩以上荒山一览》，沙县档案馆馆藏档案，档号 101-1-4。

其二,由于粮食供应紧缺,出于担心米价过分上扬,各地纷纷一面招外米入境,一面禁止本地米出境,这导致各地粮食输出大减。请看下面这则关于禁米出境的材料:

1936年沙县商会主席潘庚良、第一区区长林观垻以本地歉收之故,请县政府禁米外运。

  县府关于禁米偷运出境的通知①

  窃查民为邦本,食为民天,本邑米粮,丰产之年,尚须外米接济,方敷民食,今庚各乡当禾稻成熟之时,忽被鼠咬损失甚多,遂至收成歉收,目前虽属晚稻登场,本境米价日渐增高,推厥原因,闻之南平等处米价较沙稍昂,奸贩贪图渔利,将米偷运出境所致(下南区以及东溪业米由东门山洲并沿河一带盘船)。迭据人民请求转呈禁止搬运(驻军购米不在此限),以免将来青黄不接匮乏堪虞,为此会同具文呈请钧长察核,俯赐布告通晓,倘有奸贩偷运出境者,准在青州设卡稽查,一经截留,送县提半充偿,以维民食,一面转呈陆军第四十五师司令部准予转饬部队,如有来沙办米,请由师部发给护照,以杜奸商取巧假冒之弊,并乞指令只遵,实为公便。

  谨呈县长 季

沙县商会主席潘庚良
沙县第一区区长林观垻代

在禁米外运的同时,沙县同时在城区范围内清查民户存谷数量,并要求各户在保证口粮的前提下,将余粮公卖。如当时沙县县政府给第一区第十九保住户茅景辉的通知:"查该户所报存谷,除供该户人口两个月食用外,尚有余谷叁石,应依照本月四日县救济粮食议决案,概归公卖处购售(谷价每石定为四元八角)以资救济。倘有私自售卖情事,一经查觉,即将谷没收,并按情节轻重,予以处罚,至存谷已为公卖购去,应即向其取具收条,以资查考为要。"②但在粮食供应未能开源情况下,这种不计供求关系、季节变动以及生产者与消费者相对利益的措施显然不能起到多大的效用,首先就口粮而言,似无一定量之数,如上文民户茅景辉在收到县府将余粮公售的通知后就

---

① 《县府关于禁米偷运出境的通知、城区民户存谷数量调查表》,沙县档案馆馆藏档案,档号101-1-7。

② 《沙县县政府通知》,沙县档案馆馆藏档案,档号101-1-19。

呈文辩称："按辉家买食之谷,前由刘保长检查只有十二石,一家十五口日需米一斗二升,每月须谷五石六斗,二个月共须谷十一石二斗,此二月中若有戚友学生前来,尚不敷用,安有余谷三石以供公卖之用,为此报乞钧府察核准予免派以资维持此上。"①同年,福建省第二行政区呈报本区各县储谷数量分别为南平二万石,永泰一万石,闽清一万石,古田一万五千石,屏南一万石,尤溪一万五千石,沙县一万五千石,永安一万石,将乐一万石,顺昌一万五千石。② 由此可见各地可供输出粮食数量之少。

其三,食粮税捐过重以及币制混乱导致粮食运销手续甚为繁琐,且运销成本过高。该时期内各地食粮税捐名目繁多,区有区公所捐,县有县出口捐,此外尚有保卫团捐及公益捐等等名目,且税率过重,检查手续甚烦。以建瓯县为例,1935 年 8 月 27 日,"建瓯县第二区农民,以教育局、育婴堂、工艺厂、民团、图书馆争相抽米捐以为补助费……当此农林破产之时,岂可加重负担,昨特呈省政府请予免之"。③ 1932 年闽江流域溪商列举上游地方沿溪苛捐杂税之弊,要点如下:

一、延平之沿水公路局,名为配债,实则征收百货捐,按重过坪提高估价……公路虽须建筑,而配债何能独责货商,此应请改善办法者一也。

二、大秤、尤溪口、三都口等托运处,相距不过数里,货船经过查验征收,节节留难……

三、延平、洪山内河航运两管理处,竹岐、水口两稽查处,有护运之名,无护运之实,上下水货船,仍须沿溪交纳土匪费。

四、东溪方面,如建瓯护运处,水吉护运处……西溪方面,如沙县护运处,沙县临时值百抽八之给养费,沙县爆烈品捐,迷信品捐……邵武、光泽刘匪盘查所之米捐,每担三角,盐捐每包三元,百货捐临时估计,进出口一律征收……

五、延平、尤溪两处所铸之小洋,出入不均,出十角当一元,收十六

---

① 《为食谷尚不敷用难供公卖乞准予免派由》,沙县档案馆馆藏档案,档号 101-1-19。

② 《第二区行政督察专员所辖各县本年储谷数量清单》,沙县档案馆馆藏档案,档号 101-1-7。

③ 《建瓯篓米亦受重迭剥削农民呈省乞免》,《福建民报》1935 年 8 月 27 日。

角或十二角当一元,商贾贸易,实受绝大损失。

六、沙、永、尤溪等处,所发不兑现之广裕票,流转商场,贻害实属不浅。①

由其上我们可以看出由于税捐和币制紊乱而给货物运销所带来的巨大困难,再加上沿途土匪横行,交通不便等因素,粮食的运销额难免会大大降低。

就米的贸易额来看,这一时期其数额因各地米产变动剧烈而经常处于变动之中,各年米的贸易额详见下表所示。

表3-23　民国后期闽江流域米的贸易额

单位:万担

年　份	向福州输出	向闽北输出	总　计
1931年	59.4	8.2	67.6
1932年	23	7.2	30.2
1933年	6	6.7	12.7
1934年	11	7.7	18.7
1935年	29.5	8.3	37.8
平　均	25.78	7.62	33.4

资料来源:巫宝三、张之毅:《福建省食粮之运销》,上海:商务印书馆,1938年,第6~15页。

由上表我们可以得知,民国后期闽江流域大米的贸易额大致为35万担左右,较前期大为降低,甚至与清末相比也有不及之处。但在此我们须指出的一点是,与清末农村大量种植经济作物而导致粮食生产减少的背景相比,此时粮食贸易大幅度下降的背景是农村经济的衰败与农民负担的加重,换言之,清末与民国后期,近代闽江流域粮食市场的变迁蕴涵着不同的意义,前者使流域粮食市场不断处于扩大发展过程中,经济作物的种植使得农民有购买外米的财力,而后者在粮食贸易下降的同时,农村的贫困化使得外米输入也未有大的增长,这也是闽江流域在近代变迁的一个缩影。

四、影响大米贸易的因素分析

晚清至民国后期,近代闽江流域内部大米的贸易经历了一个兴衰相间的过程,其原因错综复杂,兹分析如下。

---

① 《上游沿溪苛捐杂税,溪商列举六大项》,《江声报》1932年8月20日。

其一,商品性农业发展的影响。关于这一点学界已有相关论证,有学者分析影响福建近代粮食市场的主要因素是商业性农业的发展,明末清初以来,随着小商品经济的发展,福建农民为了获取更高的收入,用农田大量种植经济作物,导致粮食产量大幅度下降,因而需要从外地运入粮食,这就是清代福建粮食市场不断扩张的原因。① 清末闽江流域尤其是上游山区经济作物如茶叶、香菇等的大量种植使得流域对外贸易长时期处于出超的地位,农户的收入随之相应增长,这不但弥补了因种植经济作物而减少的粮产,反而因需求增大的缘故使得外米不断地大量输入。《清国商业综览》称:"福州贸易额因年而异,然其输入大约七百万内外,输出八百万内外,合计一千五百万两,常有百万两出超,然而本地土狭多山,谷物不足,民船以谷物输入,则输出入略平均。"② 然而这一情况随着经济作物输出的衰落而改变,农户遂改种植经济作物为粮食,这使得民国前期闽江流域米贸易总额有所回升,显然商品性农业的发展与不发展影响到了近代闽江流域的粮食生产与大米贸易。

其二,自然与社会环境的阻碍。近代闽江流域的交通以水路为主,然其水道多险滩分布,水流湍急,航行殊为不便。例如,闽江水口至南平一段,水程不过 200 里,险滩则有 68 处,较大者有 36 处,南平至建瓯一段,水程计 120 里,险滩也不下 20 处;再以沙溪观之,沙溪全长 280 余公里,其间岩礁林立,险滩栉比,自宁化至永安段,能知名之大上险滩,已有百余处之多,自永安至南平段,能知名之大小险滩则有 42 处之多,遂致航运艰险,运输量薄弱。③ 交通的不便使得运输风险与运输成本都无形中被放大,这阻碍了近代闽江流域内部粮食的运销。然而仅强调自然环境的影响显然不足以说明所有问题,在相同的自然条件约束下,近代闽江流域大米的运销贸易仍然经历过其黄金时期,显然社会环境的约束力也是另外一主因。近代闽江流域在民国后期时出现了社会动荡不安与地方苛捐杂税繁多以及币制变动等社会问题,同时这一时期又处于流域农村持续衰败贫困化的过程中,社会动荡不安导致土匪横行,人口大量散失,土地大量抛荒。以泰宁为例,民国后期

---

① 林庆元主编:《福建近代经济史》,福州:福建教育出版社,2001 年,第 582 页。
② (日)东亚同文会编:《清国商业综览》(2),东京:丸善株式会社,1906 年,第 353 页。
③ 华北水利委员会沙溪工程处编印:《福建沙溪工程报告》,1944 年 11 月。

其第二区有66%的荒地,建宁、邵武则有1/3,德化有4/5,永安已查明的荒地高达5000多亩,福清也有荒地14800多亩。① 社会问题与自然环境的约束一起形成了制约这一时期闽江流域粮食运销的主要因素,粮食运销的困难进而导致米谷价格下跌,"谷贱伤农",很多原来产粮输粮的地方现在转向粮食的自给自足。

其三,农村及农民的贫困化。闽江流域在民国后期与全省一样出现了地权高度集中的现象,以建阳县为例,其第三区的所有土地被占总人口30%的地主所占据,约有70%~80%的农民与土地所有者结下了租佃关系。② 与土地集中相伴随的是租佃制度的盛行,以全省而言,民国二十年自耕农、半自耕农与佃农所占农户总数的比例分别为27%、33%和40%,半自耕农与佃农之和高达73%,之后直到抗战爆发,全省自耕农所占比例逐渐增加而佃农所占比例有次第减少之趋势,这种现象背后的原因即因土地报酬递减,佃农租种他人之土地,获利甚微,或竟无利可获,故多弃而不佃,在土地所有者方面则因无人承佃,也只有收回自耕,故自耕农有逐年增加的趋势。③ 造成这种现象的原因即是由于高额地租及高利贷而造成的农民的贫困化,民国后期闽江流域各县的地租之高到了相当惊人的地步,就定额实物地租而言,一般居于40%~50%之间,建瓯县竟高达60%,④农户所得除去肥料、农具、人工等成本外,还要负担各种苛例,据统计,在抗战爆发之前,耕种十亩田地之佃农,年亏本12.15元,⑤这势必造成了大量佃农的弃佃,从而形成了上述局面。除了高额地租外,高利贷也是造成农户贫困化的另一个主要原因,近代闽江流域农村因缺少经营得法的金融机构,故农户在急需用款时往往向地主、商人、富户借高利贷,负担沉重的利息。以建阳为例,其

---

① 傅家麟主编、陈明鉴校阅、丘汉平审订:《福建省农村经济参考资料汇编》,福建省银行经济研究室,1941年,第11页。
② 傅家麟主编、陈明鉴校阅、丘汉平审订:《福建省农村经济参考资料汇编》,福建省银行经济研究室,1941年,第35页。
③ 郑林宽:《福建省租佃制之统计分析》,农业经济研究丛刊,第四号,福建省农业改进处调查室编印,1946年,第3页。
④ 严中平:《中国近代经济史统计资料选辑》,北京:科学出版社,1995年,第305页。
⑤ 徐天胎:《福建租佃制度研究》,《福建文化季刊》第1卷第1期,福建协和大学文学院编印,1941年3月31日。

高利贷利息由三四分起,甚至高至五六分;另外屏南县在青黄不接的时候,借干谷五斗,到了秋收须还青谷一石,甚至借国币一元也得还青谷一石,①类似的高利贷给农户带来了进一步的负担,使其陷入持续的贫困当中,后果自然是更多的农民弃田不耕,从而造成了粮产下降、粮食运销衰落的情形。

第四节 近代闽江流域的市场网络

前文述及,近代闽江流域的贸易尤其是对外贸易是以流域的口岸城市福州为尾闾的,流域各地的物产沿闽江水道汇聚于福州,尔后向外输出;与此同时也有大量的外来货物由福州向内地配运,"闽江的贸易系于福州之手,福州贸易兴,闽江贸易自兴"。② 以此而言,近代闽江流域的商品市场是以福州为中心的,可以分为两个部分,一为商品输出市场,一为商品输入市场,然而在整个近代,闽江各干支流水道是流域商品输入与输出的主要通道,这使得流域的商品输出市场和输入市场在一定程度上趋于合一。换言之,外来商品在流域内部的运销渠道有相当一部分是基本上沿着大部分输出货物的集散路线行进的,这显然给我们探讨近代闽江流域的市场网络提供了莫大的方便。在本节中,我们着重从以下三个方面,即流域主要商品市场、流域市场层级结构与流域市场网络来讨论近代闽江流域的市场网络。依照流域流通商品种类的具体情形,我们在此所讨论的商品仅限于茶叶、木

---

① 傅家麟主编、陈明鉴校阅、丘汉平审订:《福建省农村经济参考资料汇编》,福建省银行经济研究室,1941年,第14页。

② (日)东亚同文会编:《清国商业综览》(2),东京:丸善株式会社,1906年,第347页。

材、纸、粮食等流域的大宗输出品。①

一、近代闽江流域的商品市场

就近代闽江流域的各类商品市场而言,除了茶叶市场的出现与发展是清末五口通商之后的事情之外,纸品市场、木材市场和粮食市场都早在明清时就已出现。但后三者中除木材市场受自然环境的约束而没有大的改变之外,闽江流域传统的纸品市场和粮食市场都在近代产生了变化,其中传统纸品市场改变的原因在于近代轮船运输方式的兴起而导致其外输市场的改变,而闽江流域传统粮食市场的改变则很大程度上要归因于近代闽江流域商品经济的发展,兹分述如次。

(一)茶叶市场

近代闽江流域茶叶市场的成型始于清末福州开埠后的茶叶大量运抵福州外销。近代之前,闽江流域的茶叶主要运经赣、粤两省由广州向外输出,其种植区也主要集中于武夷山一带,因而当时闽江流域的茶叶市场也主要集中在崇安及其邻近县份,其中以下梅、星村、徐墩、水吉为大。民国《崇安县新志》称:"清初,本县茶市在下梅、星村。"②王梓《茶说》称"(茶)邻邑近多栽植,运至星村墟贾售"③。道光初年,"建阳之徐墩,瓯宁之水吉,皆有茶行,竟自踏装赴广,茶市之盛,不减崇安"。④ 随着近代闽江流域茶叶经福州

---

① 吴承明先生在《论清代前期我国国内市场》一文中认为粮食、棉花、棉布、丝、丝织品、茶、盐七种商品就足以代表整个市场结构,载吴承明:《中国资本主义与国内市场》,北京:中国社会科学出版社,1995年,第250~251页。另外林枫在分析清末福建主要商品市场流通量时选择了粮食、棉花、棉布、苎麻、夏布、丝、丝织品、茶、盐、鸦片、烟草等11种具有代表性的商品,见林枫:《试析清末福建市场商品流通额》,《中国社会经济史研究》1998年第1期。本书在此仅择4种商品为代表,实是依据闽江流域在近代商品流通的特征而定。
② 刘超然等修,郑丰稔:民国《崇安县新志》卷十九,《物产》,民国三十一年铅印本,第6页。
③ 王梓:《茶说》,转引自陈铿:《明清福建农村市场试探》,厦门大学历史系硕士学位论文,1984年,第30页。
④ 蒋蘅:《云寥山人文钞》卷四,福建师范大学图书馆古籍室藏本,第22、27页。

外销的兴盛,茶叶种植范围迅速扩大,新的市场不断涌现,茶市数量猛增。如沙县,"清咸丰间,茶市初兴,琅口多开茶庄,富口、高砂、镇头、渔溪湾皆有茶市"①,到了"清同治初,茶市大兴,如富口、琅口、渔溪湾、馆前、云溪等乡茶庄林立,要以琅口为最盛,由同治而光绪茶之出数有增无减"②;邵武县咸丰后"每届新茶起市,各商贩前来采办","于分水及界首地方开庄采茶"③。据学者研究,同治年间闽江流域的茶市除原来的星村、水吉等处外,赤石街、莒口、邵武界首、浦城、峡阳、洋口、政和、东风塘、南雅口、建阳、河口、黄坑、王台、书坊街、曹墩仔、高桥、高沙、将口、小湖、麻沙、永安、沙县等地纷纷出现茶叶市场,到了光绪年间则顺昌、松溪、将乐、大湖、拿口、光泽、明溪等地也陆续形成了茶市。④ 与此同时,一些原来存在的茶叶市场这时却因地理位置的不利而走向衰落,以崇安的星村、下梅为例,这个时期它们逐渐为赤石茶市所替代。林馥泉称:"其时(清初)武夷茶商集中崇安下梅,每日竹筏三百艘,转运不绝……尚有山西茶商称为西客,每家资本二三百万元,货物往返,络绎不绝,极盛一时。……以光绪年间为全盛时期,此时茶市由下梅而移赤石。"⑤晚清崇安人衷干有《茶市杂咏》一首,体现了这种茶叶市场的更替,谨录如下:

茶市杂咏⑥

按:清初茶市,以下梅为盛,星村次之。福州通商后,始由下梅迁赤石,商贾云集,颇称繁盛。乱后一落千丈,令人有今昔之感,追而论之,亦白头宫女闲坐说玄宗之意。

---

① 梁伯荫修,罗克涵等纂:民国《沙县志》卷八,《外交》,民国十七年铅印本,第1页。

② 梁伯荫修,罗克涵等纂:民国《沙县志》卷八,《实业》,民国十七年铅印本,第1页。

③ 张梦元:《敬恕斋遗稿》卷下,第31页,转引自戴一峰:《近代闽江上游山区的初级市场试探》,《中国社会经济史研究》1985年第3期。

④ 戴一峰:《近代闽江上游山区的初级市场试探》,《中国社会经济史研究》1985年第3期。

⑤ 林馥泉:《武夷茶叶之生产制造与运销》,农业经济研究丛刊第二号,福建省农林处农业经济研究室,1943年,福建省档案馆馆藏资料,档号5-4-115。

⑥ (清)衷干:《茶市杂咏》,转引自林馥泉:《武夷茶叶之生产制造与运销》,福建省农林处农业经济研究室,1943年,第81页。

闻道东坡辨土宜,郝源移种上林枝。

如将历史从头数,请向长安问可之。

清初贸易在海溪,贩得毛茶价颇低。

竹筏连云三百辆,一篙归去日沈西。

（注：清初茶市在下梅,附近各县所产茶,均集中于此,竹筏三百辆,转运不绝。）

至于近代闽江流域茶市的分布,唐永基、魏德端所著《福建之茶》认为"各县茶之初级市场多在县城,盖县城匪特为政治中心,且常为一县经济之总枢纽,故茶叶之由各产地运往中心市场,亦多以此为集散中心。"[1]除分布于各县县城外,近代闽江流域茶市的分布也多在县内其他地方,其中不乏农村墟市所在地,[2]各县茶叶市场分列如下。[3]

崇安：崇安茶叶较大之集散中心,有赤石街及星村两地。赤石街位于崇安南部,离城约15里,茶市颇为发达,崇安绿茶号皆汇集于此。据20世纪20年代调查,当地茶栈以美盛、文园、协盛、森泰等为最大,各栈年产额达4000箱。星村在崇安西南,距城约40里,民国以前,为商业繁盛之区,亦为全县茶叶集散中心,自赤石街开市后,设于星村附近遐美洲之绿茶号均移于赤石,该地茶之贸易,略受打击,但仍为正山小种的产制中心,仍充满活跃之气象。茶季时,除本地茶客外,福州来的茶商临时设置收购所,购买茶包装运至福州。大型茶栈有慧苑、永丰福、福茂新、同泰荣、华记、春裕发、永顺炳记及永盛发等,各茶栈一年产茶高达五百乃至八百箱,此外尚有制造百箱内外的茶栈有四十几家。据20世纪40年代的调查,赤石与星村均为当地较大墟市所在地,另据民国年间崇安地方志称：

商场以城坊为大,赤石街、星村、兴田次之,岚谷、吴屯、五夫又次

---

[1] 唐永基、魏德端合编：《福建之茶》下册,福建省政府统计处,1941年,第236页。

[2] 近代闽江流域各县茶市虽然有部分为墟市所在地,但显然茶市并完全不等同于墟市,这其中的原因在于茶市的兴盛往往有季节之分,在茶季过后许多茶市并无墟市定期开放的功能。

[3] 参见唐永基、魏德端：《福建之茶》下册,福建省政府统计处,1941年,第236～241页；(日)东亚同文会编：《中国省别全志》第十四卷：福建省,东京：东亚同文会,1920年,第457～476页；翁绍耳：《福建省墟市调查报告》,私立协和大学农学院农业经济学系,1941年；各县地方志等。

之,市场之地均有虚。兹将各乡虚期分述如下:一六日虚:五夫、上梅、仙店、澄浒、黎口;二七日虚:下梅、白水、宫埠头、吴屯;三八日虚:曹墩、公馆、黄土、黎源、岚谷;四九日虚:赤石、星村、兴田、四渡、大浑。①

邵武:邵武西部与南部均盛产茶,其茶叶集散中心,有县城、拿口和水口寨三处,其中以县城为主要。

顺昌:以县城、王合、洋口为主要茶市,其中洋口为富屯溪流域的茶叶中心市场,县城与王合的茶叶均集运于洋口,再由福州来的仲买商运至下游出口。

建阳:建阳茶之集散中心主要有县城、麻沙、黄坑等处。其中县城商店林立,亦为该地茶叶集散之要区,茶况盛时,有茶庄十余家;麻沙在县城西部,经济情况尚佳,惟茶市则不振;黄坑距县城约50里,商业虽不甚发达,而附近各地,茶产质佳量伙,故年届茶季,逢四、八墟日,茶农麇集,颇称盛况。此外茶市还有徐墩街、崇雒、童游、将口、界首等,但范围较小,不若上述三地重要。

政和:茶叶市场有四,一为县城,该地人烟稠密,商店林立,经济状况颇佳,在其东北马鼻岭、鹤都岭、大平丘等地,茶产量丰质优;二为铁山,在县城东,北面临溪,交通称便,产茶之南风峡、状元峰诸地,一居其南,一位其西,茶市颇盛;三为澄源镇,位于上洋、新坑之间,其西南与东北均有溪流,附近各地,均有产茶,茶季起时,各地茶叶不期而集者不下万余担;四为遂应场,茶市甚佳,政和红茶视遂应场茶上市后才开盘。

松溪:县城为全县之中心,为县内溪河之中点,交通尚称便利,茶市亦颇发达。

浦城:有县城、忠信、山路下、西乡、水北、石陂等处,皆为小集散中心,茶到此汇聚后,转往崇安、水吉等处较大市场。

建瓯:茶叶集散中心有七,一为县城,是人烟稠密之地,贸易繁盛,交通运输颇为发达,茶市繁盛时全境有茶庄数十家;二为东峰屯,离城约40里,商业繁盛,交通便利,北苑茶叶盛时,茶庄林立,茶市亦旺;三为东游,北路松、政二县之茶前皆经此输出,南经东峰屯约80里可达县城,为该地茶的集散中心;四为南雅,为建瓯南部重镇,水陆交通既便,商业亦称繁盛,茶况称佳;五为上洋口,离城约170里;六为水吉街,为建瓯重镇之一,北通浦城而达建阳,南抵建瓯,商业繁盛,茶况亦佳,在该地设庄采办者,有广潮帮与兴

---

① 刘超然等修,郑丰稔等纂:民国《崇安县新志》卷十四,《政治》,民国三十一年铅印本,第2页。

化帮;七为大湖,距水吉 20 里,为水仙茶产制中心。

沙县:该县茶叶市场前有富口、琅口、渔溪湾等地,民国后期仅琅口有茶号一家,各地毛茶皆集于此,顺沙溪水运下至福州。

屏南:茶叶市场有县城、棠口、漈头、康里、寿山、九洋、忠洋等地。

古田:茶市计有县城、平湖、鹤塘、杉洋、七保、邹洋五处。

连江:茶市有梅洋一地。

闽侯:捷坂街为茶叶市场。

大田:茶市有县城、武陵两处。

除上述各县的茶市外,也有部分县份产茶但并无茶市,如福州附近闽清等县,但当地的交通条件和茶叶的销售路径决定了茶户可以直接将茶运至转运中心福州。

总的看来,近代闽江流域各县茶市的林立是应茶叶种植经济的发达而兴起的,茶市多位于各县水陆交通相对便利的地区,且距茶叶产地较近(也有本身为茶叶产地的),这些茶市的功能是收集各茶叶产地采来的茶叶,茶市多设有茶庄或分庄,有的甚至还设有专门从事茶叶初加工的茶栈①(如上文提及的崇安县的茶市),我们将这些市场称为近代闽江流域茶叶的初级市场。

随着商品经济的发展,近代闽江流域茶叶市场中逐渐成长出一些高于各县茶市的大型集散市场,②我们将其称之为茶叶的中级市场。它们分别位于闽江上游三大支流,为建溪的建瓯、富屯溪的洋口以及沙溪的沙县琅

---

① 对武夷岩茶而言,茶市上的茶庄为茶叶精制者,而茶栈只是茶叶之转运者,岩主如缺乏制造资本亦有向其借贷者。茶制后,即从崇安由船配运至福州交栈,由茶栈代办各种手续,然后转运至闽南或南洋各地。多数茶号因资本较为充裕,自办手续,自行运销,未经茶栈之转运。见林馥泉:《武夷茶叶之生产制造与运销》,福建省农林处农业经济研究室,1943 年,第 69 页。

② 事实上,这些集散市场不仅实现茶叶在数量上的集中,更重要的是由于闽江上游水路交通的差异,这些中级市场分布点多为水路运输条件较优越的地方,各支流来的茶叶于此地集中后换大型民船或小轮直接运赴福州。如崇安的茶叶"由崇安起运,以小民船(俗称江西船)装载,沿溪流经建阳而抵建瓯,需时二日至三日,在建瓯就溪边换装大民船沿闽江而下,抵古田之水口,间有雇用汽船拖曳而抵福州……"见林馥泉:《武夷茶叶之生产制造与运销》,福建省农林处农业经济研究室,1943 年,第 69 页。

口;在下游地区则为位于南平与福州之间的水口。① 这类市场的一个基本特征就是与流域茶叶中心市场福州之间交通方便,有大型民船直接往来,而活跃于这些市场上的商人多为与福州有直接贸易往来的贸易商。以洋口为例,其为富屯溪流域茶产的集散地,茶叶由邵武、大干、顺昌、峡阳以及洋口本地运集于此,然后汇聚向福州输出。据日本人于民国初年的调查称,当地茶的流通量为 13.5 万箱(每箱 40 斤),② 考虑到闽江流域的茶叶贸易已于清末时开始衰退,由此我们可以看出洋口茶市规模之宏大。建瓯在民初,"茶为该地第一物产,有二十个茶栈,其中著名营业者为陈谢朱何四大姓氏,附近武夷山产的武夷茶名闻天下,制茶时期商业活跃,各地商人往来及资金融通最为频繁,大型民船、江西民船由福州至"。③

就各级市场的贸易方式而言,近代闽江流域茶叶市场的初步买卖方式颇为简单,先由茶农售茶与茶贩,再由茶贩转售与内地茶庄或茶客。茶农与茶贩为直接买卖,茶贩与内地茶庄之买卖,或另有居间者为之介绍,另外茶农也有与内地茶庄或庄客径行交易者。④ 茶庄多设于各县茶市,但一般而言,不是每一个茶市都会有茶庄,其一般设于各县相对较大的茶市,如沙县的琅口,邵武的分水、界首等,也有将总庄设于茶叶中级集散市场,而将分庄设于各茶市者。⑤ 因而活跃于近代闽江流域茶叶初级市场的主要为茶贩和茶庄。对茶叶进行初级加工的茶栈⑥则多分布于茶叶的中级集散市场,如建瓯,"各茶集于府城东门附近的茶栈,向福州输出"⑦;沙县"茶皆(以)沙县

---

① (日)东亚同文会编:《中国省别全志》第十四卷:福建省,东京:东亚同文会,1920 年,第 131~135、156~159、108 页。

② (日)外务省通商局:《福建事情》,东京:东洋印刷株式会社,1917 年,第 389~390 页。

③ (日)东亚同文会编:《中国省别全志》第十四卷:福建省,东京:东亚同文会,1920 年,第 131~135 页。

④ 唐永基、魏德端:《福建之茶》下册,福建省政府统计处,1941 年,第 257 页。

⑤ 福建省长公署:《福建公报》第 306 号,转引自戴一峰:《近代闽江上游山区初级市场试探》,《中国社会经济史研究》1985 年第 3 期。

⑥ 内地茶庄的业务中也有设厂加工精制,其所制茶均须运至中心市场投栈,见唐永基、魏德端:《福建之茶》下册,福建省政府统计处,1941 年,第 195 页。

⑦ (日)东亚同文会编:《中国省别全志》第十四卷:福建省,东京:东亚同文会,1920 年,第 460 页。

下流十里处琅口为制茶场,顺沙溪水运下至福州"①。但考察近代闽江流域茶叶初级市场上茶庄输出茶叶的流向,我们却甚少发现有茶庄将收购之茶叶交由中级集散市场上的茶栈制造然后向福州移出的,相反,内地茶庄在收购茶叶后一般是将茶叶转运至福州的茶栈。除此之外,茶栈也并非中级市场独有,一些大型的茶市上往往有茶栈的身影,而且有的具有相当之规模,也就是说近代闽江流域茶叶中级市场执行的更多的是茶叶集散的功能,设于其中的茶栈,面向的对象更多的是本地茶叶。

至于中心市场福州茶市的主要经营者则为茶栈、茶行和洋行。其中茶栈居于洋行与内地茶庄之间,因为内地茶庄习惯上不能与洋行直接买卖,须经茶栈之为居间,故其业务实为代客买卖之性质,此外又为茶业间之金融调节机构。茶行为中心市场精制茶叶之茶厂或茶号,其规模较大者称为茶行,茶行直接负盈亏之责,直接经营出口。洋行为近代闽江流域茶叶运销国外之中间商,经介绍成交后,由其改装运出。除此之外,茶叶中心市场尚有零售兼批发之茶庄、茶叶店等机构。

综上所述,近代闽江流域茶叶的流通是由以下途径得以实现的:

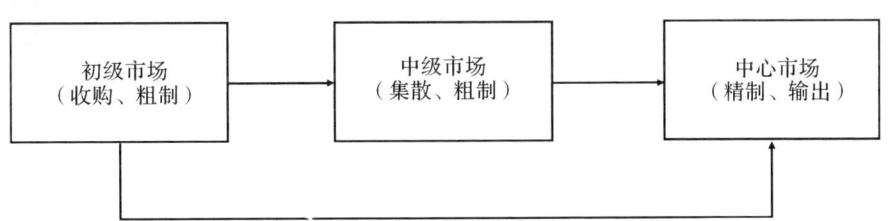

图 3-7 近代闽江流域茶叶流通示意图

（二）木材市场

近代闽江流域的木材市场较茶叶市场出现为晚,可分为初级市场和中心市场两类。初级市场也即生产市场,为产地林木集散之场所,中心市场则为木材转运之市场。② 近代闽江流域的木材因运输方式的缘故,其初级市场多为各支水路之汇合点,水势平缓,水面宽阔,便于林木停留集合,《中国

---

① （日）东亚同文会编:《中国省别全志》第十四卷:福建省,东京:东亚同文会,1920年,第472页。
② 翁礼馨:《福建之木材》,福建省政府秘书处统计室,1940年,第104页。

省别全志》称:"(林木)投以漂流,至流势稍缓场所停留。诸流会合点河流大,且小筏集合,其数多,故大抵会流点皆小木材市场,仲买人集于此处买入小筏,后以正式组筏输出至大市场。"①故近代闽江流域各县木材初级市场多以"水口"命名,就流域内各县而言,每县多则有集散市场三四处,少者只有一处,也有在本县内无集散场所,而依交通运输之关系,以邻近县份之集散地为市场,如清流县木材多在永安县安砂地方组筏下运。各县初级市场分布如下:②

浦城:临江、石陂、龙泉

崇安:兴田

建瓯:县城、南雅

建阳:水南、麻沙、莒口、宸前

松溪:县城

政和:西津

邵武:下洋、拿口、水口寨

顺昌:洋墩、大干、洋口

建宁:均口、县城、樟村、黎川

泰宁:池潭

将乐:观化楼、水口、积善、亀山桥

清流:嵩口坪

明溪:梓口坊

永安:安砂、县城

沙县:莘口、琅口、水壁、玉口

南平:县城、峡阳

尤溪:县城、雍口

屏南:十四都

古田:县城、谷口、水口

闽清:六都

---

① (日)东亚同文会编:《中国省别全志》第十四卷:福建省,东京:东亚同文会,1920年,第623~631页。

② 翁礼馨:《福建之木材》,福建省政府秘书处统计室,1940年,第104~105页。

永泰:县城、葛岭

德化:浔中、锦水、屏峰、水口

连江①:县城、东岱

除林木的初级集散市场之外,近代闽江流域的木材市场还存在较大的中级集散市场,计有建瓯、洋口、沙县、南平水口等地。这类市场于流通上并无新的作用,惟其集散功能要比初级市场强得多。民初洋口市场上集散之木材来自邵武、将乐二溪,曾高达二百厂左右。② 水口木材集散市场之木材多来自古田与尤溪两地,古田因溪道不平须放筒放至水口方能装钉成排,而尤溪之木材虽在县城装为木排,然而由于尤溪水浅少,连阔只能装六尺,亦不能装双底,至闽江后则并二连为一合,此时的一合等于闽江的一连。③ 沙县的木材集散市场主要在沙溪口,"归化县、沙县等山岳产相当木材,此地木材主要向福州输送。其路径皆水运,依归化向沙溪口聚集,再完全组筏"。④

另外,近代闽江流域的木材在顺流而下时,沿途各地均有相应的泊排点,此类地方多为地阔水缓,易于泊排的坞场,也可视为木材的另一类型的集散市场。如建瓯的泊排点就有"水南塔下,可泊两厂,柳坑可泊三厂,卓坑可泊一大厂,五马澄可泊两厂,南雅对门八仙堀可泊一大厂,小瓦可泊三厂,小仁洲对门竹林下可泊两厂,延安五里牌可泊一厂,龙港头杉林前及龙鼻各泊一厂,龙港下葫芦坵可泊一大厂,上金布可泊一厂,湖尾对门瓦厂前可泊四厂",南平的泊排点"较场尾、观音阁后、狮子仔对门、三圣庙下即棺木堀、白沙洲均是好坞,其马站、渡船头上下及鱼船仔堀并东门外河边各地次之,麻疯院可泊两厂,十里湾可泊一厂,磨口可泊两厂,下道门前可泊四厂,大堀可泊三厂,瓦厂下可泊三厂,对门大洲竹林下可泊三厂,至由下道启运之木

---

① 与闽江流域其他产木县份木材的以筏漂流的运输方式不同,连江县产的木材系由县城或东岱经戎克船向福州输出。

② 戴一峰:《近代闽江上游山区初级市场试探》,《中国社会经济史研究》1985年第3期。

③ 《闽江流域杉木之调查》,1936年,第10~11页。

④ (日)东亚同文会编:《中国省别全志》第十四卷:福建省,东京:东亚同文会,1920年,第653~664页。

排则为大坪三都口、金钟湾口、水口,各地均可停泊焉"。① 但如龙溪的坞商②却未有发现。总的来看,近代闽江流域木材市场均为集散型市场,但在锯木业兴盛之后,"不仅其原产地,沿途中小市场亦有锯板"③,木材集散市场有向生产加工市场转变的趋势,但总体上锯木业仍是以福州为中心。

近代闽江流域木材集散市场的市场组织主要由山客、木客、木行组成,中心市场则主要由采办人或内地木行、杉行、木贩、锯木厂及江浙庄客组成。④ 木材的流通过程如下图所示:

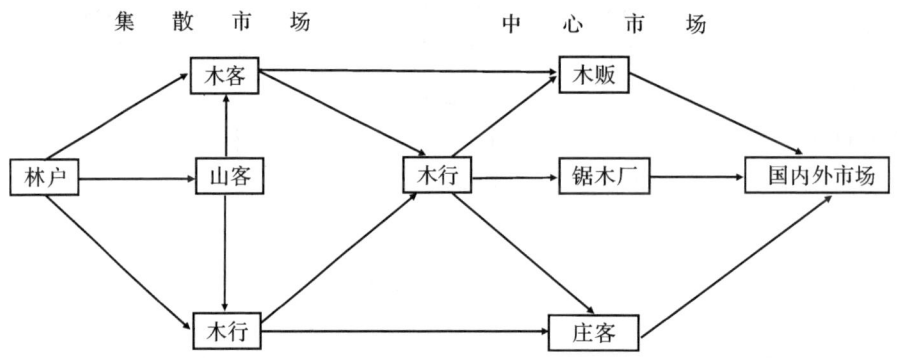

图 3-8　近代闽江流域木材流通示意图

资料来源:林仁川:《民国时期福建木材的生产与输出》,《中国社会经济史研究》1988年第 4 期。

---

① 《闽江流域杉木之调查》,1936 年,第 8~9 页。
② 龙溪木市有坞商,亦即一种木行,为设有停木木坞以收购采办人或内地木行之木材,转售与木行或外地办木者。见翁礼馨:《福建之木材》,福建省政府秘书处统计室,1940 年,第 122 页。
③ (日)东亚同文会编:《中国省别全志》第十四卷:福建省,东京:东亚同文会,1920 年,第 623~624 页。
④ 翁礼馨:《福建之木材》,福建省政府秘书处统计室,1940 年,第 104~107、116 页。

（三）纸品市场

近代闽江流域的纸品市场可分为初级市场和中心市场两类，前者接近纸产地的各主要市镇，大抵皆为纸类集散之地，每县多者至四五处，而全县仅一处生产市场者也有之。还有的则因交通运输关系，其纸品市场分布于邻县，如明溪北部的纸多以将乐之白莲为集散市场。① 近代闽江流域纸品初级市场的勃兴缘于沿海航运业中轮船运输的兴起，便利了纸品海运远销，尤其是东三省与东南亚海纸市场的开拓，大大刺激了闽江上游山区纸的生产。② 就类别而言，初级市场又可分为两类，一类有健全的组织，"为制造者、批发商及一切活动于制造者和批发商之中介人集聚之特定场所"；一类为"当无相当组织者，不过现货买卖，决定市价交易机会之公开，即所谓'市集'或'墟市'也。不过无论其组织健全与否，在纸类转运输送上，要当居其重要之位置也"。③ 可见近代闽江流域纸品初级市场有相当一部分是基于地方墟市交易之上的，流域各县纸品市场分列如下：④

浦城：西乡、县城

崇安：坑口、岚谷、黄连坑

建瓯：县城、南雅、水吉

松溪：县城

政和：县城、西津

邵武：县城、水口寨、大阜岗、界首、拿口

顺昌：亢坑、郑坊、光地、石溪、大干、余墩、坑西、洋口

将乐：水口、县城、高滩

建宁：均口、县城

泰宁：县城、大田、新口

沙县：县城、富口

永安：县城

---

① 林存和编：《福建之纸》，福建省政府统计处，1941年，第148页。
② 戴一峰：《近代闽江上游山区的商品生产》，《厦门大学学报（哲社版）》1988年第4期。
③ 福建省政府秘书处统计室编印：《福建之纸业》中册，福建调查统计专刊第一种，福建师范大学图书馆藏手抄本，第13页。
④ 林存和编：《福建之纸》，福建省政府统计处，1941年，第148～150页。

清流:下窠、大横溪、嵩溪、源溪、上琴

明溪:梓口坊

宁化:县城、泉上

南平:县城

尤溪:县城、九都坂、源湖、雍口、渚头

古田:县城、文江坂

大田:县城

闽清:县城

永泰:县城、嵩口、赤锡

德化:水口、屏山、锦水、县城

屏南:县城

连江①:县城

活跃于纸品初级市场上的主要为纸贩、纸栈和庄客。其中纸贩为槽户与纸栈或庄客间之中介人。纸栈为纸业生产市场组织之中心,其经营业务为收购生产者之纸品而转售于外销中心市场,或供当地消费之用。庄客则包括行客与庄栈,为外销市场之纸行向生产市场派遣的收购纸类的商人或庄栈,统称为庄客,其主要业务也在于收购纸类,分布于各主要生产市场如浦城、建瓯、南平、顺昌、沙县、邵武等县,闽江流域的庄客多为福州人。除此三者之外,纸品初级市场上尚有经营纸类转运的机构如过塘行、转运公司等,不复赘述。②

中心市场为各产区纸类的最终集散中心,福州为近代闽江流域各产纸区理所当然的中心市场,各县产纸运集于此而后转运省外市场。中心市场的组织由纸行和行客组成,纸行为外销市场组织之骨干,关系整个外销市场之买卖中心,其业务一面为收购生产市场之纸类,一面为批售纸类于外省或国外市场。1931年,福州纸行约有六十余家,其中每行人数少者四五人,多者二十余人。③ 至于行客多指省外或国外纸行于中心市场所派遣收购纸类

---

① 据(日)东亚同文会编:《中国省别全志》称:"本县城(连江)的主要货物是纸,为县内业农者的副业。皆由县城商人收集,二十刀一束,附上商标,海路运至福州输出,出产额年约四十万元。"(第108~111页)

② 参见林存和编:《福建之纸》,福建省政府统计处,1941年,第153~155页。

③ 福建省政府秘书处统计室编印:《福建之纸业》中册,福建调查统计专刊第一种,福建师范大学图书馆藏手抄本,第14页。

之商人,另外还有行客与纸行间的中介人称为承友者。

(四)粮食市场①

近代闽江流域的粮食市场大致可分为初级市场、次级市场、中级市场及中心市场四类。首先依初级市场而言,其多为各地乡镇的墟市。如富屯溪流域的建宁、泰宁两县"交通既称阻塞,商业又感落后,所以一切的交易,均于大乡镇,举行墟市,而互相交换,两县米谷的市场亦在墟市所在地"。② 再如邵武"交易极为落后,农民多于各地举行墟集时挑米前往出售,故此种墟集亦可说即为米谷初级市场"。③ 除地方墟市之外,各地县城也往往是粮食的集中交易市场,上述邵武县城厢一带的食米多由各乡农民挑城出售,另外也多有居民自往邻近地区收购。

居于近代闽江流域各县粮食市场之上的为地区粮食集散中心,是为中级市场,其主要分布在上游地区,一为建瓯,一为洋口。建瓯为建阳、建瓯、崇安、浦城、松溪、政和等县粮食的消费兼转运中心,清末民初时,建瓯食米的流通量曾高达 600000 市担;洋口作为近代闽江流域的另一个粮食转运中心,其粮食大多输自建宁、泰宁、顺昌、将乐等县,在其鼎盛时期每年食米的流动也有 500000 市担。值得注意的是,建瓯和洋口作为近代闽江流域的粮食转运中心,其转运粮食的流向并非全是福州,闽北各地也是其粮食转运的目的地。这一方面进一步说明了两者作为地方粮食调配中心的地位,另一方面也反映了近代闽江上游各县粮食初级市场间的互相隔阂。除将流域各产粮县的粮食向福州转运外,建瓯和洋口还承担着转运外粮的责任,如洋口,其面粉完全仰给于福州,每年输入约 10000 袋,大部分转运至顺昌、将乐等地。

次级市场即介于各县的初级市场与集散中心之间的粮食市场。其与中心市场福州以及集散中心间多有直接联系,可以直接向上述二类市场输出粮食,该类市场有的也是地方上的墟市,但这类市场一般居于各县之交通要

---

① 此处谈及的粮食市场是指由流域内部调配而产生的市场。
② 翁绍耳、林文澄:《建宁泰宁米谷产销调查报告》,私立协和大学农学院农业经济学系,1943 年,第 23 页。
③ 翁绍耳:《邵武米谷产销调查报告》,私立协和大学农学院农业经济学系,1942 年,第 18 页。

道,各墟市交易之粮食往往于此类市场向外输出,各县次级市场如下所示:①

连江:县城、管头

长乐:县城、龙门乡、营前、金峰、潭头

闽侯:七里、白沙、侯官、竹歧、小箬

古田:谷口

闽清:大箬

建阳:麻沙、莒口、将口

建瓯:吉阳、小湖、浒洲、丰乐、水吉、小松街、县城

崇安:兴田驲

浦城:县城、石陂街

邵武:拿口、界首、常平

建宁:溪口、官常口、万全、南口

泰宁:弋口

顺昌:县城、洋墩、九龙、大干、洋口、达瓯

南平:下道

活跃于粮食次级市场上的商人有米贩、粮商、碓户、船户等,交易方式多为农民在需款时将米谷携至地方墟市交易,由米贩、粮商加以收购。除此之外,也多有米贩、粮商至各地收购,然后转运外县。

至于中心市场,前文述及,近代闽江流域内部,粮食的主要流向是由上游地区各县向福州移出,因而福州作为闽江流域的中心,同时也是流域内部最大的粮食消费兼中心市场。作为外粮进入闽江流域的入口,福州还承担着转运外粮的责任。

近代闽江流域各级粮食市场上粮食的流动如下图所示:

综上所述,兹将近代闽江流域各县茶叶、木材、纸品、粮食市场列表如下:

---

① 巫宝三、张之毅:《福建省食粮之运销》,上海:商务印书馆,1938年,第4~15页。

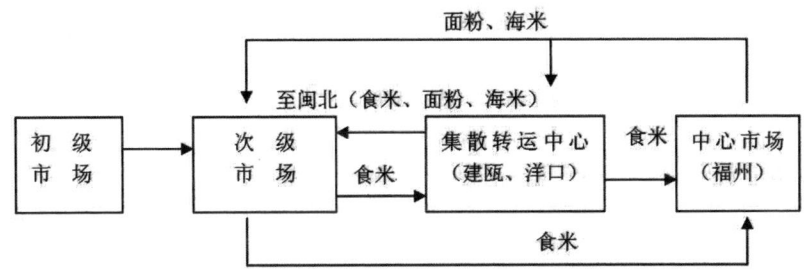

图 3-9 近代闽江流域粮食流通示意图

表 3-24 近代闽江流域各县茶叶、木材、纸品及粮食市场一览表

县名	茶叶	木材	纸品	粮食
浦城	县城、忠信、山路下、西乡、水北、石陂	临江、石陂、龙泉	西乡、县城	县城、石陂街
崇安	星村、赤石街	兴田	坑口、岚谷、黄连坑	兴田驲
建瓯	县城、东峰屯、东游、南雅、上洋口、水吉街、大湖	县城、南雅	县城、南雅、水吉、界首	吉阳、小湖、浒洲、丰乐、水吉、小松街、县城
建阳	县城、麻沙、黄坑、徐墩街、崇雒、童游、将口、界首	水南、麻沙、莒口、宸前		麻沙、莒口、将口
松溪	县城	县城	县城	
政和	县城、铁山、澄源镇、遂应场	西津	县城、西津	
邵武	县城、拿口、水口寨	下洋、拿口、水口寨	县城、水口寨、大阜岗、拿口	拿口、常平、界首
顺昌	县城、王合、洋口	洋墩、大干、洋口	亢坑、郑坊、光地、石溪、大干、余墩、坑西、洋口	县城、洋墩、九龙、大干、洋口、达瓯

续表

县名	茶叶	木材	纸品	粮食
将乐		观化楼、水口、积善、龟山桥	水口、县城、高滩	
建宁		均口、县城、樟村、黎川	均口、县城	溪口、官常口、万全、南口
泰宁		池潭	县城、大田、新口	弋口
沙县	富口、琅口、渔溪湾	莘口、琅口、水壁、玉口	县城、富口	
永安		安砂、县城	县城	
清流		嵩口坪	下窠、大横溪、嵩溪、源溪、上琴	
明溪		梓口坊	梓口坊	
宁化			县城、泉上	
南平	峡阳	县城、峡阳	县城	下道
尤溪		县城、雍口	县城、九都坂、源湖、雍口、渚头	
古田	县城、平湖、鹤塘、杉洋、七保、邹洋	县城、谷口、水口	县城、文江坂	谷口
大田	县城、武陵		县城	
闽清		六都	县城	大箬
闽侯	捷坂街			七里、白沙、侯官、竹歧、小箬
永泰		县城、葛岭	县城、嵩口、赤锡	
德化		浔中、锦水、屏峰、水口	水口、屏山、锦水、县城	
屏南	县城、棠口、漈头、康里、寿山、九洋、忠洋	十四都	县城	
连江	梅洋	县城、东岱	县城	县城、管头

续表

县名	茶叶	木材	纸品	粮食
长乐				县城、龙门乡、营前、金峰、潭头

资料来源:据前文整理而成。

由上表我们可以看出,近代闽江流域各县商品市场有的为单一类商品市场,如崇安县的茶叶市场星村、赤石街,但也不乏集各种商品市场于一体的综合市场,其中尤以各县县城最为典型,考虑到县城多为行政中心,这从一个侧面反映了近代闽江流域各县县城经济功能的增强。

二、近代闽江流域市场的层级结构

随着商品经济以及输出入经济的发展,时至清末,闽江流域业已形成了一个集中的、层次明确的市场体系。从纵向来看,这一体系之中由上到下的市场类型分别为流域中心市场、地区中心市场、地方初级市场以及墟市。流域中心市场是指流域商品流通的中心,一般位于商路网络的交汇处,起着在全流域范围内集散商品的作用,同时流域中心市场因人口密集,工业手工业发达,又是流域生活和生产资料的主要消费和转运市场。地区中心市场指在一定区域内商品贸易的中心,并与流域中心市场有着密切的联系,它既是所在地区商品消费的主要货源地,代表着该地区的消费水平,又是该地区农副产品的集散地,决定着农副产品的流通方向和流通范围。在近代闽江流域,地区中心市场同时也起着商品中转市场的作用,它们多位于水陆商道的枢纽处,起着沟通流域中心市场与内地商品流通的作用。地方初级市场则是指随着流域土特产产品出口贸易的增长而出现的以流域中心市场为商品流向的市场,这类市场一部分是在墟市的基础上发展而来,也有相当部分是随着出口贸易的增长而新发展起来的。墟市则是传统社会定期集市的延续,为附近乡村或市镇农民交易活动的中心。

我们先来看近代闽江流域的商品输出市场结构。就指代对象而言,流域中心市场显然指的是福州,《中国省别全志》称:"福州距河口三十五浬,位于福建省第一大河闽江的沿岸,闽江本流及支流远达省内各地,故各地物产悉在此地会集,向海外及省外各需要地输出,内地的需要品亦在此汇集,后

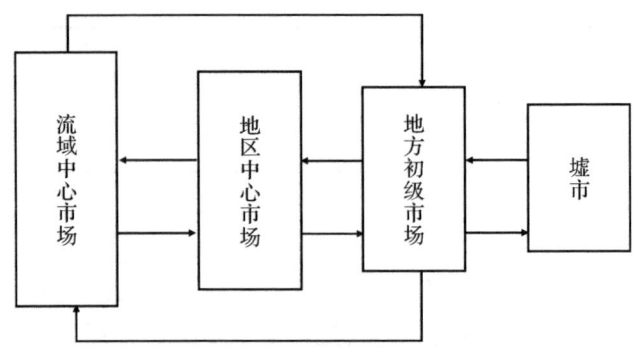

图 3-10 近代闽江流域市场层级结构图

经水运或陆运销达内地,福州遂成为输出输入品的大中心市场。"①众所周知,福州作为闽江流域的中心当然并非始自近代,但不可否认的是,随着近代福州开埠、向国际市场开放,对外贸易的扩大、贸易量的增长都使得其流域中心的地位进一步得以巩固。

地区中心市场则是指闽江上游三支流及中游地区的各类商品集散与转运中心,分别是建溪的建瓯、富屯溪的洋口、沙溪的沙县以及福州与南平间的水口。据清末民初时的调查,建瓯、洋口为"闽江上游地方商业的二大中心地",除与福州直接贸易外,"洋口至延平及邵武也有直接往来民船,为百货集散市场。……当地为此附近的中心市场,地方来往商人众多,旅馆亦多见"。沙县"本县城为县下及沙溪本支流域各地的商业中心地,货物往来甚盛"。而水口"位于福州延平间,为第一货物集散地。此地多与福州直接贸易的商行,福州的小蒸汽船往来其间,其碇泊场为街头河岸,约十二三间之广,诸货物直接由福州移入,然后再向近乡移出"。与繁荣的商业相对应的就是当地生活水平的提高,这时"水口的商业与洋口共同为闽江流域两个重要的地方,其生活程度高,与洋口在伯仲之间"。② 与流域中心市场福州原来的地位不同,地区中心市场是随着流域商品经济的发展、土货出口贸易的增长而形成的,例

---

① (日)东亚同文会编:《中国省别全志》第十四卷:福建省,东京:东亚同文会,1920年,第37~50页。

② 参见(日)东亚同文会编:《中国省别全志》第十四卷:福建省,东京:东亚同文会,1920年,第101~222页。

如洋口,原为闽江上游一个荒凉的小镇,近代闽江上游商业的繁荣,商业通道的改变,使其因停靠船只的便利而兴盛起来,逐步夺走了南平、顺昌、邵武的市场地位,发展成为富屯溪流域的大型商品集散中心。

除流域中心市场和地区中心市场以外,近代闽江流域各地尚有一批因土货外销而兴起的市场,其中一部分是在传统墟市的基础上形成的,而相当一部分则有别于墟市,这部分市场分布于流域各县。上文提及其部分为单一商品市场,也有的为各类商品的综合市场,本书所指的地方初级市场即是指此类市场。它们多居于各地水陆交通便利之处,并且是在地方上居于中心地位的市场,可直接与地区中心市场和流域中心市场发生联系,如建瓯县的东峰屯、南雅口以及水吉街。东峰屯为建瓯著名茶市,同时也是建东第一市场,周围数十里村落皆来此贸易。而南雅口则为"建南第一市场,水陆客货驻集,内里、下里、登仙里皆聚之";水吉被称为"建瓯第一市镇,三禾、西乡、崇溪交通中点,贸易极丰"。①

处于市场体系最底层的是各地墟市,其为各地定期集市的通称,就近代闽江流域纸品和粮食市场来看,墟市是这两类市场的最基本形式。墟市交易圈的半径一般为半日路程,约5~10里。② 就墟市的数量来看,与清中叶相比,近代闽江流域各地墟市在数量上处于下降的趋势,每个墟市辐射的平均人口也随之下降(见表3-25),其原因有学者认为是农村商品经济的发展,③具体表现为随着各类外销商品市场的兴起,墟市从数量和规模上都趋向式微。④

---

① 詹宣猷等修,蔡振坚等纂:民国《建瓯县志》卷六,《城市》,民国十八年铅印本,第13页。
② 陈铿:《明清福建农村市场试探》,厦门大学历史系硕士学位论文,1984年,第31~32页。
③ 陈铿:《明清福建农村市场试探》,厦门大学历史系硕士学位论文,1984年,第25~26页。
④ 戴一峰:《近代闽江上游山区初级市场试探》,《中国社会经济史研究》1985年第3期。

表 3-25　清中叶与民国时期闽江流域墟市数量对照表

县名	清中叶		民国	
	墟市数(个)	每墟平均人口(人)	墟市数(个)	每墟平均人口(人)
南平	19	4732	5	900
沙县	11	4051	7	1157
永安	13	2142	7	—
宁化	13	5850	13	658
清流	15	5850	9	500
明溪	13	5850	9	1467
福清	5	—	—	—
顺昌	9	—	11	436
尤溪	3	—	4	700
建宁	12	—	15	500
永泰	22	—	—	—
古田	7	2103	—	—
长乐	12	—	—	—
德化	3	2363	—	—

资料来源：戴一峰：《近代闽江上游山区初级市场试探》，《中国社会经济史研究》1985 年第 3 期；陈铿：《明清福建农村市场试探》，厦门大学历史系硕士学位论文，1984 年，第 10 页；翁绍耳：《福建省墟市调查报告》，农业经济调查报告第二号，私立协和大学农学院农业经济学系，1941 年。

　　近代闽江流域商品输出市场体系的确立源于市场层级结构的确立。在流域中心市场、地区中心市场与地方初级市场的确立上我们没有遇到多大的困难，因为对于这三级市场而言，商品的集散和流向决定了它们在整个市场体系中的地位，唯一的麻烦之处在于如何确立地方初级市场与墟市的地位，对二者之间关系的说明则是我们首先要考虑的问题。

　　前文提及近代闽江流域各地方初级市场实质上是因外销土货的繁荣而兴起，其与墟市的关系首先在于一些初级市场事实上原本就是墟市，如建宁县的溪口米墟(四、九日集)、县城内的米墟(四、九日集)①均是各地的地方初级市场。现据民国时期福建省墟市调查报告和表 3-24 标识之各地初级市场中的墟市情况做简单的对照,如表 3-26 所示。

表 3-26　近代闽江流域地方初级市场与墟市对照表

县名	地 方 初 级 市 场	数量	墟　　市	数量	墟市占地方初级市场的比例
浦城	县城、忠信、山路下、西乡、水北、石陂街	6	山路下、西乡、水北、石陂	4	67%
崇安	星村、赤石街、兴田、坑口、岚谷、黄连坑	6	星村、赤石街、兴田、岚谷	4	67%
建瓯	县城、东峰屯、东游、南雅、上洋口、水吉街、大湖、界首、吉阳、水湖、浒洲、丰乐、小松街	13	南雅、吉阳、丰乐、小松街	4	31%
建阳	县城、麻沙、黄坑、徐墩街、崇雒、童游、将口、莒口	8	崇雒、将口、麻沙、莒口	4	50%
松溪	县城	1	—	—	—
政和	县城、铁山、澄源镇、遂应场、西津	5	—	—	—
邵武	县城、拿口、水口寨、大阜岗、常平、界首	6	县城、拿口、水口寨、大阜岗、界首	5	83%
顺昌	县城、王合、洋口、洋墩、大干、亢坑、郑坊、光地、石溪、大干、余墩、坑西、九龙、达瓯	14	洋墩、大干、石溪、	3	21%
将乐	水口、县城、高滩	3	—	—	—
建宁	均口、县城、溪口、官常口、万全、南口	6	均口、官常口	2	33%

---

① 钱江修,范毓桂纂,吴海清续修,张书简续纂:民国《建宁县志》卷一,《疆域》,民国八年铅印本,第 18 页。

续表

县名	地方初级市场	数量	墟市	数量	墟市占地方初级市场的比例
泰宁	县城、大田、新口、弋口	4	县城、大田、弋口	3	75%
沙县	富口、琅口、渔溪湾、县城	4	富口	1	25%
永安	县城、安砂	1	—	—	—
明溪	梓口坊	1	—	—	—
南平	峡阳、县城、王台	3	峡阳	1	33%
尤溪	县城、雍口、渚头、九都坂、源湖	5			
古田	县城、谷口、水口、平湖、鹤塘、杉洋、七保、邹洋、文江坂	9			
大田	县城、武陵	2	武陵	1	50%
闽清	县城、大箬	2	—	—	—
闽侯	七里、白沙、侯官、竹歧、小箬、捷坂街	6	—	—	—
永泰	县城、嵩口、赤锡	3	—	—	—
德化	水口、屏山、锦水、县城	4	—	—	—
连江	县城、东岱、管头、梅洋	4	—	—	—
长乐	县城、龙门乡	2			

注：宁化、清流、屏南县在表中未予列出，宁化、清流间水运不通，二地以永安安砂为货物集散地，故其地初级市场实在县外；屏南县下的货物集散多经古田，故其初级市场也在邻县，参见（日）东亚同文会编：《中国省别全志》第十四卷：福建省，东京：东亚同文会，1920年，第230~442页。

由上表我们可以看出，墟市在近代闽江流域各地初级市场中占有相当的比例，有的县份墟市占地方初级市场的比例竟高达83%，少的也在20%~30%左右。这部分墟市在近代闽江流域土特产外销的兴盛中繁荣起来，得以凌驾于其他墟市而成为地方上的中心，相较之下，其他墟市则因地方初级市场的兴起而受到影响，这进一步证明了近代闽江流域各商品初级

第三章 商品流通与市场网络

市场兴起与墟市衰落间的对应关系,从中我们很容易对两者的层级结构做出判断。

在近代闽江流域土特产集散出口的过程中,我们目前并无翔实的资料来说明货物由墟市向初级市场的集中过程,但在进口货物的集散过程中我们可以对二者间商品的流向做出判断。由于近代闽江流域的扇形水系特点,流域的进口货物多经福州循闽江,沿出口货物的通道抵达每一处地方墟市,因而确立进口货物的集散过程实质上也就等同于确立出口货物由低级市场向高级市场集中的过程,从而在事实上对市场的层级结构做出分析。在《中国旧海关史料(1859—1948)》中我们得以发现一批关于晚清近代闽江流域由福州口向内地运销子口货物的统计数字,在这份长达 26 年的统计表中,近代闽江流域各地对子口进口货物的分配数额赫然在列(见附表 1),这为我们分析近代闽江流域的进口货物提供了方便。①

从附表 1 中我们可以看出:其一,1873 年统计数字中所涉及的内地市场共 61 个,到 1898 年止,26 年间所涉及的内地市场共达 74 个。这期间有许多市场的统计数字时断时续,一部分甚至只出现这一次。有着完整年份统计数字的一共有 25 个,它们是福鼎、寿宁、福安、宁德、福宁、屏南、古田、永福、浦城、崇安、建阳、瓯宁、建安、松溪、政和、建宁、邵武、光泽、将乐、顺昌、沙县、尤溪、永安、延平及南平。这 25 处市场,除去闽东的 5 处市场外,其余全部位于闽江流域,这一定程度上显示了闽江流域在以福州为中心的进口市场中所占的重要位置。其二,1873 年初次统计所涉及的 61 个市场中,福州府附近的大湖、北岭、丹洋,浦城,建安及瓯宁(建瓯),建阳的兴田、麻沙、星村、赤石街、水吉、莒口、下梅、回龙、黄坑、将口、南雅、徐墩、丰乐、东峰塘,邵武的界首、拿口,南平及沙县的水口、峡阳、琅口、王台均为各地的地方初级市场。它们显然与福州都有直接的货物往来,是进口货物在各地的

---

① 福州在五口通商之后,海关统计的内地子口贸易商品一直以来就只有铅一类商品,1872 年始,闽海关税务司吉罗福才称"运往内地的洋货现在大量使用子口税单"。1872 年所掣发的子口税单达到了 3149 份。本书在此所利用的主要资料来源即是福州口 1873—1898 年所统计的内地子口贸易商品额及其比重,该统计所涉及的商品为棉制品、呢绒制品、五金及杂货。这四类商品多为洋货,是由外商或其代理人运往内地各市场销售的,由于该统计表中子口货物的运销范围几乎涵盖了近代闽江流域所涉大部分县份,故在此我们可以依此判断出流域在该时期大致的货物进口趋势。

集散兼转运中心,在市场的等级上它们显然要高于各地定期墟市,而同一时期在流域内各地大量出现的洋货如火柴、煤油、面粉则进一步说明货物由地方初级市场向墟市的转运。另外一个值得注意的现象是上述各初级市场在之后的25年统计中未曾再次出现过,但这并不意味着它们与流域中心市场联系的消失,在随后一年即1874年的统计中,浦城、建阳、瓯宁、建安、松溪、政和、邵武、将乐、顺昌、沙县、南平等行政中心的进口货物统计数字均有大幅上涨,除了因子口贸易额上升外,另一个很明显的原因就是上述行政中心的统计数字已包含了那些非行政中心的各地初级市场的统计数字。这可能是由于进口商在填写子口税单时,为图便利和明确,将那些大的行政中心如县或府城填写为运销目的地,然后再由这些中心向其下属市场再次转运。事实上,各地县城或府城并非一定是各地的地方初级市场,这些字面上的目的地也并非一定是进口商货物运销的最终目的地,我们可以想象,在实际的货物运销过程中,先前出现过的各地初级市场必然仍将是进口商货物的运销地。自1874年始,之后25年的统计数字中所涉及市场的数目稳定在37个左右,大多是作为行政中心的县或府城,这当然和这些地方的人口密度有密切联系。另一方面这些县或府城亦可被看作是以福州为中心的消费市场体系中的重要一环。

由以上分析我们可以看出,近代闽江流域进口货物在流域各地市场的流动分配明显经历了一个层级传递的过程。换言之,近代闽江流域的进口货物消费市场也存在着一个等级分明的结构,在这里,福州成为进口货物向流域内地分配转运的中心,各地府县城以及府县下的市镇显然成为进口商品转运的低级中心,而处于这一货物配送体系最低层的即是各地墟市,这一点我们从民国时期各地墟市上流通的货物即可看出。① 虽然从附表1中我们看不出洋口、建瓯、沙县和水口等地区中心市场对进口货物的转运情况,但从前文论述中我们可以看出它们是承担了此类功能的,因而在进口货物的流通结构中它们也是处于次级中心的位置。这显然符合近代闽江流域的实际情况。

总的看来,近代闽江流域市场体系的形成是与商品流通导致的市场变

---

① 民国时期布匹和杂货之类的货物在闽江流域各地乡村墟市上随处可见,这证明了近代闽江流域货物流通的范围是抵达于墟市的,参见翁绍耳:《福建省墟市调查报告》,私立协和大学农学院农业经济学系,1941年。

迁息息相关的,除福州作为流域中心市场地位没有改变之外(事实上其得到进一步的加强与巩固),地区中心市场、地方初级市场与墟市都在这一过程中经历了市场类型和地位上的变化。我们同时也必须指出,地区中心市场、地方初级市场与墟市的关系使得这一市场体系的形成远远称不上是一个新建的市场体系,从性质上讲,其既包含近代因商品经济发展、商品流通繁荣而形成的近代市场,也包含传统意义上的乡村定期集市,因而也不完全是一个近代意义上的市场体系。

三、近代闽江流域的市场网络

从横向来看,近代闽江流域的市场以福州为向度,以层级结构为传递工具,构建了一张以福州为中心、以各级市场为节点的市场网络,市场体系中的地区中心市场和地方初级市场均为市场网络中的一级或二级节点。节点本身即为小范围内的中心市场,在这个网络中,商品流动成为网络流通的主要内容,因而商品流通到达的地方都成为市场网络得以覆盖的范围。以下就近代闽江流域市场网络的一级节点,即建瓯、洋口、沙县以及南平、水口五处地方的覆盖范围分述如次。

(一)建瓯节点

建瓯为清代建宁府的府城所在地,位于闽江上游建溪、松溪的合流处,至浦城水路300里,至建阳水路120里,至松溪县城200里,其下至延平水路125里。县城位于建溪左岸,为水运之要地,同时也是闽江支流建溪流域的商业中心,据清末民初的调查,仅城内大市街就有大商铺11家,分别为"天生、天禄、天裕、日安、泉顺纸庄、建华公司、吉昌号、合成、万王、成章、德丰等药铺、杂货商"[1],另外,东门附近尚有20余轩茶栈,可见其商业繁荣的程度。建溪流域建瓯以上诸县均以建瓯为商品集散的中心,其土特产从建瓯集散转运福州,同时从建瓯向各地配运由福州来的进口货物。从近代闽江流域进口货物在各地的分配情况来看,以建瓯节点为中心的建溪流域市

---

[1] (日)东亚同文会编:《中国省别全志》第十四卷:福建省,东京:东亚同文会,1920年,第131~135页。

场无疑处于第一位,①考虑到当地居民的主要收入来源,我们可以判定建瓯节点所涵盖的市场同时也是近代闽江流域土特产品输出的第一市场。

以建瓯为中心的二级节点有浦城、崇安、建阳、松溪、政和五县的初级市场,它们均与建瓯有直接的贸易往来,分别为建瓯的县城、东峰屯、东游、南雅、上洋口、水吉街、大湖、界首、吉阳、水湖、浒洲、丰乐、小松街;浦城县的县城、忠信、山路下、西乡、水北、石陂街;崇安县的星村、赤石街、兴田、坑口、岚谷、黄连坑;建阳县的县城、麻沙、黄坑、徐墩街、崇雒、童游、将口、莒口;松溪县城;政和县的县城、铁山、澄源镇、遂应场、西津。各初级市场面对各地的墟市,其覆盖的墟市范围限于资料缺乏我们无法得知详细情况,但据建瓯南雅初级市场的例子来看,其涵盖的墟市当在9个左右,②由于南雅为建瓯一大市场,故一般初级市场所涵盖墟市的数目当低于这一数字。

(二)洋口节点

洋口为富屯溪流域的商业中心,与福州可以直接往来,为百货集散之一大市场。富屯溪流域以洋口为中心涵盖的二级节点为光泽、邵武、顺昌、建宁、泰宁的初级市场,分别为光泽县城、③邵武的县城、拿口、水口寨、大阜岗、常平、界首,顺昌的县城、王合、洋墩、大干、亢坑、郑坊、光地、石溪、余墩、坑西、九龙、达瓯、将乐、④建宁的均口、县城、溪口、官常口、万全、南口,泰宁的县城、大田、新口、弋口。

---

① 据本书附表1统计数字分析。
② 民国《建瓯县志》称:"南雅口为建南第一市场,水陆客货驻集,内里下里登仙里皆聚之。"又称登仙里墟市有三,分别为霞抱村、洋泽村、七里街;内里墟市有一,为迪口;下里墟市有二,分别为房村口和郑墩街;上里墟市有三,为房村街、七道桥、潦村街。见詹宣猷等修,蔡振坚等纂:民国《建瓯县志》卷六,《城市》,民国十八年铅印本,第12页。
③ 光泽县在近代曾一度划归江西省所有,其与洋口的货物往来主要为米的流动,其初级市场缺,以县城代之。
④ 将乐位于富屯溪支流金溪上游,其与洋口、邵武的货物往来依金溪口的顺昌为中介,故此处列其为顺昌的初级市场。见(日)东亚同文编:《中国省别全志》第十四卷:福建省,东京:东亚同文会,1920年,第151~156页。

(三) 沙县节点

沙县为"县下及沙溪本支流域各地的商业中心地,货物往来甚盛"。其涵盖范围为宁化、清流、归化(明溪)、永安。与建瓯节点和洋口节点所涵盖初级市场的地位基本相等不同,沙县节点所涵盖的市场除永安外,宁化和清流县市场均是通过永安的初级市场安砂实现联结的。沙溪自延平上游70里的沙溪口,向西南方向分流,经沙县、永安,至永安分南北两溪,其中北溪经永安的安砂至清流和宁化。北溪溯至清流县下游的九龙滩,因其水小舟船难以通行,故由沙县、永安运至上游二县的货物只能以舟运至安砂,然后陆运至各县。与此同时,宁化、清流等县输出的木材因同样的原因而多在永安县安砂组筏,然后转运至福州外销。归化县与沙县间的市场联系则是通过其县城东105里处的梓口坊实现的,梓口坊与沙溪口间90里可通1000斤乃至2000斤民船,其数一日在约十五六只上下,沙溪口与沙县间通大型民船,为货物集散地。①

综上所述,沙溪流域以沙县为一级节点的市场所包含的初级市场有沙县的富口、琅口、渔溪湾、县城,永安的县城、安砂,归化的梓口坊,其中安砂扮演着联结宁化、清流二县市场的角色。

(四) 南平节点

南平位于闽江中游,是建溪、沙溪二流的合流点,水运方便,惟其地域狭小,市街发展余地不大,在近代闽江流域上游三大中心地建瓯、洋口和沙县兴起的背景下,其在商业上的重要性远不及近代以前。故南平节点与建瓯、洋口、沙县节点不同,虽直接与福州有货物往来关系,然其节点所涵盖的初级市场却只限于本县范围,计有县城、峡阳、王台三处。

(五) 水口节点

水口位于南平下游、闽江一支流富阳溪河口左岸,是闽江下游的商业中心地,也是闽江中游与下游的分流处。闽江自此至福州有220里,水势平缓,河道宽阔,故水口福州间可通行载客用的小蒸汽船,也可航行五六百担民船。

---

① (日)东亚同文会编:《中国省别全志》第十四卷:福建省,东京:东亚同文会,1920年,第423~424页。

然而从事本航路的民船多为七八十担至二三百担的闽船,次之为鸡公船、刀子船。水口载至省城的货物为米、茶、木油、果实、纸类等,省城运来的为盐、海产物、石油、麦粉、杂货等。水口至古田、屏南间以富阳溪水路为主要交通,然其两岸山峦重迭,水流湍急,河中岩石突出,且水量极少,舟楫不行,仅古田至水口间百余里间可通二三十担小舟,因而古田成为地方商业的小中心地,屏南县下所产的茶、米、木油均由古田输出,古田从水口处转来的货物则有石油、杂货等。① 除古田、屏南外,前文提及,大田、尤溪处运来的木材多依水口为集散地,显然,以水口为中心的市场涵盖范围也包括了此二县。另外,该节点涉及的县份为闽清,其与水口间也有较密切的货物往来。

由此我们可以列出以水口节点为中心的二级节点有古田的县城、谷口、水口、平湖、鹤塘、杉洋、七保、邹洋、文江坂,闽清的县城、白沙,尤溪的县城、雍口、渚头、九都坂、源湖,大田的县城、武陵,德化的水口、屏山、锦水、县城,其中大田、德化的初级市场是依托于尤溪市场而得以和水口联结在一起的。

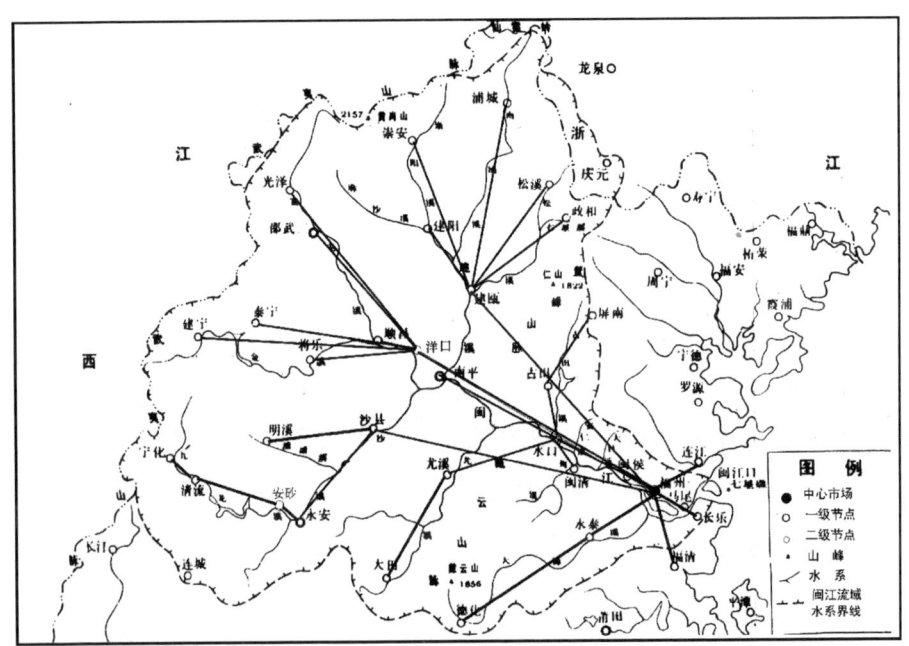

图 3-11 近代闽江流域市场网络略图

---

① (日)东亚同文会编:《中国省别全志》第十四卷:福建省,东京:东亚同文会,1920 年,第 267~320 页。

第三章　商品流通与市场网络

除上述五个一级节点外,近代闽江流域以福州为中心的市场网络还包括了其他一些类似于一级节点的市场,它们多分布在福州周围,由于交通运输上的便利关系,与福州有直接的货物往来,各市场均直接依福州为集散中心。虽然在市场结构上不能等同于地区中心市场,然而在以福州为中心的市场网络中,其仍可被视为一级节点,它们是闽侯、闽清、连江、福清、长乐、永泰等县的初级市场,闽侯为七里、白沙、侯官、竹歧、小箬、捷坂街;闽清为县城与白沙;连江为县城、东岱与管头;福清为县城;长乐为县城和龙门乡;永泰为县城、嵩口、赤锡。

总的看来,近代闽江流域市场网络的建构是基于流域内部商品流通的基础之上的。由于地理自然环境的限制,流域各地间的商品流通呈现出明显层级分流,就市场网络的整体来看,输出入商品在其中的流动并不存在障碍,然而事实上整个网络内商品的流通有着严格的地区限制,即各一级节点之间的商品流通远远不及节点内部间的货物交流,这使得近代闽江流域的市场网络呈现出较突出的不均衡性,它一方面强化了各节点内部、一级节点与市场网络的中心间的联系,另一方面却在事实上限制着流域内部商品最大限度的自由流通,这也是近代闽江流域商品流通的特征之一。

第四章

产业改良与产业发展

现代化理论所关注的一个主要的问题是以农业为主导的社会向工业主导型社会转变的问题,这种转变也是近世人类社会经济发展的一大趋势和特点。在前一章中我们考察了近代闽江流域这个以农为主的社会的商品流通,并指出这种以大宗土特产品外销与进口近代工业产品的经济行为成为流域对外与对内经济往来的主要方式,因而对近代闽江流域而言,特产在其经济上占有极重要的位置。一个明显的例证就是福州的历年输出值中,特产一项占据了绝对的优势,茶、纸、木材长期占据输出商品的前三位,土特产品成为流域用来平衡进出口贸易、换取民生所需的工业消费品的主要资源,除此之外,特产产销所带来的资本积累也是流域由农业社会演进到工业社会的重要前提。① 另外,最重要的一点是就产业发展而言,近代闽江流域的土特产加工是其早期工业化的主要方式。② 这一点具体表现在大宗输出品的手工业生产方式上,而流域近代机器工业的出现与发展也莫不与特产产业的改良及其产品工业化息息相关,这实际上是由市场需求而推动的产业发展,它成为近代闽江流域工业化的一个重要特征。

由此我们可以看出,在近代闽江流域的近代化过程中,特产的产销在其

---

① 朱代杰:《福建经济发展的途径》,载《福建经济问题研究》第一辑,福建省政府建设厅经济研究室编印,1947 年 3 月。

② 参见徐晓望:《明清闽浙赣边区山区经济发展的新趋势》,载傅衣凌、杨国桢主编:《明清福建社会与乡村经济》,厦门:厦门大学出版社,1987 年,第 193~226 页;曾玲:《福建手工业发展史》,厦门:厦门大学出版社,1995 年;罗肇前:《福建近代产业史》,厦门:厦门大学出版社,2002 年。

中扮演着重要的角色,它也成为流域由农业社会转变为工业社会的一个重要媒介。在本章中,我们将就近代闽江流域外销特产中的手工业与近代工业两个方面来看其在流域工业化过程当中所起的作用,并在此基础之上分析流域工业化的特征。除此之外,作为工业化的重要前提与基础,农业生产的改良也是本章的关注对象之一。

第一节

近代闽江流域的传统手工业

近代闽江流域的输出品以茶、木材和纸为大宗,其他如烟草、蔬菜、鲜干果、糖、鱼介海味、樟脑、纸伞、粉丝和瓷瓦器也为数不少,其中属于传统手业产品的有茶、纸、糖和瓷瓦器等,从而分别形成了诸如制茶业、制纸业、制糖业和制陶瓷业等手工业部门。在近代,这些部门大多呈现出以原始人、畜力从事手工业产品制造的局面,与近代之前相比,其制造方法未见改良,试以各部门分述如下。

制茶业:近代闽江流域的制茶方法与明末清初时相差无几,其中尤以武夷岩茶的制造为典型。有清一代,武夷岩茶的种植、采摘和制造各个环节全部自成体系,就植茶而言,乾隆《武夷山志》称:"茶之产不一,崇、建、延、泉随地皆产,唯武夷为最,他产性寒,此独性温也,其品分岩茶、洲茶,附山为岩,沿溪为洲,岩为上品,洲次之。又分山北、山南,山北尤佳,山南又次之,岩山之外,名为外山,清浊不同矣。"① 又称采茶须重视天气等因素,"采摘以清明后谷雨前为头春,立夏后为二春,夏至后为三春,头春香浓味厚,二春无香味薄,三春颇香味薄。种处宜日宜风,而畏风多日多,风多日多则茶不嫩,采时宜晴不宜雨,雨则香味减"。② 制茶则重色、香、味俱全,制时炒焙兼施,这样做的结果是茶在蒸出之后"半青半红,青者乃炒色,红者乃焙色也,茶采而摊,摊而炒,香气发越即炒,过时不及皆不可,既炒既焙,复拣去其中老叶枝

---

① (清)董天工:乾隆《武夷山志》卷十九,《物产》,乾隆刻本,第16页。
② (清)董天工:乾隆《武夷山志》卷十九,《物产》,乾隆刻本,第16页。

蒂,使之一色"。① 从中我们可以看出,清代武夷岩茶的制作工序已颇为重视茶的焙制,炒茶和揉拣已在工序中占了相当大的比重,这种制茶程序一直沿用至近代。

我们先来看制茶机构。武夷岩茶多由各地茶厂制出,然而"武夷各岩,大都因地势关系,茶园星散,鲜叶产量不多,且鲜叶运输困难,是以制茶厂须随其零散设立,规模不大,较大茶厂每春可制造成茶二千余斤,小者二三百斤"。② 就茶厂的构造来说,一般均有发酵室、焙房、烘青室、炒青室、揉捻室等设备,各样设备以茶厂的规模大小而定。以制成茶1000斤为例,所需设备有下列各项:(1)晒青架一个至三个;(2)发酵室一间;(3)烘青间一间;(4)炒青间一间(揉捻所处设在此室内);(5)焙房一栏;(6)拣茶棚一处;(7)木炭间一间;(8)厨房一间;(9)男女临时工住室三四间;(10)"包头"住室一间;(11)贮茶室一间;(12)客房一二间。

就人工组织来看,近代武夷岩茶采制所用之人工,除"包头"(主持岩茶产制工作者)一人及长工三五名终年在岩厂工作外,其余均为临时招雇之短工,每春整批由江西上饶一带而来。这些工人固然具有制造岩茶的特殊技能,然而这其中也不乏传统观念在作祟,如崇安本地人皆认为"惟有江西佬是武夷山开山种茶之始祖,惟有江西佬才是岩茶产造的大好佬",而罕有在岩上从事茶业经营者。

武夷岩茶的采制,其人工组织极为精密,对人事管理、工作支配的要求也更为细致。茶工相关管理规则的制定十分仔细周详,可称十分完善。兹将岩茶采制时所需人工及其职责列表如表4-1(表中人数以制成茶1000斤为准)。岩厂制茶1000斤所需人工为46人。在人力使用上,据武夷茶山世代相传的规矩,制作武夷岩茶雇工比例是:采茶,两个男工采100斤;做青,一个男工做100斤至120斤,不能超过150斤;焙茶,两个男工500斤;拣茶,一个女工100斤,这是制造上好武夷岩茶劳力的搭配比例,历来茶工遵

---

① 王草堂:《茶说》,转引自曾玲:《福建手工业发展史》,厦门:厦门大学出版社,1995年,第155页。
② 林馥泉:《武夷茶叶之生产制造与运销》,福建省农林处农业经济研究室,1943年,第42页。

第四章 产业改良与产业发展

循不改,否则造茶质量不能保证。①

表 4-1 武夷岩茶采制所需人工及其职责一览表

职 别	人数	职 责	备 注
岩主		经济筹划,岩厂经营之监督,茶叶配运销售	岩厂所有者
监理	1	平时代理岩主与包头接洽,制茶时赴厂监理并司成茶过秤登记统计之责	制茶时俗称此人为"起秤先生"
包头	1	向岩主包办经营,岩厂产制工作之实际主持者	此人多属技术老练经验丰富之茶师
带山茶师	1	主管鲜叶采摘,管理采工	
采工	20	采摘茶青	
树夫兼运青工	1	挑运茶青,烧饭送饭挑水,管理油灯等	此工隶属于带山茶师,据云此人为采制人工中最难招雇之一人
做青茶师	1	主管茶青萎调发酵	
二手	1	协助做青茶师之一切	
帮青	3	帮助茶青萎调发酵之处理	二手、帮青均隶属于做青茶师
炒青茶师	1	主管茶青炒锅及揉捻	由带山茶师兼任,在夜间工作
炒工	3	专事茶青炒锅	由采工兼任
揉捻工	12	专事揉捻	由采工兼任,内有 4 人为候补
烘焙茶师	1	主管茶叶初培覆焙及包装贮藏	
帮焙	1	协助焙茶师之工作	此人多系焙茶师之学徒,多为童工
看焙	3	协助初焙(工作单纯)	此工由采茶工之中童工兼任之
簸茶师	1	主管筛制焙茶、监督拣茶工	
拣工	14	专事初焙茶之拣剔	全数为妇女工
巡茶	3	初焙茶之复拣	为拣剔精拣之妇女工任之

资料来源:林馥泉:《武夷茶叶之生产制造与运销》,福建省农林处农业经济研究室,1943 年,第 40 页。

---

① 徐晓望:《明清闽浙赣边区山区经济发展的新趋势》,载傅衣凌、杨国桢主编:《明清福建社会与乡村经济》,厦门:厦门大学出版社,1987 年,第 213 页。

对照上表制茶 1000 斤所需人工数来看，我们不难发现近代武夷岩茶在制茶人力的使用上仍是遵循这一比例的。茶叶由采摘到制成茶共需采摘、做青、炒青、揉捻、烘焙、拣剔六大步骤，其中尤以做青、炒青、烘焙最为关键，与清初时相比，岩茶在制作技术上无甚改进，如图 4-1 所示。

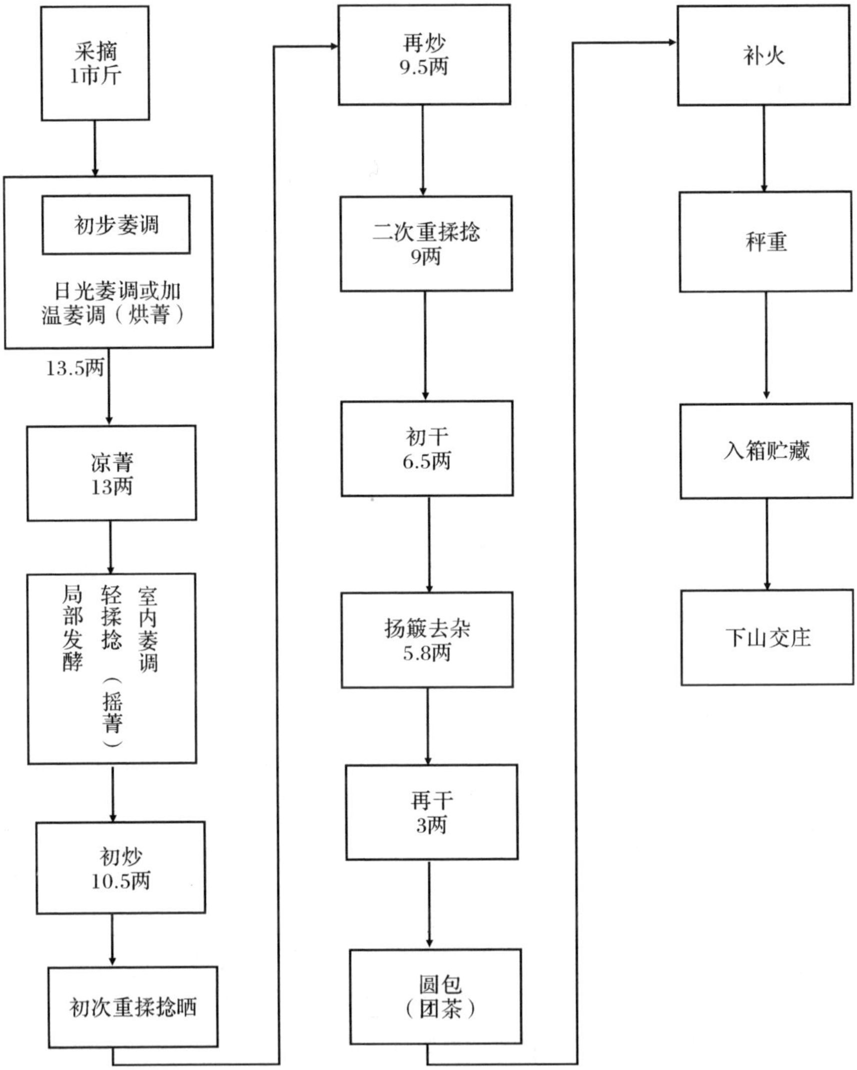

```
采摘                  再炒              补火
1市斤                 9.5两
  ↓                    ↓                ↓
初步萎调             二次重揉捻         秤重
日光萎调或加          9两
温萎调（烘菁）
13.5两                ↓                ↓
  ↓                  初干              入箱贮藏
凉菁                 6.5两
13两
  ↓                    ↓                ↓
局部  轻  室内        扬簸去杂          下山交庄
发酵  揉  萎调        5.8两
      捻（摇菁）
  ↓                    ↓
初炒                  再干
10.5两                3两
  ↓                    ↓
初次重揉捻晒          圆包
                      （团茶）
```

图 4-1 武夷岩茶采制程序图

资料来源：《岩茶在山采制过程程序图》，见林馥泉：《武夷茶叶之生产制造与运销》，福建省农林处农业经济研究室，1943 年，第 41 页。

第四章　产业改良与产业发展

除生产武夷岩茶的茶厂外,近代闽江流域各地的茶叶制造多由农民和茶庄、茶行、茶号来完成。农民粗制之茶称为毛茶或茅茶,交由茶庄、茶行、茶号进行精制,①如沙县的琅口,"同治初,茶市大兴,如富口、琅口、渔溪湾、馆前、云溪等乡茶庄林立,要以琅口为最盛。由同治而光绪,茶之出数有增无减"。②清光绪五年(1879年)三月二十六日琅口街祥盛茶庄因楼下焙茶失火,楼上拣茶妇女不能逃避,一时焚毙一百余人。③可见茶庄从事茶叶生产的规模之大。

总而言之,近代闽江流域制茶业与前代相比在制造技术上并无进步,甚至在生产组织、人力使用上也未见改良,更谈不上使用机器进行制茶。这显然影响了流域茶叶在国际市场上的竞争力,致使其在光绪之后输出大减,与外茶相比,不复有竞争力。

制纸业:为近代闽江流域手工业的重要组成部分,产品以竹纸为主。纸的制法与历代相比,变革甚少。《闽产录异》中记载了清代闽江流域生料纸的造料与制纸方法,称:"春取竹穰和石灰,以居石压槽中,或贮以木榾,夏至出之分粗细临流敲洗曝干,以备纸料。用时调米浆入槽,揭以细竹帘。"④至于熟料纸的造料与制纸方法为:"先剖竹杀青,特存其缟,投地窖中,渍以灰水。久之乃出,而暴于日,久则纸洁而细,速则粗渗,俗呼竹麻是也。迨其造纸,累石为方空,高广寻丈,以置鑊。和垩灰而煮之,以化其性,傍溪分流,激石转水,为碓为舂,而捣之以縻其质,置水槽中,时搅使浮,乃用竹帘捞起,手一推挽,辄成一纸。揭帘覆按板上,折一角使分张易举。烘诸火,其灶穴地为之,筑长堵墙,中空,通火气,揭纸于墙,其干速于暴日……又如杨梅,野生山中,味极酸,造红纸者取其树皮,煎水染,背黄色,令纸面红色,倍鲜。又如羊桃生山中,造纸者取其枝叶,捣汁以分张,备物致用,缺一不可。"⑤民国《崇安县新志》记载本地白纸的制造程序为:(1)零丝:将竹丝硬设粗节削而去之;(2)腌竹:将零过竹丝置池内,以石灰分层腌之;(3)煮竹:将腌过竹丝

---

① 唐永基、魏德端合编:《福建之茶》上册,福建省政府统计处,1941年,第99页。
② 梁柏荫修,罗克函等纂:民国《沙县志》卷八,《实业志》,民国十七年铅印本,第1页。
③ 梁柏荫修,罗克函等纂:民国《沙县志》卷四,《建筑志》,民国十七年铅印本,第9页。
④ (清)郭柏苍:《闽产录异》卷一,《货属》,长沙:岳麓书社,1986年,第20页。
⑤ (清)杨澜:《临汀汇考》卷四,《物产考》,清光绪四年刻本,第15~16页。

装入煮竹楻内,以柴火煮之;(4)清塘:将煮过竹丝放溪滩内,以清水漂之,初次为黄塘,第二次为清溪;(5)过舍:将清塘竹料仍装入煮竹楻内,以碱水淋浇之;(6)出白:将舍过竹料复放溪滩内以清水漂之;(7)烂竹;(8)检竹:检出竹丝内夹杂的物件;(9)舂竹:将检净竹料付水碓舂匀;(10)打槽:将舂内匀竹料放纸槽内,以涎水搅匀之;(11)捞纸:就纸槽内以竹帘捞制成纸;(12)干纸:以小砖制焙状,如墙而空,其中燃柴,令焙热,然后以所捞纸贴而干之。① 两相对照,则不难发现近代闽江流域的制纸技术几乎没有什么进步。

近代闽江流域的手工制纸业工艺复杂,工序繁多,俗称"片纸非容易,措手七十二"便是形容制纸工序之繁,但这其中大部分工序是耗在造料上了,谨将其程序录示如下:

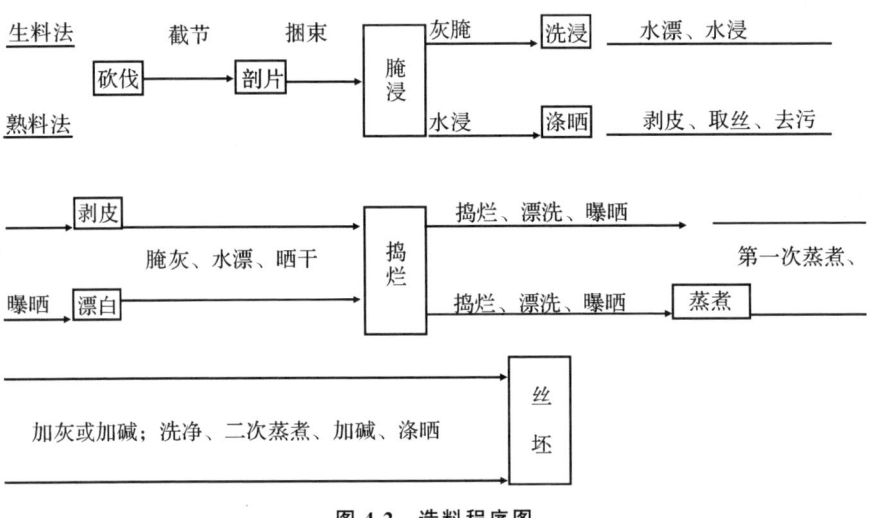

图 4-2　造料程序图

资料来源:林存和编:《福建之纸》,福建省政府统计处,1941年,第114页。

至于造纸程序,没有造料程序复杂,且熟料法与生料法相类似,可分为调料、配料、抄张、榨干、分张、焙纸、整纸等步骤,流域各地制法也大同小异,其程序步骤如下图所示:

---

① 刘超然等修,郑丰稔等纂:民国《崇安县新志》卷十九,《物产》,民国三十一年铅印本,第3~4页。

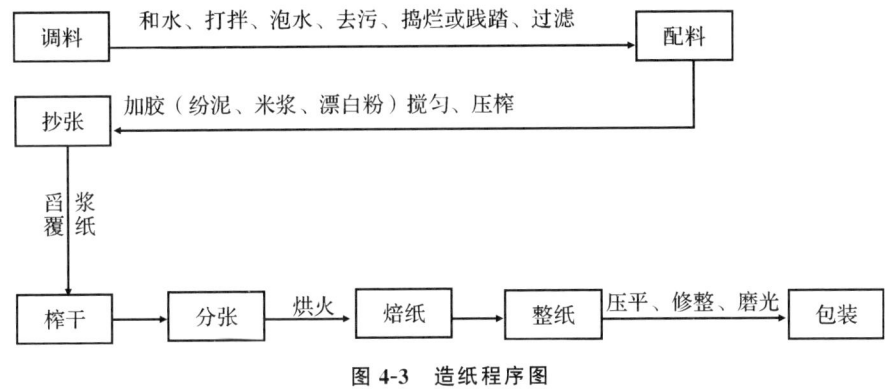

图 4-3 造纸程序图

资料来源:林存和编:《福建之纸》,福建省政府统计处,1941 年,第 116 页。

就生产技术而言,近代闽江流域手工制纸业尚沿袭前代较为原始落后的生产方法,制纸业者的生产技术多来自代代相传的所谓秘诀。就劳动生产率而言,纸工一人一日生产纸张可达 2000 张以上,这一数目虽不低,但考虑到造料时间过长,一般均需二十余天。另外,制纸对天气的依赖性也较强,下雨时由于烘纸不易,故一般均停止生产,① 由此看来,其生产效率仍然不高。

制糖业:近代闽江流域各地糖的制造也是以传统家庭手工业生产为主。在制造方法上仍以旧式制糖法为主。② 具体而言,流域出产糖皆为土糖,呈黄红色,俗称红糖。如政和县"糖蔗年约二十万斤,产糖约数万斤(售价不一),但业此者不明化学之作用,仅能制造红糖,故售价不多,而品质洁白甘美之糖多自外至"。③ 再如沙县,"沙邑制糖两种,皆用荻蔗磨汁而成。出于历西者为沙糖,制圆如球,味甜而色微黑,酒家多购之以润色"。④ 土糖一般在糖厂制造,厂主由一家或数家合资组成。其设备有石车、牛、铁锅等,如闽清县"一都、二都、十六都等处均设有糖厂。乡民每年栽种甘蔗,至冬节之

---

① (日)台湾总督府热带产业调查会编:《南中国的资源与经济》第一卷:福建省,台北:南洋协会台湾支部,1938 年,第 820 页。
② (日)东亚问题研究会:《南中国产业要览》,东京:三省堂,1939 年,第 136 页。
③ 黄体震等修,李熙等纂:民国《政和县志》卷十七,《实业志》,民国八年铅印本,第 5 页。
④ 梁伯荫修,罗克涵等纂:民国《沙县志》卷八,《实业志》,民国十七年铅印本,第 3 页。

前,蔗已成熟,即运至糖厂榨成红糖。全年约计得价万余金"。① 土糖的制造方法较简单,"捣蔗汁为之"②即为糖,具体来讲多以牛力拉转之石碾榨蔗,以蔗渣或野草为燃料,用铁锅熬糖,设备极为简单。工作人员除技师一人外,另有杂役五六人,每日可出糖6~8担,平均每日约7担。③ 清代闽江流域制糖在工具上已采用蔗车,而且乾隆时期蔗车的辊筒已由木制改进为石制;在炼糖技术上,清代已能使沙糖脱色,并进一步改进了冰糖的制造技术。④ 两相对比我们可以看出,近代的制糖技术没有多大进步,所制之糖的种类也为之减少。

近代闽江流域制糖方法的落后导致其生产费用相对较高,因此在面对外糖的竞争时显得力不从心。以每日平均制糖7担计,其费用每日合计需18.8元,每担糖的制造成本约为2.7元(见表4-2)。糖厂在为农民榨蔗时,每担糖收费自2.8~3角不等。而以机器制糖观之,每担糖制造成本可降至3角以下,而且每担竹蔗可多出糖1/5,两相比较,优劣立现。

表4-2 土法制糖费用表(以一日之费用为标准)

单位:元

项目	说 明	费用
设备	房屋、石碾等设备共值约600元,并利息并折旧费	1.00
人工	技师1人每日2元,杂役6人每日共4.8元	6.80
牛工	每日牛工2工,每工1元	2.00
燃料	野草或蔗渣20担,每担平均4角	8.00
其他	石灰等材料,及其他费用	1.00
合计	每日费用合计	18.80

资料来源:《福建蔗糖调查报告》,载福建省政府:《福建建设报告》第六册,《农林》,1934年,第75页。

---

① 杨宗彩修,刘训瑞纂:民国《闽清县志》卷五,《实业志》,民国十年铅印本,第4页。

② 卢兴邦修,洪清芳纂:民国《尤溪县志》卷八,《物产》,民国十六年刊本,第22页。

③ 《福建蔗糖调查报告》,载福建省政府:《福建建设报告》第六册,《农林》,1934年,第74页。

④ 参见曾玲:《福建手工业发展史》,厦门:厦门大学出版社,1995年,第157~159页。

陶瓷器业：近代闽江流域陶瓷器的制造以德化、大田为主，其他各县如闽清、政和、建瓯等也多设有窑厂、碗厂。如闽清县"窑厂，在十五都丽山头地方。邑旧不产瓷器，清乾隆中，德化窑户来梅经营窑业，旋因工费不资，将舍业去，邑人刘士进出银千余两贷之，窑业乃成。自是，里人效之，丽山一带增设窑厂十余所，有瓷窑大小百余间。该窑只烧粗瓷，窑户资本多由十一都各商组织，其瓷器亦归各商运省售卖，全年销额有十余万金"。① 政和县"陶器惟铁山东平里黄墩等处有之，业者多寿宁县人，制品一仍古式，无新巧者，所产器皿尚足供本地之用。磁器，产地有柿田碗厂、西山下塘碗厂等处，业此者悉属兴化及漳泉之民，至今已为世居，全年销量亦为不少。然仅产粗制食皿"。② 再有建瓯县"碗厂，在禾义里南山村及半岭厂，运销阳、崇、浦等县，年计数万元。陶器厂，散处四乡，类多江西及宁德人所设，取黏土以牛踏之，用抱装法造成日用一切器具，以供本地要需"。③ 以上各县所产陶瓷品一般均以本县或流域内其他县份为销售地，外销产品仍限于德化、大田所产。以大田为例，其"瓷器，诸器皆备，粗而不雅，惟出四、六都洋地者，坚白可爱，货于他省，利用甚溥"，④"窑厂在四十六都古老乡，产瓷器坚白莹洁，号称佳品。若加以良好手工，即德化之瓷器莫有过焉。据最近调查，每年运省售卖销额有数千金"。⑤ 德化古来以白瓷之产闻名于世，全盛时期一年产出约百万元，产品有佛像、花瓶、茶器等。但近代以降，德化瓷器渐为外省产品压倒，年产额降为二三十万元，制品主要以茶碗、饭碗、皿、匙类为主。⑥ 总体看来，近代闽江流域陶瓷品的生产主要仍是以粗瓷瓦器为主，上等细陶

---

① 杨宗彩纂，刘训瑺纂：民国《闽清县志》卷五，《实业志》，民国十年铅印本，第1～2页。

② 黄体震等修，李熙等纂：民国《政和县志》卷十七，《实业志》，民国八年铅印本，第5页。

③ 詹宣猷修，蔡振坚等纂：民国《建瓯县志》卷二十五，《实业志》，民国十八年铅印本，第9页。

④ 陈朝宗等修，王光张纂：民国《大田县志》卷四，《物产志》，民国二十年铅印本，第3页。

⑤ 陈朝宗等修，王光张纂：民国《大田县志》卷五，《实业志》，民国二十年铅印本，第44页。

⑥ 日本外务省通商局：《福建事情》，东京：东洋印刷株式会社，1917年，第152页。

瓷器的外销在商品输出结构中仅占很小的部分,由此也可得窥流域陶瓷生产外销之不振。

就陶瓷手工业生产的技术水平而言,近代闽江流域各地仍停留在手工人力的层面上。一般窑厂仅以牛踏黏土,以抱装法(即以模具装黏土)来制造粗糙器皿,以供日常生活之需,如上述之政和、建瓯等县的窑厂。稍大的窑厂或碗厂则分工序来从事生产,如上文提及的承袭德化窑厂的闽清县窑厂,其生产工序就有"掘土、碓土、装窑、拱窑、描花、泼坯之别",①且多雇工操作,每名工人每日工资约为百余文至数百文,但其仍处于手工生产的阶段。这导致了近代闽江流域陶瓷生产的日渐衰落。以德化为例,其全盛时期窑户有三十余轩,20世纪30年代末已减至一半左右。②

近代闽江流域输出商品的大宗固然大多为手工业产品,然除此之外,尚有不少手工艺品的输出,如福州的漆器、纸伞、制鞋、制香、木雕、锡箔、角梳、篦、制革、皮箱、皮枕、皮肚、肥皂、玻璃、刺绣、乐器,其中以漆器和纸伞尤为有名。如纸伞输出常年均在数十万元左右,1925年至1929年,年输出一度曾高达百万余元,③由此可见流域手工艺品输出之盛。

综上所述,近代闽江流域的大宗输出品中,茶、纸、糖、陶瓷器的生产仍大多以手工生产为主,与前代相比,这些行业的生产工具与生产技术仍然停留在较落后的水平上。这使得流域的输出品是建立在以人力、畜力和自然力为根基的传统手工业生产的基础之上的,在近代机器工业兴起的新形势下,这种生产方式显然不足与之抗衡,产业改良于是成为近代闽江流域手工业生产的出路,而流域近代工业的兴起也正是在这一背景下展开的。

---

① 杨宗彩纂,刘训瑞纂:民国《闽清县志》卷五,《实业志》,民国十年铅印本,第2页。

② (日)台湾总督府热带产业调查会编:《南中国的资源与经济》第一卷:福建省,台北:南洋协会台湾支部,1938年,第864页。

③ 福建省政府编:《福建历年对外贸易统计》,福建省政府秘书处公报室,1935年;周浩等编:《二十八年来福建省海关贸易统计》,福建省政府统计室,1941年,第101、105页。

第四章 产业改良与产业发展

第二节

近代闽江流域的新式工业

闽江流域的近代工业多集中于外销特产业及其附带产业上,个中原因在于流域外广大市场需求的推动,一方面流域传统外销特产的生产现状不足以满足市场需求,需在生产技术及工具上加以改进;另一方面在特产外销衰落之后,更需加以改良以图复兴。从闽江流域近代工业的资本来源看,各产业的改进多以外国资本为先,继而为官营和民间资本,试以各特产产业分述如下。

(一)制茶业

福州向俄国输出砖茶始于 17 世纪,在福州开港前多采用所谓土法制造,少用机械,开港后,福州方出现利用机器制造砖茶者。① 最先在闽江流域制茶业引进近代机器的是俄国商人,这些制茶厂所制产品多为砖茶。流域第一家砖茶厂出现于 1872 年,由俄商创办于福州,采用机器制茶,是年制造茶砖约 800 筐,次年增至 1500 筐,每筐有砖茶 64 块,共重约一担。1873 年,该厂又于建宁府成立了第二个制茶厂,当年此厂制造砖茶 4500 筐。该厂的第三个制茶厂成立于 1874 年,位于延平府的西芹,当年产量为 5100 筐。第二家俄资机器制茶厂于 1873 年设立于建宁府南雅口,该厂又于 1873 年、1874 年、1875 年、1876 年陆续在建宁西津、福州、延平西芹、建宁府城和延平府三门设立制茶厂。第三家制茶厂则于 1876 年成立于福州,并在两处建厂制造:福州与建宁府的太平。至 1875 年,在闽江流域各处已有俄资机器制茶厂 7 处,年产砖茶 36403 担,到了 1876 年,茶厂数目已增至 9 处,年产量达 52024 担。②

---

① (日)东亚同文会编:《中国省别全志》第十四卷:福建省,东京:东亚同文会,1920 年,第 800 页。
② 孙毓棠编:《中国近代工业史资料》第一辑(1840—1895)上册,北京:中华书局,1962 年,第 58~59 页。

口岸贸易与腹地社会：区域视野下的近代闽江流域发展研究

继外商投资之后，外国洋行买办也纷纷开始经营机制砖茶业。1873年，一个外国洋行买办在福州南台泛船浦成立了一家机制砖茶厂，名为悦兴隆砖茶公司。这是闽江流域华商兴办的第一家近代工业企业，资本约为20万。① 1875年，华商又在延平府的西芹和建宁府城各办一家砖茶厂。但这三家创办于同、光之交的民族资本砖茶厂，很快就陷入困境，设在福州和西芹的两家茶厂于1876年因亏损而歇业，设在建宁府城的那家，因迫于地方守旧势力的压力，迁至延平三门。② 1876年闽江流域华、洋商所设砖茶厂共生产砖茶53624担，其数固为不少，然而与当年全流域外销茶叶总数561319③担相比，尚不足后者十分之一，可见制茶业中近代工业之薄弱。与外商相比，华商投资机制砖茶业遭受了较大的困难而致迅速失败。个中原因我们不得而知，但在同等市场需求的环境下，华商的失败一方面可能缘于洋商操纵市场，另一方面想必与华商资本的不足大有关系。事实上资本不足也是闽江流域投资近代工业民族资本的一个普遍现象。

近代闽江流域茶叶输出的衰落始于清光绪中叶，在此之后，流域各地机器制茶业也随之衰落。这一时期为谋求流域茶业的改良，使之能与外茶竞争，各地逐渐开始注意改良制茶法，机器焙茶业渐露头角。清光绪十六年（1890年）十二月初五日的《益闻录》载："福州来信云，现在该外茶商议向外洋购办制茶机器，租与建宁府种茶之家。此举若成，茶务必蒸蒸日上也。"次年一月九日《捷报》转《福州每日回声报》称："传闻有几个本地的富翁打算购买机器，用以焙茶，并拟在建宁府建立一机器焙茶厂。据说头一年对持茶来求焙制的人不收费用，以后收费亦将远比手工收费为低。这个计划当然很好，因为许多茶农都买不起那样贵的机器，而又都渴望把茶焙得比现在的好；尤其是听说机器比手工便宜。我们希望倡办人能够实现上述计划，并且这个计划实现后，一定会有很多人随着效仿的。"④由此可见，采用机器焙茶已成为包括茶农在内的时人的共识，但显然资本的缺乏仍是制约制茶业大规模采用机器的桎梏。除此之外，福州商人也早在甲午战前就成立了"议兴

---

① （清）朱景星、李骏斌修，郑祖庚等纂：《闽县乡土志》，商务杂述二，福州：海风出版社，2001年，第258页。
② 罗肇前：《福建近代产业史》，厦门：厦门大学出版社，2002年，第38页。
③ 见附表2《福州口历年经由海关茶叶出口额（1861—1937）》所列统计数字。
④ 孙毓棠编：《中国近代工业史资料》第一辑（1840—1895）下册，北京：中华书局，1962年，第1016页。

茶叶会"。1896年,又成立"福州新法制茶公司",厂址设在北岭,共集股本18万元,该公司从英国购进焙茶、卷叶等机器,聘用外国工匠,产品质量较以前有明显提高,生产成本也较过去降低。①

19世纪70年代兴起的闽江流域砖茶制造业于该世纪末在汉口、九江制茶业的竞争压力下日渐衰落,俄商茶厂纷纷歇业,华商投资的悦兴隆砖茶公司也于光绪初年停业,其后几易其主,1910年广东商人集资15万元收购其厂址及生产设备,改名为"致和有限公司",从事砖茶制造。该厂有两台压榨机,一日制出砖茶千枚,雇工多时达数百人,平时也有数十人,年产砖茶12000担左右。② 但自清末以后,由于闽茶输出的衰落,闽江流域机器制茶业亦已不复振作了。

表4-3　1875—1917年福州海关历年输出砖茶数量表

单位:担

年　份	数　量	年　份	数　量
1875	46546	1907	16925
1876	52024	1908	1687
1879	102102	1909	3974
1899	43958	1910	7407
1900	34829	1911	8066
1901	36844	1912	11845
1902	36623	1913	16159
1903	44053	1914	12012
1904	24089	1915	12438
1905	41291	1916	9856
1906	50505	1917	2281

资料来源:(日)东亚同文会编:《中国省别全志》第十四卷:福建省,东京:东亚同文会,1920年,第800~803页。

① 《时务通考续编》第17卷,第39页,转引自罗肇前:《福建近代产业史》,厦门:厦门大学出版社,2002年,第79页。
② (日)日本外务省通商局:《福建事情》,东京:东洋印刷株式会社,1917年,第153页。

(二)木材加工业

近代闽江流域木材的输出兴盛于20世纪。甲午战争以后,外商看准闽江流域丰富的木材资源,纷纷投资近代机器锯木业。由于近代闽江流域木材多以原筒顺闽江各干支流运至福州,故此类机器锯木厂多设于福州。最先在福州设立的木材加工厂是清光绪末年英商天祥洋行和德商禅臣洋行设于福州港的机器锯木厂,"但当时外商因人生地疏,管理失宜,不数年间,亏累甚巨,迫于停办"。① 1898年,天祥洋行所办机器锯木厂被大阪商船社买办冯大年以3万元收购,改名为建兴锯木厂。该厂使用蒸汽机,日锯木板一千一百丈,除普通制材外,还制造石油箱及茶箱等。禅臣洋行所办之锯木厂则于1916年毁于火灾。②

由于锯木业有利可图,外商蜂拥而至。1910年前后,福州约有日商"建兴",英商"义昌慎"、"祥泰",德商"禅臣"等十余家锯木厂。它们多利用蒸汽机为动力,以松木锯板,三分厚为主,制作洋油箱和茶箱,其次八分厚及二英寸厚,多运售上海、天津等埠。另外,松木之边皮,多化锯为四分、四分半、五分之松木分板,运销上海,供制箱装香烟之用,俗称为"南洋箱"。③ 众多松木锯木厂的设立导致松木板产出的剧增,光绪末年福州年输出松木板仅40万平方英尺,到了1911年即跃至450万平方英尺,而1917年前后更是增至700万平方英尺,箱类产出也在八九十万箱左右。④

第一次世界大战给在福州经营松板锯木业的外商带来了较大的打击,英、德等欧洲木商纷纷把锯木厂盘售给中日商人。战争结束后,福州的锯木厂已有半数完全属于华商所有,另有25%的厂家为中日合资企业,英资和

---

① 翁绍耳:《福建省松木产销调查报告》,私立协和大学农学院农业经济学系印行,1941年,第41页。

② (日)日本外务省通商局:《福建事情》,东京:东洋印刷株式会社,1917年,第148页。

③ 李益清:《解放前台江区的工业》,《台江文史资料》第6辑,1990年,第36页。

④ (日)日本外务省通商局:《福建事情》,东京:东洋印刷株式会社,1917年,第148页。

日资各仅剩一家(见表4-4)。①

表4-4 1919年福州的锯木厂

公 司 名 称	性 质	公 司 名 称	性 质
建兴公司株式会社	中日合资	祥泰洋行	英资
泰通锯木厂	中日合资	福益锯木厂	华资
协利锯木厂	华资	义昌盛锯木厂	日资
新记锯木厂	华资	福兴锯木厂	华资

资料来源:谢道珂:《福州木材集散之状况》,《森林》第1卷第2期,1921年。

随着电气事业的发展,福州兴起了专门加工杉木的锯木厂。杉板厂与松板厂不同,松板厂一般采用排锯,自设汽缸,以蒸汽机作为动力,马力大者约有70匹;杉板厂则一概用圆锯,以电机带动,马力约在10匹至20匹,倚赖电厂供给电力。杉板厂一般有锯木机一架至八九架不等,资本一两千元,比较适合小资本投入。因而一战结束后,福州迎来了杉板锯木厂设立的黄金时代。据统计,在20世纪20年代初,福州已有杉木厂百余家之多,加上14家松木厂,全业工人达数千名。② 机器制木的兴盛也使其成为一项吸引外来资本投入的产业,如1929年的天成锯木厂便是由华侨从外洋购得锯木机器带回,设立于南台上渡街。③

近代闽江流域锯木业的兴起与发展是与木材输出的兴盛紧密联系在一起的。在流域木材外销的黄金时期(1919—1929),福州一地木材加工厂就多达百余家;然而20世纪30年代以后,受银价回升和经济大萧条的影响,上海、天津、香港等地的木材需求量锐减,再加上日本蓄意制造九一八事变,侵占我国东北,使近代闽江流域木材的外销市场日渐狭小,流域木材的输出大受影响。1928—1929年,每年输出2200多万元,1931年惨跌至362万元,仅及1929年的1/6。1932年再降至不及290万元,1933年又降至241万元,1934年跌至谷底,仅200余万元(参见表3-2)。受木材输出衰落的影

---

① 罗肇前:《福建近代产业史》,厦门:厦门大学出版社,2002年,第107～108页。
② 罗肇前:《福建近代产业史》,厦门:厦门大学出版社,2002年,第108页。
③ 林金枝、庄为玑:《近代华侨投资国内企业史资料选辑(福建卷)》,福州:福建人民出版社,1985年,第177页。

响,闽江流域的锯木业也随之急剧萎缩,锯木厂纷纷歇业,维持生产的仅剩下 3 家松木厂和 23 家杉木厂。① 然而,从闽江流域加工木材输出占木材总输出的比重来看,其兴盛是在 1933 年之后。1912 年至 1932 年凡 21 年间,这一比重则始终保持在 10%～30%之间(参见表 4-5),在木材输出最盛的 1928—1929 年间,这一比重更是降至 10%左右,这足以说明近代闽江流域木材加工业的兴盛相对于流域整体的木材输出而言仍是微不足道的。换言之,流域加工木材的输出仍不足以成为木材输出的重心。这使得这一产业的外销仍是建立在自然资源消耗的基础之上的,显然不利于产业长远发展。

表 4-5　闽江流域历年加工木材输出占木材总输出比重表(1912—1937)

年份	比重	年份	比重	年份	比重	年份	比重
1912	17%	1913	16%	1914	21%	1915	22%
1916	27%	1917	29%	1918	31%	1919	33%
1920	28%	1921	23%	1922	22%	1923	14%
1924	21%	1925	21%	1926	20%	1927	14%
1928	10%	1929	11%	1930	21%	1931	16%
1932	14%	1933	42%	1934	41%	1935	46%
1936	56%	1937	60%				

注:加工木材输出数字系采用海关贸易统计中的轻木材一项,事实上轻木材一项尚可分为轻木板及轻木柱二种,轻木板包括松、杉木板,轻木柱以杉木柱为主,但后者历年输出数额较少,在此忽略不计。

资料来源:周浩等编:《二十八年来福建省海关贸易统计》,福建省政府统计室,1941 年,第 84～86 页。

(三)造纸业

近代闽江流域纸的产销是为大宗,常列出口货物总值之前三位,然而纸的制出多为手工。流域最早的造纸厂是 1915 年设于崇安黄连坑的金继美造纸厂,然而此时所谓的造纸厂,无非是规模较大,资本充裕,管理稍具科学而已,尚谈不上利用机器制造。该纸厂资本 10 万元,建筑及设备颇具新式。厂内有大工场一,漂白场一,煮料锅三,储料房屋及工人宿舍数座,职员 6 人

---

① 福建省政府秘书处统计室编:《福建省统计年鉴》第一回(合订本),1937 年,第 793 页。

专职管理工人,每日产纸量达80块,其中每块6刀,每刀200张。① 闽江流域第一家采用机械制纸的造纸厂系开办于1929年的福州造纸股份有限公司,创办人为陈希庆,厂址设于福州泛船浦。② 当时的福建省政府对该厂的设立大加支持,特许福州、延平二府辖属15年内不准他人有同类之纸厂,又代为呈请中央,所有应用原料、机器,以及将来造出纸张,俱免纳各项捐税,以资鼓励。③ 福建造纸股份有限公司是一个典型的民营股份公司,该公司最高机构为董事会,董事会设董事长一人,董事七至九人,董事会下设总经理处和监察委员会,其中总经理处又分设工务部和厂务部,分别统辖管理科、仓库科、制造科、机械科和会计科、营业科、采买科、总务科。总经理及监察委员由董事会常委会选举产生,各部主任及技师则由总经理予以任命。④ 就生产设备而言,该厂从动力到制纸均采用了各种新式机械(参见表4-6)。该厂于1932年投产,资本达百万元,自带发电厂,每月平均产纸150吨,年产2000吨(50万元)。⑤ 除该厂外,闽江流域其他新式造纸工场还有永安的唤泰造纸厂、沙县的茂泰造纸厂、水口的福泰造纸厂等。⑥

表4-6 福建造纸股份有限公司设备表

名 称	数量	名 称	数量
动 力 机 械		切纸机	2
450匹发动机	1	胶水车	1
192匹交流发电机	1	钻床	1
95千瓦直流发电机	1	拖斗机	1
26千瓦直流发电机	1	升降机	1

---

① 林存和编:《福建之纸》,福建省政府统计处,1941年,第98~101页。
② 林存和编:《福建之纸》,福建省政府统计处,1941年,第98页。
③ 林金枝、庄为玑:《近代华侨投资国内企业史资料选辑(福建卷)》,福州:福建人民出版社,1985年,第147页。
④ (日)台湾总督府热带产业调查会编:《南中国的资源与经济》第一卷:福建省,台北:南洋协会台湾支部,1938年,第824页。
⑤ (日)东亚问题研究会:《南中国产业要览》,东京:三省堂,1939年,第140页。
⑥ (日)东亚问题研究会:《南中国产业要览》,东京:三省堂,1939年,第140页。

续表

名　　称	数量	名　　称	数量
一　般　机　械		松香料机	2
切竹机	2	石磨	2
运输机	1	药水池	3
溶化机	2	拖料机	1
烧碱溶化机	1	制漂日粉机	1
药水拖转机	2	打浆	3
松香池	6	大漂白池	1
漂白池	1	抽浆机	3
漂白粉池	1	摩达电机	14
贮蓄池	2	切床	3
蓄浆池	17	锅炉全座	3

资料来源：(日)台湾总督府热带产业调查会编：《南中国的资源与经济》第一卷：福建省，台北：南洋协会台湾支部，1938年，第824~825页。

然而新式机器制纸厂仍寥寥可数，近代闽江流域所输出之纸仍多以手工制出。国民政府统治期间，闽江流域开始推行制造改良纸，但仍只是在制纸原料药品上进行改良，制造方法仍以手工为主，各地纸厂制纸也仍以纸槽为主，鲜有采用机械者，这也反映出了近代闽江流域制纸业改良的止步不前。

(四)制糖业

近代闽江流域制糖业的改良首推由左宗棠倡建的福州糖厂。左宗棠在督闽期间一向重视发展实业，他在给清政府的奏折中提到"开利之源，自以因民之利而利之为善。盖开而流弊自少。故与民争利不若教民兴利之为得也。十闽山多田少素称硗瘠，民食多取给于外洋，而滨海各处颇有淤壤……物其土宜，甘蔗尤茂"，并在此基础上进一步提出为"不夺民间固有之利，收回洋人夺去之利，更尽民间未尽之利"，应设立近代机器制糖厂，"先派熟知糖务之员，亲赴美国制糖之区参观做法，购小厂机器兼雇洋工数名来华试制",一旦"著有成效,即行扩充"。① 就这样,在左宗棠的倡导下,福州糖厂于 1885 年成立,厂址设于福州南台之闽江北岸,成为近代闽江流域第一家采用新法制糖的工厂。

继福州糖厂之后出现的另一家机器制糖厂为华兴机器制糖公司。该公司成立于 1917 年,资本金约为 20 万。其业务名为机器制糖,其实仍以旧式石车制出糖汁,②故其业务主要分为制糖和代制两种,民国《闽侯县志》称:"近年自华兴机器制糖公司开办后,以高价采买甘蔗,各乡闻风而起,遂多种蔗,即以新洲而论,所种视往年增三分之一,各乡略同。无如糖价低落,蔗价亦因之,乡民不免失望。华兴公司新订章程分买收、代制两种。买收之价值以糖价之高下为标准,代制之价值每担仅收制造费台伏二元,视牛车便宜三分之一。"③华兴机器制糖公司在开办后不久即陷入困境,究其原因在于以下三个方面:其一,经营者无经验。该公司的经营者原为学校教员,无制糖从业经验。其二,甘蔗原料不良,货物停滞。经营者无经验,奸猾之徒以良种甘蔗为自家使用,不良甘蔗高价卖与公司。公司制糖能力不够,甘蔗常常堆积,致为废物。其三,对农民的压迫。官府对农民制糖征收不当课税。④这些其实也可视为整个流域新式制糖业不振的根本原因。

(五)电气工业

在闽江流域近代工业及城市公用事业发展的同时,电力工业作为近代工业的主要动力工业也随即在流域各地出现。1906 年,林惠亭经批准在福州南台苍霞洲铜元局旧址创设"福州电灯公司"。该公司拟发行股票 10 万元,因招股受挫,被迫中止。1909 年,邱希仁在福州南台创办"文明电厂",购置 15 千瓦小发电机一台,于 1910 年 2 月 15 日发电照明。但用户有限,不能赢利,很快就歇业了。1910 年,林友庆在南台创办"耀华电灯公司",旋

---

① (清)左宗棠:《左宗棠全集·秦稿》卷六十三,上海:上海书店,1986 年,第 9811 页。

② (日)日本外务省通商局:《福建事情》,东京:东洋印刷株式会社,1917 年,第 151 页。

③ 欧阳英修,陈衍纂:民国《闽侯县志》卷二十八,《实业》,民国二十二年刻本,第 3 页。

④ (日)东亚同文会:《中国省别全志》第十四卷:福建省,东京:东亚同文会,1920 年,第 710~712 页。

因财力不济而停办。① 1911年,福州商人刘崇伟、陈之遴、林长民、余建廷、林伯开、林突记、吴杰记等人发起设立"福州电气股份有限公司",其资本募集章程规定,该公司为股份制企业,其资本总额龙银12万元,定为2400股,一股50元,其中1600股即8万元由发起人认购,余下的4万元向外界募集,同年11月11日募集完成,遂从洋商处购入设备机械,如下:

发电机:美国 General Electric Co. 制,供给3万灯。

机　关:英国 Bellies & Morcom Co. 制,150基,2台。

汽　罐:Babcock & Will Cox Co. 制。

该公司于1912年10月开始营业,原动力为蒸汽,有职工110名,装机容量300千瓦,次年10月间开始向南台送电。②

福州电气股份有限公司成立后,先后于1915年和1918年在连江管头和福清成立了管江电灯股份有限公司和福清电灯股份有限公司,将电灯照明事业向福州近郊扩展。同时为供应电器材料,刘氏集团先后兴办了福州玻璃厂、大用电料行、同光电料行。之后又为推销电力而兴办了福州冰厂和建兴锯木厂。除此,刘氏集团还兴办了福州电铁工厂和梨山煤矿公司。③ 这样,以电气工业为核心,刘氏集团在福州兴办了一系列新式产业,包括木材加工业、机器修造业、碾米业、制冰业等产业,同时也带动了其他相关产业如机器造纸业、杉板厂的发展,为近代闽江流域动力工业发展带来积极的影响。

近代闽江流域的电气工业在福州地区兴起和发展后,流域内地各处也纷纷成立电灯公司,用于居民照明和近代工业生产。至1937年抗战全面爆发前,闽江流域成立的电气公司(包括个别公司的自带发电)已达19家,除福州及其近郊的7家外,其余12家均分布于流域内地各处如南平、永安、沙县、建瓯、浦城等地,投资额共达359万元之多,总发电容量超过6363千瓦。

---

① 罗肇前:《福建近代产业史》,厦门:厦门大学出版社,2002年,第82页。

② (日)东亚同文会:《中国省别全志》第十四卷:福建省,东京:东亚同文会,1920年,第714页。

③ 王东子:《福州刘家企业的兴衰》,中国民主建国会福建省委员会、福建省工商业会合编:《福建工商史料》第1辑,1986年。

表 4-7 近代闽江流域电气公司一览表

名　　称	所在地	投资额(千元)	发电容量(千瓦)
福州电气公司	福州	3270	5500
管江电灯公司	连江	30	40
福清电灯公司	福州	30	49
德光电灯公司	长乐	0.7	12
庆丰锯木电气公司	长乐	不详	9
古田县电灯公司	古田	3.6	34
角岩电工厂	古田	不详	9
延平电灯公司	南平	不详	不详
尤溪县电灯股份有限公司	尤溪	5	20
顺昌照明水电股份有限公司	顺昌	15	20
昭明水电公司	永安	20	25
沙县电灯公司	沙县	20	33
建瓯电灯公司	建瓯	100	90
南雅电灯公司	建瓯	20	12
政和电气股份有限公司	政和	15	29
上洋电气公司	顺昌	20	25
浦城电灯公司	浦城	60	30
海军马尾造船厂	马尾	不详	175
福建造纸股份有限公司	福州	不详	250

资料来源：(日)赤松佑之编：《中国各省经济事情》下卷，东京：日本国际协会，1936年，第94～95页；罗肇前：《福建近代产业史》，厦门：厦门大学出版社，2002年，第158～160页。

表 4-8　沙县商办电灯公司厂屋机器线路清册

名　称	程　式	数量	单位	购置年份	备　考
瓦斯机	卧式 45HP 单汽缸全部配件完全	1	座	1925	
交流发电机	3 相 2300 伏 33KVA900RPH	1	座	1925	Exciter 已损坏
配电盘	33X18″大理石板一块，电流表、电压表、开关、伙具、变流器、变压器各一	1	座	1925	
抽水机	连配件	1	具	1935	
水池	洋灰制	1	个	1924	底座杉木已腐烂
直流发电机	2KW220 伏三线式	1	个	1937	
白铁湾头	1.25″三个,1″三个,3/4″一个	7	个	1935	
白铁直接头	2″二个,1″二个,1.25 二个	6	个	1935	
螺丝钢板	1/8″至 5/8″	1	付	1935	
抽水机塞	2″三个,1.5″二个	5	个	1935	
钢锯条	钟牌	5	把	1935	
钢锉刷		1	把	1935	
进汽凡而弹簧	5/16″	1	条	1935	
打铁砧		1	个	1935	
皮带钳	六吋	4	条	1935	
花瓶鎚	一磅	2	把	1935	
脱汽凡而弹簧	3/8″	2	条	1935	
蒲司		1	付	1935	已损坏
风扇	18″对径	1	架	1935	
钳床	6″	2	架	1935	
手摇钻	1/2″	1	架	1935	
木钻	3/4″二把 1/2″三把	5	把	1935	

第四章　产业改良与产业发展

续表

名　称	程　式	数量	单位	购置年份	备　考
八角鎚	六磅	1	把	1935	
活动扳手	12″、8″	2	把	1935	大小各一把
火石	6″	1	架	1935	
胶木钳	8″	1	把	1935	
进汽筒连木塞	高1英尺,径8英寸	1	付	1935	备用材料
手板锯	12″	1	把	1935	
莲蓬头	1.25″	1	只	1933	
圆锉刀		3	把	1933	已用旧
扁锉刀		7	把	1933	已用旧
半圆锉刀		5	把	1933	已用旧
脱汽凡而	6″对径	2	只	1933	备用材料
管子钳	2″	2	个	1933	
练修管子钳	3″	1	个	1933	
硬扳手	5/16″至7/8″	15	个	1935	
吊车	客量4吨	1	架	1935	
炭精		10	只	1937	
皮带尺	100英尺长	1	盘	1935	
拉线钳	8″	2	把	1925	
皮带凿子		4	把	1935	
虎头钳	小号	1	付	1935	
轱辘	连麻绳	2	个	1925	

资料来源:《沙县商办电灯公司厂屋机器线路清册》,沙县档案馆馆藏档案,档号109-1-226。

近代闽江流域各地的电气公司全部属民营公司,且多属商办企业。上述福州电气股份有限公司自不待言,他如沙县电灯公司是由沙县商户潘伊铭所创办,"民国四年(1915年)以前,沙城尚无电灯照明,除煤油灯、茶油灯、桐油灯外,乡村多用松柴执火,遇有宴亲戏乐,以汽灯为是佳者,民国四年,沙县潘伊铭首倡集股购置电机发电,用木炭做动力,设厂于南门城楼边(今改为电力总站宿舍),是为商办之电灯有限公司"。① 从规模上看,除福州电气股份有限公司之外,流域内地各县所办之电灯公司多规模不大。以沙县电灯公司为例,该公司在1938年转让时,全部发电机器一共只有交流、直流发电机各一台(详见表4-8)。此外,流域各处电厂所发之电也多用于居民照明,而少用于近代机器工业,这显然无法给流域工业的近代化提供足够的动力支持。从发电类型而言,近代闽江流域各地电厂多以火力发电,而以水力发电者则较为少见,《南中国产业要览》称:"除永安昭明水电公司等二三家以水力发电外,其余全部以火力发电,且以交流电为多。"②闽江流域水资源存储量丰富,然而各地发电厂却以火电居多,个中原因我们固然无法探究,但毫无疑问这从一个侧面反映了近代闽江流域水资源利用的不力。

(六)火柴制造业

近代闽江流域的火柴制造业可视为流域近代制造工业的一个代表。火柴为一项民生必需品,在近代它首先是作为一种洋货输入闽江流域的,进而作为一项民族近代工业产品出现于流域各地市场,使各地对"洋火"的依赖性日益减弱。就整个近代而言,火柴的输入首先来自欧洲如瑞典等国,但19世纪末日本火柴后来居上,到民国初年几乎占据了整个市场。与此同时,近代民族火柴制造业也开始兴起。在有利的世界经济形势下,国产火柴凭其价廉质优的特性慢慢夺回"洋火"市场。1892—1901年闽海关十年报告称:"火柴的贸易以及它在贸易中的变化情况是使人们感到兴趣的。1892年从欧洲进口火柴8707箩,此后就停止了,再也没有通过海关进来。Bryant(布莱恩特)和Mag(梅氏)火柴到处可以买到……这种到处可见的火柴不久就从市场上全部消失了,取代它的是日本火柴。日本火柴在过去十

---

① 《沙县商会志》第十一章,商会事务选录,沙县档案馆藏。
② (日)东亚问题研究会:《南中国产业要览》,东京:三省堂,1939年,第142页。

年里取得了很大成功。这种火柴价格便宜,质量好,它从 1892 年的 113486 箩逐年增加,到 1891 年达 236964 箩,但自此以后,一再下降,1901 年只进 160000 箩,这是因为当地制造的火柴开始与日本火柴进行竞争。它们不但价廉,而且质量也不亚于日货,或者更好些。很明显,它们不久一定会把别国火柴统统排挤出市场。"① 显然在本国火柴替代"洋火"的过程中,近代闽江流域的火柴制造业在其中起到了一定的作用。

闽江流域第一家火柴厂是 1899 年英商德兴洋行在福州南台闽江北岸创设的"耀明公司",资本 10 万余元,月生产火柴 3 万箱左右。但由于经营不善,开业三年后因亏损达十余万元而休业。1903 年耀明公司以 3 万元的价格将其原料、器械、土地及房屋等转让给英商天祥洋行,该洋行与华商合资 5 万元成立福建火柴厂,以"云龙"为商标进行火柴生产,然而该厂后因生产火柴所用轴木不良而导致两年亏损达 4 万元,遂告失败。②

第一次世界大战期间,日本火柴输入稍减,福州商人刘以琳等遂于 1916 年集资 5000 元,在福州水部水闸口天后宫(即清季的琉球商会馆)开设"国光火柴厂",从事火柴生产。因适合当时市场需要,再加上日货输入不多,该厂第一年纯盈利 16000 余元,为当时地方上小型工业中盈利最多的。但好景不长,至第三年战争结束后,日本火柴又卷土重来,该厂因资本单薄,无法与之竞争,遂告停业。③

此后,近代闽江流域的火柴业长期不振,国光火柴厂失败后,其机器设备屡经易手,到 20 世纪 20 年代末由上海刘鸿生的大中华火柴公司接办,但不久又以亏损停业。④ 时至 30 年代,福州又出现了一家火柴厂,系由林弥钜购进大中华火柴公司的机器设备创办,名为"建华火柴厂",该厂所产火柴以薄利行销全省,成为民族火柴业的象征。⑤

---

① 《闽海关十年报告(1892—1901)》,池贤仁主编:《近代福州及闽东地区社会经济概况》,北京:华艺出版社,1992 年,第 387 页。
② (日)日本外务省通商局:《福建事情》,东京:东洋印刷株式会社,1917 年,第 151 页。
③ 王国维:《清季福建火柴的输入与生产简况》,《台江文史》第 3 辑,1987 年 11 月,第 70 页。
④ 罗肇前:《福建近代产业史》,厦门:厦门大学出版社,2002 年,第 167 页。
⑤ 李希莱等:《行销东南全能的福州建华火柴厂》,《福州工商史料》第 1 辑,1984 年,第 29~30 页。

综观近代闽江流域的火柴制造业我们不难发现,本地火柴业始终难以在与外来火柴的竞争中占据主导地位。即使日本火柴在上海、香港等地火柴的竞争下退出各地市场后,本地火柴制造业仍不能得以复兴。这其中很大的原因在于原料和技术的缺陷,海关十年报告称"当地生产的木材不适于制造火柴梗"①,《中国省别全志》在总结福建火柴厂失败原因时称该厂火柴"用硬木为桦,缺乏弹力,轴木亦以松材,少弹力,轴木大小不整",生产"技术落后,导致火柴不太适用",所用"机械虽称独逸(德国—引者注)式,但仍为旧式机械",另外其所用"松轴木导火油使用过量,故经常挥发后,松脂流出",②这些皆为原料和技术上的原因。《福州事情》也称近代闽江流域所制火柴皆"极粗恶,价廉"③,其行销范围只能局限于较小的地方。此外,近代闽江流域先后成立的火柴厂规模小,资本不足的境况,也是其产业不能改善的原因之一。

如前所述,近代闽江流域新式工业的兴起主要萌发且集中于传统的大宗外销特产产业,其性质多为对土特产品的初级加工,而于制造方面却未见有大的建树。这是由近代闽江流域对外经济联系的特点所决定的,近代机器工业在这些产业部门出现和发展的原因在于流域外市场的需求。就大宗外销土特产品而言,其输出仍是以传统手工生产为主,近代机器工业产品在总输出量中仍只占很小的一部分。如茶叶,1912—1937年,全省外销砖茶量最高也只有33万元(1915年),多数年份砖茶外销数量仅有数万元之谱,④而茶类的出口仅福州一口常年就达数百万元,由此推之,可知闽江流域砖茶外销量在茶叶输出总量中所占比重之小。加工木材输出占木材总输出的比重较砖茶所占比重为高,但最高年份也是在30%左右(参见表4-5),1933年后其所占比重日见增加,但这是在闽江流域木材输出大减的情况下发生的,并不等同于木材加工业的勃兴。至于机器制纸,在近代闽江流域输

---

① 《闽海关十年报告(1902—1911)》,池贤仁主编:《近代福州及闽东地区社会经济概况》,北京:华艺出版社,1992年,第413页。

② (日)东亚同文会:《中国省别全志》第十四卷:福建省,东京:东亚同文会,1920年,第713页。

③ (日)台湾总督府外事部:《福州事情》,台北:台北印刷株式会社,1941年,第332页。

④ 周浩等编:《二十八年来福建省海关贸易统计》,福建省政府统计室,1941年,第82页。

出纸类中处于微不足道的地位。闽江流域近代工业多集中于福州,而流域其他各地甚少。这些因素结合在一起导致流域近代工业的发展仍不足以左右整个经济结构,因而不能对流域的经济、社会变革起到大的推动作用,是为流域近代工业的特点。

第三节

近代闽江流域的农业改良

近代闽江流域的特产工业中,茶业和木业的制造、改良固然属于工业的范围,然而植茶和造林却是属于农业的范畴。对于工业建设而言,农业对其的支持是绝不可少的。以近代闽江流域而言,由于其本身是一个缺粮的区域,每年均需从区域外输入大量粮食,这些输入粮食的价值有时甚至抵消了流域对外贸易的出超值,如《清国商业综览》称:"福州贸易额每年输入约七百万内外,输出八百万内外,合计一千五百万两,常年出超以百万两计,然由于本地土狭山多,谷物不足,常以民船载谷由外输入,输出入略平均矣。"[①]因而农业种植的改良、粮食产量的提高显然对工业的发展具有重要的作用。有鉴于此,本节在此讨论的重点也即近代闽江流域茶业、木业以及水稻业的种植改良。

先来看植茶业。近代闽江流域茶叶输出的衰落始自清光绪中叶之后,其中部分原因在于"不善制作,搀伪乱真",因而在此之后,各地纷纷讲求改良植茶、制茶,以求改善茶叶产销状况。总的看来,植茶、制茶的改良多由以下几个渠道来加以展开:

其一为民间渠道。由有识之士加以提倡,以求广为传播。以建瓯为例,当地人李梦庚、林学谞、陈竹友、黄秉墉等著《茶务改良真传》,从种植、培植、采摘、时候、晒青、摇青、雨天、炒鐤、揉茶、焙茶等方面宣传植茶、制茶新法,谨录全文如下。

[①] (日)东亚同文会编:《清国商业综览》(2),东京:丸善株式会社,1906年,第353页。

一、种茶。宜择山高向阳之地,有黑土小砂砾者种之,其味清远,兼有岩骨花之胜。

二、培植。每年于仲春时用工划锄去其蔓草,采摘之后均须复锄一次,迨深秋时掘松泥土以舒其根,茶丛自然畅茂且耐老有奇香。

三、采摘。须于立夏前后,其叶开而面未有毫心方可摘下。一丛宜分三次采摘,因地肥硗,气候不齐故耳。

四、时候。每天采摘须露水干后摘者方可入奇种堆,如露水晴、夜夜晴、雨天晴均不得入堆,以示优别。至摘晴,以三叶为度,有种粗大者,只好采二叶。至作青时,方能使苦水去而香味存,且茶丛不至亏损,实两得之益。

五、晒青。须看日色为标准,每筛以半斤至十两为度,候叶软便翻一次,晒至叶上枝软方移置架上。等筛匾冷,以二筛合一筛摇一次,再候半刻,复将两筛合一筛摇一次。如此摇法约每筛有四斤之多。备须移至密室,该室如有空隙,宜用纸裱补。看青之人日中亦须茶油灯照在密室内,须连摇四次,候其茶叶软者,通勍为硬成饭匙式,且叶边齿上现出原砂鲜红,兼发出花香方可,落大箸箸播匀再落篾片时候炒。

六、摇青。以天气为标准,如有南风,天气和暖,其青来必快,用轻手摇,若天气凉冷,用重手摇,否则青来太快,人工不敷,青来太缓,人工损失,不可不知。

七、雨天。如茶叶不甚粗老可停候其晴明,或万不得已总要采摘,厂中须造青楼,用苦竹棚成,焙去竹油,方可用之。青楼置火于下,宜候其烟尽开青于上烘之,烘软然后摇造,其摇法如前。若天气冷,青间亦宜置火硴。

八、炒鐹。亦须看天气为准,则天气晴明茶青必好,苦水去清,可用,复手,不可吊开,免致走失真味。如天气冷及宿,青夺,水未清。落鐹时要连吊开手,炒数十下后松开,落鐹复炒,起手用双手平压,随即翻转,又平压之,后开炒,几下即起,再揉其茶。乃有兰花香味及水鸡皮色,阳看白色,阴看绿色,皆于此一度工夫成之,万不可忽。

九、揉茶。初用轻手揉挪,至将卷条之时,方用重手揉之,总以个个有条,能起螺头为最妙。

十、水焙。初时宜用烈火,乃不至走味,候叶干枝软,起焙。以三焙或四焙作一筛,撒至架上以去苦水,火气宜候至六点钟外方可复焙。

十一、拣工。须于水焙后,拣净枝头,然后下焙。

十二、复焙。其时间对于水焙之后,总以六小时为准。若复焙太早,茶色未免干燥少油,迟则走失真气,致少香味。初落焙时,笼不用盖,及香气蓬勃,宜用竹帘密盖,如此方能香上加香,然用纸包复焙为尤妙。①

由上文我们可以看出,《茶务改良真传》所宣传之植茶、制茶"真传",实质上是从讲求精细方面入手的,其中最具有特色之处当为"应农时"和"应天气",而于应用近代农科知识进行植茶则未加涉及,是为不足。

其二是茶叶商人以组织的力量来讲求制法改良。如政和县,"茶叶素负盛名,销路既畅,商农贪图目前近利,粗制滥造,掺杂作伪,因之信誉跌落,市场日蹙。民国元年(1912年)农会成立,会长范大廉提倡改进茶业甚力,然附和者少,无多树立。民国十八年(1929年),地方人士鉴于茶业之衰落,影响民生甚巨,乃组成茶业研究所,立定所条,纠正时弊……经此积极制裁,毛茶品质改进不少"。②另外该县茶业同业公会设置示范茶厂,试制工夫茶,并兴办示范茶园,从事改进。③再如建瓯县,"嗣是有和兴茶业公帮起而讲究种植制焙法,寻改为建瓯茶业研究会联络群力,锐意改良,宣统二年(1910年),南洋第一次劝业会,如金圃、泉圃、同芳星诸号均获优奖,民国三年(1914年)巴拿赛会,詹金圃得一等奖凭,杨端圃、李泉丰得二等奖凭,此其效也"。④此种茶叶种植的改良显然在各地社会起到了积极的示范作用。

其三是由政府主导而进行的茶业改良计划。民国以降,政府为振兴实业起见,对闽江流域的茶业改良颇为重视。1922年福建省政府建设厅以"近年茶业渐衰,茶市日落,推原其故,皆由各茶户种植未尽得法,焙制不知改良",遂就种茶及焙壅、采摘、焙制暨贮存诸法编成种茶、制茶手册,通令各

---

① 詹宣猷修,蔡振坚等纂:民国《建瓯县志》卷二十五,《实业志》,民国十八年铅印本,第1~2页。

② 陈愧三:《政和茶考》,福建师范大学图书馆古籍室藏手抄本,1941年,第56页。

③ 陈愧三:《政和茶考》,福建师范大学图书馆古籍室藏手抄本,1941年,第57页。

④ 詹宣猷修,蔡振坚等纂:民国《建瓯县志》卷二十五,《实业志》,民国十八年铅印本,第3页。

县"剀切劝谕,俾众周知,庶于茶业前途不无裨益"。① 1933 年实业部在给福建省建设厅的训令中称:"查吾国茶业不振,输出滞塞。各地农民以植茶利薄,颇趋消极,致茶园多形荒废,生产逐渐停顿。若不积极提倡,不但产量减少,无余额以供输出,而国内因需要关系,外茶且将乘机入口,茶业前途,何堪设想。亟应督劝农民努力植茶,增加生产,并就各主要茶区,设场试验,以便指导农民,而谋茶业之改进。"②福建省建设厅遂于当年在省建设厅礼堂召集茶业代表谈话会,共谋茶业之改良。与会代表有广福茶商公义堂公帮代表郑贤煊、闽侯县茶业同业公会代表孙曦、杨人骐等人。建设厅第三科科长陈体荣在报告中称闽省茶业衰落的原因在于:"一、种植失法,产量锐减;二、无制造厂,熏培不善;三、名称庞杂,不易识别;四、优劣掺杂,品质不纯;五、运输不便,辗转需时,茶叶堆积损坏;六、赋税重叠,致成本增高;七、产销不能直接,仲佣所耗太多;八、装潢缺乏美观,且欠坚固,茶味因多消失。"③针对以上弊端,他提出相应的解决办法也有八条,其中包括了设立大规模之茶园,讲求培植方法以及在产茶区域设立茶厂,监督采摘并采用新法焙制等。与前二者提倡改良茶叶种植与制法的做法不同,由政府出面讨论并制定的相关复兴茶业措施,对近代闽江流域的茶业改良有着制度保障的作用,显然后者所起的作用要较前二者为大。20 世纪 30 年代,闽江流域茶叶输出渐有起色,除政局稳定等有利因素外,由民间、商人组织以及政府提倡的讲求茶叶种植和制法的行为势必也是其促进因素之一。

再来看林业的情况。木材为近代闽江流域输出之大宗商品之一,流域各地"许多山陵树林茂盛,由于建筑和工厂生产对木材的需要,伐木便成为一种极其有利可图的行业了。人们把树木锯成原木或者厚板,运往国内缺乏木材的地区出售,牟取高利",④然而由于林木种植周期长,见利慢,遂使造林事业滞后,这也使得近代闽江流域木材的输出是建立在森林资源消耗

---

① 《训令各县知事发种茶制茶浅说由》,福建省政府建设厅编:《福建实业月报》第 2 卷第 4 期,1922 年 5 月,第 8 页。
② 《实业部给福建省建设厅训令》(1933 年 10 月 28 日),福建省档案馆馆藏档案,档号 36-4-304。
③ 《福建建设厅召集茶业代表谈话会》(1933 年),福建省档案馆馆藏档案,档号 36-4-295。
④ 《闽海关十年报告(1882—1891)》,池贤仁主编:《近代福州及闽东地区社会经济概况》,北京:华艺出版社,1992 年,第 358~359 页。

的基础上的。至19世纪晚期,这种自然资源一味消耗的后果便慢慢体现出来了,1882—1891年海关十年报告称:"一些难于进入的山区仍然树林茂盛。由于法律没有规定再种,森林破坏的速度很快,当地的一种有利可图的工业正在接近消亡。"①森林资源减少的直接后果即是林木输出减少,其价格便随之上涨,由此而带来的后果是木材更大规模的输出。但这并不代表着林业的繁荣,相反它意味着林木资源的进一步衰竭,其后的海关十年报告对此评价道:"有一个时期木材似乎供应不竭,政府没有实施造林法令,结果现在木材相当少了。价格特别高,很多木排沿江放下来,这可能使人认为木材资源很丰富,但实际情况绝非如此。树林不断被砍伐,势将严重影响本口将来的繁荣。"②

近代闽江流域的造林工作主要分为两个层面,第一是由政府主持展开的,民国初年,政府设立清明节为植树节,又于各地设立苗圃,提倡农户造林。如闽侯县设"闽海道苗圃,由闽海道尹筹设,植树节树苗取材焉"。③ 再如南平县"森林之富,本甲全闽,松杉猫竹尤伙,其次梣桐乌桕可为油料,楠可为器具,枫樟可为香品,遍处皆有之。先是王台官山多片荒草蒙翳,蔡观察(即时任北路观察使的蔡凤機—引者注)因辟为建安道苗圃,成绩之佳,屡邀省台嘉奖。惜上游具有造林经验者绝少,七年创设甲种森林学校,于邑城聘留学外洋林业大学毕业生为主任教员,以期养成造林人才"。④ 这类苗圃多以播种、育苗为己任,为流域各地的植树造林提供了大量的林苗,以建安道苗圃为例,1920至1921年该苗圃共播种982320株林苗,各类总计达1488235株,详见表4-9。

---

① 《闽海关十年报告(1882—1891)》,池贤仁主编:《近代福州及闽东地区社会经济概况》,北京:华艺出版社,1992年,第374页。
② 《闽海关十年报告(1892—1901)》,池贤仁主编:《近代福州及闽东地区社会经济概况》,北京:华艺出版社,1992年,第406~407页。
③ 欧阳英修,陈衍纂:民国《闽侯县志》卷二十八,《实业》,民国二十二年刻本,第1页。
④ 吴栻等修,蔡建贤纂:民国《南平县志》卷十,《实业志》,民国十七年铅印本,第4页。

表 4-9　建安道苗圃苗木分类统计表(1920—1921)

单位:株

类　　　别	数　　　目
播种类	982320
插条、分根类	17862
床替类	187211
留床类	74974
造林类	18251
拨给类	208235
总　　　计	1488853

资料来源:《福建实业月报》第 1 卷第 11 期,1921 年 11 月 25 日。

这一时期政府对造林的提倡也有了相关制度上的保障。1912 年,福建实业司便发出通告,永禁盗砍森林。1914 年,时任福建省长的许世英又训令南平、建瓯、宁化、永安等主要产林区的商务分会,调查木材采运和造林保护等方法,编纂成书,并选取各主要树种木材标本,赴美参加赛会。此后又饬令各县知事调查境内森林状况,妥善制定保护砍伐章程,奖励植树造林。1916 年省长会署训令全省各机关,公布由福建省议会讨论通过的推广造林章程。① 然而受战事频仍、政局不安的影响,这些政府法令多为一纸空文,未能落到实处,这使得政府提倡造林和保护森林的行为只是停留在引导层面上,因此对近代闽江流域林木的种植促进作用显然不大。1921 年的海关十年报告称:"关于木材已经写得很多了,对无情的砍伐我们已经多次提请注意,并已提交本省当局去认真思考。由于他们无情的毁坏了本省最好的工业,将受到后代子孙的责骂",② 由此我们可以看出森林资源衰竭的状况没有得到明显的改善。

南京国民政府成立后,福建省政府在造林、护林的制度建设上较民国前期更进一步。1929 年,省政府颁布《福建省造林章程》,共计 32 条。1933

---

① 戴一峰:《近代福建的植树造林——近代福建林业史研究之一》,《中国社会经济史研究》1990 年第 2 期。

② 《闽海关十年报告(1912—1921)》,池贤仁主编:《近代福州及闽东地区社会经济概况》,北京:华艺出版社,1992 年,第 425 页。

第四章 产业改良与产业发展

年,颁布《闽江两岸荒地造林章程》,共计9条。1934年、1935年,福建省政府制订农林改良计划,提出设立农林业试验研究机构,建造经济林、防风林,加强森林管理和注重育苗等数项改革事项。1935年,正式成立福建农林改良总场,主持全省林政,①先后颁布了《修正福建省保甲长办理禁止烧山奖励办法》(1935)、《福建省管理樟树暂行办法》(1937)、《栽植总理纪念林办法大纲》(1937)、《福建省各市县区公有林管理及保护暂行办法》(1937)、《福建省管理松木暂行办法草案》(1937)、《福建省政府建设厅直辖各林场管理区民有山荒林野管理暂行办法》(1937)等一系列法令、法规。② 上述系列规章规程的实际效果要较民国前期为大。以管理松木办法草案为例,这一时期省政府在给各县的训令中要求道:"凡属松木之砍伐、造材、运销等管理方法,均已详为规定之,松木商号及锯木厂之设在各地者,应由县政府查明布告并通知,限其于八月底以前申请登记,逾期倘不申,即行依法取缔。其在省会者,应由建设厅委托福建省物产贸易公司办理,除分令外,合行检查福建省管理松木暂行办法及申请登记书登记证,伐木申请书,林土报告书,伐木许可证等式样各一份。令仰该县政府迅速遵照认真办理,随时呈报查核。"③可见该时期对于松木的砍伐运销已有了明细的规定,这在相当程度上限制了对树木的滥砍滥伐。该时期造林方面也取得了较大成效,以福州林场为例,1937年在"莲花峰造松林、油柚林约百亩,计七十余万株,去年(1936年)续造松林及油桐林,并补植前年被损害者,为数共达一百万株以上。……并附设福州苗圃,以培育行道树及造林苗木,圃地约六十亩,前年(1935年)插种育苗在一百万株以上。去年(1936年)复加播种,预计本年可出苗一百五十万株"。④

第二个层面即是民间主持的植树造林,这主要集中在晚清与民国初期。晚清闽江流域民间的植树造林大致可分为三种形式,一是拥有小片山地的

---

① 戴一峰:《近代福建的植树造林——近代福建林业史研究之一》,《中国社会经济史研究》1990年第2期。

② 翁礼馨编:《福建之木材》附录三,福建省政府秘书处统计室,1940年,第234~248页;福建省建设厅编:《农林法规》,1937年,第61~70页。

③ 《福建省政府给沙县政府训令》,福建省沙县档案馆馆藏档案,档号101-1-40。

④ 陈体诚:《三年来的建设》,《闽政三年》,民国三十六年铅印本,第183~184页。

农民自营山地,植树造林;二是以种山为主要谋生手段的农民,租山植树造林;三是拥有大片山地的地主、富农,雇短工经营山地,植树造林。其中以租山植树造林最为普遍。① 该时期的造林多以市场的木材需求为导向,林户造林追求的是短期的经济效益,因而造林的成效尚不明显。民国初期,闽江流域出现了众多的民办林场和林业公司,如闽清县"民国二年,邑人林云菁等招集株式股金千余元,租赁五、六等都山场,栽种松树、杂木,举刘训瑺、黄师勉为正副会长,呈请前闽清县知事窦炽昌立案,名为寿宁森林研究所。每年植树节前后补种,若干年开常会二次,临时会不拘次,并派人看管,倘有损害森林者即请官惩办,现各都渐多招股栽种者,亦兴利之一也"。② 其他则有启林宜公司(连江汤岭)、东范林业公司(闽侯古岭)、森林模范场(闽侯东门外东山)、福州福星壅垦公司、建瓯惠利农业公司等。③ 其中启林宜、东范两公司各有林木五六十万株,④ 可见这些林场规模之大。南京国民政府时期,闽江流域先前由民间兴办之各林场多因政局纷乱而趋于衰落以至停办,以至该时期内流域的造林、护林主要由政府主持推行。

综观近代闽江流域的林业改良,造林和护林始终成为流域木材业的重要内容。然而由晚清至民国初期,虽然政府和民间开展了各式各样的造林活动,但由于缺乏行之有效的制度约束,林木补植问题始终没有得到解决,木材的输出仍多是建立在原有森林资源的消耗上,因而外销额大减。南京国民政府成立后,由于政局的稳定,闽江流域木材输出渐有起色。1930年以后,各项制度得以确立并加以推行,流域的造林、护林工作在政府的主导下有了较大的进展。这从一个侧面反映出了切实有效的制度建设成为流域林业发展的保障,而在这一制度建设过程中,政府扮演了极其重要的角色。

最后我们来看一下近代闽江流域主要粮食作物生产的改良情况。前文述及,虽然闽江流域集中了全省四个主要水稻产区的三个,即闽西北的山谷

---

① 戴一峰:《近代福建的植树造林——近代福建林业史研究之一》,《中国社会经济史研究》1990年第2期。
② 杨宗彩修,刘训瑺纂:民国《闽清县志》卷五,《实业志》,民国十年铅印本,第3页。
③ 陈文涛编纂:《福建近代民生地理志》下卷,福州:远东印书局,1929年,第377页;林传甲总纂:《大中华福建地理志》,福州:福建印刷所,1919年,第152页。
④ 陈文涛编纂:《福建近代民生地理志》下卷,福州:远东印书局,1929年,第378页。

第四章　产业改良与产业发展

盆地、福州平原、连江平原,但该流域却历来是一个缺粮的地区。在本书所关注的这个时段里,受商品性农业的发展、自然环境以及政局纷乱的阻碍、农村经济衰败与农民贫困等因素的影响,近代闽江流域的粮食产量(指水稻)呈现出升降无序的状态。于是增加粮食产量,使民食充裕就成了流域农业改良的首要目标。自晚清开始,闽江流域就开始出现了以改良农业为目的的农事试验场,如闽侯县农事试验场创办于清光绪三十四年(1908年)五月,在水部门外劝业会旧址,占地近三十亩。① 从改良的途径来看,可分为品种改良、耕作技术与农具改良、肥料改良等方面,分述如下:

近代闽江流域的水稻品种与明清时代无甚差异。一般农民所用稻种,俱系历代相传继续栽培之种子,除时时用种子变换法更新种子外,更无其他讲究。南京国民政府成立之后,流域开始改良水稻品种,其代表为福州电气公司农村电化部主持进行的水稻品种改良试验,针对福州本地水稻的易脱粒性、出产糙米比率低、吸肥性差、生态性质②较劣的缺点而加以改良。种子改良共分两步进行:一为本地种子本身之改良,二为输入外国种子而行驯化栽培试验。该部在搜集本地所栽培之各种水稻品种的基础上,共得早稻20种、晚稻9种,并进行生物学的特性调查及收获量比较试验,选出收获量丰富、性状适宜者,以供淘汰试验之用。此试验起自1930年至1933年,费时四年,计选出早晚共9种,俱系产量较丰、性状统一者。1933年,在福州市西郊科贡乡实行大规模新品种农家实地栽培试验。结果证明,此改良品种,较本地原有种之收获量,确有一成五分至二成之增加。在输入外国改良种子的方法上,该部自日本北海道、九州岛各地搜集各代表水稻多种,在福州本地第一期(早稻)及第二期(晚稻)耕作气候之下,栽培观察,考查其生育状况。该项试验工作,连续进行,历时三年,结果证明日本北方之品种,适宜于福州本地早作;南方种子,适宜于晚作。③ 改良种稻谷无疑要较旧有稻谷品种的亩产量要高,现将改良稻种与原有稻种收获量比较如表4-10。

---

① 欧阳英修,陈衍纂:民国《闽侯县志》卷二十八,《实业》,民国二十二年刻本,第1页。
② 生态性质指稻穗长度、重量、颗粒密度等特征。
③ 福建电气公司农村电化部:《农村电化部水稻改良事业概略》,1935年8月。

表 4-10 改良种与原有种之比较(五十株之谷量)

早稻			晚稻		
种　名	收量(克)	比率(%)	种　名	收量(克)	比率(%)
改良种早九号	795	137	改良青尖三十三号	1090	120
改良金早四十六号	745	128	改良青尖四十号	1143	123
改良金早五十七号	770	133	改良快尖七十七号	1190	132
普通种	580	100	改良快尖八十号	1126	124
改良白早六号	680	102	改良白壳六号	1016	112
改良白早三十七号	730	109	普通种	901	100
普通种	670	100			

资料来源:刘雅扶述:《福州电气公司农村电化部之庶绩》,1934 年 5 月。

就耕作技术而言,近代闽江流域多采用单季稻,盛行于闽江上游地区,形成了"单季早晚稻—休耕"的耕作制度。这也称为混作法,三月下旬至四月下旬一月间为耕种最适宜季节,农人于三月下旬播种早稻,四月下旬播种晚稻,早晚稻混植一田,七月收早稻,十一月收晚稻,此种耕作方法皆依明清时代先例。使用这种耕作方法,稻谷收获量和肥料使用都不免受到无形中的损失,而耕作尤感不便。这种传统耕作方法下的增产方式即为对单位面积栽植稻株数的增加,改良方法也只在于调整早晚稻插株数,以图增产。① 福建电气公司农村电化部依据改良稻种的习性进行水稻耕作,发明了"不混作法"以图对旧有耕作方法进行改良。所谓不混作法实质上是指双季连作稻,于二月初(即阴历正月)单栽改良种早稻,等七月收获后,再犁田施肥,栽植改良晚稻。这种新的耕作方法与旧的方法相比,旧法早晚混栽,每亩田早稻黄尖各种 7000 株,两番共 14000 株,而改良法早番只种改良种之早稻 11000 株,在早稻收获之后,重新用犁施肥,再行布种晚稻改良黄尖,其株数亦为 11000 株,两番共 22000 株。较之旧法两番共种 14000 株者,已多种 8000 株。旧种旧稻每株约有 10~15 穗,而改良种早稻则在 15~20 穗;旧种每穗生谷百粒以内,多则 130 余粒,而新种早稻则匀在 200 粒以上;新种

---

① 《福建省长乐县第一区水稻栽培惯例调查》,见福建省政府建设厅编:《福建建设报告》第六册,1934 年,第 8~9 页。

之米肥,状近圆式,含淀粉质多,旧种状瘦,式为两头尖,含淀粉少,故新种早稻米 200 斤之谷,可制 150 斤白米,而旧种早稻米 200 斤之谷,只制得 130 斤之米。① 显然新法在稻谷增产上可谓行之有效。

在农具改进方面,近代闽江流域早在晚清时就有引进近代农业机械的记载,光绪二十四年(1898 年),福州近郊的长乐县就有乡绅"拟以西人取水机器引水溉田,即拟筹款办理"。② 民国时期,福建电气公司农村电化部鉴于"本地原有农具,用力多而能率少,使用不灵而费贵",遂制成"改良犁,为按田之深浅而定……犁深四寸,倍于平常,(每亩须时)三点半钟。盖深耕为改良田地之最要者,可使植物根部得伸延自在又得贮蓄充分水量肥料,生育佳良。生产丰富,其最大之原因也"。③ 除改良犁之外,该部还有诸如抽水机、脱谷器、除草器、脱麸器、精米机、诱蛾灯等新式农具,但这些农具实际上并未得到推广。

在肥料的使用上,闽江流域各地传统一般使用人尿粪、兽骨、堆肥、草木灰、厩肥、沟坭土、豆饼、油饼等肥料,④闽江下游一带更是因"土壤是沙质的,(因此)耕作农作物需要大量肥料"。⑤ 如闽侯县"农人使用肥料,附郭农民多用人粪溺,离城稍远肩挑不便,多用猪羊骨、豆饼、草灰等,统计城台人口三十余万,城内七门每日担运粪溺者约一千四百余人",其天然肥(人粪尿)年消耗额达 192000 担,价值 9600 元,杂肥(包括牛骨、猪骨、豆饼等)8000 担,值 43000 元,⑥再如长乐县"所用农肥共分三种,以人粪为大宗,豆饼次之,猪屎又次之",豆饼年消耗额高达 850 万斤,天然人粪计 125 万担,

---

① 刘崇伦:《福州电气公司农村电化部之敬告农人书》,1931 年 9 月 20 日,第 2～3 页。
② 《农学报》第 39 期,光绪二十四年六月,转引自戴一峰:《区域性经济发展与社会变迁:以近代福建地区为中心》,长沙:岳麓书社,2004 年,第 200 页。
③ 刘崇伦:《福州电气公司农村电化部之敬告农人书》,1931 年 9 月 20 日,第 8～9 页。
④ 林泉岐、陈子英:《福建省农产调查报告》,厦门大学理学院生物学系刊物,第四卷,1940 年。
⑤ 《闽海关十年报告(1882—1891)》,池贤仁主编:《近代福州及闽东地区社会经济概况》,北京:华艺出版社,1992 年,第 374 页。
⑥ 陈善:《闽侯县实业视察报告书》,福建实业厅编:《福建实业月报》第 2 卷第 2 期,1922 年 3 月,第 4 页。

猪屎计93万担,①可见肥料需求量之大。而近代闽江流域新式肥料的输入和使用则已是民国成立之后的事情了,新式肥料以硫酸亚和其他各种化学肥料为主,使用地区主要在闽江下游一带,上游山区则多使用肥田粉,近代闽江流域新式化肥的使用数量如表4-11所示。

表4-11 历年经由福州输入肥田料数量统计表(1912—1937)

年 份	量(公担)	年 份	量(公担)	年 份	量(公担)
1912	7	1913	1126	1914	3360
1915	3025	1916	548	1917	212
1918	—	1919	218	1920	3349
1921		1922	1411	1923	4424
1924	18316	1925	9071	1926	18966
1927	23121	1928	32916	1929	39814
1930	80312	1931	51358	1932	13906
1933	34758	1934	11090	1935	27410
1936	43941	1937	79423		

注:肥田粉包括硫酸铔及各种化学或人造肥料。
资料来源:周浩等编:《二十八年来福建省海关贸易统计》,福建省政府统计室,1941年,第144页。

由上表可以看出,福州口经由海关输入的肥田粉虽然始自民国初年,但直至1924年后方见兴旺。在此之前其输入数字最高也不过为3000余公担,可见以硫酸亚为主的新式化肥在近代闽江流域的推广经历了一个比较长的过程。1931年闽海关十年报告称:"世界各国农业阶级多狃旧习,迟于革新。闽省农民自难例外。新式方法迄今未采用。惟硫酸亚肥料则逐渐行销,用于稻田,足见新兴方法果于增加生产卓有成效。亦未始不可逐步推行也。"②

总的看来,近代闽江流域上述水稻种植诸方面的改良限于各方面的条

---

① 朱彝庄:《长乐县实业视察报告书》,福建实业厅编:《福建实业月报》第2卷第3期,1922年4月,第20~21页。
② 《闽海关十年报告(1922—1931)》,池贤仁主编:《近代福州及闽东地区社会经济概况》,北京:华艺出版社,1992年,第434~435页。

第四章　产业改良与产业发展

件而未能在流域各地普及开来,因此就流域的粮食产量来看,并未得到根本性的改变。在民国后期流域上游各产粮县因战争破坏、农村经济衰败等因素影响而外销粮大减之时,闽江流域各地又纷纷出现了以番薯、玉米等杂粮代替民食的局面。如 1925 年,尤溪县"谕令各都户将原有之地瓜而遍种之,无论士农工商,一家要种五千藤以补粮食缺乏,能加种者多多益善,若告成能收至一百八十担者给发勤民徽章,格外恩赏以资激励,如有不种者,照周制以游民议罚论,等七月初旬间种毕时,派一干事员督同各乡甲长调查各家有无栽种,列名注册,报告赏罚"。① 1936 年,福建省第二区行政督察专员林志棠在给各县训令中称:"近查各处粮食均甚缺乏,米荒现象已成际,兹国际情形严重之时,若不设筹补救,则将来影响至为重大,查本区各县山地居多,大半荒废无用,为充实民食以免逐年米荒计,惟有设法利用山地藉以节省稻米而弥补其不足,兹持拟定种植杂粮办法,为本区施政中心工作。"②并制定种植杂粮办法七条,以督促各县贯彻执行,以裕民食。现录《种植杂粮办法》如下:

第一条　为因食粮之不足而谋有以补救起见,特制定本办法。

第二条　各农户应以户口为单位,每口应种植番薯一千株。

第三条　各农户及住户应极力于房屋空地及田园或山地尽量栽种豆类玉蜀黍金瓜等类。

第四条　自奉文之日,各县政府应派员会同党部或就地学校职教员组织宣传队于来复日向农户说明种植杂粮之紧要,并物色富有种植经验之人员传授种植之方法。

第五条　本办法由各保长负责催促并调查,如有故违并奉行不力者,准即直接报由各县府予以相当之惩罚。

第六条　农作物至收成时,各农户须陈报该保保长,登记产量若干,呈报区长以备考查,并以考查所得何户产量为最高额,由县府分别予以奖励。

---

① 《呈请遍种地瓜议》,见马传经修,洪清芳纂:民国《尤溪县志》卷八,第 33 页。

② 《代电发种植杂粮办法仰切实办理具报由》,1935 年 6 月,福建省沙县档案馆馆藏档案,档号 101-1-19。

第七条　本办法自公布之日施行。①

综上所述,近代闽江流域农业改良中,不论植茶、造林,抑或改良水稻种植,以图提高粮食产量的做法,都因种种原因而流于失败,或未见改良,或未见推广。归结其原因,有以下几个方面:其一,封建性土地所有制的制约。近代闽江流域各县多流行租佃制,以植茶、造林、种田来看,都存在着程度较高的租佃式经营。佃农一方面无力对土地进行追加投资,另一方面又以市场为导向进行商品性作物的生产,这导致他们长期滞留于劳动密集型的增长方式,而与近代新式农艺耕作方法无缘。对于林木的补植而言,其周期长见效慢的特点显然不为追求短期经济利益的佃农所接纳。其二,商人资本的不足。关于这一点,上文已有所述及,近代闽江流域大宗特产品的输出是在福州开埠后国内外市场需求的刺激下得以展开的,商业贸易利润的刺激使得商人群体乐于尝试新式产业的改良,然而流域本地商人资本以及外来投资的不足使得近代闽江流域以贸易为动力的产业改良不能大规模付诸实践。其三,政府在创设以及实施正式制度上的无力。由以上对茶业、木业、水稻种植业改良的叙述中,我们可以看出:在近代闽江流域这样一个缺乏产业改良主导群体的社会里,由政府主导的产业改良便显得极为重要。这一点具体体现在政府以立法的形式来约束流域各大宗产业的产销,使之规范化并因此具有市场竞争力。然而,由于政局动荡的关系,政府在近代闽江流域的产业改良中并未能起到关键的作用。国民政府统治期间,这一状况得了一定程度的改善,不久抗日战争爆发,社会秩序进一步恶化,使得近代闽江流域的产业改良趋于停顿而未能最终得到明显改善。

在近代闽江流域产业改良中,教育尤其是职业教育对产业改良起到了相当的作用,各职业学校通过培养具有专门技能的劳动力、培训农民、创办刊物传播新式产业知识,从而对近代闽江流域的经济和社会产生着影响,成为社会变迁不可忽视的一个因素。

---

① 《种植杂粮办法》,1935年6月,福建省沙县档案馆馆藏档案,档号101-1-19。

第五章

近代闽江流域的社会变革

近代闽江流域是一个以农业为基础、以域内和域际贸易为发展手段的区域。前文考察了近代闽江流域在口岸城市福州开口通商之后,经由进出口贸易所产生的连带变化,上述考察集中于经济层面。在社会变迁层面上,选定职业教育与主要社会群体即商人群体的变化两个视角,前者集中于教育与产业的关系;后者则聚集于商人群体的组织及其活动。

所谓职业教育是指职业技术教育,即在普通教育基础上,对潜在劳动力进行专业知识、专业技能和操作能力的职前教育和职后培训,以适应国民经济各领域和社会发展诸行业的需要,使劳动力经过训练后具有一定的职业道德和职业纪律,熟练的专业技能,以适应就业的个人要求和岗位的需要,最终推动生产力的发展。① 在一定程度上,一个社会职业教育的发展情况往往决定和反映着社会生产水平状况。职业教育也成为学界考察教育与社会两者关系的一个极佳视角。清末自洋务运动以来,清政府为实现"自强求富"的目标,在大力兴办军工企业的同时,亦多开办新式学堂,培养用于近代机器工业的专业人才,这是近代中国实业教育的开端。由于"农工商各项实业堂,以学成后各得治生之计为主"②,其用意与职业教育无甚差别,因而洋务运动所开办的新式实业学堂亦成为近代中国职业教育的开端。就本书所

---

① 刘桂林:《中国近代职业教育思想研究》,北京:高等教育出版社,1997年,第2~3页。

② 张百熙、荣庆、张之洞:《学务纲要》(1904年),陈学恂主编:《中国近代教育史教学参考资料》上册,北京:人民教育出版社,1986年,第534页。

关注的近代闽江流域而言,它的职业教育史亦由此肇始。

另一方面,近代闽江流域的变迁以商为主,商人在该流域的近代变迁中扮演了重要的角色。自明清以来,流域内就活跃着以地缘为纽带组合而成的各地商帮,如下江帮、福州帮、宁波帮、广东帮、江西帮等。在近代新式商人团体出现之前,这些商帮以群体的力量对闽江流域的贸易起着重要的推动作用。伴随着商人群体的出现,商人的群体组织也随之产生。"最初的商人组织是与商人的自然组织——宗族亲缘组织重合的。亲缘组织的进一步发展则为商人的地缘组织和业缘组织。"① 一般而言,地缘组织的表现形式为会馆,业缘组织的表现形式则为行会和公所,"地缘组织较亲缘组织进步,业缘组织又较地缘组织进步,但三者之间不存在严格的时间递进关系,而是交叉并存、相互依赖和渗透的"。② 在晚清新政之后,新式商人团体产生。以商会为开端,近代中国的商人成立了一系列附属于商会的各类团体,如商团、商事研究会、救火会、去毒社甚至农会③等。新式商人团体的产生一方面是基于近代中国商品经济的进一步发展和商人的需求,另一方面促成了近代中国商人的转型。有学者认为近代中国商会的成立是中国资产阶级形成的标志。商会对会员既无籍贯的限制,也无行业帮派的约束,是联合各行各业的统一组织。它的功能主要体现在保商和振商上,一方面表现为对外的抗争,反对外国资本主义对中国的经济侵略;另一方面大力倡导商业,促进商业进步,以达到"商战"胜利的目的。

在本章中,笔者以近代闽江流域内的商人及其组织为研究对象,来探讨区域内商人及其组织对区域经济和社会的影响。鉴于商人组织在近代的演变过程,考察分为传统商人及其组织、新式商人及其团体在区域经济和社会变迁过程中的影响两个部分。

---

① 唐力行:《商人与中国近世社会》,杭州:浙江人民出版社,1993年,第72页。

② 马敏:《官商之间:社会剧变中的近代绅商》,天津:天津人民出版社,1995年,第244页。

③ 朱英认为清末农会是由商人和新兴地主联合组成并控制的团体,因而一定程度上可视之为商人的组织。参见朱英:《近代中国商人与社会》,武汉:湖北教育出版社,2002年,第261~293页。

第五章 近代闽江流域的社会变革

第一节

近代闽江流域职业教育的沿革

近代闽江流域的职业教育自其发生到抗战爆发前经历了发端、发展及壮大时期,其时段分别为1866—1911、1912—1927、1928—1937年。

一、近代闽江流域职业教育的发端:1866—1911

福建是中国最早兴办近代职业技术教育的省份之一,而闽江流域则更是开福建省职业教育之先声。同治五年(1866年),清政府在福州马尾创办了福建船政学堂,两年后,船政学堂增设绘事院与艺圃,这是我国近代技工学校的开端,①也为近代闽江流域职业教育的开端。

福建船政学堂亦称为"求是堂艺局",是第一次鸦片战争后,清政府洋务派创设的中国近代第一所科技专门学校。同治五年五月十三日(1866年6月25日)左宗棠以"福建海口罗星塔一带,开槽浚渠,水清土实,为粤、浙、江苏所无……是船厂固其有地也"②,遂拟于福州创设福建船政局。与此同时,他也认识到"夫习造轮船,非为造轮船也,欲尽其制造驾驶之术耳;非徒求一二人能制造驾驶也,欲广其传使中国才艺日进,制造、驾驶展转授受,传习无穷耳。故必开艺局,选少年颖悟子弟习其语言、文字,诵其书,通其算学,而后西法可衍于中国"。③ 船政局建设的同时须"一面开设学堂,延致熟习中外语言文字洋师,教习英法两国语言文字、算法、画法,名曰'求是堂艺

---

① 福建省地方志编纂委员会编:《福建省志·教育志》,北京:方志出版社,1998年,第361页。
② 左宗棠:《试造轮船先陈大概情形折》,同治五年五月十三日,载高时良编:《中国近代教育史资料汇编·洋务运动时期教育》,上海:上海教育出版社,1992年,第280页。
③ 中国史学会:《洋务运动》(5),上海:上海人民出版社,1961年,第28页。

局'。挑选本地资性聪颖、粗通文义子弟,入局肄习"。① 同时左宗棠还把担任教习作为雇请洋人的条件。他在给清帝的奏折中说道:"如虑船成以后,中国无人堪作船主、看盘、管车诸事,均须雇请洋人。则定议之初,即先与订明,教习制造即兼教习驾驶,船成即令随同出洋,周历各海口。"② 这说明了当时船政局的主办人员已清楚地认识到了专门的技术教育对近代工业和科技发展的重要作用。

清同治五年十一月十七日(1866年12月23日),福建船政局在福州马尾破土动工兴建,船政局"求是堂艺局"亦同时开学。由于艺局开学与船政局动工同时,马尾尚无校舍可供艺局使用,故先借用福州城南定光寺、城内白塔寺、神光寺上课。次年九月,马尾校舍落成,艺局迁入马尾,并分设"法语学堂"和"英语学堂",后改称前学堂和后学堂。前学堂分设造船班、绘事院和艺圃,③后学堂设置驾驶专业和轮机专业,培养目标是海洋航行的驾驶员和轮机机师。④

求是堂艺局设立之初,对开办章程有明确而具体的要求,举凡学生入学所应遵守的作息、考核、待遇、奖惩、出路等均做了扼要的规定。以后各类教育、教学细节要求,则据此另行规定。具体章程如下:

---

① 左宗棠:《详议创设船政章程折》,同治五年十一月初五日,载高时良编:《中国近代教育史资料汇编·洋务运动时期教育》,上海:上海教育出版社,1992年,第285页。

② 左宗棠:《试造轮船先陈大概情形折》,同治五年五月十三日,载高时良编:《中国近代教育史资料汇编·洋务运动时期教育》,上海:上海教育出版社,1992年,第281页。

③ 绘事院亦称画馆,与艺圃同设于清同治七年(1868年),时沈葆桢奏曰:"日意格以造船之枢纽不在运凿挥椎,而在画图定式,非心通其理,所学仍属皮毛。中国匠人多目不知书,且各事其事,恐他日船成未必能悉全船之窍要,故特开画馆二处,择聪颖少年通绘事者教之,一学船图,一学机器图,庶久久贯通,不至逐末遗本。"又奏曰:"据日意格前称华匠与洋匠器用不同,言语不通,事事隔阂。况素谙墨者皆中年以往,心气耗散,往往不能探赜通微,请各厂分招十五以上十八以下有膂力悟性者,或十余人或数十人,俾易教导,名曰艺徒。现所招已及百余人,又不能无以钤束,于是复有艺圃之设。"见高时良编:《中国近代教育史资料汇编·洋务运动时期教育》,上海:上海教育出版社,1992年,第294页。

④ 刘海峰、庄明水:《福建教育史》,福州:福建教育出版社,1996年,第234~235页。

第五章　近代闽江流域的社会变革

一、各子弟到局学习后,每逢端午、中秋给假三日,度岁时于封印日回家,开印日到局。凡遇外国礼拜日,亦不给假。每日晨起、夜眠,听教习洋员训课,不准在外嬉游,致荒学业;不准侮慢教师,欺凌同学。

一、各子弟到局后,饮食及患病医药之费,均由局中给发。患病较重者,监督验其病果沉重,送回本家调理,病痊后即行销假。

一、各子弟饮食既由艺局供给,仍每名月给银四两,俾赡其家,以昭体恤。

一、开艺局之日起,每三个月考试一次,由教习洋员分别等第。其学有进境考列一等者,赏洋银十元,二等者无赏无罚,三等者记惰一次,两次连考三等者戒责,三次连考三等者斥出。其三次连考一等者,于照章奖赏外,另赏衣料以示鼓舞。

一、子弟入局肄习,总以五年为限。于入局时,取具其父兄及本人甘结,限内不得告请长假,不得改习别业,以取专精。

一、艺局内宜拣派明干正绅,常川住局,稽察师徒勤惰,亦便剽学艺事以扩见闻。其委绅等应由总理船政大臣遴选给委。

一、各子弟学成后,准以水师员弁擢用。惟学习监工、船主等事,非资性颖敏人不能。其有由文职生入局者,亦未便概保武职,应准照军功人员例议奖。

一、各子弟之学成监造者、学成船主者,即令作监工、作船主,每月薪水照作外监工、船主薪工银数发给,仍特加优擢以奖异能。①

船政学堂在课程设置上,基本上参照英、法各国水师院校的安排,但其中数学课程的分量最重,多达八九门,几占一半,这与船政主办人员对数学这门基础学科的重要性的认识有关。如沈葆桢认为:"水师之强弱,以船炮为大宗,船炮之巧拙,以算学为根本。西洋船炮,愈出愈奇,几于不可思议,实则由厘、毫、丝、忽积算而来。算积一分,则巧逾十倍,故后来居上耳……以讲明算法,可谓求其本矣。"②下为福建船政学堂的课程设置表(表5-1)。

---

① 左宗棠:《详议创设船政章程折》,同治五年十一月初五日,载高时良编:《中国近代教育史资料汇编·洋务运动时期教育》,上海:上海教育出版社,1992年,第288页。

② 《奏请考试算学折》(1875年),陈学恂主编:《中国近代教育史教学参考资料》上册,北京:人民教育出版社,1986年,第207~208页。

表 5-1　福建船政学堂课程设置表

	设 置 课 程	备 注
前学堂	法文、数学入门、几何入门、数学、理解代数、上等代数、平面及立面几何、八线算术、几何画法、理解微分积分、格致浅语、格物入门、化学、材料配力学、轮机重学、水力重学、机械制图、蒸汽机制造、船体制造、实习	学生另学《圣谕广训》《孝经》，兼习策论，后学堂学生在实习时加学枪炮操法、画海图
后学堂	英文、数学、几何、代数、代积分、解析几何、割锥、平三角、球体三角、动静重力学、水重学、电磁学、光学、音学、热学、化学、地质学、航海天文地理、航海计算、航术学、国际公法、实习	
绘事院	法文、数学、几何入门、透视原理、画法、机器图、船图	
艺　圃	数学、几何入门、代数、常用艺学浅谈、蒸汽机构造	

资料来源：根据《中国近代学制史料》有关资料整理。参见福建省教育史志编写办公室、福建省教育科学研究所史志研究室：《福建省教育史志资料集》第 4 辑，1991 年，第 14 页。

船政学堂对于学生的实习一项颇为重视，力主实践训练与书本知识相结合。其主创者认为"出自学堂者，则未敢信其能否成材，必亲试之风涛，乃足以观其胆识，否则实心讲究，譬之谈兵纸上，临阵不免张皇"①，沈葆桢亦认为"创始之意，不重在造而重在学"，故"监督日意格约限满之日，洋匠必尽数遣散，不得以船工未毕，酌留数人"，要让中国匠徒"放手自造……试之又试，至再至三，务其尽其技能而止"②。所以船政学堂根据不同专业、不同层次的学生订出实习方案，在学习书本知识之后，强调付诸实践。

配合驾驶班的实习，学堂前后为之购置"建威""扬武"海轮两艘，"平远"桅船一艘专供学生航海实习之用。第一届驾驶班学生在海上实习时间就达四个月，派航海实习教员德勒塞率学生出海，"教其驾驶，由海口而近洋，由

---

① "中央研究院"近代史研究所编：《海防档》乙(三)《福州船厂》，台北："中央研究院"近代史研究所编，1957 年，第 236 页。

② 沈葆桢：《续陈各船工程并挑验匠徒试令放手自造情形折》，同治十二年六月二十日，载高时良编：《中国近代教育史资料汇编·洋务运动时期教育》，上海：上海教育出版社，1992 年，第 297～298 页。

近洋而远洋,凡水火之分度,礁沙之险夷,风信之征验,桅柁之将迎,皆令即所习闻者,印之实境,熟极巧生"。实习航程南去香港、新加坡、槟榔屿,北至直隶湾、辽东湾各口,"去时教习躬督驾驶,各练童逐段誊注日记,量习日度、星度,按图体认期于精熟。归时则各童自行轮班驾驶,教习将其日记仔细勘对,至于台飓大作,巨浪如山颠簸震撼之交,默察其手足之便利如何,神色之镇日如何,以分其优劣"。至于造船班的实习则要求学生动手将各部件组装成蒸汽机,学会实际操作和维修。造船班学生曾自绘造船设计图,并动手制造第十七号"艺新"轮船。①

福建船政学堂是近代闽江流域职业教育的先驱,自开办之日至1913年10月移交于福建军政府历时47年,其间培养毕业生629名(不包括艺徒),成绩显著,人才辈出,影响深远。其学生亦成为区域历史上第一批受过专门职业技术教育的群体。由于时代的限制,这一群体所受的教育培训是为近代军工企业的发展服务,对流域社会经济的发展无直接明显的影响,但这并不影响它在流域近代职业教育史上的地位。自此之后,职业教育走上了近代闽江流域的大舞台,开始了它在近代的发展历程。

与福州船政学堂类似的是创办于光绪二年(1876年)的福州电气学塾。时《万国公报》记载:

> 福州《西字新报》云:福州新设学塾,专收生童学习电气并寄电信,如何寄法,又制造电线、电报各种机器。其教习者即电报公司之西士,已于西国四月初一日开塾,塾中现在肄业者三十二名,内有曾在香港读过英文之二十八名。创设总师其事者,乃丁雨生中丞,且有欲于肄业之中,拣选数名前赴英国、丹国专造电气局中精勤习学。②

1895年甲午战败后,维新派大声疾呼,必须变法维新,废科举,兴学校,改革政务,惟求富国强兵,救亡图存。光绪二十四年(1898年)六月,光绪皇帝采纳维新派的意见,在三个多月中颁布了数十条改革变法的命令,其中规定设立经济特科,培养"通经济变"的人才;各省创办专门学堂,设立农学会,

---

① 叶芳骐:《福建船政学堂》,《福建省教育史志资料集》第4辑,1991年,第15~16页。
② 《记福州新设电气学塾》,《万国公报》,光绪二年闰五月初三日,高时良编:《中国近代教育史资料汇编·洋务运动时期教育》,上海:上海教育出版社,1992年,第540页。

刊发农报,建立农务学堂,筹设茶务学堂和蚕桑学堂;鼓励创办各种实业学堂等。在戊戌变法期间,各省都筹办并建立了一批新式学堂。闽江流域在这种情况下亦相应成立了一批实业学堂,其中有光绪二十二年(1896年)福州官绅陈璧、力钧、孙葆晋、林纾等人在林纾旧居创办的苍霞精舍(福建机电学校的前身)以及福州东文学堂。① 苍霞精舍开设中、西两类课程,国文有经、史、时务等课,西学有英文、日文、算学、地理等课。② "百日维新"后,慈禧太后下令恢复科举,停办学堂,禁止学会,封闭报馆,全面恢复旧制度。然而在庚子之变后,朝臣多认为非变法不足以图存,因而也推动了清廷的新政改革。在教育方面,清政府任命张百熙为管学大臣,并责成其拟具全国学堂章程,以便全国各级学堂有章可循。

  清光绪二十八年(1902年)七月,张百熙完成了全国学堂章程的草拟工作,并进呈清廷,这就是《钦定学堂章程》,是为《壬寅学制》。该章程规定中等实业学堂与中学堂并行,高等实业学堂与高等学堂并行,成为专门的专业学校。光绪二十九年(1903年),清政府又指定张百熙、荣庆和张之洞合作重新修订全国学堂章程,并正式颁布实行,是为《奏定学堂章程》,即《癸卯学制》。这是第一个在全国范围内广泛执行的学制。新学制给予实业教育以很高的地位。在《奏定实业学堂通则》中规定:"各项实业学堂,各省均应酌量地方情形随时择宜兴办,而实业实习普通学堂、艺徒学堂,尤足使广众人民均有可执之业,虽薄技粗工亦使略具科学之知识;所以厚民生而增国力,为益良非浅鲜。"③在这一思想的指导下,新学制还规定了一系列章程,对初等农工商实业学堂、中等农工商实业学堂、高等农工商实业学堂、实业补习普通学堂、实业教员讲习所、艺徒学堂的设立有了明确而具体的要求,规定了各学堂的课程设置、学习年限、师资要求等,于全国范围内普及实业教育,在这种形势下,近代闽江流域的实业教育也有了较大的变化。该时期内成立的实业学堂在数量上有了较大的增加,详见下表所示。

---

 ① 《福建省志·教育志》,北京:方志出版社,1998年,第362页;王孝绳:《福州东文学堂三年报告汇编》,光绪二十六年,福建师范大学古籍室藏手抄本。
 ② 刘海峰、庄明水:《福建教育史》,福州:福建教育出版社,1996年,第258~259页。
 ③ 《奏定学堂章程·实业学堂通则》,《学要指章第一》,光绪二十九年(1903年),舒新城编:《中国近代教育史资料》中册,北京:人民教育出版社,1981年,第742~743页。

表 5-2　清末新政期间闽江流域成立实业学堂一览表

学　堂　名　称	创办时间	创办人	创办地点
福州柴井医院附设护士学校	光绪二十六年(1900)	基督教圣公会	
福州蚕桑公学	光绪二十七年(1901)	陈宝琛等	屏山贤良祠
浙股粤股蚕务学堂①	光绪二十七年(1902)	许应骙	桑棉局②旧址
闽县第一分监	光绪二十七年(1902)		开元寺
福州塔亭医院附设护士学校	光绪二十八年(1902)		
蚕务女学堂③	光绪二十九年(1903)		光禄坊
工艺传习所	光绪三十年(1904)	林炳章	水部门
福州英华书院④	光绪三十一年(1905)		
福州公立苍霞中学堂	光绪三十三年(1907)		南台横山铺
福建女子职业学堂	光绪三十三年(1907)		
福建官立中等商业学堂	光绪三十四年(1908)		乌石山神光寺
福建官立中等工业学堂⑤	光绪三十四年(1908)		
福建官立中等农业学堂⑥	宣统元年(1909)		褒忠祠

注：①光绪三十二年(1906年)总督崇善奏将浙股学堂改为实业中学堂,三十三年奉部饬,实业中学堂归提学司管辖,名中等蚕业学堂。

②"清光绪三十三年,当同治间左宗棠督闽,就水部门外耿王庄地址设桑棉局,未久旋废。"参见民国《闽侯县志》卷二十八,《实业》,民国二十二年刻本,第1页。

③系由浙股粤股蚕务学堂中分设而出。

④系由公立苍霞中学附设的铁路、电报两科改办而成。

⑤⑥清光绪三十四年(1908年)五月在城内水部工艺传习所内开办,称农事试验场,宣统元年(1909年)六月移于西湖旧有之澄澜阁褒忠祠地址,新建校舍,十月改福建中等农学堂。

资料来源：福建省地方志编纂委员会编：《福建省志·教育志》,北京：方志出版社,1998年,第362~363页;民国《闽侯县志》卷二十八,《实业》,民国二十二年刻本,第1页。

与此前闽江流域设立的实业学堂相比,清末新政时期新设立的实业学堂设置的目的更加明显。首先,各学堂只设单科,这显然更有利于对学生进行专门教育。此时期所设实业学堂多为中等学堂,且已开始冠以"实业学堂"的名称。其次,在学科专业设置上更为专门,课程安排亦向更加专门化靠拢。以清光绪二十七年(1901年)成立的福州蚕桑公学为例,其初设饲蚕、种桑二科,后设本科和别科。本科主要授蚕业学理兼事实验,别科则专事实验兼授学理。本科学理有:蚕体生理、蚕体解剖、蚕体病理、养蚕法、查验法、缫丝法、土壤学、桑树栽培、肥料学。本科实验有:使用显微镜、养蚕术、制蚕种学附贮藏蚕种法、解剖蚕体术、缫丝手法等。别科学理有:养蚕法、蚕体病理、缫丝法、桑树栽培、土壤学、肥料学。实验有养蚕术、缫丝手法等。① 另外,私立柴井、塔亭两所护士职业学校设护理科,柴井校并设有助产科;女子职业学堂设造花、编物两科;福建官立中等工业学堂设电气、土木、应用化学三科,宣统二年(1910年)增设窑业科,次年又增设电信、机械两科。②

清末近代闽江流域的实业教育均于省城福州创办,这固然是出于福州在全流域乃至全省的重要地位,然而对本书所关注的区域而言,这是导致流域社会不平衡发展的一个因素。另外,在以农为主的近代流域社会里,该时期内实业学堂的设置也缺乏相应的针对性,具体来说所设立的实业学堂就缺乏针对本流域的特产农产品如茶、纸、木材的实业学堂,而仅设立蚕桑学堂。我们可以说,在近代闽江流域职业教育的发端期,实业学堂的设立仅是在政府命令的基础上发展起来的,则不是切实结合本区域的实际需要而兴起的,这显然会阻碍职业教育与社会之间的互动,进而导致职业教育发展的停滞不前。据统计,清末实业学堂所培养的学生有光绪二十九年实业预科生 60 名,光绪三十年本科在校生 47 名、毕业生 13 名,光绪三十一年毕业生 19 名,光绪三十二年则仅有毕业生 11 名。③

二、近代闽江流域职业教育的发展:1912—1927

1912—1927 年为近代闽江流域职业教育的发展阶段。之所以称之为发展阶段,是因为此时不但清末成立的学校得以保留,而且在此基础上还成立了新的实业学校。除此之外,清末延续下来的实业学堂在学制和课程设

---

① 刘海峰、庄明水:《福建教育史》,福州:福建教育出版社,1996 年,第 283～284 页。
② 《福建省志·教育志》,北京:方志出版社,1998 年,第 372 页。
③ 刘海峰、庄明水:《福建教育史》,福州:福建教育出版社,1996 年,第 285 页。

置上都有了相当的改进。但其主要缺陷仍在于职业学校设置的地区局限于省城福州及其周边地区。本时期仍可以依职业教育制度的演进大致分为两个阶段：一为民国初年的职业教育，本期始自 1912 年迄 1922 年；一为新学制下的职业教育，本期始自 1922 年，迄 1927 年而止。兹就两阶段分述如下。

（一）民国初年的职业教育：1912—1922

民国成立后，教育部公布教育宗旨，为"注重道德教育，以实利教育军国教育辅之，更以美感教育完成其道德"。就其内容而言，仍为清末富国强兵的教育思想，职业教育亦以国计民生为目的。民国元年（1912 年）教育总长蔡元培将"实利主义教育之意义"解释为：

> 以人民生计为普通教育之中坚，其主张最力者，至于普通学术，悉寓于林艺、烹饪、裁缝及金工、木工之中。此说韧于美洲，而近料盛于欧陆。我国地宝不发，实业界组织尚幼稚，人民失业者至多而国甚贫，实利主义之教育固当务之急也。①

在此背景下，清末闽江流域成立的实业学堂在民国时期得以延续。1912 年，福建官立中等蚕业、商业及农业学堂分别改名为福建省立蚕业、商业及农林学校，女子职业学堂与福州女子初级师范学堂合并为女子师范职业学校。1913 年，福建船政学堂归海军部管辖，其中前学堂改为福州制造学校，后学堂改为福州海军学校，绘事院改为船政局图算所，艺圃改为福州海军艺术学校。官立中等工业学堂改名为福建省立工业专门学校。

1913 年 8 月，教育部公布实业学校令，第一条、第二条与第四条称："实业学校以教授农工商业必需之知识技能为目的。实业学校分为甲种乙种：甲种实业学校施完全之普通实业教育；乙种实业学校施简易之普通实业教育；亦得应地方需要授以特殊之技术。省行政长官，视地方需要分别设立甲种实业学校。县及城镇乡或农工商会，得设立乙种实业学校，亦得酌量情形设立甲种实业学校。"②这与清末颁布的《奏定实业学堂章程》的立意可谓完

---

① 杨亮功：《我国职业教育之沿革及其发展》，见《职业教育研究》，台北：正中书局，1971 年，第 7 页。
② 《教育杂志》第 5 卷第 6 号，1913 年 9 月，见舒新城编：《中国近代教育史资料》，北京：人民教育出版社，1981 年，第 777～778 页。

全相同。在新的实业学校规程的要求下,1914年,蚕业学校改名为省立甲种蚕业学校,并附设乙种女子蚕业学校,农林学校改名为省立甲种农业学校。1915年,商业学校改名为省立甲种商业学校。

除对清末兴办的实业学堂加以继承外,本时期闽江流域亦新出现了一批职业学校,并在普通中学开办职业科。1912年福州马高爱妇幼医院附设南丁格尔护士学校,福清开办惠乐生护士学校,闽省华侨公学兼设商科(1917年停办)。1915年,福州青年会学校兼设商科。1916年,福州办水产学校。1917年,福州办台江乙种商业学校(同年改名为福建省立乙种商业学校)。1918年,从女子师范职业学校中分立省立女子职业学校。1921年,省立华侨中学兼设商科。[①] 此外,职业学校的设立还延伸到了流域的上游地区如崇安、建瓯、沙县、南平等县。

表5-3 1912—1922年闽江流域职业学校一览表

学 校 名 称	成立时间	备 注
南丁格尔护士学校	1912年	为福州马高爱妇幼医院所附设
惠乐生护士学校	1912年	
闽省华侨公学(商科)	1912年	
省立工业专门学校	1913年	即清末的福建官立中等工业学堂
省立甲种蚕业学校	1914年	即清末的福建官立中等蚕业学堂,1912年改为省立蚕业学校
乙种女子蚕业学校	1914年	为省立甲种蚕业学校所附设
南平县第一第二工艺传习所	1914年	北路观察使蔡凤機创设
南平县纺织局	1914年	
省立甲种农业学校	1914年	即清末的福建官立中等农业学堂,1912年改为省立农业学校
省立甲种商业学校	1915年	即清末的福建官立中等商业学堂,1912年改为省立商业学校
福州青年会学校(商科)	1915年	
福州水产学校	1916年	

---

① 《福建省志·教育志》,北京:方志出版社,1998年,第363页。

第五章 近代闽江流域的社会变革

续表

学　校　名　称	成立时间	备　　注
沙县县立第一高小附蚕业实习学校	1916 年	
福建省立乙种商业学校	1917 年	前身为福州台江乙种商业学校
省立女子职业学校	1918 年	
建安道立甲种森林学校	1918 年	
建瓯县立工艺传习所	1919 年	前身为福建北路第一工艺传习所
崇安县立乙种农业学校	1920 年	
建瓯公立乙种商业学校	1920 年	1920 年改为乙种商业学校,前身不详
省立华侨中学兼设商科	1921 年	
建瓯县公立蚕业实习所	1921 年	
闽侯县立染织实习所		

资料来源:《福建省志·教育志》,北京:方志出版社,1998 年,第 363 页;民国《沙县志》卷七,《学校志》,民国十七年铅印本,第 16 页;民国《建瓯县志》卷九,《学校下》,民国十八年铅印本,第 18～19 页,卷二十五,《实业》,第 13 页;福建省档案馆馆藏档案,档号 2-1-320;民国《闽侯县志》卷二十八,《实业》,民国二十二年刻本,第 2 页;民国《南平县志》卷十,《实业志》,民国十年铅印本,第 3 页;林传甲:《大中华福建省地理志》,福州:福建印刷所,1919 年,第 145 页。

　　这一时期闽江流域的女子职业教育得到了一定程度的发展。清末至民国初期,闽江流域女子职业教育仅局限在蚕务及家政方面。1912 年成立的福建省立女子师范职业学校则大大拓展了女子职业教育的范围。该校设有师范本科、预科,职业本科、预科和师范讲习科,学制 3 年。开设课程有修身、教育、国文、习字、国语、历史、地理、数学、博物、物理、化学、法制经济、图画、家事、造花、编织、刺绣、缝纫、乐歌、体操、英语等。学校设有刺绣实习室、造花实习室、音乐室等特殊教室。每年除招收福州学生外,还向全省招生,所以学校规模不断扩大,至 1915 年有在校学生 384 人。①

---

① 冯学垒:《福建省立女子师范职业学校的产生和发展》,《教育评论》1987 年第 1 期。

(二)新学制下的职业教育:1922—1927

1922年,教育部公布了新学制,职业教育在新学制系统下有了很大的变更。在新学制中,乙种实业学校改为初级职业学校,甲种实业学校改为高级职业学校或高级中学农、工商科。属于高等教育程度者,仍为专门学校。在学校系统改革案的说明中,与职业教育有关者,有下列各项:

一、小学课程,得于较高年级,酌量地方情形,增置职业准备之教育。

二、初级中学得视地方需要,兼设各种职业科。

三、高级中学得设农、工、商、家事等职业科。

四、职业学校之期限及程度,得酌量各地方实际需要情形定之。

五、大学及专门学校得附设专修科,修业年限不定,凡志愿习修某种学术或职业,而有相当程度者入之。

实施职业教育的机构有两种类型:一为专设的职业教育机构,如职业学校、专门学校;一是附设的职业教育机构,如小学高年级的课程,初级中学的各种职业科,高级中学的农、工、商、家事等科,以及大学的专修科。由于普通中学内可以附设职业科,因而专设的职业学校为数不多。①

在这种情况下,1927年,福建省成立了省教育改选委员会,对1922年教育部公布的新学制加以贯彻实行。将省立甲种蚕业、商业、工业、农业及华侨等并入省立第一高中,其中商业、华侨两校成为省立一中商科,工业专门学校改名为省立第一高级中学第一分校,蚕业、农业两校合并为省立第一高级中学第二分校,省立女子职业学校改为省立女子职工学校。同时,在初级中学视地方需要兼设各种职业科。本时期内新成立的专门的职业学校有成立于1927年的民办福建民生妇女工艺传习所,闽侯县立第一、二两所女子职业学校等。②

闽江流域这一时期的职业教育与以往相比有了较大的变化。第一是自清末以来沿用的实业学堂或实业学校名称,至此已不复存在,而代之以职业学校。第二是在新学制中职业学校不再单独自成系统,一些普通中学也开

---

① 郭为藩编著:《中华民国开国七十年之教育》(上),台北:广文书局,1981年,第259~260页。

② 《福建省志·教育志》,北京:方志出版社,1998年,第363页。

始开展职业教育,这势必加重了职业教育在整个教育体系中的比重,受过一定职业技术培训的学生也必然随之大大增加。尤其是新的学制反复强调的是"视地方需要"设职业科,则可视为社会对职业教育与地方发展关系认识进步的结果。第三则是职业学校设置地域的扩展。闽江流域上游地区,如建溪流域的崇安县、建瓯县,沙溪流域的沙县、南平县等,都设置了职业学校,且取得相当的社会成效。如南平县,"民国三年(1914年),北路观察使蔡凤机乃以振兴实业为己任,创设第一、第二工艺传习所于旧箭道及西门外,沿旧屋而修葺之,添建层楼,延聘技师分授藤竹科、木科、油漆科,仿造胰皂,招各属子弟学习之。历届毕业生成绩俱佳,所造藤具木漆诸具精致,牢固可观,胰皂亦销于外。(民国)五年移第一工艺所于建瓯,以便生徒就学,而艺学之推广益远。又慨然于洋布西来,纺织业废,另设纺织局于天官岭,筹资倡成益以绅股,以邑绅潘祖彝、陈德章董其事。计织成爱国布绸及洋毛巾若干种,自成机杼,为购用者所称道。艺徒学成,归授其家,比户机声轧轧,成效尤速。……(又)惜上游具有造林学问者绝少。(民国)七年创设甲种森林学校于邑城,聘留学外洋林业大学毕业生为主任教员,以期养成造林人才。至于园果之属,近来人多种李,至数千株,结实累累。不独南营道之李为佳,橘柚橙楠产自各乡,若北路之杨默林,较胜他处。此植物之业,亦可助农也"。① 然而由于福建省对新学制付诸实施较晚,因而从另一方面来讲这一时期内闽江流域的职业教育状况与民国初期相比,除延续清末的实业学堂及实业学校和新成立一批实业学校外,两者实质上并无太大差别。

三、近代闽江职业教育的壮大:1928—1937

1927年南京国民政府成立以后,对职业教育尤其重视,一方面在全国范围内限设普通中学,另一方面把普通中学改设为职业学校。本时期内关于职业教育的政策及学制变化情况如下。1928年召开第一次全国教育会议,决议中华民国教育系统案,对于前定学制,除文字略有修改外,其他并无重大变更。在《三民主义实施方案的原则案》中,第十二条旨在推广职业教育,第十三条注重农业教育,第十四条注重生产消费及其他的合作训练,第

---

① 吴栻修,蔡建贤纂:民国《南平县志》卷十,《实业志》,民国十七年铅印本,第3~4页。

十五条提倡人民正轨的生活,培植努力公共生产精神。同年颁布中学暂行条例,规定高级中学分设普通、师范、农业、工业、商业、家事各科,与前殊少异同。惟高等部分专门学校之名称,则始议改为专科学校。1933年3月,教育部公布职业学校规程,规定高初级职业学校教师聘用资格,并规定各级职业学校开设科目为:

  1. 高级职业学校:(1)高级农业学校:农业、森林、蚕桑、畜牧、水产、园艺及其他。(2)高级工业学校:机械、电机、实用化学、染织、丝织、棉织、毛织、土木、建筑、测量及其他。(3)高级商业学校:银行、簿记、会计、速记、保险、汇兑、运输及其他。(4)高级家事学校:缝纫、刺绣、护士、助产及其他。(5)关于其他职业学校得视地方需要酌量设立。

  2. 初级职业学校:(1)初级农业学校:普通农作、蚕桑、森林、畜牧、养殖、园艺及其他。(2)初级工业学校:藤竹工、木工、板金工、电镀、简易机械工、电机、电气制置及修理、钟表修理、汽车驾驶及修理、摄影、印刷、制图、染织、丝织、棉织、毛织、陶瓷、简易化学工业及其他。(3)初级商业学校:普通商业簿记、会计、速记、打字、广告及其他。(4)关于其他职业学校视地方实际需要酌量设立。

  另外,1933年9月,教育部公布职业实习学校规程。同年10月,颁由各省市职业学校学科师资登记、检定、训练办法大纲,设置高、初两级师资职业学科训练班。①

  除了政府给予重视外,这一时期内社会也给予职业教育以空前的重视和热情。成立于1917年5月6日的中华职业教育社,其领导人黄炎培曾提出"大职业教育主义",他认为,"只从职业学校做工夫,不能发达职业教育","只从教育界做工夫,不能发达职业教育",提出"办职业学校的,须同时和一切教育界、职业界努力的沟通和联络;提倡职业教育的,同时需分一部分精神,参加全社会的运动。……换一句话,内部工作的努力不用说了,对外还须有最高的热诚参与一切,有最大的度量容纳一切"。② 同时设想在农村进行"划区施教",即农村教育应以区域而不是以学校为中心,施教者不能仅顾

---

  ① 郭为藩编:《中华民国开国七十年之教育》(上),台北:广文书局,1981年,第262~263页。
  ② 黄嘉树:《中华职业教育社史稿》,西安:陕西人民教育出版社,1987年,第71~75页。

教育,还应兼及该区的经济、卫生、交通、治安等诸项内容,把它们与教育放到一起统筹解决。黄炎培认为:"以富以教以治,使村民稍知有生之可乐,而从事教育者亦不至于以空谈迂阔为社会罪人,此实吾创议办农村改进最初之动机。"①这显然更适合农村地区社会经济发展的需要。1929年10月,中华职业教育社又提出了"富教合一"主义。这一主义认为中国农村存在四种现象,一穷、二愚、三弱、四散,其中"穷"最主要,由"穷"而生发出"愚、弱、散"。故农村教育要以帮农民致富为前提。② 富教主义是以"富"为中心,实际上已把"施教"置于从属地位。总的看来,中华职业教育社提出的"大职业教育主义""划区施教""富教合一"等理论的主要意义在于它提出走向社会,参与一切的指导原则,这是与近代中国农村经济状况衰落的现实情况密切相关的。农村经济要发展,就必须首先使农村通过发展本地区的特产产业而富裕起来。中华职业教育社的职业教育理论得到了社会的广泛关注和热情参与,本书所关注的区域即是一个例子。有学者认为1928年到1933年间福建职业教育发展较快,与受到中华职业教育社的影响不无关系。1928年11月,福建省教育厅为了发展职业教育,曾组织考察组专程到上海及江浙调查。在上海时,访问、参观了中华职业学校和中华职业教育社,由黄炎培等社领导介绍了职业教育社的使命和推行职业教育的目的等问题。考察组回省汇报后,中华职教社以及黄炎培等人的主张为省教育厅当时领导人全盘授受,并通过一些会议及举措在全省贯彻实行。省教育厅还委托中华职教社在上海招聘职业教师。由于当时福建教育界和上海中华职业教育社关系密切,1932年8月,中华职教社将该社第12届社员大会及第10届全国职业教育讨论会一并放在福州召开。共有8省2市300多位代表参加。会后,据时任福建省教育厅二科科长的钟道赞回忆道:"那时会后,在闽东、闽南、闽西、闽北办了4所职业中学……为本省职业教育撒下种子。"③从成立的时间看,闽北的职业中学很可能就是成立于1935年的福建省立南平农业职业学校。

福建省政府对职业教育的支持也达到了空前的高度。1931年7月13

---

① 黄炎培:《断肠集》,上海:生活书店,1936年,第292页。
② 黄嘉树:《中华职业教育社史稿》,西安:陕西人民教育出版社,1987年,第77页。
③ 施令伟:《中华职业教育社与福建职业教育》,《教育与职业》1996年第12期。

日至 7 月 20 日召开了"福建省职业教育设计委员会会议"。会议由福建省教育厅函聘全省各职业学校校长以及建设厅等有关代表与本厅主管科长参加。省教育厅厅长程时煃在开幕时发言,讲了五点内容:(1)如何唤起民众对职业教育的深切认识,(2)调查社会需要,予以相当的职业指导与就业指导,(3)整理职校的课程,(4)普通中学应如何职业化,(5)组织职教的研究机关。①

  在这种形势下,闽江流域上下各地的职业学校与前期相比又有了较大变化。首先是学校数量的增加。1933 年,流域内公、私立职业学校达到了 18 所,其中省立 5 所,分别是福州工业职业学校、福州高级农业职业学校、福州职业学校、南平职业学校及长乐初级农业职业学校;县立 3 所,即闽侯初级工业职业学校、闽清女子家事职业学校、福清农商业职业学校;私立 8 所,即福州柴井护士学校、福州塔亭护士学校、福州南丁格尔护士学校、福清惠乐生护士学校、福州协和职业学校、福州青年会商业职业学校、福州育秀女子初级职业学校及福州无线电传习所。1934 年至抗战爆发前,新办的职业学校有省立德化陶瓷职业学校、私立福州扬光初级商业职业学校、福州私立勤工初级机械科职业学校、省立福州高级助产职业学校、省立医学专科学校附设高级护士职业学校。② 其次职业教育是以多种规格、多种形式开办的。有高、中、初级的,有公立、私立、教会办的,有工、农、商、家事、乡师等专业,还有大学附属的职业学校。以至于 1932 年中华职业教育社在福州召开第 12 届年会时,社务主任江恒源在开幕典礼上说:"福建职业教育特别发达,以质以量而言都驾于它省而上之。"这其中闽江流域的职业学校扮演了重要的角色。

---

 ① 冯学垒:《钟道赞与 30 年代的福建职业教育》,《教育与职业》1994 年第 8 期。
 ② 《福建省志·教育志》,北京:方志出版社,1998 年,第 363~364 页。

第五章 近代闽江流域的社会变革

表 5-4　1937 年闽江流域职业学校统计表

校　　名	学级数（个）	学生数（人）			毕业生数（人）			教职员数（人）		
		计	男	女	计	男	女	计	男	女
省立福州高级农业职业学校	7	93	93	—	20	20	—	27	26	1
省立福州工业职业学校	10	219	219	—	27	27	—	33	32	1
省立福州职业学校	11	181	72	109	51	34	17	49	35	14
省立南平职业学校	3	57	57	—	25	25	—	23	23	—
闽侯县立工业商业职业学校	4	63	22	41	5	1	4	18	12	6
福清县立初级商业职业学校	2	59	59	—				16	16	—
闽清县立初级工业家事职业学校	7	95	75	20	7	2	5	15	12	3
福州私立青年会商业职业学校	6	88	79	9	10	10	—	23	20	3
福州私立协和职业学校	7	95	93	2	8	8	—	25	20	5
福州私立扬光初级商业职业学校	1	60	60	—				14	14	—
福州私立育秀女子初级职业学校	2	35	—	35				12	7	5
永泰私立同仁畜牧科职业学校										
崇安县立职业学校	3	43	39	4	17	—	—	14	14	—
省立德化陶瓷职业学校	—	—	—	—	—	—	—	—	—	—
福州私立勤工初级机械科职业学校										
省立福州高级助产职业学校										
省立医学专科学校附设高级护士职业学校										
省立长乐农业职业学校	—	—	—	—	—	—	—	—	—	—

注：崇安县立职业学校的统计数字为民国二十四年（1935 年）数据。

资料来源：《福建省教育统计》，1937 年，第 26～27 页；《福建省志·教育志》，北京：方志出版社，1998 年，第 365 页；福建省档案馆馆藏档案，档号 2-1-320、2-1-1130、2-1-1147。

至于本时期内历年职业学校的数量变化情况,限于资料笔者无法做出准确的估计。但据全省本时期内职业学校数量变化情况来看,进入 30 年代以后,福州省职业学校的数量有了较大的增长,这种趋势一直保持到抗日战争爆发前(见表 5-5)。由于闽江流域是全省职业学校举办的重地,这种变化趋势亦应可适用。

表 5-5　1933—1937 年福建省职业学校数量比较表

单位:所

校　　别	1933 年	1934 年	1935 年	1936 年	1937 年
省立职业学校	6	6	5	5	5
省立高级职业学校	1	1	1	1	2
省立初级职业学校			2	1	
省立女子职业学校				1	1
县立初级职业学校	1	6	4	2	
县立初级女子职业学校	1				
私立职业学校	6	6	5	4	5
私立高级职业中学	1	1	1	5	7
私立初级职业学校		3	5	5	2
私立女子初级职业学校	1	1			
合　　计	17	24	23	24	22

资料来源:据《五年来公私职业学校数比较表》改制而成。见《福建省五年来中等教育》,第 1～5 页,《闽政丛刊》,1939 年。

从表 5-5 可以看出,本时期内就职业学校的设立而言,省立、私立职业学校基本上保持了数量的稳定性,变化较大的为县立初级职业学校和私立高级职业中学,分别表现为逐渐减少和逐渐增加。这其中原因则可归结为民国时期县级财政的萎缩和社会对兴办职业学校兴趣的增长。

就整体上看,南京国民政府成立后至抗战爆发前这一时期为闽江流域职业教育的壮大时期。尤其是上游地区职业学校的兴办(以省立南平职业学校为代表,其生源几乎涵盖了上游所有县份)为流域整体在近代的发展做出了贡献。但不可忽视的是,职业学校总数仍然较少,内容亦未见充实,不足以应对地方社会经济发展的需要。正如 1935 年《教育部令福建省教育厅改进职业教育文》所指出的:"查该省职业学校……所设科目上,对于各地方固有农工业之改良,未能注意,亟应设法改进。……现有省立职业学校,设科偏重工业……省立职业学校之属于工科性质者,大抵于地方原有工艺之改良提倡,未能注意,该省人民以农业为最多,农业建设,在在落后,农业职业人才之养成,久为当务之急,而省立农业职业学校仅有福州高级农业职业学校一所,不足以济需要……现有省立各职业学校,因沿革不同,大部设科庞杂,应由厅根据地方需要,分别整理,以集中办理为原则……"①事实上针对地方特色产业所设的职业学校于抗战期间才陆续设立,如邵武初级纸业职业学校及崇安初级茶叶职业学校等,因而从教育与社会的互动关系上看,应该说本时期内闽江流域的职业教育未能发挥大的作用,这也是流域社会经济不发展的一个原因所在。

第二节

教育与社会:近代闽江流域职业教育

在本节中,笔者拟对近代闽江流域职业教育的开展及其对社会经济的影响做一个案考察。在个案选择上,以流域上游、中游、下游地区各取一所学校,分别为崇安县立职业学校、省立南平农业职业学校和省立甲种农业学校。此三所学校除省立南平农业职业学校外,崇安县立职业学校和省立甲种农业学校都经历了一定的变革,②因而在时间段上可以代表整个从清末到民国时期的闽江流域职业教育状况。兹就此三校为个案来对近代闽江流

---

① 《抗战前中等教育》,《革命文献》第57辑,台北:兴台印刷厂,1971年,第628~629页。

② 崇安县立职业学校,其前身为成立于1920年的崇安县立乙种农业学校;而省立甲种农业学校的前身即为清光绪三十四年(1908年)五月在城内水部门工艺传习所内开办的农事试验场,宣统元年(1909年)六月移于西湖旧有之澄澜阁褒忠祠,新建校舍,十月改福建中等农业学堂。民国三年(1914年)改称省立甲种农业学校,南京国民政府成立以后,为省立福州高级农业职业学校。本书在此之所以选定民国初期的省立甲种农业学校为个案,则是出于资料所限。

域的职业教育进行考察,分别从职业学校的课程设置、学生生源、教师状况、毕业出路及社会影响五个方面进行展开。

一、课程设置

职业教育的开展是"以培养青年生活之知识与生产之技能为目的"。由清末以来的实业学堂到国民政府成立后的职业学校,都对各级职业学校所应设置之科目有详细的规定。但不可否认的是,职业学校的设立尤其是县一级地方的职业学校须切合地方需要,这也符合政府及社会对职业教育功能的期望,如中华职业教育社所提出的"富教合一"理论即是拟通过职业教育的开展来达到农村富裕的目的。另一方面,科目的建设不是仅仅停留在表面的设置上的,而是通过具体的课程设置来达到其既定目的的,课程设置的好坏决定着科目建设的成败。以省立南平农业职业学校为例,该校1936年初级印刷科的课程设置如下:公民、国文、算术、书法、印刷、铅印实习、理化、英语、色彩学、印刷术、工业经营法、音乐、铅印机器实习、代数、簿记、广告、商业概论、石印实习。①

从以上所列课程我们可以看出,该印刷科目一共设课17门,依设置目的大致可分为三类:基础课程8门,分别为公民、国文、算术、书法、理化、英语、音乐、代数,占总课程数的47%;辅修课程4门,分别为工业经营法、簿记、广告、商业概论,占到总课程数的24%;专业课程5门,分别为印刷、铅印实习、色彩印刷术、铅印机器实习、石印实习,占总课程数的29%。辅修课程与专业课程合在一起占到总课程数的53%,较基础课程所占比重略大,显示出职业教育的特色。另外就专门课程的设置来看,其理论学习与实际练习并存,且实习课程门类还要较理论学习课程为多,依此我们大略可以看到该科目课程设置是较为合理的。另该校的农产制造科,1935年度第二学期一年级学生的实习课程项目就多达11项,分别为饴糖、白下糖、粗糖、精制糖、淀粉、肉松、麂肉罐头、皮蛋、糊精、萝卜干、笋豆的制造。虽然其出品销售状况并不尽人意(多为未出售或仅售出小部分,余多为学校师生试用),但学生的动手能力却无疑得

---

① 《福建省立南平农业职业学校初级印刷科毕业生毕业成绩一览表》,民国二十五年(1936年)四月填报,福建省档案馆馆藏档案,档号2-2-1169。

到了很大的提高,这显然对其将来的就业大有益处。①

至于县一级地方职业学校的课程设置,我们以崇安县立初级职业中学校为例。根据该校校务状况一览表显示,1929年,该校共设级别三个,分别为一年级蚕科,二年级农科和三年级普通科,其中一年级蚕科和二年级农科为职业教育,三年级普通科为普通教育。其课程设置状况如下表所示。

表5-6 崇安县立初级职业中学校第一年级蚕科课程表

	九时至十时	十至十一时	十一至十二时	一时至二时	二至三时	三至四时	四至五时
月	纪念周	党义	国语	实习	实习	实习	党童军
火	数学	自然	图画	实习	实习	实习	实习
水	土壤	肥料	国语	实习	实习	实习	党童军
木	数学	自然	乐歌	实习	实习	实习	实习
金	肥料	土壤	国语	实习	实习	实习	体育
土	国语	数学	自然	实习	实习	实习	

注:此处采用七曜法来表示一周七天。以日、月、火、水、木、金、土分别代表星期日、星期一、星期二、星期三、星期四、星期五、星期六。

资料来源:福建省档案馆馆藏档案,档号2-1-320。

表5-7 崇安县立初级职业中学校第二年级农科课程表

	九时至十时	十至十一时	十一至十二时	一时至二时	二至三时	三至四时	四至五时
月	纪念周	自然	经济	图画	实习	实习	党童军
火	党义	国语	测量	实习	实习	实习	实习
水	代数	害虫	经济	实习	实习	实习	党童军
木	气象	国语	乐歌	实习	实习	实习	实习
金	代数	自然	测量	实习	实习	实习	体育
土	气象	害虫	国语	实习	实习	实习	实习

资料来源:福建省档案馆馆藏档案,档号2-1-320。

---

① 《福建省立南平农业职业学校廿四年度第二学期实习出品数量又销售状况简表》,民国二十五年(1936年)三月填报,见福建省档案馆馆藏档案,档号2-1-345。

从上列两表我们可以看出,第一年级蚕科班开设课程共有12门,分别为政治教育的纪念周、党义和党童军3门课程;基础教育的数学、国语、乐歌、图画、自然、体育6门课程;专业教育的土壤、肥料、实习的3门课程,专业课程仅占全部课程总数的25%。从课程设置节数来看,最多的为实习课程,总节数达到了20节,几占全部课程节数的一半,土壤和肥料课程分别为2节。再来看第二年级农科班,情况几乎和第一年级蚕科班类似。它共开设课程14门,分别为政治教育的纪念周、党义和党童军3门课程;基础教育的代数、国语、自然、图画、乐歌、体育6门课程;专业教育的气象、害虫、测量、实习4门课程;辅修课程经济1门课程。专业课程占总课程数的29%,比例较第一年级蚕科班略高。设置节数最多的课程则亦为实习课程,达到20节,其他专业课程气象、害虫、测量均为2节。

由以上分析我们不难发现,第一年级蚕科班和第二年级农科班的职业教育实质上是有名无实的。就专业教育来言,不仅课程门类少,而且缺乏相应的技术性教育,我们在其间找不到关于蚕科和农科职业教育所应涉及的养蚕、植桑、耕作等专业教育,所设课程仅仅停留在泛泛而论的层面上。从另一方面来讲,虽然实习次数多达课程节数的一半,但实习是针对技术性培训而设立的课程,在无相应职业技术教育的情况下,实习显然更有可能流于空谈。崇安县立初级职业中学校第一年级蚕科班和第二年级农科班的职业教育,在课程设置上和第三年级的普通科并无太大的不同,它们的差别仅在于多增了些许专业课程和众多的可能流于形式的实习课程(见表5-8)。

表5-8 崇安县立初级职业中学校第三年级暂附普通科课程表

	九时至十时	十至十一时	十一至十二时	一时至二时	二至三时	三至四时	四至五时
月	纪念周	国语	历史	英文	地理		党童军
火	党义	代数	乐歌	英文	自然	图画	
水	代数	国语	三角	英文	地理		党童军
木	几何	几何	论理	自然	代数	英文	
金	几何	自然	作文	英文	英文		体育
土	三角	三角	论理	国语	自然	历史	

资料来源:福建省档案馆馆藏档案,档号2-1-320。

崇安县立初级职业中学校的这种"职业教育不职业"的现象可视为近代闽江流域县立职业教育的代表。造成这种现象的根本原因在于学校教育经费的短缺。众所周知,职业教育因其学生实习所需的场地、条件、设备等因素,经费投入要比普通教育来得高。一般情况下,一所同等条件下的职业学校所需的教育经费要比一所普通学校所需的高出约50%左右。近代闽江流域职业教育经费在地方上主要由政府承担。与省立职业学校和私立职业学校相比,县立职业学校往往在经费和数量上都明显不足。以1931—1936年福建省的职业学校为例,省立职业学校平均每校的经费为每年30639元,私立学校则为14291元,而县立职业学校的平均每年经费仅为5699元(统计不包含1933年的数字)。后者远远低于前两者的水平,这显然会阻碍地方上县级职业教育的良好发展。

表5-9　福建省1931—1936年职业学校数量、经费比较表

单位:个、元

	省立职业学校			私立职业学校			县立职业学校		
	数量	经费	平均	数量	经费	平均	数量	经费	平均
1931	6	203580	33930	5	80475	16095	3	10680	3560
1932	6	203580	33930	5	76000	15200	3	10680	3560
1933	6	206513	34419	7	121566	17367	5	233101*	46640
1934	7	216415	30916	11	113327	10302	6	37867	6311
1935	8	203493	25437	8	109075	13634	4	29642	7410
1936	8	201606	25201	11	144663	13151	2	15305	7652
平均	6.8	205865	30639	7.8	107518	14291	3.8	56212	12522

注:*,原表如此。

资料来源:据《福建省1931—1937年度职业学校数比较表》及《福建省1931—1936年职业学校经费、教员、学生数比较表》两表改制而成。参见刘海峰、庄明水:《福建教育史》,福州:福建教育出版社,1996年,第398~399页。

二、学生来源

以近代闽江流域职业学校的设立地来看,可以分为三个类别。其一是位于省城福州及其周围邻近地区,此多为省立职业学校及部分私立职业学

校的所在地;其二为旧时各府治所在地,如省立南平职业学校的所在地南平,本为旧延平府治所在地;其三为各县治所在地。有鉴于此,对于近代闽江流域职业教育的学生生源状况的考察亦可分为以下三个方面。

省立学校:此类学校一般设于省城福州,亦即近代闽江流域的中心。就其学生生源来看,首先,学生的来源较广,一般各县区的学生均有。以明溪县(归化县)为例,民国年间从省立职业学校毕业而在当地留名的人士有李贡缪、欧阳熹、叶大荣、张景荣、伍常芬、揭英士等人,分别毕业于福建省立甲种商业学院、福建省立农业学校、福建省立甲种农业学校。① 沙县宣统元年(1909年)毕业于省立甲种蚕业学校的有茅乐灿和林又坚,1914年毕业于省立甲种农林学校的有陈绍源,1923年毕业于(建安)道立甲种森林学校的有林联璞、郑士端、洪德溪、林联绍、徐英骥等人。② 再有如大田县曾先后任县农会会长的范震生、郑佐国两人,都毕业于福建省立甲种农林学校。③ 其次,这些从各县来的学生,省立职业学校修业完毕后多回到地方而成为各地社会的知名人士,这一点从各县方志的选举志就可以看出。这就给这些毕业于省立职业学校人以适当机会来扩大职业教育影响。

除设于省城的省立职业学校外,尚有上文提及的设于旧府治所在地的省立职业学校,此类职业学校的学生生源多从本地或旧府下属各县来。以省立南平职业中学为例,1932年,其初中公路科的毕业生籍贯就分布于南平及其邻近各县如沙县、永安、顺昌、建阳等县份(参见表5-10),而且就分布比例而言,南平与外县生源比例分别为58%和42%;初中普通科外县生源比例更高,达到了总人数的67%。就分布县份来看,初中公路科的闽侯、沙县、永安、顺昌、建阳,初中普通科的顺昌、建瓯、尤溪等县多为闽江上游地区县份。再以成立于1935年的福建省立南平农业职业学校言之,其1935年度第二学期各级学生来源则分布更广。其农产制造科、高级森林科、普通农作科及高级农艺科各级学生的生源遍布整个闽江流域,甚至延展至闽西、闽南部分地区,分布县份有建阳、南平、建瓯、连江、顺昌、泰宁、闽侯、邵武、长

---

① 王维梁修,廖立元纂:民国《明溪县志》卷六,《选举志》,民国三十二年铅印本,第21页。
② 梁柏荫修,罗克函等纂:民国《沙县志》卷七,《选举》,民国十七年铅印本,第39~40页。
③ 陈朝宗等修,王光张纂:民国《大田县志》卷五,《选举志》,民国二十年铅印本,第36页。

汀、武平、宁化、晋江等县。① 这也体现了南平作为闽江上游两大支流会合点的地理优势。随着各级学生毕业走向社会,这些学校职业教育的成果也必然将随之传播到流域内的各个县份,从而为全流域职业教育的进一步发展奠定了良好的基础。

表 5-10　1932 年省立南平职业中学毕业生籍贯表

初中公路科		初中刺绣科		初中普通科	
姓　名	籍　贯	姓　名	籍　贯	姓　名	籍　贯
苏永钟	福建闽侯	于素贞	福建邵武	林政善	福建南平
彭定吉	福建南平	臧庆云	福建南平	陈明茂	福建南平
黄可咏	福建沙县	陈宗华	福建南平	王葆鉌	山东诸城
刘祥达	福建永安	彭赛蛟	福建南平	陈良材	福建顺昌
黄冠东	福建南平			苏醒华	福建南平
黄　楸	福建南平			吴荣椿	福建建瓯
吴永松	福建顺昌			柯正荣	福建建瓯
陈　梁	福建建阳			张雅各布	福建尤溪
黄绍巧	福建南平			陈义勇	福建邵武
陈宗武	福建南平				
张　增	福建南平				

资料来源:《福建省立南平职业中学初中各科毕业生一览表》,1932 年 1 月,福建省档案馆馆藏档案,档号 2-1-289。

除以上两类学校外,再有就是各县设立的职业学校,此类学校生源一般都局限于本县范围内。以崇安县立初级职业中学为例,其第一年级蚕科班全班 23 人中,有 22 人来自本县,1 人来自邻县建阳。这些学生大部分毕业于崇安县立职业学校的小学部或崇安县各区的公立小学。由此我们可以看出,就该校而言,它于当地社会的教育系统中承担的角色是小学毕业之后的中等教育。我们当然可以说职业教育在当地相当兴盛,大批学生在小学毕业后进入职业学校学习,以获取谋生的技能。然而,该校的职业教育并没有

---

① 参见《福建省立南平农业职业学校各级学生一览表》,民国二十四年度第二学期,福建省档案馆馆藏档案,档号 2-1-345。

完全落到实处,因此崇安县立初级职业中学承担的大部分是普通中等教育的角色。

三、教师状况

就近代闽江流域各级职业学校的教师状况而言,其师资力量的配置也是依省立、私立和县立学校而有所差别。一般而言,省立和私立职业学校的教师大多聘自国外或者国内高一级学校毕业的学生,而县立职业学校的教员则有相当一部分是自本地本校或别的同级学校毕业生中选取,教师素质之间的差别不言而喻。以下以省立南平农业职业中学、福州私立协和高级职业学校和崇安县立职业学校为例分别加以考察。

先来看省立南平农业职业中学。该校于1935年设立于福建南平县峡阳镇,校舍借用该镇关岳庙。第一学期教职人员总数达到了25人,其中专任教员有17人,兼任教员8人;职员7人,均由该校教员兼任。其教师学历及相关经历情况如表5-11所示。

表5-11 福建省南平农业职业学校1935年度第一学期教职员一览表

姓名	学历学位	履历	职务	任教学科	专任或兼任
谢鸣珂	日本帝大农学院林实科毕业	劳动大学教授	校长	林场实习指导	专任
郑伯聪	国立中央大学教育学士	巨港中华中学校长	暂代教学主任	公民、国文、英文	专任
张静甫	日本高等农林学校林科毕业	中央大学教授	林科主任	生物、林学、农具用器	专任
叶步青	国立北京农专学院农科毕业	泉州农科高级中学校长	农科主任	作物、园艺、土壤、肥料	专任
何柳泉	大夏大学毕业	暹罗中华中学教务主任	训育员	国文、地理	专任
王时瀚	厦门大学教育学士		教务员	历史、算术	专任

第五章 近代闽江流域的社会变革

续表

姓名	学历学位	履历	职务	任教学科	专任或兼任
陈良英	北平中国大学商学士	省立第三师范第四中学教务主任	会计兼教员	算术	专任
黄国璇	上海东亚体专学校毕业	省立三都初中教员	教员	体育	专任
潘 雄	省立甲种农业学校毕业	历充建瓯师范、永安中学教员	林场管理员兼实习指导员		专任
吴尚贤	日本大学法学士	省立南平职业学校教务主任	农场管理兼实习指导员		专任
李全秀	台湾高等（此处档案不清晰）	历充省立中学教员	统计员兼图书管理员		专任
江 浩	省立甲种农业学校毕业		农产制造实习指导员		兼任
林 钦	省立长汀高中	前本校书记	书记		专任
李式濂	福建华侨学校毕业	前本校书记	书记		专任
孙仁俊	省立农林中学毕业	前省立南平职业教员	印刷科主任及工场管理员		专任
陈必珍	协和大学理科毕业理学士	前省立南平职业教员	教员	理化、英文	兼任
郑亨干	北平朝阳大学经济学士	历充闽北中学南平职业教员	教员	国文、商业	兼任
赖德渊	大夏大学教育学士	省立南中教导主任	教员	公民	兼任
阮秀崇	上海新华艺术学校毕业	省立南平中学艺科教员	教员	图画	兼任
郑 鹏	苏州成烈体专学校毕业	省立南中南职体育教员	教员	体育	兼任

续表

姓名	学历学位	履历	职务	任教学科	专任或兼任
郑锡芳	福建建业印刷公司毕业	前任本校石印技师	石印技师		专任
刘大金	利福印书馆毕业	前任本校铅印技师	铅印技师		专任
谢成珂	国立中央大学农学士	中央大学助教	教员	代数	兼任
萧书年	福建省立福州高级中学毕业	前南平职业学校会计	教员	簿记	兼任

资料来源：《福建省立南平农业职业学校二十四年度第一学期职教员一览表》，民国二十四年十月填报，见福建省档案馆馆藏档案，档号2-2-1147。

由上表我们可以看出，省立南平农业职业学校的师资力量还是较为雄厚的。教职员中拥有大学学历的共有17人，占全部教职员总数的68%，最低学历亦为高中毕业。几乎90%以上的教职员都有一定的工作经验，且多数人都是有相当的专业教育背景。这反映出了省立职业学校在职业教育中的重要地位。

但如对照相近年份的教职员情况来看，我们会发现其教师配备存在着一个不容忽视的问题，即教职员人事变动过快，师资队伍不稳定，这样带来的直接后果必然是教学质量的显著下降。以1935年度第一学期和1936年第二学期为例，其教职员总人数在第一学期为9人，其中专任教员7人，兼任教员2人，职业学科教员5人，职员8人。以教职员资格来看，毕业于国内外师范大学或大学教育学院教育科系的仅有1人；国内外大学本科、高师本科或专修科毕业的有3人；国内外专科或专门学校本科毕业的有3人，而学历与高级中学程度相当的有2人。这一情况在第二学期时有了较大的改变，教职员总人数增加为15人，其中专任教员达到了11名，兼任教员4名，职业学科教员7名，职员2名。① 但对比第一学期来看，其增加的6人之学历资格全部为从与高级中学程度相当的学校毕业。换言之，虽然教职员人数在增加，但从师资质量上看并无质的改变。我们再将1935年度第一学期

---

① 见《福建省中等学校概况调查表》，民国二十四年第一学期及二十五年第二学期，福建省档案馆馆藏档案，档号2-2-1123。

与 1936 年度第二学期教职员情况做一对比。

表 5-12　福建省南平农业职业学校 1936 年度第二学期教职员一览表

姓名	学历学位	履历	职务	任教学科	专任或兼任
谢鸣珂	日本北海道帝国大学农学院林科卒业	国立劳动大学教授、江苏省立林学试验场场长	校长		专任
黄浩	厦门大学教育学士	福建省立龙溪职业中学教员	教导主任兼公民教员	公民、国文、乡村教育、农村调查	专任
刘栋	日本北海道帝国大学林科卒业	福建私立诗山农林中学教务主任	林科教员兼技师	造林测量、森林保护及实习	专任
郭鸿焜	日本台湾总督府农林学校卒业	省立南平职中教员，福州、晋江、龙岩等乡师教员	农科教员兼实习主任	作物、生物、肥料、畜牧、日文等	专任
陈良英	北京中国大学商学士	省立南中南职教员	会计兼教员	数学	专任
曹舒	浙省师范毕业及农业推广人员养成所毕业	曾任湘湖师范农林教员二年	副质量及级任教员	农业大意、园艺、农业推广及实习	专任
方深望	上海东亚体专毕业	霞浦永春三都中学教员	童子军训练兼体育教员	体育、音乐	专任
梁昭忠	建安道森林学校卒业	南平林场技佐	教导员兼教员图书管理员	农村调查	专任
谢云从	私立集美大学高师肄业	武平中学教员及小学校长	教导员兼教员	国文	专任
陈良材	南平职业中学公路科卒业	顺昌土地测量队队长	测量员兼教员	数学及测量实习	专任

续表

姓名	学历学位	履历	职务	任教学科	专任或兼任
余恒熙	省立农校毕业	省教育公有林技术教员	林科教员	造林及实习	兼任
张祖文	私立集美农林学校毕业	浙宁波东方农场主任,现南平林场技佐	农艺级技佐、造林实习教员	造林实习	兼任
谢肃雍	韩江治河处林业传习所毕业	江苏省立林业试验场技佐、南平林场技佐	造林实习教员	造林实习	兼任
林道生	福建省立农林中学毕业	福建教育公有林技术员、南平林场试用技佐	造林实习教员	造林实习	兼任
吴承耀	邵武私立汉美中学毕业	南平中学书记	书记		专任
周毅	福州圣公会柴井医院毕业	峡阳济生医院医师	特约医师		兼任

资料来源:《福建省立南平农业职业学校二十五年度第二学期现任职教员一览表》,民国二十六年(1937年)三月填报,福建省档案馆馆藏档案,档号 2-2-1123。

比较表 5-11 和表 5-12 我们可以看出,南平农业职业学校在一年多的时间里其教职员构成发生了巨大的变化。首先在于教职员总人数,从 1935 年的 25 人减为 1936 年的 15 人(中间还经历了 1936 年第一学期的 9 人),人数变动过于剧烈。其次是人员构成,民国二十四年度第一学期的 25 名教职员中,仅有 3 名教职员于 1936 年度仍就教于该校,其人员变动幅度达到了惊人的 88%,这对于学校教学质量的保障无疑是一个巨大的挑战。

总的看来,省立职业学校在师资力量配备上还称得上是较为雄厚的,但由于种种原因带来的教职人员的剧烈变动却使得我们对其学校教育质量产生了怀疑。就教职人员离职的原因来看,合约期过短无疑是其中一个因素。依现存材料来看,当时职业学校对于教职人员的聘约期一般为一学期一聘,也就是说在一年当中,教职人员会面临一到二次的改换门庭的机会,聘约期间仍可以不得已事故为由提前一个月通知校方解约。这显然成为当时职业学校发展的一个制约因素。

再来看私立职业学校的情况。以私立协和高级职业学校为例,其 1936 年度聘任教员表情况如下表所示。

表 5-13　福州私立协和高级职业学校 1936 年度教职员表

姓名	学历学位	履历	任教学科及职务	专任或兼任
陈世平	福州格致书院毕业,厦门大学史地系文学士,福建省党部审查合格,高中训育主任,公民教员	历任延平、福州中等学校教员或职员十年	史地、国文、公民	专任
陈宗禹	山东齐鲁大学国文系毕业	历在本校任职满七年	注册主任,国文、历史	专任
李学源	私立福州格致书院毕业,山东齐鲁大学宗教教育系毕业,福建省党部审查合格,训育主任,任公民教员	曾任南洋美农初级中学校长二年	训育主任,理化、农村合作	专任
何崇	私立协和学院理科毕业	曾任福建省农村合作委员会指导员一年,又在本校任职满一年	教务主任、理化、农村合作	专任
陈则干	南京金陵大学农业专修科毕业	曾在省立长乐初级农林职业学校任职满半年,又在本校任职半年	农业	专任
黄光华	私立协和学院生物系毕业		昆虫、生物	专任
练善农	美国德南古塔省省立农林并机械大学学士,土省省立大学农科硕士	来校任职前后共十一年	农业	专任
饶卫礼	美国克立但大学文学士、卫士丁大学理科硕士	历在本校任职垂三十年	音乐、英文、理化	专任
柏龄威	美国哥伦比亚大学教育硕士、美国科布拉司加省立大学农科特别生	曾任美国华罗图学校长一年、历任本校教员垂三十年	农业	专任
刘良鸿	本校农科毕业	曾任福建省教育团公有林技术员半年、闽侯县立初级职业学校教员半年,又在本校任职满二年	农业	专任
练孔氏	美国阿伯林大学毕业	曾任福州私立文山女子中学教员五年,又在本校任职满四年	英文、音乐	专任

续表

姓名	学历学位	履历	任教学科及职务	专任或兼任
饶伍氏	美国克力但大学文学士	历在本校任职垂三十年	英文	专任
张淑娇	福州柴井医院护士学校毕业	历在本校任职满五年	护士	兼任
林 豫	私立协和学院经济系毕业	历在本校任职满二年	数理	专任
林 青	私立协和学院毕业	曾任福建学院农林研究所牧畜组主任满二年半,又在本校任职满一年	牲畜	兼任

资料来源:《福州私立协和高级职业学校二十五年度拟聘教职员表》,福建省档案馆馆藏档案,档号 2-2-1130。

由上表我们可以看出,与前文提及的省立南平农业职业学校相比,私立协和高级职业学校的教职员构成有以下三个特点。其一是教职员的学历水平普遍较高,其1936年拟聘的15人中,有大学学历的有14人,占到总人数的93%,另外1人则是毕业于相关的专门学校。在这一点上私立职业学校的情况至少和省立职业学校相差不多,以本书所举的个案而言,其情况要比一般的省立职业学校还要好一些,这其中的原因即是外籍教学人员的存在。第二,私立协和高级职业学校的教职构成处于相对稳定的状态,没有剧烈的人员变动。关于这一点我们可以从以上列表中聘任人员的履历可以看出,教职人员的任期多的几达三十年,少的也在一至五年间,这与省立南平农业职业学校相比显然更具有优势。第三,其专任教职员占了全部教职人员的多数。在上表所列15名教职人员中,专任人员达到13位,占到全部教职人员的87%,兼任人员只有2位。这从另一方面反映出了该校教职人员的稳定性。

最后我们来看县立职业学校的情况。以崇安县立职业中学为例,其教职人员几乎全部出自本县,且多从中小学或与中小学程度相当的学校毕业,因而教职人员在学历上处于相对较低的状况。但与前述两校相比,崇安县立职业中学的教职人员在稳定状况上要较省立南平农业职业学校为好,其任职期就笔者手头的资料来看多在三至六年间,有的甚至长达九年之久。

这其中的原因则要归咎于教职人员的籍贯构成,因为前者的教职人员几乎全部出自本县,有从本县立各种学校毕业的,有从省内其他学校毕业而回乡任教的,还有从国内其他学校甚至高校毕业而返乡任职的。这些人员构成了地方上教育界的精英分子,在学校中担任各种教职或行政职务,虽然从薪资上他们的收入远不及省立和私立职业学校的同行们(如1929年的薪资按每周授课时计,每时数仅为一元),但在地位上却要较这些学校教职人员的雇员身份要高,参见下表。

表 5-14 崇安县立职业学校 1928—1929 年教职员一览表

民国十七年(1928)		
姓 名	履 历	职 务
王继三	清拔贡,闽建师范学校毕业,曾任崇安县教育会长三年、县农会长三年、县立乙种农业学校校长五年、建安道立甲种森林学校教员一年、本校校长二年委员一年	校长兼教员
江遇春	福建农林学校农本科毕业,曾任该校农场教员二年、崇安县视学三年、本校教员三年委员一年	教务主任兼教员
潘 仁	国立东南大学选修科及福建省立第五中学校毕业,福建公立外国语专门学校修业三学年,任本校委员一年	教员
詹继明	清附生,崇邑师范传习所毕业,曾任第五区公立第二高级小学校长九年、本校教员三年	学监兼教员
曹 沂	清附生,崇邑师范传习所毕业,曾任县立第三初级小学校校长九年、本校教员二年	舍监兼教员
杨廷梁	福建省立第三师范学校毕业,曾任本校教员三年、委员一年	庶务兼教员
游师程	建安道立甲种森林学校毕业,曾任崇安县实业局长三年、本校教员五年、委员一年	教员
丘荫棠	福建省立第五中学校毕业,曾任县立师范讲习所教员二年、劝学所劝学员四年、县政府建设科科员一年、职业学校教员二年	教员
吴清漪	福建省立第三师范学校图工专科毕业,曾任本校教员八年	教员
范 光	福建陆军随营学校毕业,曾任县立第一小学校教员六年	教员
衷润彰	国立东南大学选修科及福建省立第五中学校毕业,曾任第十七区公立第一初级小学校长六年	教员

续表

姓 名	履 历	职 务
王酉辛	国立东南大学选修科及福建省立第五中学校毕业,曾任本校教员九年	农事试验场管理员
邱椿龄	清附生,曾任崇安第一区私立第一初级小学校长十年	会计
王建中	前厦门共济医院医生,曾任县立第一小学校教员	校医

民国十八年(1929年)上学期

姓 名	履 历	职 务
王继三	参见以上介绍	校长兼教员
王酉辛	国立东南大学选修科、福建省立第五旧制中学校毕业,曾任县立师范讲习所教员二年、县立乙种农业学校教员兼崇安县建设局农场长五年、县立职业中学校教员四年。经前福建教育厅长王孝辑以该员在职日久,勤劳卓著,特奖有一等褒状,复任崇安县教育避视学二年、县政府县督学一年,现任本校初中部教员	筹备员
江遇春	参见以上介绍	教务主任
杨廷梁	参见以上介绍	事务主任
江禹成	福建省立第五中学校毕业,中国国民党福建省党部筹备委员会党化教育训练所毕业	训育主任
杨 翰	福建省立第三师范学校毕业,曾任县立初级中学教员四年	蚕科指导员
衷润彰	参见以上介绍	农科指导员
彭赞尧	清廪贡,前建郡师范学校监督、崇安县教育会长、五夫高等小学堂堂长	训育员
游师程	参见以上介绍	林科指导员
潘 仁	参见以上介绍	图书管理员
丘文彬	清附生	会计
丘椿龄	参见以上介绍	校医
徐康柏	崇安县立职业学小学校中部农科毕业	录事
丘荫棠	参见以上介绍	教员
丘家驹	福建省立第三师范学校本科毕业,曾任县立初级中学校教员二年	教员
童效书	福建新编第一独立师教导团第一期毕业	体育教员

续表

民国十八年(1929年)下学期		
姓　名	履　历	职　务
王继三	参见以上介绍	校长兼教员
江遇春	参见以上介绍	教务主任
杨廷梁	参见以上介绍	事务主任
江禹成	参见以上介绍	训育主任
彭赞尧	参见以上介绍	训育员
王西辛	参见以上介绍	筹备员
徐康柏	参见以上介绍	事务员
丘文彬	参见以上介绍	会计
丘椿龄	参见以上介绍	校医
衷润彰	参见以上介绍	农科指导员
潘　仁	参见以上介绍	图书管理员
丘荫棠	参见以上介绍	教员
丘家驹	参见以上介绍	教员
杨　彬	福建省立第三师范学校毕业	体育教育学

资料来源：《崇安县立职业学校职教员一览表》，民国十七年、十八年填报，福建省档案馆馆藏档案，档号 2-1-320。

四、毕业出路及社会影响

由以上个案分析我们大略可以得知，近代闽江流域的职业教育重点仍在于省立及私立职业学校上，由于办校经费及其他原因，县立职业学校基本上处于有名无实的地步。另外，由于职业学校所设学科专业对于地方社会经济发展的针对性并不强，因而在其毕业生的出路及学校自身的社会影响上，近代闽江流域的职业学校仍然处于差强人意的地步。

在近代闽江流域职业学校毕业生的出路上，由于地方社会经济发展的需要，可大致分为两类。一类为针对当时社会形势需要而设立专业的毕业生，其社会需求一般会比较急切；另一类是未能适应地方需要而应行政指令或地方官员施政需要而设专业的毕业生，此类学生的就业出路不甚理想。

如 30 年代由于政治形势的影响,近代闽江流域上游一带涌现出修筑近代公路的热潮,当时的职业学校也相应设有公路科专业。以当时的省立南平职业中学为例,1932 年 1 月,其公路科三年级毕业生共有五人,在毕业时经校方推荐,省建设厅全部介绍至延困(南平至水口)公路工程处服务。省立南平职业中学《呈请转请建设厅介绍公路科三年级学生五名饬延困工程处服务(附学生履历表)》云:

> 为呈请事:案据本校学生指导委员会分会函开:"查南平到水口一段公路,现在计划继续开办,业经省公路局委林鼎祺办理。本校公路科第三年级第二期学生,瞬届毕业,所有课程将次完毕;中有成绩优良者五人,若以之从事此项工程,甚见适用。经本会议决,际兹开办之始,可应由校呈请教育厅,代为转请建设厅,转饬延困工程处录用,俾该生等得有服务之机会,并可以资其毕业后之生活,则不特对于职业教育有所提倡,且使该生等亦可贡献所学于社会。"等由,到校,准此,理合据请呈请钧长察核施行。
>
> 附学生名单
>
> 　　　　　　　　　　　　　福建省立南平职业中学校校长　傅　晖
> 　　　　　　　　　　　　　　　　民国二十年(1931 年)九月十九日

这一由校方发出的介绍学生就业的请求很快就得到了省建设厅的答复:

> 令省立南平职业中学:
>
> 案查前据该校呈,请转咨录用该校公路科毕业生等情,到厅,当经咨情建设厅查核办理在案。兹准咨复,以业令省公路局转饬洪白延困建南各干路工程处酌量录用等由,准此,合行令仰该校长知照!此令。①

由此我们可以看出学校所设学科对学生就业的重要性。

而反观福建省立南平农业职业学校,该校于 1935 年设立,1936 年 9 月,该校所设印刷科有 12 名学生毕业,就这 12 名学生的就业出路来看,其情况则不容乐观,参见下表。

---

① 《省教育厅关于省立南平职业中学的训令》,1931 年 5 月—1932 年 11 月,福建省档案馆馆藏档案,档号 2-1-289。

第五章　近代闽江流域的社会变革

表 5-15　省立南平农业职业学校印刷科毕业状况简表

姓　　名	出校后情形	服务场所	担任职务	月　　薪
陈元冠	自觅	樟湖板短期小学校	校长	二十四元
吕德明	自觅	不详		
吕德宗	自觅	不详		
黄承恩	自觅	洋口短期小学校	校长	二十四元
危如寿	自觅			
郑亨俊	升学			
郑亨嘉	升学			
叶玉源	自觅	不详		
陈宗澄	自觅	不详		
刘琢之	升学			
刘运余	自觅	不详		
冯声华	自觅	不详		

资料来源：《福建省立南平农业职业学校印刷科毕业生状况简表》，民国二十五年九月填报，福建省档案馆馆藏档案，档号 2-2-1123。

由上表我们可以看出，在省立南平农业职业学校所设印刷科毕业的全部 12 名学生中，自觅出路的学生有 9 名，3 名学生升学。在自觅出路的学生中有 2 名从事小学教育，其余 7 名情况不明。限于资料缺乏，我们不清楚出校后情形不详的学生是否存在着失业现象。但综而观之，该印刷科毕业生在出校后估计并无人从事其在校所学的专业，从这一点来讲，该学校印刷科的职业教育是不成功的，这其中的原因部分要归咎于学校所设专业与地方社会经济发展需要的不和谐。

再如 1930 年，省立福州职业中学校长为该校速记、簿记两科学生推荐就业，为《福建民国日报》所报道，从中我们可以看出该科学生毕业就业存在着相当大的难度。《福职中学为毕业生谋出路》报道云：

省立福州职业中学，应社会需要，特设速记簿记两科，招生学习，以资造就，闻该两科学生刘乃梁陈用森等三十八人，业已毕业，由该校校长分函各机关尽力推荐，不日想有相当效果云。兹录其原函如下：

谨启者，敝校鉴于社会速记簿记人才之缺乏，曾设速记簿记两科，招收高中毕业生来校学习,以应需要。兹查该两科学生学习期满,业经敝校严加试验,成绩尚可,再查该生等志愿颇思将其平日所学,效力党国,现值建设时期,百事待兴,需要是项专材,自必更殷,用敢编具该两科毕业生一职业教育,拟恳酌量任用,或予转荐,均深盼感,专此敬颂公绥,并候核复云云。①

虽然近代闽江流域的职业教育存在着与地方社会经济发展不合拍的现象,但这不代表着我们可以忽略职业学校与职业教育所带来的社会影响。事实上,近代闽江流域所设的各级职业学校,其社会效应是随着毕业生出校后分散在流域社会的各个角落里而得以实现的。这些学生虽然有可能不从事适合其所学专业的工作,但却能在恰当的时候为近代闽江流域职业教育的开展和普及留下不可磨灭的影响。如下面所列(沙县)县立第一高小附蚕业实习学校的例子:

> 初福州设蚕业学校,邑之秀者茅乐灿、林又坚前往留学,邑人士集资种桑以待之。及茅林毕业,地方多事,不暇及实业,桑萎过半,虬溪试院之右旁、文庙明伦堂之西犹存活而荒。林荣晋任校长时,适茅乐灿任管理,林又坚任教员,见而有感,相与商议,各捐一百元,去草叶,置器具,修蚕室,欲简而易能也,设实习学校。于五年一月报准立案,仍以荣晋兼校长,经费以烟叶附加及延平木排捐充之,现已停办。②

在上述例子中,虽然茅乐灿、林又坚两人在福州蚕业学校所受的职业技术培训因社会环境的影响并未能得以施展,但却在适当的时候发挥出了其应有的社会作用。因着他们两人,沙县得以开设蚕业实习学校,从而实现了蚕业职业教育的扩展。

另一方面,就近代闽江流域的职业学校本身而言,它们的存在往往影响到其所在地的社会。以省立南平农业职业学校言之,其招生目的为"养成有思想、有志趣,深明大义而略诸农事知识,能负改善农事,改善农民生活,组织农民复兴责任之农民",招生程度相应为"粗通文字,思明纯正,体格健全,

---

① 《福建民国日报》1930年2月6日。
② 梁柏荫修,罗克函等纂:民国《沙县志》卷七,《学校》,民国十七年铅印本,第16页。

家世耕农,能耕田或曾耕田之十八岁以上二十五岁以下之青年"。① 因而1936年3月,该校的变更情形简表称:"本校在峡阳镇极得社会人民信任,尤以农民属望最殷。惟本地学生狃于常习不能耐苦,拟以本校为中心,厉行社会教育,一面改良学校环境,一面培养学生来源。"②可见当地社会对该学校还是较为认同的。而就大范围而言之,近代闽江流域的职业学校尤其是省立地方级学校及县立职业学校,所履行的社会功能不单单在于职业教育,其涉及面往往扩展到普通教育及社会教育,因而在所在地社会形成了较大的影响力,从而引导众多的人以"学习职业以谋将来民生之路"为目标来接受职业技术教育。还有的职业学校通过出版相关出版物、开办农林函授学校的方式来影响当地社会。以福建省立福州农林中学为例,该校推广部主办的《福农月刊》,内容涵盖乡村调查、特产产销调查、农讯、气象等各方面与农业相关的信息。该校推广部还附设农林函授学校,其简章规定学校的宗旨为"普及农林知识,使有志农林事业及乡村小学教师均得学习农林之机会"。③

总而言之,近代闽江流域的职业教育称不上是成功的,时人称:"福建学生毕业而投闲置散者,尤以实业学生为甚,每届招考,学生多无一定目的,漫行应试。"并称其所以废弛的原因在于:"一,课程或译外国文,或取普通印本,不切于本地之需用及服务地方之情形;一,缺于实习,教习于教授外无营业治生之经验;一,经费不足,无筹款生利之术,办事者不能以身作则也;一,教会学校势力日涨,如海关邮政皆为外人范围;一,学校训练未甚得法,学生毕业不能措诸实用。"④然而,就教育与社会的关系而言,近代闽江流域职业教育不成功的根源在于一方面社会无法提供职业教育赖以生存的社会基础,另一方面职业教育在促进社会经济发展方面也无所建树,两者间没有形成互动互利关系。这其中的原因可以归结为以下几点:其一,近代外国资本主义势力的入侵造成了中国农村经济沦为单纯的原料输出地。就近代闽江

---

① 《省立南平农业职业学校廿五年度校况》,福建省档案馆馆藏档案,档号2-2-1123。

② 《省立南平农业职业学校廿四年度变更情形简表》,民国二十五年三月,福建省档案馆馆藏档案,档号2-1-345。

③ 《福农月刊》第1卷第5期,1932年11月1日。

④ 林传甲:《大中华福建省地理志》,福州:福建印刷所,1919年,第146页。

流域而言，农村经济的支柱已沦为茶、纸、木材这些农产原料的输出，虽有振兴实业的做法，但仅为对原料的简单加工，在本质上并没有改变原料输出的特征；与此同时，农村也成为外国商品的倾销地，这导致了农村经济的衰落。其二，近代闽江流域社会环境的恶化。所谓职业教育，意即为劳动者提供职前或职后必要的专门技术培训以应对社会经济发展的需要。然而在近代闽江流域，由于统治势力的交替造成整个社会陷入持续动荡不安中，失业反而成为社会的一个重要现象。在这种情况下，职业教育固不能解决社会的失业问题，反过来也为后者所拖累而不能发展，如前文提及的省立南平农业职业学校的印刷科学生的就业情况。1934年中华职业教育社在其第八次专家会议后的宣言中提出："教育诚为立国救国之要图，但必责教育以万能，其他视若不负若何现任，此固理所必无，亦势所不许"；[①]"实业不兴、土匪遍地，制造失业之机会，层出而不穷，试问仅有少数职业学校，于事何补？即有职业指导机关，所补救者，亦至有限，而况所谓职业学校者，未必真能养成生徒自立谋生之技能，所谓职业指导机关者，尚未为政府及社会所重视乎"。[②]这显然也是近代闽江流域职业教育所面临而无力解决的问题。其三，就流域整体而言，职业教育的发展存在着严重失衡的一面。福州作为全流域的中心，其职业教育的发展同样冠于流域其他各处。就职业学校的分布来看，流域大部分的学校集中于福州，各县仅有一到二所相当于初级中学水平的职业学校，甚至有的县份根本没有职业学校。但就位于福州的职业学校而言，其影响力显然不能和福州在全流域的地位相称。换言之，作为全流域职业教育中心的福州，并未能起到中心的作用，并未能对流域内职业教育的全面发展形成强有力的影响，这表现在流域内部其他县份职业教育经费的短缺和教育师资质量的低下上。就社会经济大的范围而言，这亦成为福州与流域内部关系的一个缩影。

---

① 《中华职业教育社宣言》，《教育与职业》第154期，1934年4月。
② 黄炎培：《断肠集》，上海：生活书店，1936年，第47页。

第三节

传统商人及其组织

近代闽江流域内的商人起初多以地域为区分标准,如广东帮、江西帮、浙江帮、福州帮、闽清帮、下江帮等。这些地域的划分也存在着不同的标准,有的是以省份来划分,有的则是以一个省份内的地区来划分,如浙江帮的商人实际上多由宁波商人组成,在福建省内也有着沿海的下府帮(即闽南商人)、闽清帮(闽清商人)与福州商帮的划分。光绪年间邵武成立的江西帮,其内部则分为南昌帮、丰城帮、抚州帮、进贤帮、南丰帮、广昌帮、贵溪帮、乐安帮等。① 学界早就发现,商帮一般有兼有血缘与业缘的特征,近代闽江流域所活跃的商帮也具有这一特征。如浙江帮的商人多经营木业,广东与闽南商人多经营茶业,江西人则从事内地航运,流域内部各地间的贸易往来则多由福州商人所把持。当然也有不同商帮操同一行业、同一商帮内经营多种行业的现象出现,这时往往各个商帮都会团结一致面对异帮商人的竞争。

传统商帮是以群体的力量来为同一地域的商人服务的,这种群体的组织便是会馆。据学者研究,会馆的前身是汉代各郡在京师为本郡人所设的京邸,唐代在京师为将吏部属所设的进奏院,宋代在京师为同乡人所设的朝集院。会馆首创于北京,清人杭世骏说:"会馆之设,肇于京师。"其产生的时间是16世纪,刘侗、于奕正合撰的《帝京景物略》卷四载:"尝考会馆之设于都中,古未有也,始嘉隆间……用建会馆。凡出入都门者,籍有稽,游有业,困有助也。"也有学者不同意这种看法,近人瞿兑之在《湖广会馆馆志后记》一文中说:"京师之有会馆,肪于汉之郡邸。……椎其原始者,或云永乐已有之。而刘同人《帝京景物略》则称盛于嘉隆。同人所记详霰,其必有所受之也。"② 会馆的设立在清代达到了一个高潮。会馆的类型按会员身份划分大致有两种:第一类是非工商会馆,它们多为同乡的官僚、士绅和举子居停聚

---

① 吴钟:《邵武江西会馆概述》,《邵武文史资料》第3辑,1983年,第34页。
② 唐力行:《商人与中国近世社会》,杭州:浙江人民出版社,1993年,第90页。

会的场所,其设立目的并不在于推进本乡商人的工商业。如民国时期建阳的尤溪会馆,它建于 1929 年,建筑规模次于其他会馆,由军阀卢兴邦部团长叶鑫金驻建阳时筹建。因该团官兵大部分为尤溪人,故建会馆以作留念。①第二类则是工商性质的会馆。该类会馆服务的对象以本乡旅外的商贾为主。《小方壶斋舆地丛钞·吴越风土录》指出:"建设会馆,所以便往还而通贸易,或货存于斯,或客栖于斯,诚为集商经商交易时不可缺少之所。"近代闽江流域内各处所设会馆多为此类工商会馆。在会馆的控制权上,第一类会馆多为官建或官商合建,控制权在官吏手中;第二类会馆的控制权则在商人手中,众商共同推选会馆的首领,主持会馆事务,维系商帮的活动,维护同帮商人的利益,排斥外来竞争。若按会馆所属商人的地域范围来划分,则不同商帮都有不同会馆,而同一商帮之内亦会以更小地域范围为划分标准形成新的会馆。如江西人在近代闽江流域的浦城县设有江西会馆,为在浦所有江西人的集会场所,另外同时也有以经营中药业为主的江西建昌人兴建的盱江会馆,为江西在浦建昌人的集会之所。②再如建瓯县,建瓯为闽北首邑,各方人物荟萃之区,士农工商各业俱备,因之会馆也很多,其中除有江西会馆外,还有江西人修造的南昌会馆、南城会馆、抚州会馆等。③

会馆的章程一般只涉及敬神、互助、善举的准则,并没有对群体中个体商人的工商事业做出限制性的规定,体现的仅仅是一种松散的联合。以 19 世纪末在福州的广东会馆为例,其章程规定如下:

一、鉴于住在福州的广东籍商人日益增加,有必要组织一个同乡会,向同乡人提供帮助和保护。

二、同乡会会员如果触犯法律,应由会馆执委会进行审查,如果确有不法行为,送交当地政府处理。

三、为了保管会馆的档案资料,委派秘书一人,每月固定薪俸若干。

四、遇到重大的事情,关系到全体全员的利益时,应召开会议进行讨论。

---

① 张世明:《民国时期建阳的会馆和同乡会》,《建阳文史资料》第 12 辑,1989 年,第 52~55 页。

② 陈景清:《忆浦城六所会馆》,《浦城文史资料》第 5 辑,1991 年,第 194~198 页。

③ 潘芳:《建瓯解放前各同乡会简介》,《建瓯文史资料》第 3 辑,1982 年,第 98~103 页。

第五章 近代闽江流域的社会变革

五、会馆经费由会员捐助,如有不交的,驱逐出会;捐款低于摊配给他的金额的给予罚款,金额不低于演一台戏的钱。

六、会馆执委会收到捐款后,应把捐助的人姓名写在纸上,张贴会馆墙壁公布,以防遗漏。

七、执委会有权处理多作的基金,将其用于财产的投资,或者贷给需要的会员,超过100元以上的,要报给大会批准。

八、会馆召唤会员时,发出竹片,上写事务的性质;会员接到竹片时,必须服从,亲自到全,如果本人不在由别人代表,则须交还竹片,如有不遵者,予以罚款。

九、执委会由商行的负责人担任,任期一年,任期届满后可以参加重选。

十、在适当和需要时,经呈报大会批准,会员捐助的金额可以增加,或者减少,甚至全部免除。

十一、大会讨论有关全体利益的问题时,每个会员有权发表意见,但是不准将会议内容在外面传播。

十二、会馆的家俱财产都要登记财产目录,保存在秘书处,秘书应于每年年会上汇报家俱物品的损坏与丢失情况。

十三、任何人不得居住在会馆内,从广东来的知名学者除外。

十四、妇女不准进入会馆。

十五、所有做法事的僧、道和仆役不准接受小费。

十六、会馆的职工因过失被判有罪时,立即开除出馆。

十七、广东籍人士进京赴考经过本地时,如有需要,可向执委会申请帮助。

十八、会员因生活困难,可以申请救济,特别当亲属死亡,无力运柩回乡时。①

从以上广东会馆的章程可以看出,会馆的主要功能是为同乡人提供一个聚会的地方,讨论有关共同利益的问题,安排节日及帮助困难同乡。其他各省在闽会馆的章程也大都如此。但面临外地商人群体的竞争或者外界的强势介入时,它往往也体现出干预工商业的能力。如1929年,两浙木帮以

---

① 池贤仁主编:《近代福州及闽东地区社会经济概况》,北京:华艺出版社,1992年,第380～381页。

上游木商要求移设税关,侵害该帮利益为由,向各界发出通告:

查闽省出产以木植为输出大宗,其采运情形向与其他货物不能尽同。故竹木消费局之设立,应以竹崎为收税地点,原非无疑。第闻当局因徇产地商帮之请,对于竹木收税地点将有一并移设水亭之议。是使敝帮未受裁厘之利益,先受加税之损害,不得不联合共起反对。除函总商会及商业研究所,并分呈财政特派署暨竹木消费税总局外,特述其不能改设水亭之理由如左(下):

(一)查消费税之性质即系出产税之一种,故此项税费为出产地之商人所负担。而敝帮则属采运商人,即有出口一税,近且另加内地税,自无再担产税之理。惟其为出产税,故收税机关必设于出产之地方为合宜,窃按设局收税地点其最适当莫过于竹崎。若由竹崎改设水亭,是将产地税局移置出口处所,则采运商人既增过当之负担,而产地各商转免纳税之义务。在政府裁厘加税原为减轻商民负担,讵知敝帮竟得其反,不特权义不均,而且与征税之旨未符。此就性质而言,关于设局地点仍应照旧设在竹崎之理由一也。

(二)查闽省木植产自上游,而竹崎为上游孔道,诚属百货必经之地,而舍此莫由者也。且该处水流不急,河道深阔,停排其间,既无危险之虞,又免偷漏之弊,殊为停排征税之天然区域。以较水亭场地窄狭,帆樯群集,横冲直撞,诸多危险者何啻天壤。若由竹崎移设水亭,是舍冲要之区而就迫促之地,不但增其负担,而又加以危险,此就地势言,关于设局地点仍应照旧设在竹崎之理由二也。

(三)查消费税征收方法,凡属大宗出产,均可特设专局征收,以便商民。其非大宗货物,为节省经费起见,则取合类设局之制而为征取税款之法。木植既为闽省出口大宗,昔之厘金,今之新税,又皆特设专局,不分今昔。是局制未有变更,则地点何必擅改致使纳税之义务失其平均,此就局制言,关于设局地点仍应照旧设在竹崎之理由三也。

(四)按竹崎不啻为上游来省之咽喉,就地设局对于征收已得纲领办法,到达南台又可从事稽查,则税款自不至于走漏。若移设水亭,则由上游直抵南台,难保无绕道逃税情弊,似此公家收入既虞短绌,机关查验更恐难周。虽美其名曰改善,而究其实,反成不妥,乃舍取正当周密之征收稽查方法而就不妥善之办法,是何居心,殊不可解。此就征收言,关于设局地点仍应设在竹崎之理由四也。

第五章　近代闽江流域的社会变革

综上所列,则竹木消费税局绝无改设水亭之理由,非请照旧办理不可。否则弊帮因裁厘加税后之结果而得加重负担之损害,揆诸事理,按之章程,岂得谓乎白?不得不联合共起反对,希望当局知其利害,主持公道。关于大宗之木植仍以竹崎为收税地点,以轻负担而维商业。否则惟有一致停业,对于水陆工人虽不下十余万众,只得听其自然已耳。用特披露理由,诸维各界察鉴主持公道,无任感祷。①

就以上启事观之,移设税局之争实质上即为木材产地商帮与移设商帮(两浙木帮)之间的利益冲突之争。双方虽没有面对面的直接冲突,但两浙木帮借对当局施加压力来保证本帮利益,甚至不惜以停业手段相要挟。但这种做法显然会使得两浙木帮处于本地商帮的四面夹攻之中,于该帮商人在近代闽江流域的商业活动大为不利,两浙木帮的商人显然也意识到了这一点,因而又有了下面这则《两浙木帮通告各商帮启事》:

查此次改善消费税,将非大宗出产之零星物类并局征收,其法甚善,且与原则亦无违反。惟木植为闽产大宗,内设专局,故去年改办消费税,亦设专局于上游冲要之竹崎征税,办经二月相安无事。今上游木商为避税,私意遽议迁局,甘违原则,蔑视公理,敝帮前经登报报启事,请各界主持公道,谅邀详察。此番敝请愿力争,反对移设,系根据前情,单纯为木局问题,与其他各类已如上述毫无关系,惟恐道路传闻,是非淆乱,用再补叙解释,以免误会,希□公鉴。②

在这里,两浙木帮力图避免该帮商人与各商帮的关系恶化,从而导致其生存环境的恶化,这足见近代闽江流域各商帮之间关系的复杂。

另外,商帮由于对该帮内部各业商人缺乏有效的整合,因而在面对外来竞争时往往不能采取直接有效的商业策略来保护商帮利益,反而往往以乡族观念夹杂其间,导致各商帮以及商帮与地方社会之间的直接冲突。这类冲突多以械斗的形式进行,给当地社会带来了较恶劣的影响。如建阳县,先是光绪四年(1878年)八月,江西客民围攻莒口,"江西客民在莒口河坝村购买地基,架造会馆,莒口人不允,联首罗国盛等赴县呈请谕阻。江西客民纠合同乡围攻,莒人筑堡御击,两造均有损伤。后经各大宪派委查勘,双方解

---

① 《福建民国日报》1929 年 3 月 18 日。
② 《福建民国日报》1929 年 3 月 18 日。

决,创建会馆之议遂罢"。① 光绪七年(1881年)秋七月,江西侨民与兴化侨民在崇政里发生械斗,"江西侨民与兴化侨民因买饼细故,酿成械斗。七月十一日在茶布街龙津桥开战,两造各伤毙一人。联首李占春、王友臣等赴请兵弹压,两造始行改散,管带廖得胜拿获假冒蓝项周鸿恩正法"。② 1915年,江西河口帮又在茶布街与当地人发生冲突:"江西河口帮老黄等侨居茶布街,往往恃众鏖诈滋事,联董王宝仁、王镜箴等捕拿送案,未几释放。老黄等赴西乡一带纠集黄太和、宋告化等众至数百,聚江西会馆。十三日下午每人头戴白巾围攻茶布双井村,知县曹昭威、队长徐湘臣督率军队团丁开枪轰击,毙匪首王拳师等五人,围解。七月十五日连长喻青山带兵一排到茶布再清理,连长喻青山协同驻书坊兵队捕获匪首黄太和和宋告化,解县枪毙。"③ 在此次事件中,我们可以清楚地看到商帮和会馆在其中所起的作用。

限于资料,我们无法得知近代闽江流域传统商人会馆的确切数量。但就各地情况来看,各县均有会馆存在,其中多为江西会馆、福州会馆、尤溪会馆、汀州会馆、兴化会馆、广东会馆、下府会馆④等。其中广东会馆和下府会馆分别为寓居的广东人及闽南人的集聚场所,这两地商人多以经营茶业为主。清季福州开关初期,茶业兴盛,这两地商人数目较多,因此会馆数也随之增加。茶业贸易衰落之后,两地商人纷纷回迁,两地会馆因而在民国时期较为少见。多数县份往往有五到六个会馆组织。如南平有福州会馆、汀州会馆、兴化会馆、安南会馆、尤溪会馆、古屏会馆、六邑(延、沙、顺、永、尤、将)会馆等七个会馆,其中福州会馆人数最多,在南平有一定的影响。⑤ 再如建阳,20世纪30年代,先后有会馆六所,同乡会六个。会馆早的建于清乾隆年间,其余均建于清末民初;同乡会均在民国时期抗战前后成立。其中以江

---

① 万文衡等修,罗应辰等纂:民国《建阳县志》卷二,《大事记》,民国十八年铅印本,第17~18页。

② 万文衡等修,罗应辰等纂:民国《建阳县志》卷二,《大事记》,民国十八年铅印本,第18页。

③ 万文衡等修,罗应辰等纂:民国《建阳县志》卷二,《大事记》,民国十八年铅印本,第19页。

④ 下府会馆一般为大田、德化、永春、安溪、晋江、南安、泉州、惠安、同安、厦门十县市客籍居民所组成,其中多为闽南商人。

⑤ 陈启华、沈健行:《南平的同乡会和会馆》,《南平文史资料》第6辑,1985年,第63~66页。

西会馆及同乡会规模最大。① 顺昌县有江西、汀州、福州、兴化、尤溪、下府等会馆。依此推断,近代闽江流域所设会馆数当在百余,其中以江西会馆、福州会馆为大。会馆数目最多的地方当属省城福州。19 世纪末,在福州设立的各省会馆共有十个,分别是广东会馆、两广会馆、江西会馆、江苏会馆、安澜会馆、浙江会馆、安徽会馆、湖南会馆、山陕会馆和奉直会馆等。② 除各省会馆外,本省内各县也往往都在省城设有会馆,另外也有外国商人所设各国商人公会组织。

表 5-16　民国时期在榕各地会馆、公会组织一览表

名　称	所　在　地	名　称	所　在　地
江西会馆	北角楼	福鼎会馆	上杭街
湖北会馆	正一行宫	奉直东会馆	山兜尾
湖南会馆	保定巷	安卫会馆	花巷
河南会馆	府西廊	蜀滇会馆	北门三官堂
两广会馆	石井巷	全浙会馆	西门半街
广东会馆	泛船浦	闽浙会馆	水部仓门外
山陕会馆	玄澶河沿	梅邑会馆	东台后田
浙江会馆	东街	延平会馆	霞浦街
浙绍会馆	泛船浦新街	汀郡会馆	南禅山边
江苏会馆	北门大楼下	建郡会馆	上杭街
辽球会馆	太保境	寿宁会馆	上杭街
福安会馆	横街	绥安会馆	上杭街
尤溪会馆	潭尾街	兴安会馆	下杭街
古田会馆	一保	崇安会馆	西新路
福清会馆	瀛洲桥	永定会馆	鹿文坊
邵武会馆	灯柱街	长汀会馆	培巷
浦城会馆	下杭街	长乐会馆	豹头山

①　张世明:《民国时期建阳的会馆和同乡会》,《建阳文史资料》第 12 辑,1989 年,第 52～55 页。
②　池贤仁主编:《近代福州及闽东地区社会经济概况》,北京:华艺出版社,1992 年,第 380 页。

续表

名　　称	所　在　地	名　　称	所　在　地
南群会馆	南台下杭街城内鹿文坊	福宁会馆	西新路
永德会馆	硋埕里	福州日本人居留民会（日本人约三百人）	仓前山太古棚
三山会馆	南台湾洲巷城内春育亭	福州台湾公会（台湾籍民约一千八百人）	南台苍霞洲
东瓯同乡会	荔枝楼下	福州葡侨公会（葡萄牙籍民约百人）	南台油巷下
上杭同乡会	石井巷		

资料来源：（日）台湾总督府外事部：《福州事情》，台北：台北印刷株式会社，1941年，第165～166页。

近代闽江流域各商帮组织的会馆，就其组织来看，往往由帮众公举头首一名，负责会馆事务，头首下设庶务及会计。一般会馆下还置有房屋、店铺、土地、山林和基金，由头首推荐人员加以管理，如建阳江西会馆内就分会客厅、大厨房、魁星楼、观音阁、财神庙、土地祠、大展、凉亭、戏台、酒楼等部分。

就会馆的作用来看，主要有以下几点：

其一，会馆实现了同帮商人之间的联乡聚众，以众帮众。会馆的设立往往是在某地聚居了一定数量的同乡人之后，为防范遭受外人或行业外的欺凌才得以设立。它成为同乡人在本地的集会场所，为同乡和同行业谋取公益。因而会馆是外乡人互助互济的象征，同时也是当地商业繁荣的反映。

其二，定期拜祀神祇与同乡先贤，加强同帮商人在文化以及心理上融合。不同商帮的商人在各会馆都祭拜不同的神祇，如江西会馆祭拜的许仙真君，福州会馆以及省内其他各地会馆祭拜的妈祖娘娘，浙江会馆拜祀的禹王等。这些神祇多为各地的神灵，如许仙真君姓许名逊，字敬之，晋朝人。据传曾经救了江西生灵，后在南昌西山得道成了真人。乡人不忘许仙之德，在南昌西山建了万寿宫，每逢正月许仙生辰与八月初一忌辰，为庙会朝拜日。这样旅居外地的江西人都建有"万寿宫"，后者也成为江西会馆的代名词。这些共同的信仰和文化传承使得在异乡的各帮商人得以更加亲近。

其三，会馆在保护同帮商人利益上发挥了相当的作用，如前文所述的两浙木帮。

第五章 近代闽江流域的社会变革

其四,会馆及其附属团体所举办的活动,对当地经济社会的发展起着相当重要作用。以顺昌县洋口的福州会馆为例,福州会馆下设有救火会,当地人通称水龙会,未建福州会馆前,洋口福州乡祠就购有一台水龙(水泵,手压式,下同),组织一个救火队。会馆建成后所筹资金尚有盈余,并且每年所集资金开支后均有富盈,洋口木质楼房甚多,且相连成片,火灾时有发生。为了居民的生命财产安全,福州会馆的会首们经过商讨,决定用这笔资金购置一台新的水龙和救火器具,组织一个较大的救火队伍,并将旧水龙一台赠达六帮会馆使用,以加强救火力量。新组织的救火会有200多人,均为本籍的铁匠、木匠、泥水匠、劳夫(装卸工人)、商店菜馆伙计、学徒等。救火会设有警备部、水龙队、供水队、拆屋队、卫生队,统称一部四队。警务部是综合机构,有30余人,其中几个威望高,组织能力强的核心人物任火场指挥,其余的人维持火场交通秩序,守护火场抢救出的物资,以防歹徒趁火打劫。水龙队是救火的突击力量,由50多个身强力壮的青壮年组成,其中掌龙头(水枪)3人,扛档牌(挡在龙头前,防掌龙头者被火灼伤)2人,这5人主要由铁匠担任。还有压水龙每班8人,共两班轮换,余下的拿架叉,将水带架起防止被踩压,保证水流通畅。供水队是救火的主力,由80多位年轻伙计、学徒组成,年轻人跑得快,救火时肩挑水桶奔跑在水源与火场之间,十分艰巨。拆屋队要上房掀瓦拆屋,抢救物资,要有一定的专门技术,主要有木匠、泥水匠组成,有60余人。卫生队有10余人,以诊所医生为骨干,负责救护伤员。救火会发给每个队员印有统一编员的衣服一件,竹制安全帽一顶,上面均印有"福州帮救火会"字样与编号,只能在救火时穿戴。衣服是青布所缝,曰"号褂",竹安全帽是用厚毛竹篾片制成,形同清朝官员之帽,曰"竹头麻"。队员们平时将号褂装在竹头麻内挂在墙上,一听到火警锣响立即取下竹头麻戴在头上,然后穿好号褂奔向各自的岗位,紧张而有秩序。在洋口历次火灾的抢救中,福州会馆的救火会均起了很大作用,为洋口居民做了多次好事。每年入冬后气候干燥,是最容易发生火灾的季节。这时救火会要抽出青年队员组织冬防巡逻队,每夜编班巡遍洋口六坊每一个角落,既为防火,也为防盗。救火队员无论是救火还是冬夜巡防,均为义务性质,没有报酬,只是在每次参加救火或冬夜巡防后发给一支面签,可随便在洋口任何一家饭馆吃一碗面点,店家凭签向救火会结算。到了每年腊月二十这天,全体救火队员要集中操练演习一次,以检查人员操作与水龙器具是否完好可靠,谨防失灵事故。演习结束后,队员们还抬起水龙,扛起救火器具上街游行一周,然后散队。救火会散队后等翌年元宵一过马上重新组队,并调整补充青年队员。散队过年期间如发生火灾,队员们仍按原编排参加救火。① 另外,对于近代闽江流域的支柱产业,商帮也不遗余力地予以推进改良。如《建瓯县志》记载:"和兴茶业公帮起而讲究种植制焙法,寻改为建瓯茶业研究会联络群力,锐意改良。宣统二年,南洋第一次劝业会,如金圃、泉圃、同芳星诸号均获优奖。民国三年巴拿赛会,詹金圃得一等奖凭,杨端圃、李泉丰得二等奖凭,此其效也。近年广潮帮盛,建瓯业此者日形衰落,特恐利源自我出,利权不由我操,逆顾前途,实堪隐虑,吾人固宜奋袂而兴起也。原夫茶之始出,仅一二种,今则品类多而制法备,果能顺天时,因地利,而辅之惟人力,将见茶业骎骎日上,不与昔之北苑、今之武夷并驾江而齐驱也耶。"②

其五,会馆在聚众帮众、扶助工商的同时,对地方教育的发展亦有相当的推动。会馆不仅为本乡人的聚集提供了场所,同时也为同乡商人子弟的教育提供了机会。如沙县的江西会馆万寿宫(即江西会馆或豫章会馆),为江西帮在沙县的集会场所,他们在沙县主要从事绸缎、布匹、中药材、染坊、木器、棺椁等较大行业,人数众多。会馆经济来源充裕,会馆内设江西帮集资兴办的"豫章小学",供本籍子女及附近居民子女就读。③ 再有民国年间的建瓯公立乙种商业学校即设在建瓯的八角楼福兴会馆。④

进入民国后,闽江流域各地商帮在会馆的基础之上又成立了同乡会组织。与会馆相比,同乡会在设立初期,其功能与会馆差不多,但后来逐渐演变为慈善团体性质,负责对所有在当地的本乡人(不限商人)进行灾难救护等。因而在流域的各个县份都存在着一个地方既有会馆又有同乡会的情况。如建阳县,20世纪30年代建阳先后有会馆六个,同乡会六个。分别为江西会馆、福州会馆、汀州会馆、尤溪会馆、兴化会馆、下府会馆;同乡会有江

---

① 张镇:《福州会馆与救火会》,《顺昌文史资料》第7辑,1989年,第57~62页。
② 詹宣猷等修,蔡振坚等纂:民国《建瓯县志》卷二十五,《实业》,民国十八年铅印本,第3页。
③ 林梦鸥:《虬城的会馆》,《沙县文史资料》第8辑,1989年,第172~175页。
④ 詹宣猷等修,蔡振坚等纂:民国《建瓯县志》卷九,《学校》,民国十八年铅印本,第18~19页。

第五章　近代闽江流域的社会变革

西同乡会、河南同乡会、浙江同乡会、兴化同乡会、福州同乡会、五省同乡会。① 与会馆相比,同乡会的功能多在于对其会员提供一定的帮助。以1934年福州十县旅沙同乡会的章程来看,其职责一般有:(1)团体协约之缔结修改与废止;(2)会员之职业介绍;(3)职业教育及其他民众教育之举办;(4)图书馆及书报社之设置;(5)出版物之印行;(6)会员恳亲会俱乐部及其他各项娱乐之设备;(7)同乡或会员间纠纷事件之调查与排解;(8)关于旅沙同乡如受非法压迫时,得向当地政府呈诉意见,请求主持公道,如遇桑梓发生不幸事件,尤须一致声援誓为后盾,监督政府公正解决;(9)调查旅沙同乡家庭生计状况及其就业失业之统计;(10)关于旅沙同乡如遇穷途落难者,得酌量情形设法救济之,以示体恤。②

除以地域范围为划分标准的会馆外,传统商人的组织还有行会和公所。与会馆相比,后者是商人以行业为基础自发或自觉建立的组织形式。行会与公所早在隋唐时便已形成,兴盛于清乾嘉时期。学界认为,商人业缘组织的产生与发展是商品经济发展的重要表象,也体现着商人的职业化。它以人力、物力的集合和对市场需求的正确判断与预测为优势,极大地调动了商人投入更大规模、更远距离的商业经营的积极性。③ 最初的同业行会是由会馆演变而来。因为作为地缘组织的会馆,往往兼有业缘的特征。如顺昌县的江西会馆,客居顺昌的江西人多是赣南的广昌、南丰、南城、临川、丰城、进贤等地人。其支柱产业是手工业和商业,如缝纫、木工、打铁、客栈、中药、布匹等。而专事种植蔬菜的多数是南丰人。④ 所以有些会馆很自然地适应商业竞争的需要而演变成为当地同业行会。与此同时,行会与公所虽为业缘组织,但仍然有地缘的特征。以近代闽江流域为例,相当一部分行会和公所都以公帮的名义出现,一身兼有公所和地域商帮的特征,如前文提及的两浙木帮。再有如《建瓯县志》称:"(福州)建属木商公会设在南台后田,为保

---

① 张世明:《民国时期建阳的会馆和同乡会》,《建阳文史资料》第12辑,1989年,第52~55页。
② 《关于福州十县旅沙同乡会简章、会员名册》,沙县档案馆馆藏档案,档号101-1-31。
③ 唐力行:《商人与中国近世社会》,杭州:浙江人民出版社,1993年,第97页。
④ 罗传瑞:《县城同乡会概况》,《顺昌文史资料》第5辑,1987年,第197~199页。

护建溪流域六邑木业总机关,现在主席杨腾峰办事有方,公帮多所裨益"①,这里的建属木商公会,一方面有地域特征,包括建溪流域六县,另一方面具有行业特征,是地缘与业缘组织的统一体。

与会馆相比,行会、公所所制定的规则对整个行业有很大的约束性,因而后者对工商业的影响更为重要,二种组织出现了大体上的更替。其背景则是商品经济的发展。近代闽江流域商人行会与公所组织的功能主要体现在维护本业商人正常经营活动和增加本业商人竞争力上。如政和县在清末就出现了"茶社"组织,参加的人都是些茶行老板和外地行商。"茶社"在每年清明节举行社会,大办酒宴,议定全年茶价和相关事宜。② 这事实上是行会约束和规范同行业经营的行为。再如1929年闽江上游民船公帮因与汽船争运北路上下之货物,两者之间起了争端。溪船公帮就采取措施,一致对外,甚至不惜以罢河为代价以挽回本公帮利权。如以下材料所示:

> 上游帆船(即民船)因与汽船争执装运北路上下水之洋粉、洋糖、食盐及纸米茶六项货物发生纠纷一切,已志报端。兹查各汽船自停留建瓯、延平、洋口、水口等处。观察形势之后,溪船公帮亦在为愤激。凡往来永安、沙县、光泽、延平、邵武各埠之船只,现亦集中于延平下道、水口、尤溪口、闽清口一带,大小约一百余艘。全体议决,非争回装运该六项商货之原权,即扩大罢河,实行断绝闽北航路之办法。态度颇形强硬……③

除以上提及的保商护帮功能外,近代闽江流域商人的业缘组织还存在着较强的排他性与垄断性。行会与公所的这种性质对于异帮商人而言是保护本帮商人利益,但若对于本地社会而言,则易形成一业商人欺行霸市的现象。如清光绪年间,尤溪县纸商林长成、林长章、陈茂盛、林广成、林协美、丁益泉、丁同益、吴永兴、吴永记、林三成、王丰记、陈德丰、陈德兴等成立纸业公帮,制定帮规,把持尤溪纸业。其帮规规定:"如纸客别卖,不准帮内私抬价值,违者重罚。如有私买,将纸充公,其店闭歇。"后为尤溪县地方官员所

---

① 詹宣猷等修,蔡振坚等纂:民国《建瓯县志》卷二十五,《实业》,民国十八年铅印本,第4页。

② 陈愧三:《政和茶考》,福建师范大学图书馆古籍室藏手抄本,1941年,第63页。

③ 《溪船争运潮,集中延平一百余艘》,《福建民国日报》1929年12月25日。

第五章　近代闽江流域的社会变革

禁革,兹录《禁革公帮告示》如下,我们可以看出商人业缘组织在当地社会的影响。

出示禁革公帮事:本年五月初四,蒙臬宪张批据县禀覆饬,查廪生蔡辉沙等上控林长成、林长章、陈茂盛、林广成、林协美、丁益泉、丁同益、吴永兴、吴永记、林三成、王丰记、陈德丰、陈德兴等把持情形等由。蒙此,查律载凡贾买诸物,两不和同,而把持行市、专取其利者,杖八十。(注云:两不和同,谓买者卖者皆不情愿,即俗所谓强买强卖,而又不许他人买卖者)尤溪地瘠民贫,惟赖纸为生计,林长成等纸行并非领帖之户,尽人可开,私立公帮,已干例禁。观其所定帮规者,如纸客别卖,不准帮内私抬价值,违者重罚。如有私买,将纸充公,其店闭歇等语,是谋禁锢槽户、压制别行,即律所谓把持行市、专取其利者。

该商等亦知众情不服,乃以养槽、旧欠两事炫惑有司。查养槽系保给工资,余与货物以准折槽户之纸价,各处皆然,不独公帮如此;旧欠则何行蔑有,槽户有欠,尽可呈追,不能禁其纸之别售,亦不能禁别行之不收其纸。是所谓养槽、旧欠又该商抵制上控之托词。

至于纸类之价、请由官定,其言似公矣。然百货涨落无常,但使买卖和同,即是公平价值,何必请由官定,况林长成等力足认强立公帮,莫之禁遏,由官定价,不遂其私,是犹把持抵制之诡谋,何足为信!昔年延建邵司徒道为该商出示严禁,不准私开私家买并将源标封,至于入帮而后已,又因泉源添开,经府封禁。查纸系寻常货物,并非引地之盐、例禁之酒,但输厘税,其所谓私,即公帮实便于民,尚不能禁人增设,何况居奇垄断,盘剥小民?前道司徒不遵例章,不恤民隐,坏彼成此,办理昧欠公平,且泉源一经府是,即便闭歇,而公邦则安然自若。据禀,自本年正月二十四日泉源闭歇之后,米价日增,纸价日减,即此数端,其为恃强自恣,周利病人,尤属信而有征。来禀所谓以把持抑勒之钱,行把持抑勒之术,殆非虚语,综核该令先后所禀,澄本司查访情形,槽户蓄怨已深,所以未即滋事者,知该事尚有持平,姑意忍以冀挽回耳。案已提府逾年,迄今未能了结,若必候人证到齐,再行定断,适遂该帮等延累之谋。倘槽户呼吁无门,铤而走险,亦非保全该商之道。

总之,此案等病在公帮,禁革公帮则该商一切把持抵制之术俱无所施,人心自平,物价自定,讼端自息。应即由县出示严禁,勒将尤溪纸商公帮名目永远禁革,林长成等十三家开闭听其自便,嗣后该纸行无论何等商人,俱准其开设。槽户愿售何行,各听其便,不得阻挠,地方官不得稍涉偏袒。如有私立帮规,妥取市利或捏词上控、挟制有司,即严治以应得之罪,并将该店标封,前通司徒所给告示,由县追回撤销。其与杨泉源等互控,案内在府,候讯人证,由府即行开设,以恤民生,而断讼蔓,除录批款明督宪暨移藩司巡道,并行延平府遵照外。仰即遵照,认真办理,并馀示稿通款备案,毋延,此檄等因。

蒙此,当论案达实情,方立于不败之地,而无谎不状,亦为求胜之常。自来讼狱叠兴,虽云涛张为幻,然必视于理,以罪托于,是以饰非,从未有显于众怒,明犯科条,毒害遍于生民,污浊且及于官,长成等之强立公帮者也。

查林长成等开张之初,允移利市,当是时,商民相安,生意发财,该商等应尚能记忆及之。讵意开设日久,同行日多,思擅独得之利,遂成垄断之谋,于是巧言公帮,私定规条。犹虑私规之不足压人,乃请官示以遂其奸,计使槽户有纸不准别售他人,有货不能添开,复将纸价日低,米价日贵,其私定合议日期及红帮章程张贴于会馆者,皆不营自声其把持仰勒之罪。而槽户终岁勤勤,得不偿本,亏折消耗,几不聊生。以致各抱不平,怨讟沸腾,该商等复诩诩得意,日事盘剥,亦实不知事干众怒,显犯例禁乎!殆亦利令智昏,虽身为怨府,而不知甘蹈刑章而不顾也。

此次因泉源一店不愿入帮,缠讼数年,枝节丛生,绅耆、槽户群起环攻。查十九年间,该帮结连县差,拦夺私卖,各都槽户会集数百人与该商寻仇,几至酿成巨案,在该帮目此情事,比量曲直,虽难云知是不辱,当亦思知难而退,乃查其中若重有所恃者,复敢无中生有,强词夺理,其控槽户边。一曰养槽数十年,又曰槽欠数十万,毁不虑账簿之无凭,其诬绅耆也,始以为贿串,继反以为枭债。又不顾前后之矛盾,抵制拖累,日复一日,官司未了,公怒成仇,如再抑而不伸,必致酿成巨祸。彼时势不是恃,利尽归人,所再晏然开立,行其把持仰勒之术乎!今幸蒙臬宪念恤民隐,查悉诡谋,摘伏指奸,词严意切,质之该帮,应无丝毫口抑,所有该帮之鬼蜮伎俩,谅亦无可再施。而所以不究把持之罪,意令禁革公帮者,是于严厉之中,仍寓宽恤之意。须知宪恩高厚,各宜激发天良,共相感悟,从此洗心涤虑,息讼安分,切莫再结公帮,尚可保全商业。

至本县办理此事,一秉至公,即先后通禀各节,亦系查访实在情形,

第五章　近代闽江流域的社会变革

毫无曲私,虽为地方生民起见,然亦保全该商不浅。乃林长成等,屡以无稽之词妄加讦议,居心犹为刁狡,茅所悔祸以诚,不怙前非,亦当从宽免究,不咎毁往。所有公帮名目,自应遵批永远禁革,以除民害,而安商业。除将前奉司徒通究告示遵批饬差追回撤销,一面传领账簿禀请销案外,合行出示严禁。

为此示,仰合邑纸行、槽户人等体知悉,尔等须知私结帮规、把持仰勒,大原有干例禁。嗣后口将公帮名目永远革除,即私立条约亦克日缴消,无论何籍商人,俱准开设纸行,槽户愿何行买卖,各听其便,不得阻挠,至各行纸卖米以及百货,价值尤须公平,交易不许仍前高抬抑勒。如有私立帮规,罔取市利,一经查出,当照两罪并治之例,一律穷究,此系奉宪饬禁,期在必行,慎勿尝试。至于槽允一节,亦经本县查悉,为数无多,亦应陆续清还,不得因公帮革除,任意拖欠,致干穷追,各宜禀遵毋违,特示遵。①

综上所述,近代闽江流域传统商人及其组织会馆、行会与公所在流域社会经济的变迁过程中有着重要的作用。首先,近代闽江流域是一个因贸易而兴的区域,商人在其间的作用是不言而喻的。就活跃于流域内的商人群体而言,外地商人主要有广东、江西、浙江商人,其中广东商人于茶业衰落之后逐渐退出这一舞台,而外地商人的主体为江西商人,主要活动于流域上流地区;本地商人以旧福州府所属各县商人为主,称为福州商人,他们活动的范围则几乎遍及流域各个县份。这些商人经营着近代闽江流域的商品贸易,他们所组成的组织——会馆、行会和公所对流域社会与经济的发展也有着相当的影响。其次,就近代闽江流域传统商人组织的变迁而言,由会馆而及行会和公所,其背景则是商品经济发展、商业竞争日趋激烈。在商品经济发展的过程中,商人改造着社会,同时也改造着自己,商人组织的演进显示了商人大团体意识的不断强化,这一演进的结果便是代表近代资产阶级利益的商人组织——商会的成立。在清末商会设立之后,闽江流域地区也纷纷效仿,而"会馆、公所事业渐次",②其功能便渐为商会所取代了。

---

① 马传经修,洪清芳纂:民国《尤溪县志》卷八,《杂识》,民国十六年铅印本,第29~32页。

② (日)东亚同文会编:《中国省别全志》第十四卷:福建省,东京:东亚同文会,1920年,第454页。

第四节

新式商人团体与近代闽江流域社会

晚清自新政以来,以商会为先导,出现了众多的新式商办社团如商团、自治所、救火会、学务所、去毒社、商船公会以及农会等。新式商人社团及商办社团的兴起一方面反映了商人力量的增加和地位的提高,另一方面由于各式商办社团的活动范围已扩展到了社会的多个层面,这也反映了商人对于各地社会影响力的增加。就近代闽江流域而言,19世纪末20世纪初其新式商人社团有商会、农会、救火会、去毒社、产业改良所等。以下就商会、农会及其对近代闽江流域社会的影响加以分述。

一、商　会

商会是近代中国第一种新式商人团体。近代中国的第一个商会组织是成立于1902年的上海商业会议公所。从其章程内容来看,已清楚地反映出了不同于旧式行会的资产阶级性质。章程第一条曰"明宗旨",开宗明义地宣称:"本公所之设,为集思广益、讲求商务起见。上海西商各有总会;日本通商大埠,皆设立商业会议所。……今仿照日本设立会议公所。会非无事,议皆有益,顾名思义,一以商务为指归,既不蹈官场积习,亦不侈纸上空谈,总期众情欢喜,互相考究,以仰答朝廷振兴商务之至意。"①光绪二十九年(1903年),清政府商部奏定《商会简明章程》,规定:"凡属商务繁富之区,不论系会恒,系城埠,宜设立商务总会,而于商务稍次之地,设立分会,仍就省分隶于商务总会,如直隶之天津、山东之烟台、江苏之上海、湖北之汉口、四川之重庆、广东之广州、福建之厦门,均作为就应设总会之处,其他各省由此类推。"同时又明令"凡各省行埠如前经各行众商主有商业公所及商务分会等重者,一律改称商会"。② 至此,商会开始在全国范围内推广设立,清末商

---

① 徐鼎新:《旧中国商会溯源》,《中国社会经济史研究》1983年第1期。
② 《东方杂志》第1卷第1号,光绪三十年(1904年)三月十一日。

会数量增长很快,到清朝统治结束时,全国商会(不包括海外华侨商会)已有800个左右。①

学界一般认为,清末新式商人团体出现的原因一方面在于清末实行的重商政策,清政府通过设商部、颁布各类兴商的章程法令、改变传统的贱商习俗,提高商人社会地位,此外还采取种种办法大力饬令倡导各地商人组织商会,更对新式商人社团的产生起了直接的推动作用。另一方面则在于19世纪末20世纪初,中国民族工业和商业的显著发展,从而为清末新式商人社团的诞生奠定了经济基础,新式商人团体的出现在一定意义上可以说是资本主义发展的必然结果。② 但我们不难发现,上述论断显然是针对近代中国而言,商会的诞生确实是清末新政与国内新式工商业发展的需求,但就商会在全国范围的推广而言,却很难做出这样的判断。

就近代闽江流域而言,其最早设立的商会为福州商务总会。当时以"福州瘠土甲东南,商业之薄弱,殆于无可称述。顾互市有年,且由上下游输出之货,必先汇于福州。于是亦为闽南一大商埠,达于商律者,因变亟设商会"。③ 可见当时福州之所以要设立商务分会,只是为了达到商部的规定而已。清光绪三十一年(1905年)冬,福州商务总会设于南台下杭街,"选定总理协理各一员,又会计董二,庶务董六,会员五十,坐办书记、事务、会计员各一。以省会及兴、宁、延、建、邵、汀诸埠为地界。以开通商智、和协商情、调查商业、提倡改良、兴革利害为宗旨。其总、协、理、议董,皆投票选举,一年任满,由会友公举会员,再由会员公举议董,而后合全班公举,总、协理议期,分常会、特会、年会"。④ 其宗旨是:(1)联络同业,启发智识,研究商学,博稽利弊,以开通商智。(2)维持公益,改正行规,调息纷难,代诉冤抑,以和协商情。(3)调查农工商业之情状,统计其实数,以备商部及商政局咨询本埠及各埠商人讨论。(4)农工同业旧无者,议如何提倡,已有者议如何改良。(5)

---

① 黄福才、李永乐:《论清末商会与行会并存的原因》,《中国社会经济史研究》1999年第3期。
② 朱英:《辛亥革命时期新式商人社团研究》,北京:中国人民大学出版社,1991年,第21~42页。
③ (清)郑祖庚纂、朱景星修:《闽县乡土志·侯官县乡土志》,商务杂述一,福州:海风出版社,2001年,第257页。
④ (清)郑祖庚纂、朱景星修:《闽县乡土志·侯官县乡土志》,商务杂述一,福州:海风出版社,2001年,第257页。

地方政治有关于农工商业之利害者应如何兴革,可陈其意见于官并表其意见于众。① 在福州商务总会成立之后,闽江流域各府县也随之纷纷组织成立商会。建宁商务分会,"福建商务议员何成浩申报,于(光绪三十二年)五月十二日批准立案,六月二十一日札派李太和为总理"。② 建郡商务分会于清光绪三十一年冬奉农商部令成立,会所设大中寺。③ 福清县经福州商务总会呈请清政府批准设立,九月十三日商部批复称:"据呈福州府福清县地广民稠,商货云集,亟宜设立分会,联络商情,所呈试办章程,尚无不合,至公举总理吴海珊,既系南洋泗水埠福泰号商,又据声称公正明练,应准札充,以资经理,所有举定会董等行业履历仰即转知,遵章册报备案,附札文一件,转给只领可也,此批。"④ 该分会遂于清光绪三十四年成立。浦城县、连江县商务分会也于该年设立,时任福建商务议员吕渭英禀称:"浦地地处闽江上汇,界赣、浙要冲,商务最繁,货产亦富,自应设立商会,以资联络。"⑤ 而连江"请设商务分会并章程履历清册均悉,查阅章程大致尚属妥适"⑥,也由清政府批准成立。此后相继成立的商务分会及分所还有沙县、⑦ 永安商务分会以及琯头商务分所等。⑧ 迨至民国,闽江流域各县如闽清、永泰、宁化、将乐、邵武、洋口、古田都纷纷设立商会。

由清末商会组织在闽江流域的设立看来,多是依清政府颁布的规定而

---

① 福州总商会编:《更定福州商务总会章程》,民国福州刻本,第1~3页。

② 北京农工商部署内商务官报局:《商务官报》第二册,清光绪三十三年(1907年)第16期,第20页。

③ 詹宣猷等修,蔡振坚等纂:民国《建瓯县志》卷二十五,《实业》,民国十八年铅印本,第13页。

④ 《批福州商务总会呈准吴海珊充福清县商务分会总理由》,北京农工商部署内商务官报局:《商务官报》第三册,光绪三十四年(1908年),"公牍"。

⑤ 《批福建商务议员吕渭英禀准李迪瑚充浦城商务分会总理由》,北京农工商部署内商务官报局:《商务官报》第三册,清光绪三十四年(1908年),"公牍"。

⑥ 《批福建商务议员吕渭英申连江准设商会孙焕章准充该会总理由》,北京农工商部署内商务官报局:《商务官报》第三册,清光绪三十四年(1908年),"公牍"。

⑦ 光绪三十四年(1908年)沙县商会成立,首任会长魏子贞,会址设在西门外沙阳会馆。见《沙县商会志》,沙县档案馆藏本。

⑧ 永安商务分会及琯头商务分所的设立见北京农工商部署内商务官报局:《商务官报》第四册,清宣统元年(1909年);第五册,清宣统二年(1910年),"公牍"。

第五章　近代闽江流域的社会变革

行。福州作为近代闽江流域的中心,商品经济发展水平冠于全流域,然而清末福州商务总会成立时仍承认其设立原因是"达于商律者",更遑论流域内地其他府县所设立的商务分会了。出现这种情况的原因一方面在于近代闽江流域的贸易在清末民初时的衰落。就进出口贸易总值来看,由于支柱产业茶业贸易的衰落,导致由福州进出口货物的数值由 1868 年的 18651818 海关两跌至 1906 年的 11573251 海关两,其间最低谷为 1890 年的 7291068 海关两。变化最大的当数土产出口贸易,1868 年为 14814354 海关两,1906 年仅为 5241894 海关两,跌幅达 65%;与此形成对比的是进口贸易,由 1868 年的 3837464 海关两增至 1906 年的 6331357 海关两。① 出口贸易的衰落导致流域各地商情不振,也难怪省城福州也是"商业之薄弱,殆于无可称述"了。至于进口货物的增加,以进口货物的种类来看,大概有米谷、小麦、麦粉、鱼介、海味、粉丝及通心粉、豆类、干果、鲜果、籽仁、糖类、烟草、酒、棉花、棉纱、棉布匹、麻类、五金矿砂、煤、煤油、火柴、植物油、豆饼、肥田料等,除棉纱为生产资料外,其余皆为生活消费品,因而该类贸易的增加于流域社会经济的发展并无明显益处。另一方面近代闽江流域新式工商业的产生时间虽然较早,但多集中于福州一地,流域内地由于交通、资金、技术等多方面的限制,传统产业的改进无甚大进展。在这种情况下,传统商人依然处于行业性垄断与竞争的状况下,对设立新式商人团体无甚热心与动力。相比较而言,近代闽江流域各地商会的设立在很大程度上仍依赖于地方官绅的推动。如闽清县,1915 年,闽清县知事杨宗彩,鉴于梅邑虽是山县,然地近省垣,商业发达,成立商会很有必要,因请福建省议会闽清籍议员黄震到署商谈,请他转聘地方人士,出来协商解决;以县城缅甸华侨许梯青和张伯棠、白云渡陈誉举、翁焕昭,三都许政沭,六都刘知冠,十一都黄士英等为筹备委员。是年冬,成立临时商会,由各筹委互选产生,以许梯青为会长。民国五年(1916 年)二月,由杨宗彩知事申报北京政府农商部备案。②

虽然如此,近代闽江流域的商会在成立后还是以谋求商业及对外贸易的发展、增进同业之间的公共福利为宗旨,积极推动各地商贸的发展。从清

---

① 《福州口出入口货值统计表(1868—1928)》,见杨端六、侯厚培等:《六十五年来中国国际贸易统计》,国立中央研究社会科学研究所专刊第 4 号,1931 年,第 81 页。

② 陈光亮:《闽清县商会史略》,《闽清文史资料》第 5 辑,1986 年,第 28~31 页。

政府的立场来看,其本身也赋予商会以振兴商务的责任。清宣统元年(1909年),农工商部为传谕茶商改良茶运事宜,札电福州等商会,内称:

> 接据驻德代办沈参赞瑞麟申称,据德国勃雷门商埠茶同福仑函陈,近来华茶运欧情形,所论不为无见。际此各国商战之时,亟宜设法改良保全名誉。因饬委照译汉文呈请转饬上海、汉口、福州三处商会,劝谕茶商定章查验,以挽利益。据文申请察核施行等因。前来查华茶掺伪滞销,遂至退居人后,亟宜设法整顿以保利权,该参赞所陈各节系为畅销华茶起见,合行抄录德商原函,札饬该商会总协理等遵照传谕茶商等嗣后运茶出洋,务宜改良,勿蹈故习。切切此札。①

再有如宣统元年六月十三日农工商部要求建宁商务分会对茶、纸、杉、脑等物加以切实整顿:

> 禀及表册二件均悉。查茶、纸、杉木、樟脑等物皆为今日世界极大之销场,建宁各邑既擅此天然之地产,如善为经营,其利何可限量,今阅该会调查土货表册,或以无利可图而相继歇业,或虽有微利而苦于出产之少,货弃于地,殊属可惜。该总理等务宜劝导众商,将应如何推广种植改良办法之处切实整顿,是为至要,此批。六月十三日。②

从各地所设商会的章程中我们也得以看出商会振商保商的目的,如沙县商会,在成立之时,即规定商会的主要任务在于:(1)筹议工商业之改良及发展事项;(2)工商业之征询及通报事项;(3)国际贸易之介绍及指导事项;(4)工商业之调处及公断事项;(5)工商业之证明事项;(6)调查统计事项;(7)筹办工商陈列所,补习学校或其他公益事业,但须经济管辖官署之批准;(8)遇有市面恐慌等事有维持及请求地方政府维持之责任;(9)办理符合商会宗旨之其他事项;(10)就有关工商业之事项向政府提出建议。③ 商会各会员也为地方社会经济的发展做出了贡献。如沙县商会第五届会长潘伊铭先于清宣统二年(1910年)出资购救火水龙一架(福兴泉补助少许),用于地方火灾时救火之用。之后又于1928年购置小型汽轮,自福州直驶沙县航行

---

① 《本部札上海汉口福州商务总会文》,北京农工商部署内商务官报局:《商务官报》第四册,清宣统元年(1909年),"公牍"。
② 《批建宁商会禀》,北京农工商部署内商务官报局:《商务官报》第四册,清宣统元年(1909年),"公牍"。
③ 参见《沙县商会志》,沙县档案馆藏本。

成功。从此,旺水季节有轮船往来,群众称便。①

除此之外,各地商会在成立后,纷纷成立相应的商事研究所,用以研究本地商务,以达到改良的目的。以福州为例,民国时期商事研究所数量就达 26 个。

表 5-17　民国时期福州商事研究所一览表

名　　称	所　在　地	名　　称	所　在　地
榕北商事研究所	北珠妈庙	烛商研究所	复初庵
东井津研究所	竹林境	乐商讨论会	土地庙
城东研究所	祖庙	胜兴商事讨论会	苍霞洲
独山研究所	观音亭	钱商研究所	尚书庙
颜料研究所	一真庵	万寿商事研究所	尚书庙
京果研究所	一真庵	咸鱼公帮	中亭街
苍霞商讨论会	白龙庵	琼水商事研究所	水部三官堂
肉帮研究会	田垱	冯泛高商事研究所	巷下庙
芝西商事研究所	三民里	中洲商事局	竹海道
榕西研究所	西城	中亭商事局	观岐巷
榕南研究所	下南街	瀛洲商事局	白马王庙
龙台研究所	塔仔兜	天安商事局	崇圣庵
复初研究所	复初庵	闽侯县商会	上杭街

资料来源:台湾总督府外事部:《福州事情》,台北:台北印刷株式会社,1941 年,第 160 页。

除福州外,内地商务分会也在当地酌情设立各种商务堂以及工艺厂等。如建宁商务分会于光绪三十二年(1906 年)奏请农工商部请设商务学堂、工艺厂各一所,经费计以各业抽捐而成。农工商部批复曰:

> 据禀已悉。所称拟设商务学堂工艺厂各一所,诚为当务之急。惟各业抽捐一节,由茶菇两项每斤输钱一文,米豆等每石输钱四文,木排每连输钱一百文。虽据称出自众同乐输,究于各业又多出一层剥削。查禀中有香菇,向浙江会馆每斤捐钱一文以为敬神聚会之费,木排向于建溪书院每排捐钱四文以充宝兴之费等语。现在科举既罢,固无所谓宝兴,而敬神聚会等事亦于开通民智易生阻力,于义无取,该总理能与各绅商等从长计议。或将以上两款拟归学堂工艺经费,则化无用为有

---

① 《沙县商会大事记》,见《沙县商会志》,沙县档案馆藏本。

用,尚属事在可行,仍须众商出自情愿,方准由该总理酌量情形禀由本部核夺办理。此外不得于各业丝毫抽取筹款,兴学固系目前要图,而办理一不得法,不独民怨沸腾,且于本部保商本旨亦大相刺谬。所请援例抽捐之处,着不准行,此批。十月十九日。①

从中我们可以看出,虽然农工商部对于建宁商务分会筹建商务学堂和工艺厂的筹款手段持反对意见,但显然对于它这一举措的目的还是颇为赞成的。

总的看来,在清末新政之后,闽江流域各府县虽多有商会成立,但多为依律成立,就目前掌握的资料来看,没有看到商人因商业发展的需要而自主地筹设商会。因而商会成立后在区域社会经济的发展中起不到很大的作用,有些商会只能仰封建军阀之鼻息,名存实亡。如1915年,福建巡按使许世英居然呵斥商会要求保护商人的行为是"逾越范围",通饬各商会"恪遵定章,谨守厥职",②上游地区商会不仅常遭军阀的敲诈勒索,甚至有会长被军阀所害之事发生。③

再来看同行公会的情况。近代闽江流域的商会在成立之初形成与行会、公帮并存的局面。国民革命军入闽后,各公帮渐次改组为同业公会,成为商会的下属机构。同业公会的数量庞大,以福州为例,据日本人的调查,在20世纪40年代福州仍有各种同业公会达八十余个。④ 就同业公会的作用而言,成为商会的下属机构后,各行业公会往往都沦为各同业者的集合场所,并无实质作用,但近代闽江流域外销特产的同业公会还仍旧扮演着促进工商的角色。以茶业同业公会而言,其在联络本行业商人,互通商情的基础上,还承担着研究改良茶叶制造方法、推广销路以及促进产业发展的责任。1933年福建省建设厅召集茶业木业代表谈话,商讨就改良茶木业应该采取的措施时,出席会议的人士除建设厅相关负责人以外,茶业代表有广福茶商公义堂公帮代表郑贤煊、闽侯县茶业同业公会代表孙曦、杨人骐等,木业代

---

① 《禀悉所请学堂工厂或于旧时宝兴等费移用尚属可行此外不得抽捐由》,北京农工商部署内商务官报局:《商务官报》第一册,清光绪三十二年(1906年),"公牍"。
② 福建省长公署:《福建公报》第991号,《福建巡抚使公署饬》。
③ 《闽报》1925年9月10日。
④ 《同业公会一览表》,见(日)台湾总督府外事部:《福州事情》,台北:台北印刷株式会社,1941年,第161~162页。

表有李淑庭、杨起燮、王国桢、邓树桢、邹锡福、庄玥等,①这也充分说明了政府对同业公会在产业改良中所起作用的重视,同时也要求相关的同业公会承担起振兴产业的责任。再如建瓯县,上文述及,清末时已有茶业公帮起而讲究改良之法,后成立茶业研究会专门从事改良研究。1935年建瓯县茶业同业公会创设建瓯县茶业促进会,以建瓯全县为管辖区域,总会设于建瓯县茶业同业公会内并于茶叶繁盛区镇酌设分会。其章程第十五条规定茶叶促进会的任务有:(1)关于推广垦荒种植,茶业提倡及改良事项;(2)关于茶叶制造方法之研究及改良事项;(3)关于茶叶销场之推广及改良事项;(4)关于茶叶调查统计宣传及编制报告事项;(5)关于举办茶叶试验场、茶叶检查所、茶业讲习所、茶业展览会及品评会、茶业推销合作社及广告社事项;(6)其他关于促进同产之发展方法,请求政府协助事项以答复政府之咨询及接受政府之委办事项。② 可见同业公会也自觉承担起了改良特产产业制造以扩大外销的责任。

二、农 会

近代中国农会之肇始也源自清末实施的新政。20世纪初,清政府为解决财政困难,开始实施振兴实业的政策,在奖励工商的同时,对发展农业也十分重视。光绪二十九年(1903年)商部奏称:"商务初基以提倡土货为要义,而商之本在工,工之本在农,非先振兴农务,则始基不立,工商亦无以为资。"③光绪三十三年(1907年),农工商部奏准颁行《农会简明章程》23条,该章程规定:各省应于省城所在地设立农务总会,于府、厅、州、县酌设分会,其余乡镇、村落、市集等处,次第酌设分所。总会设总理一员、协理一员,分会只设总理,不设协理,任期均为一年。总、协理以下设董事,总会以20员至50员为率,分会10至30员,分所的董事不超过5员。凡一切蚕桑、纺织、森林、畜牧、渔业各项事宜,农会均可酌量地方情形,随时条陈农工商部,

---

① 《建厅关于改良木、茶业情形》,1933年,见福建省档案馆馆藏档案,档号36-4-295。
② 《建瓯县茶业促进会》,见福建省档案馆馆藏档案,档号57-1-86。
③ 刘锦藻撰:《清朝续文献通考》(第四册)卷三七八,《实业一》,上海:商务印书馆,1955年,第11241页。

次第兴办。① 可见,在农会创设之所,它就被赋予了振兴农务以资工商的责任。

闽江流域农会的设立始于清末,但由于资料缺乏,我们无法得知清末新政时省城福州所设农务总会的情形,就笔者手中所掌握的资料来看,近代闽江流域最早一批成立的农会已涉及上游地区。如光绪三十四年(1908年)建宁商务分会禀请于建宁商会内附设农会,当时的农工商部批复如下:"禀及章程清册均悉。该总理所请于建宁商会内附设农会一节,系为讲求农业起见,查阅所拟章程三十条,核与部章尚无不合,应即照准立案……"②该农会遂于当年宣告成立,并公推谢家骢为总理,呈章程及履历至农工商部备案。崇安县于光绪三十四年(1908年)设农务分会。③ 进入民国以后,农会的设立更加普遍。至1919年,已成立农会的县份有闽侯、长乐、古田、连江、平潭、永泰、松溪、政和、南平、光泽、建宁、宁化、尤溪、建瓯、邵武、沙县等。④ 据调查统计,1936年,福建全省有县农会6个,区农会8个,乡农会达到了283个。⑤ 闽江流域各处则几乎都有农会设立。1935年古田县全县共有29乡成立农会,共有农会会员4362人;闽清县有25乡设立农会,会员数达到1989人;沙县成立农会的乡镇数量达到了33个,农会会员有7503人;南平县成立农会的乡镇有32个,农会会员数达到了8816人。⑥ 由此可见近代闽江流域农会组织发展之迅速。

朱英认为清末所设立的农会并非是农民的组织,其性质是由商人和新兴地主联合组成并控制的团体。以近代闽江流域农会设立的情况来看,其对会员的资格要求一般有以下几点:一、有农业之学识者,二、有农业之经验

---

① 朱英:《辛亥革命时期新式商人社团研究》,北京:中国人民大学出版社,1991年,第251页。
② 《批建宁商务分会禀所请于建宁商会附设农会一节应即照准由》,北京农工商部署内商务官报局:《商务官报》第三册,清光绪三十四年(1908年),"公牍"。
③ 刘超然等修,郑丰稔等纂:民国《崇安县新志》卷一,《大事志》,民国三十一年铅印本,第35页。
④ 林传甲:《大中华福建省地理志》,福州:福建印刷所,1919年,第151页。
⑤ (日)台湾总督府热带产业调查会编:《南中国的资源与经济》第一卷:福建省,台北:南洋协会台湾支部,1938年,第350页。
⑥ 《福建省第二区农工商各职业团体会员总数表》,沙县档案馆馆藏档案,档号101-1-58。

者,三、有耕地牧场原野等土地者,四、经营农业者。拥有以上资格之一而品行端正、满二十岁者均得为农会会员。但这些要求往往流于形式,实际上得以成为农会会员的往往要么是地方上的乡绅,要么是拥有较多土地的地主,而且这些人一般还拥有某种政治身份,一般农民不可能列身其中。

表 5-18　川石乡农会职员一览表

姓　　名	年　　龄	籍贯	资　　　　格
张　绶	47	建瓯	清附生,有农业之学识者
吴寿安	45	建瓯	厚山乡董,有农业之学识者
林　熹	41	建瓯	川石乡董,有农业之学识者
林际昌	66	建瓯	前建瓯议事会议员,有农业之学识者
吴翊周	67	建瓯	厚山乡董,有耕地牧场原野等土地者
陈昌言	54	建瓯	前川石乡学董,有农业之学识者
叶宝润	37	建瓯	建瓯县立第一高等小学毕业,有农业之学识者
林滋荣	32	建瓯	川石乡董,有农业之学识者
林维国	44	建瓯	徐布乡甲长,有农业之学识者
黄达初	46	建瓯	杜漳乡甲长,有农业之学识者

资料来源:《建瓯县川石乡农会章程》,福建省档案馆馆藏档案,档号 57-1-1。

以民国年间建瓯县顺阳乡农会为例,顺阳乡农会第一届职员有 10 人,其中 5 人的资格为"有农业学识者",3 人的资格为"有农业经验者",2 人的资格为"有耕地牧场原野等土地者"。24 名会员中,"有农业学识者"3 人,"有农业经验者"7 人,"经营农业者"9 人,"有耕地牧场原野等土地者"5 人,①这里所说的"经营农业"以及"有农业经验"的人显然不会是普通农民。再以川石乡农会为例,其农会职员情况如表 5-18 所示。

其他如建瓯县的内崇安乡农会、建宁乡农会、安泰乡农会、顺阳乡农会、登仙里乡农会的情况莫不如此,由此我们可以看出农会应该是地方乡绅、商人与地主的团体。

近代闽江流域农会设立的目的在于振兴农务。以建瓯县顺阳乡农会为

---

① 《顺阳乡农会第一届职员会员姓名年龄资格清折》,福建省档案馆馆藏档案,档号 57-1-2。

例,其成立之初,组织农会代表刘裕猷、魏献修、黄景云在证明书中阐述其理由如下:

> 为证明事。窃维振兴工业率多取资夫原料,农业者,原料之所由出也,是发展农业即为振兴工业之预备。比年以来,顺阳一带农产物日形减少,虽曰土性硗瘠,抑亦人事之使然。推原其故,实由一般农民狃于旧法不知改良所致。裕献等为裕国利民计,爰遵照农会暂行规程组织顺阳乡农会,共同研究,籍图改进,以副国家改良农业之至意。应即按照农会施行细则第二条之规定开具同意之证明书如右。①

以当时成立农会的章程、会章来看,其规定农会设立的宗旨一般包含农林蚕桑等方面,并于筹设农事试验场、筹划水利甚至农业金融机构等事也有涉及,甚至有些农会的活动宗旨还包括垦荒、调处农林纠纷等。② 以建瓯县内崇安乡农会为例,其会章中规定农会设立的宗旨为:(1)关于农林蚕桑之调查;(2)关于农林蚕桑之劝导;(3)关于农林蚕桑之保护;(4)关于试验场之筹设;(5)关于水利之筹划;(6)关于农业银行之筹设;(7)其他关于农业上应兴应革事件。③

以上述事项为宗旨,近代闽江流域的农会开展了各式各样的活动,但活动的重心仍在倡导农业和启迪农智上。农会往往通过创办农业学堂,定期演讲等办法,大力宣传农业科学知识。例如清宣统元年(1909年)建宁农务分会以"地处偏隅,农民识字无多",遂"于都御坪地方设立农事半日学堂,招集农界子弟肄业,以开风气而浚智识"。农工商部批复曰:"所拟章程尚妥,具见热心公益,劝导有方,深堪嘉尚,应准立案,仰即悉心经理,以期农学发明、农业兴盛,本部有厚望焉,此批。闰二月二十日。"④ 除此之外,近代闽江

---

① 《建瓯县呈送顺阳乡农会会章证书表册》,福建省档案馆馆藏档案,档号57-1-2。
② 《批福建建宁农务分会禀》,北京农工商部署内商务官报局:《商务官报》第三册,清光绪三十四年(1908年),"公牍"。
③ 《建瓯县内崇安乡农会会章》,福建省档案馆馆藏档案,档号57-1-1。
④ 《批建宁农务分会呈设立农事半日学堂准立案由》,北京农工商部署内商务官报局:《商务官报》第四册,清宣统元年(1909年),"公牍"。

流域的农会还致力于解决农界纠纷,①在这里,农会扮演着与商会中商事公断处相类似的角色。能够在仲裁中起到调处作用,显然体现出了近代农会在地方社会中日渐重要的地位。另外,近代闽江流域的农会也曾将创办农业报刊作为活动内容之一,福建农务总会曾强调报刊"论述必取明要,宗旨尤贵纯正,廉其价值,发民购阅",以做到"于劝业前途深有裨益"②。虽然其具体成效不得而知,但是却反映了农会对农业刊物的重视。到了民国时期,闽江流域的农会的活动已不仅仅局限于振农兴农了,在某些层面上,它已开始发挥干预社会生活的功能。例如,沙县一都青州乡农会于 1936 年以"民饥待食膔腹难当"为由向县党部请准其籴粮济民:

> 呈为民饥待食膔腹难当,恳请速救转县察核准敝都派人到沙城籴米廿余袋,运至敝都粜与贫民所食而免饿莩事。窃职张荣盛、黄玉麟、陈克振、汪斗平、黄清辉、陈玉韵、陈永定等生长是乡,深知是乡下情况。敝都既乏殷富又少巨商,买米食者十居其九,值此青黄不接之时,到处米谷均不准出口,以致敝都贫民有钱无米可买,膔腹者不知几多。盛等目极心伤,随即邀集各会员会议各出锱铢,拟走沙县采办食米廿余袋运下卖与贫民所食,其所议该米价目,除抅本钱上下力俩钱外,照价所粜,并不望赚分文,为此签名具呈上叩先生核察俯准转县查照而准敝都来沙城籴米运下发粜以救民命,实为德便。谨呈
>
> 沙县党部指导委员洪
>
> 　　　　　　　　　　　　一都青州农会干事长张荣盛等③

这种社会救济功能以往只见于其他商人团体的活动中,以此我们可以看出近代闽江流域农会社会活动范围的扩展。

---

① 如清宣统元年(1909 年),时北京农工商部在给建宁农会分会的批复中提到"至该分会本年春季分议结农界争执各案,亦属办理允洽,嗣后仍抑按季造册呈报可也,此批,六月二十日"。《批建宁农务分会呈各项表册并筹议事件均悉嗣后抑仍按季呈报由》,北京农工商部署内商务官报局:《商务官报》第三册,宣统元年(1909 年),"公牍"。

② 《闽浙总督奏筹设农务总会折》,北京农工商部署内商务官报局:《商务官报》第四册,清宣统元年(1909 年),"公牍"。

③ 《呈为民饥待食膔腹难当恳请速救由》,沙县档案馆馆藏档案,档号 101-1-19。

三、其他新式商人团体

除上述商会、农会之外,在近代闽江流域,商人们不仅致力于发展贸易,振兴经济,而且在社会公益事业方面,革除恶习陋俗、倡导近代文明,甚至政治外交方面也开展了一系列活动,成立了不少改良风俗的公益社团以及政治团体,例如去毒社、救火会和救国会等。

近代闽江流域也是烟毒泛滥的一个区域,据海关统计,1861年至1899年福州口历年鸦片进口额均在4000箱上下,有的年份高达7000箱,值500多万海关两。① 除此之外,还有大量鸦片走私入口,这都给近代闽江流域人民带来了深重的灾难。在这种情况下,具有爱国之心的商人们纷纷组织团体,倡行禁烟,去毒社就是在此背景下产生的。清光绪三十二年(1906年)福建商界在商务总会的主持指导之下,于福州成立了去毒社,严格规定:"凡有新染烟癖及新开烟馆者,本身及子弟,一切学校概不准收;有故新染者,若不即戒,无论教习、伙友、学徒、佣工,不准收用;有田产者不得租与人种烟。"② 闽江流域各府县均仿行之,如崇安县,"(光绪)三十二年(1906年),时烟禁颇严,城乡均设去毒社执行之"。③ 清光绪三十四年(1908年),清政府颁行禁烟令,林文忠公曾孙太史林炳章开设去毒总社于林文忠公祠,并以次推设各县。去毒社在近代闽江流域各府县设立后,采用禁吸、禁种、禁售的方法厉行禁毒。以古田县为例,当地有志之士"以本邑烟祸蔓延较他邑为烈,约计全年漏卮不下数十万金。其废时失业、破家荡产者,难更仆数。于是召集全邑以差社员,开会议决,在县城设去毒支社,隶于会城总社,即以统各乡分社之事,藉以逐渐进行禁烟。……社长陈为霖同社员等提倡垫捐禁烟办法,除遵明禁吸、禁种、禁售外,在全国未禁运时,提前禁运。其办法请以本邑年纳膏牌捐大洋三千六百元之额,由各社员捐集成款,如数垫缴,准将全邑贩售土膏之店一律禁闭。表上大吏,始视可,由是支社及各分社社员

---

① 中国第二历史档案馆、海关总署办公厅:《中国旧海关史料(1859—1948)》中关于福州口的历年贸易统计数字。
② 《东方杂志》第3卷第8期,1906年,第185页。
③ 刘超然等修,郑丰稔等纂:民国《崇安县新志》卷一,《大事志》,民国三十一年铅印本,第12页。

联为一气,出力出财,任劳任怨,大有争先恐后之势"。除此之外,古田去毒支社还于各乡设禁烟所,大力开展禁毒活动。在商人率先开展禁毒后,近代闽江流域社会各界纷纷投身这一运动。清宣统二年(1910年)九月,"福建谘议局议员李仲邺提议请免古田垫缴膏牌捐案,时副议长刘崇佑附议。谓全国之禁烟成绩尤以福建为冠,而福建省之禁烟成绩以古田为冠,希望政府此后不再收古田之垫缴膏牌捐,以示鼓励。本案为全体议员通过,卒经政府批准,由是古田之禁烟遂有名于国内外焉"。民国初年,古田知事林炳华复又设立禁烟所,"知事兼禁烟所长,委社员余着城为禁烟副所长,所内附设戒烟所,一切药品,伙食俱备,本署差役及各轿店夫役有烟瘾者,胥令其人所戒断"。[①] 由此不难看出在商人团体及社会各界的带领下,去毒社在禁除鸦片流毒,净化社会风俗方面已成为一支重要的社会力量。

除改良社会风俗外,近代闽江流域的商人于社会公益方面也贡献颇多,其中最著名的当属救火会。近代闽江流域是一个多火灾的区域,这与其传统建筑的特点、城市布局有着密切关系,城区居民居住十分密集,街巷狭窄,又多木屋建筑,毗连一片,往往是一家失火,殃及四邻。进入近代以后,又因近代工业产生以及煤油等照明用具的广泛使用而导致新的火患因素,因而闽江流域各地方志中多见火灾记载。

前文述及,闽江流域传统商人的公帮组织早已开始注意防火并成立过相应的救火组织。但这些组织不具备近代新式社团的性质,它们一般都未拟定组织规章,无具体办事机构,只有松散的旧式结社色彩。进入20世纪以后,闽江流域出现了新式的商人消防组织。以福州为例,福州旧有的救火组织可分为三类:一为地区性的救火会,如城内有榕南、榕北、榕西、芝西、钟玉、仓育车、东井等8个救火会,南台有龙台、龙潭、义洲、帮洲、双杭、达道、银湘、嘉崇、横山、独山、竹林、沙合中惠、醴泉、万寿、沧洲、胜兴、苍霞、安乐、瀛洲、路通、琼水、茶亭等22个救火会,仓前山有闽南、冯泛高、藤山、上渡等4个救火会。一为行业组织的救火会,是由各行业店东与工人组成。如南台有纸帮、木帮、油帮、南帮、锡镴帮5个救火会。一为全市性的"火联

[①] 黄澄渊等修,余钟英等纂:民国《古田县志》卷三十八,《烟禁小史》,民国三十一年铅印本,第1~3页。

会"。①"火联会"设监事会和理事会,由会员大会选举产生监事会和理事会,由理事会推选常务理事会及理事长。理事会下设社会服务、总务、财务、警务等4个股。与此同时,火联会也建立了各种会议制度,如会员大会每半年举行一次,也可经三分之一会员请求,临时召集等。很显然,这种组织已具备了新式社团的特点。再如南平县救火会是由市区各商店募集经费,购置简单的救火器材,向社会征募青壮年充任救火人员,很显然这是一个商人发起并组织的团体。救火会设会长1人,委员6至8人,管理会务。会长由会员无记名投票选举产生。②

类似的消防社团在流域各地多有兴办,这些社团除消防救火外,还涉及其他社会公益活动如赈灾救济等。除此之外,许多消防团体多有消防和治安两重性质,无疑为流域各地社会的发展提供一个相对较好的环境。

除了去毒社和救火会以外,近代闽江流域的商人还成立了不少政治团体,并参与各地的对外交涉等政治活动。以建瓯县为例:

> 民国四年(1915年)五月九日订约二十一条,人民誓雪国耻,七年五月四日,北京学生活动铲除卖国贼曹汝霖等。八年日本占青岛,于是全国抵制仇货,民众自动有热烈之表示。六月间我邑国货维持会集各界爱国分子,调查极为认真,破除情面,坚持到底,市面日货几乎绝迹。于九年十二月日人左左木惠押运麦面粉洋火海鲢海带(大杉板船二条)等到通济门,会员鼓通抬至河岸悉数烧灭,后由日本领事照会官厅饬县赔偿损失,竟成悬案。十四年五卅惨案发生,我邑外交后援会募集巨款赈济上海罢工工人并抵制英货及日货,取缔极严,未几平息。十七年济南惨案发生,我邑对日外交后援会大概仿前届办法,不乏热心爱国之人。而市上常出现大批日货,揆其原因日商赊货与船户,展期收账,船户贿通厘卡过境,又勾吊商店交易,一则若辈毫无心肝,一则由内部分子未纯,所以破获不能务尽,偷运无所忌惮也。十八年一月各界集议改

---

① 林希春、林增城:《福州救火会概述》,《台江文史》第5辑,1989年,第19~33页。

② 陈启华:《南平救火会概况》,《南平文史资料》第3辑,1982年,第62~63页。

第五章 近代闽江流域的社会变革

组为反日会,修正章程,旋易名为救国会,请拭目以俟将来。①

在这里,建瓯商人及其他爱国人士所成立的国货维持会、外交后援会、反日会、救国会等团体在影响全国的政治活动中发挥了自己的作用,商人以自己的方式对当地社会的变革施加了影响。

总而言之,近代闽江流域的商人及其团体也经历了由传统向近代的变迁。在此过程中,随着新型商人的产生,传统商人的地缘、业缘组织逐渐解体,新式的商会组织涵盖了各业商人的共同利益。除商会之外,近代闽江流域的商人还参与成立了诸如农会、去毒社、救火会以及其他团体。在促进工商、振商保商的基础上,商人社团在近代闽江流域的社会变迁中对推进社会风俗,维护社会安定起到了一定的作用,反过来又进一步影响到工商业的发展。但我们也注意到,由于近代闽江流域新式农业、工业的不发达,导致其传统主导型贸易经济停滞不前,影响了商人活动的开展。闽江流域商会的"奉令"成立即是明证,这势必在客观上限制了商人及其团体对流域社会经济变迁的影响。

---

① 詹宣猷等修,蔡振坚等纂:民国《建瓯县志》卷十八,《外交》,民国十八年铅印本,第7页。

第六章

口岸、腹地与亚洲

第一节

近代闽江流域发展的困境及反思

中国近代百年史的一个重要内容即是现代化,这也是人类在其历史发展进程当中正在经历着的一个巨大的革命性的转变。关于"现代化"一词的含义,众说纷纭,不一而定。美国学者吉尔伯特·罗兹曼在《中国的现代化》一书中对"现代化"(modernization)一词做了如下定义:"我们把现代化视作各社会在科学技术革命的冲击下,业已经历或正在进行的转变过程。"除此之外,与现代化有关的社会变革因素或者现代化的各项指标,罗兹曼总结为以下几点:国际依存的加强,非农业生产尤其是制造业和服务业的相对增长,出生率和死亡率由高向低的转变,持续的经济增长,更加公平的收入分配,各种组织和技能的增生及专门化,官僚科层化,政治参与大众化(无论民主与否)以及各级水平上的教育扩展。[①] 从中我们可以看出,一个社会的现代化涵盖了众多的层面,概括起来看,现代化可以看作是经济领域的工业化、政治领域的民主化、社会领域的城市化以及价值领域的理性化的互动过程。[②]

---

① (美)吉尔伯特·罗兹曼主编,国家社会科学基金"比较现代化"课题组译:《中国的现代化》,南京:江苏人民出版社,2003年,第3页。
② (美)西里尔·E.布莱克编,杨豫、陈祖洲译:《比较现代化》,上海:上海译文出版社,1996年,前言,第7页。

第六章 口岸、腹地与亚洲

关于现代化的类别:从内容上说,大致可以分为心智的现代化、政治的现代化、经济的现代化、社会的现代化和心理的现代化;从发生的源头上说,一般有二:一是自我本土的发展即内发型的(indigenous)现代化,一是外力促逼而生即外发型(exogenous)的现代化。① 前一种现代化是一个社会本身经长期"创新"而形成,如英、美、法等国的现代化。后一种现代化是一个社会与前者接触后,"借取"前者经验而形成,德、苏、日以及大部分社会都属此范畴,非西方社会的现代化也大都属于此类。② 而对于本书的研究对象而言,我们在此讨论的主要话题将局限在外发型现代化国家的区域现代化上。

近代闽江流域是一个以农业为主导产业的社会,它与流域外的经济联系主要表现为农副土特产品的出口与近代机制消费品的输入上,这其中的主要原因在于流域对世界市场的卷入。然而,前文述及,对近代闽江流域有利的一点是,其数量巨大的农副土特产品的输出对机制消费品的输入长期处于出超的地位。这显然为流域近代产业的产生和发展提供了有利的条件。但这种"以农补工"的设想在近代闽江流域没有得到实现,其传统优势产业的改良暨近代产业的发生与发展长期处于投资不足、举步维艰的状态,这使得流域对外贸易的出超优势逐渐由大变小,清光绪中叶之后,出超渐变为入超,这其中相当的原因在于流域近代机器工业的不振。因而总的来说,近代闽江流域的现代化(以经济现代化为主)步履沉重而缓慢,陷入了一种发展上的困境,遂使整个流域在近代处于不发展的状态,个中原因可以从以下几个方面来加以概括。

一、口岸与腹地间的失衡

从口岸—腹地关系来看,近代闽江流域的口岸与腹地之间失衡,未能实现良性的互动,是为流域不发展的一个原因。

清末鸦片战争结束后,作为不平等条约的一部分,清政府被迫开放了一

---

① 关于两种现代化的称谓,有多种说法,如内发型、外发型、先发型、后发型、内源性、外源性等,本书在此仅取一种为例。见罗荣渠:《现代化新论:世界与中国的现代化进程》,北京:北京大学出版社,1993年,"序言",第4页。

② 金耀基:《现代化与中国现代历史——提供一个理解中国百年来现代史的概念架构》,载罗荣渠、牛大勇编:《中国现代化历程的探索》,北京:北京大学出版社,1992年,第3~4页。

系列沿海或沿江港口为通商口岸,这些口岸与其腹地间有着密切的经济联系,对所在地经济的发展有着重要作用。如吴承明先生就认为近代中国经济发展中存在着两条路线,其中一条即口岸经济发展路线。① 罗兹·墨菲通过对近代上海及其腹地的研究,认为两者的关系可视为研究现代中国的钥匙,②复旦大学的吴松弟教授更是认为港口—腹地问题实质上是理解中国经济现代化空间进程的关键。③ 从口岸与腹地的关系来看,口岸城市的兴起往往带来的是腹地经济的发展,口岸作为地区的中心城市,它的崛起首先带来的是腹地商品流域市场网络的形成,并以此为纽带,向腹地提供技术、资金、人力的支持,从而影响到腹地经济的发展。上海及其腹地长江流域的经济关系可视为近代中国口岸—腹地关系的一个成功范例。近代长江流域在上海开埠后渐次确立起了以上海为中心的经济格局。就流域的中心上海而言,它在近代的兴起固然有其区位上的优势,但在开埠之前,上海尚从属于以苏州为中心的太湖平原经济区,担当着该区域出海口和转运港的职能,其与内地的经济联系并不紧密,内容也较单一,主要承担自然经济形态下粮棉产品之间的交换,因而对内地经济的商品化进程刺激不大;就港口而言,其运输工具、港岸设施都滞处于前近代社会,与中国传统商港并无二致。换言之,其在区位上的优势并未得到释放。上海作为近代长江流域的中心兴起始自开埠通商之后,一方面区位优势得到释放,并成为列强对华经济活动的主要口岸,另一方面是港口的近代化使港口本身发生了巨大改观,吞吐量激增,再加上先进的交通工具,这些都大大增强了上海港的运输能力,加强了上海与各地的联系。这就必然对内地的经济结构产生巨大冲击,促使其农产品商品化进程加快,以适应大港口物流的需求。而内地经济结构的这种变化,又促进内地农村经济受制于通商口岸的趋向性加重,内地农村对口岸贸易的联系和依赖日趋紧密,逐渐形成以进出口贸易为纽带、以口岸城市为龙头的格局,彼此的互动关系开始发生,并随着口岸贸易辐射力的

---

① 吴承明:《中国近代经济史若干问题的思考》,《中国经济史研究》1988年第2期。

② (美)罗兹·墨菲著,上海社会科学院历史研究所编译:《上海——现代中国的钥匙》,上海:上海人民出版社,1986年。

③ 吴松弟:《港口—腹地与中国现代化的空间进程》,《河北学刊》2004年第3期。

第六章 口岸、腹地与亚洲

增强而发展。① 依此我们可以看出,近代长江流域的发展是在其口岸中心城市的带动下实现的,而口岸城市本身的发展却是"因港兴市、依港扩城"的典型表现,正是在港口城市发展的背景下,口岸中心城市对整个流域经济发展的带动作用才越发地凸显出来。而近代福建闽江流域的口岸城市与腹地的经济关系却呈现出另外一种模式。

与近代上海与其腹地长江流域互相促动的关系不同,近代闽江流域的口岸城市福州与流域内地却呈现出"港不兴、城不兴、近代产业不兴"的局面。福州作为近代闽江流域的口岸城市,其依托的福州港在近代却不见改善,这使得福州口岸城市的发展长期止步不前。以福州下游闽江水道为例,福州距闽江入海口 26 海里,来往轮船皆以其下游 9 海里处的马尾为抛锚地,而马尾因泥沙淤积缘故河道较浅,"从来水深低水时二呎半乃至六呎间",②不宜大轮船航行,是以来往福州的货物皆于马尾换民船或小蒸汽船于半潮以上时转运至福州,这显然给货物的流通带来了极大的不便,但闽江下游水道的浚修工作却直至 1919 年才开始展开,而且收效并不大。另外,近代福州港的港务基本上是属于洋人控制下的闽海关的关务工作,地方社会于此贡献不大。相反由于福州在开埠后进出口贸易的增长并未带来相应的社会变革,近代福州港的改善遭遇到了社会各种势力的阻碍。以闽江下游水道的浚修为例,当时宁波商帮以浚修闽江于舢板交通有利而向工程提供了大量的资金,但其后的结果证明浚修后的闽江下游给轮船航运带来了更多的便利,这威胁了传统的舢板运输,帆船主在这种新的航运技术面前失去了很大一部分的生意。③ 1929 年 4 月 9 日,闽江浚修始见成效,时三北轮船公司轮船"甬兴"号从闽江进口航路直驶南台,但"马尾罗星塔码头工人却鉴于轮船直抵福州南台,诚恐职业丧失谋生乏求,乃群集福州要挟,虽该轮所运货物不在罗星塔起卸,亦须照例给予工资。双方相持不一者竟达两日……及至该轮离开福州后,鼓山附近水道中,颂投石块多方,冀阻船只进

---

① 戴鞍钢:《港口·城市·腹地:上海与长江流域经济关系的历史考察(1843—1913)》,上海:复旦大学出版社,1998 年,第 93 页。

② (日)马场锹太郎:《中国水运论》,上海:芦泽印刷所,1936 年,第 59 页。

③ Cartier Carolyn lee, *Mercantile Cities on the South China Coast: Ningbo Fuzhou and Xiamen 1840—1930*, University of California Berkeley,1991,pp. 146-148.

出。虽经修浚总局予以铲除,但不复见有巨舶入口矣"。①

近代福州的"港不兴"还体现在港口的对内、对外集疏运系统的不便上。对内,福州港至闽江各处主要依赖水运。然闽江水运却因自然条件的限制,有许多不便之处。主要表现为闽江河道的险恶及水位的大幅变化。闽江及其支流各航道多险滩,严重妨碍航运。彭光斗在《闽琐记》中这样写道:"自入闽界,舟行无处非滩。即无滩无石,牙错棋布,横亘波心,如槛如屋,水激如相斗,不异霆轰电击。""每至过滩,寄性命于招师,稍失手,舟立碎矣!"②以沙溪观之,"其全长二百八十余公里,岩礁林立,险滩栉比,自宁化至永安段,能知名之大小险滩,已有百余处之多,自永安至南平段,能知名之大小险滩有四十二处之多。遂致航运艰险,运输量薄弱"。③据民国年间出版的《福建之交通》"滩濑调查表"表列,富屯溪光泽至沙溪口河段 194 公里中,有滩濑 146 处,大约 1.33 公里就有滩濑 1 处,在顺昌、邵武境内最险滩就有 6 处,其中位于邵内境内的板孔滩,滩长 300 米,因滩陡且窄,急流如箭,清代邵武人梁时泰有《板孔滩》诗云:"两岸夹板,悬湍一箭通。陡泻六尺许,回湍涨溟蒙。急驶逾穿梭,稍刻不相容。正恐破水胁,窜入冯夷宫。"④建溪流域的滩濑也有百余处之多,其中险急滩濑有六十余处。距离南平延福门码头 5 公里、位于安丰桥附近的暗淡滩是建溪的最险滩,也是闽江上游的最大险滩。滩长 460 米,低水位落差 2.12 米。水位平均比降为 4.6‰,急流段 150 米,水面落差 1.76 米,比降 1.17‰;最陡处距离 22 米,落差 0.81 米,比降 3.68‰;低水时,急流段水面最大流速为 4.06～4.66 米/秒,长达 95 米;中水位时,水面最大流速达 4.54～5.03 米/秒,长达 140 米。滩中布满礁石,盘石及大卵石堆积隆起,低水位时,水深约为 0.5 米,水面宽为 15 米。沿滩波浪汹涌,水位越低,波浪越大。民间有"暗淡滩,要命滩,十船过去九船翻"的惊叹!⑤此外闽江航运尚有河水水位变化大、涨落无定的不利之处。顾

---

① 《闽海关十年报告(1922—1931)》,池贤仁编:《近代福州及闽东地区社会经济概况》,北京:华艺出版社,1992 年,第 437 页。
② (清)彭光斗:《闽琐记》,福州郑丽生抄本,第 1～2 页。
③ 华北水利委员会沙溪工程处编印:《福建沙溪工程报告》,1944 年,第 1 页。
④ 福建南平地区交通史志编纂委员会编:《武夷交通志》,上海:上海社会科学院出版社,1990 年,第 104～107 页。
⑤ 福建南平地区交通史志编纂委员会编:《武夷交通志》,上海:上海社会科学院出版社,1990 年,第 100～104 页。

祖禹称:"(闽江)上游地高水迅,易于浅涸……下流……泾潦时,波涛汹涌",如"旬日不雨,则石瘠磷磷"。① 施鸿保在《闽杂记》中也称:"闽江水涨缩不时,春夏水涨,滩石尽没,行不能辨路;秋冬水缩,滩石尽露,舟行不能避石。"② 对外,清道光二十二年(1844年)福州开埠后,通市码头在南台,外船开始泊入闽江江内之口岸。③ 然而福州港埠之航道则历来多遭诟病,1847—1851年任职的福建巡抚徐继畬称"福州港道,口门最狭,沙线复多,各国小船虽往来无碍,而大船易搁浅"。④ 五口通商之后,外人即觉福州港之航道极为困险,由海口进入福州,首先发现在闽江口6英里外有外闩洲(Out Bar)及内闩洲(Inner Bar)。外闩洲低潮时露出水面,高潮时则可容吃水19英尺之船入港;内闩洲低潮时,在于水下6.5英尺,高潮时则可达18英尺,较易航行。船抵海口,分南、北航道进入福州,南航道沙线过多,难以通航。北航道为闽江口正流,须经金牌门与闽安门二狭窄航道,前者之水流至急,并起漩涡,航行甚险,后者较为安全,然涨潮时,水流流速亦达4~5海里。⑤ 福州港这样的通航条件使得开埠后进出的外船屡有触礁的情况。道光二十三年,英国海军中将William Parker赴福州考察码头地势,其船只曾在五虎门触礁,以致不能进口;⑥道光二十八年,英国巡港兵船在员山汛港内搁浅损坏;⑦咸丰三年(1853年)美国快船"东方"号(Oriental)满载茶叶开往纽约,航行经过金牌口(Kimpai Pass)时沉没;在此事件之前,英国船舰"侦探"号(H. M. S. Scout)在罗星塔附近搁浅,触礁沉没。⑧ 直到19世纪

---

① (清)顾祖禹:《读史方舆纪要》卷九十五,北京:中华书局,2005年,第2972~2973页。

② (清)周亮工、施鸿保:《闽小纪·闽杂记》,福州:福建人民出版社,1985年,第103页。

③ (清)陈寿祺等撰:道光《重纂福建通志》卷八十六,海防,清同治十年正谊书院刻本,第3页。

④ (清)贾桢等辑:《筹办夷务始末》(咸丰朝)卷二,台北:文海出版社,1979年,第10页。

⑤ 李金强:《区域研究:清代福州史论》,香港:香港教育图书公司,1996年,第49页。

⑥ 《筹办夷务始末》(道光朝)卷六五,台北:文海出版社,1970年,第21~23页。

⑦ 《筹办夷务始末》(咸丰朝)卷二,台北:文海出版社,1979年,第10页。

⑧ (英)卫京生(Wilkinson)作、刘玉苍译:《福州开辟为通商口岸早期的情况》,《福建文史资料》第一辑,福州:福建人民出版社,1962年,第156页。

50年代末期,英国海军部仔细探测河道,建立引港系统,在江上设置浮标和航标灯之后,船只进出的危险才大为减少,但这丝毫没有减轻福州港航道因水浅不足以停泊大船而带来的不便。

近代福州港因茶叶贸易而兴,故对外贸易是其赖以依存的支柱产业,然而"港不兴"的局面使得福州港的船只进出口数及货物吞吐量始终处于较小的规模,据日本人的调查,20世纪初的十几年里,福州港进出的汽船数常年均在520余只左右,载重量约在50余万吨左右,[①]这与全国同时期出入各港口的6万余只中外船只相比,[②]显然是微不足道的。故近代福州虽然因对外贸易的发展产生了一系列与对外贸易相关的新式产业,然多因规模小、资本寡而长期处于不发展的状态。福州口岸城市的发展也相应呈现出孱弱的状况,[③]其对腹地经济的带动力也必然呈现出不足的局面,导致口岸对腹地经济发展所需要的资金、人力以及技术支持上产生诸多限制。以近代闽流域的职业教育而言,其学校的设立多集中于福州而非各特产产地,从而对近代闽江流域腹地经济在近代的全面转型与进一步发展未能产生大的积极影响。

在这种情况下,闽江流域口岸与腹地间经济关系中腹地经济对口岸的影响作用便凸显出来了。这突出表现在近代闽江流域的这种输出入贸易经济在"一域一口"的格局下直接影响到了其口岸城市福州对外贸易的发展。首先,数量巨大的特产产品的输出使得福州口岸在与流域外的贸易过程中长期处于出超的地位。然而这种商品输出是以自然资源的消耗为代价的,随着资源的衰竭,流域在国际与国内市场上的竞争力大为下降,福州口岸原先在对外贸易中的出超地位因而随之变为入超。与此同时,流域输出品多为自然资源,这导致了对后继生产的投入长期处于较低的水平,大量由于出超而得来的社会财富被用于日常生活消费甚至是奢侈品消费。这也使得流域的近代产业发展长期处于较低的水准,影响了整个流域经济在近代的转型,而作为流域中心城市的福州却不得不为维系这种输出入贸易继续在近

---

① (日)东亚同文会编:《中国省别全志》第十四卷:福建省,东京:东亚同文会,1920年,第82~86页。

② 杜恂诚:《民族资本主义与旧中国政府(1840—1937)》,上海:上海社会科学院出版社,1991年,第69页。

③ 林星:《近代福建城市发展研究》,厦门大学历史系博士学位论文,2004年;林星:《城市发展与社会变迁:福建城市现代化研究:以福州、厦门为中心:1843—1949》,天津:天津古籍出版社,2009年。

代扮演着贸易型口岸的角色。其次,由于流域输出品外销市场的变化,使得福州口岸的对外贸易在近代经历着由外向性向内向性的转变。具体表现为流域输出品外销市场由国际转向国内,这影响到口岸进口商品来源地的变化,从而共同导致了口岸的内向性。

二、政府力量的缺失

在近代闽江流域的现代化过程中,政府力量的缺失成为一个显著的现象,成为流域在近代不发展的重要原因之一。

对于现代化的主要表征工业化而言,其能否被视为仅仅是对市场力量作用的反应呢?答案显然是否定的。事实上,无论是欧洲的工业化还是其他后发型现代化,其过程中都有国家力量的介入。因为国家有自己的司法权,可以对发展进行限制或向其提供机会。在分析问题时不考虑国家的作用,就等于无视历史事实。另外,一个国家或地区的经济增长虽然绝不会由于市场机会的出现而自动发生,但该国家或国家中的某些集团对这些机会做出反应的能力却是极为重要的。

国家力量的介入可以促进经济增长,一般可以分为两种情况:其一,国家的介入可以为资本主义发展创造有利的环境,这样一来,因改变立法而得到实施的制度改革便会使现有的市场力量释放出来;其二,国家可以直接介入增长过程,在这种情况下,国家不只是调节着市场力量,而且本身就作为市场上的一种力量或起着代替市场的作用,当国家不直接介入就不可能有积累过程的发展时,就出现这种介入。[1]

近代中国属于后发型现代化国家,在促进经济增长方面,国家力量要较市场力量更为重要,但显然近代中国的国家力量在这一方面建树甚少或无甚实际效果。在这种情况下,区域政府的力量因对经济发展更具直接影响力而倍受重视。

近代闽江流域大体上经历了三种政府力量的更替变迁,分别为清朝地方政府、北洋时期的地方军阀势力和南京国民政府的福建省政府。近代中国现代化的肇端是清朝政府主导进行的以国防为重点的工业化。这种模仿

---

[1] (美)塞缪尔·亨廷顿等著,罗荣渠主编:《现代化理论与历史经验的再探讨》,上海:上海译文出版社,1993年,第229页。

西法实行的工业化,利用机器来从事枪炮、轮船的制造和煤、铁矿的开采,其着眼点是国防现代化而非促进新式经济增长,虽然民用工业也有零星兴办,但多呈发展迟滞的局面。甲午战后,中国工业化的重点为铁路与民用工业的建设。就闽江流域在晚清50年的工业化来看,除福州的马尾船政局外,少见由政府主导进行的新式工业建设。民国成立以后,闽江流域经历了军阀割据和混战的局面,地方政局多变,新式投资缺乏保障,因此就更谈不上政府力量对经济增长的直接介入。南京国民政府成立后,福建省政府一度致力于推动地方经济增长,于农业的改良和新式产业的发展贡献颇多,一系列保障经济增长的相关制度纷纷得以设立,因而这一时期福州口岸的对外贸易也呈良性发展态势,出口增长较快。但这一时期闽江流域的地方政局仍呈不稳定的状态,尤其是上游各县遭受战争破坏严重,这些县份历来为闽江流域大宗外销特产的主要产地。因而抗战爆发前,闽江流域的传统土特产品的生产恢复以及对新式产业的投资都遭遇了不同程度的破坏(参见第五章)。从整体上看,南京国民政府时期的闽江流域仍然缺乏有效的、能对整个流域地区持续产生影响的政府力量。

总的看来,近代以降,闽省政局变迁频仍,使得各地社会治安情况恶化,土匪横行,这给闽江流域新式工业的投资带来了严重的威胁,1931年海关十年报告称:"新式工业之盛衰,胥视资金之多寡,本期以来,闽省政局多故,投机事业,因鲜保障,遂趋减少。"[①]除此之外,多变的政局使得政府在主持投资近代工业方面毫无建树,而只能依靠民间资本。在近代闽江流域商人资本不强和外来资本不够的情况下,这显然不利于近代新工业的开展。

三、商人资本的不足

造成闽江流域近代工业不发展的另一个主要原因是商人资本的不足。在政府力量缺失的情况下,近代闽江流域传统产业改良和新式产业投资的主体均为商人群体,但是,商人资本的孱弱再加上外来投资的稀少使得闽江流域的经济发展步履沉重,同时也导致了商人力量的弱小。

近代闽江流域的特产输出虽然为流域带来了大量的社会财富,然而由

---

① 《闽海关十年报告(1922—1931)》,池贤仁主编:《近代福州及闽东地区社会经济概况》,北京:华艺出版社,1992年,第435页。

于经营这些产销贸易的商人多为福州商人和流域外商人,因而由贸易带来的财富多数仍归于这些商人所有,本地人获之甚少。如光绪年间浦城县,"地当孔道,海禁未开之日尤觉冲繁,五方杂处,向来本多客民。……城乡市镇列肆坐廛客民十居八九,而以江右人为最伙。负贩食力之流,又大半者皆浙江人。至挟货运同,转运舟车,懋迁货物者土人亦十无一二,客民持筹握算,无不坐致丰盈,本邑居民惟坐收地毛之利而已"。① 再如沙县,"惟布帛之利,江浙之民取之;鱼盐之利,福、兴之民取之;药材之利,江西之民取之。其开厂以取材,则汀州人,其贩杂货以求利,则下南也"。② 从经营茶叶、木材和纸输出贸易的商人构成来看,茶叶商人中除洋商外,中国商人多为粤商和下府(即闽南沿海)商人;就木材商人而言,《中国省别全志》称福州的木帮主要是由外地木材商组合而成,分为南帮、北帮,南帮多泉州商人,北帮为上海、宁波、乍浦(浙江)等地商人。③

另外,近代闽江流域本地人的支出来看,其收入多用于各种消费品的支出,用于生产资料的支出甚为少见。一般而言,近代闽江流域的特产输出区同时也是输入商品的主要消费区,也就是说出口直接影响着进口。就输入商品种类来看,近代闽江流域的主要输入品以棉布、米谷、棉纱、豆饼、糖、麦粉、鱼介海味、豆类、肥田料、五金、纸烟、煤油及药材等物为大宗。④ 就1905—1930年福州口历年输入商品的情况来看,排名前几位的多为米谷、棉纱、糖、鱼介海味、五金及煤油等。除棉纱外,其余皆为日常生活的消费品。而棉纱"为织布之原料,其输入数值之涨落在不能纺纱之本省当可表示织布工业之兴衰。查本省输入主要各货,大体约呈上涨之趋势,独棉纱为唯一之例外,以前每年输入约值四五百万元,近年以来只二三百万元,大体乃现跌落之势。当1905年及1910两年,棉纱输入皆占各种输入货物之第三位,及1915年降至第六位,1920年虽曾回涨至第二位,而数值增涨有限,迨

---

① (清)翁天祐等修,翁昭泰等纂:光绪《续修浦城县志》卷六,《风俗》,光绪二十六年刻本,第3~4页。
② 梁柏荫修,罗克函等纂:民国《沙县志》卷八,《艺文志》,民国十七年铅印本,第3页。
③ (日)东亚同文会:《中国省别全志》第十四卷:福建省,东京:东亚同文会,1920年,第631~653页。
④ 福建省政府秘书处统计室编:《福建历年对外贸易统计》,福建省政府秘书处公报室,1935年,第69~87页。

至1925年则又降至第五位,1930年且至十位以外矣。……棉纱输入既减,棉布输入必增,两相对照之下,亦可见本省近年生产荒废之一斑"。① 除日常生活的消费品外,输入的商品也不乏无益消耗型的消费品如纸烟等。综观整个近代,闽江流域的近代产业一直处于不发达的状态,这其中的原因之一固然是商人资金的缺乏,但另一方面流域社会的消费习惯也是造成这种现象的原因之一,而且事实上在很大程度上资金的缺乏也是与流域社会对外来消费品的依赖结合在一起的。

除此之外,近代初期闽江流域各县人们因农副土特产品大量输出得利,生活趋于奢华,如政和县"年青妇女,剪发皮革,颇尚摩登,茶叶兴盛,风俗为之变"。② 再如建宁县"土地膏腴,专有鱼、杉、油、漆、苎麻之利,以通商贾。邻于建昌,染为奢俗,谚曰:千金之家三遭婚娶而空,百金之家十遭宴宾而亡"③。1921年闽海关十年报告更是称:"高生活费用已经成为东方和西方同样亟待解决的问题。现在中国人接受西方的衣着和生活方式的思想,已到了相当高的程度,使用的每一件东西都比先前进步了。昔日穿着普通兰布衣服的青年女子,现在换上丝绸裙子和长袜;青年上穿上最时髦的西服,手上握一根文明杖,头上斜戴圆礼帽,装作绅士样子,这些要花很多钱。"④ 这些消费习惯的转变一方面说明了社会的进步,风气的转化,但另一方面也说明了近代闽江流域人们不善于积累资本。

再来看外来资本输入的情况。除了外国资本,近代闽江流域甚至福建省赖以依靠的外资多为侨资,然而由于厦门是福建省华侨的主要进出口港口,每年从厦门进出口的华侨有几万至几十万人,华侨对于厦门的情况要较福州熟悉,再加上厦门是福建省侨汇的汇集点和转汇点,因而近代福建省华侨投资的重点为厦门而不是福州。据统计,1871—1949年福建华侨投资福州户数仅为30家,投资额为6828925元,仅占全省投资总额的4.9%,流域

---

① 福建省政府秘书处统计室编:《福建历年对外贸易统计》,福建省政府秘书处公报室,1935年,第18页。

② 陈愧三:《政和茶考》,福建师范大学图书馆古籍室藏手抄本,1941年,第15页。

③ (清)王琛、徐兆丰修,张景祁等纂:光绪《重纂邵武府志》卷九,《风俗》,光绪二十六年刊本,第5页。

④ 《闽海关十年报告(1912—1921)》,池贤仁主编:《近代福州及闽东地区社会经济概况》,北京:华艺出版社,1992年,第428~429页。

其他各地如南平、永安、古田、闽清、福清、德化等地的华侨投资规模则更为弱小,①近代以福州为代表的闽江流域对华侨资金的吸引力显然不够。

四、农民和农村经济的持续贫困化

近代闽江流域落后的封建土地所有制使得农民和农村经济陷入持续贫困化的局面,导致以农补工的道路无法实现。

对于一个农业社会而言,要想进入工业社会,它的第一个计划往往是从农业生产中挤出一笔钱来,作为发展工业之用,②这也是后发型现代化国家的通常做法。然而近代闽江流域的农业和农村社会遭受了地主、商人、高利贷者以及洋行、买办的剥削和榨取,呈持续的贫困化状态。地主对土地的榨取是建立在土地的租佃关系之上,除了极少数地区外,近代闽江流域的佃租都在50%以上。高额佃租的剥削,使生产者往往处于极度贫穷状态,维持着最低的生产和生活水平,万一遇到意外的损害,如天灾人祸以及婚娶、丧葬,通常都是依赖高利贷来苟延残喘,贷款利息往往在25分以上,期限短,贷款的手续,往往要将生产者的耕牛、种子、肥料等作为抵押。当耕种的季节到来,生产者需要再行设法贷借,以新的供求去赎回耕种时所需要的一切。在这种情形下,佃农全然无望从事生产改良。除此之外,商业资本渐次深入农村,除了收购土地、进行囤积居奇的活动,破坏农村生产外,通常是在农业生产过程中,进行农产品的预购。即当生产者资金周转不灵,乃至生产中断时,商人就循着高利贷的形式,投入一定的周转资金,规定以若干实物偿还,生产者的产品,全部被商人席卷了。另外由于高利贷的吸引,商业资本在高额回报的吸引下,势必大大减少了对传统产业改良及新式产业方面的投资。③ 除封建的土地制度制约外,近代闽江流域还经受着外来势力的剥削。流域对外贸易的主要形式是以农副土特产品交换机制工业消费品,这本身就是不等价和不平等的,在近代中国遭受外国资本主义势力入侵的

---

① 林金枝、庄为玑:《近代华侨投资国内企业史资料选辑(福建卷)》,福州:福建人民出版社,1985年,第54页。

② 张朋园:《中国现代初期的助力与阻力》,载罗荣渠、牛大勇编:《中国现代化历程的探索》,北京:北京大学出版社,1992年,第58页。

③ 张来仪:《论福建工业建设》,《社会科学》第2卷第1,2期合刊,1946年6月。

大背景下,闽江流域也经历着沦为西方资本主义国家原料产地和商品销售地的过程。

20世纪40年代中叶,对于福建经济的出路问题,当时的学术界展开了一系列的讨论,涉及农业、工业、金融业等多个方面,论者一致认为农村土地制度的改革是福建经济发展的关键。① 只有在农村土地制度有了变革以后,农民方得以保有其生产成果,然后农业资金才易于积累,生产力才可以提高。事实上,世界上诸先进国家的现代化,莫不是以改革土地制度为其着手点。但近代闽江流域农村土地制度的改革却一直未能实现,最多只是推行农业生产合作制度,把佃农合法组织起来,在不妨碍地主原来权益的范围内,实施合理的生产与分配。这显然无法从根本上改变近代闽江流域农村落后、农业经济衰败的局面,其工业化的实现更是无从谈起。

综上所述,近代闽江流域现代化的困境缘于政府力量和国际市场的"双重缺失"。政府力量的缺失上文已有所述及,其所造成的后果是无法将流域现有的经济力量转化为优势,以利于经济进一步增长。同时也无法给经济发展提供良好的制度保障,在流域总体发展的布局上无法予以全面调控,单纯依赖市场支配,遂使近代闽江流域的中心城市福州无论是在资金流动、人才培养以及技术传播上均无法给流域腹地提供足够的支持。政府力量缺失所留下的空间为商人群体所占据,近代闽江流域的商人活跃于各式贸易活动中,在市场的推动下,积极参与各特产产业的改良及新式产业的投资。但封建土地所有制的束缚使得流域内的农村和农民陷入持续贫困的境地,这导致特产出产减少,贸易衰落,进而使得商人资本力量薄弱,并进一步限制了商人群体及其团体在流域社会变迁中所起的作用。此外,由于流域口岸—腹地关系中腹地经济对口岸的影响成为主导,近代闽江流域输出商品的结构变动——以国内市场为主要销售地的木材和纸张取代茶叶成为外销的主要商品——使得流域对外贸易的重心逐渐由国际市场转向国内市场。诚然,由于世界资本主义市场的存在,近代闽江流域商品生产的性质在很大程度上沦为

---

① 侯刚:《泛论福建省地方经济建设》,《社会科学》第1卷第2、3期合刊,1945年9月;张来仪:《论福建工业建设》,《社会科学》第2卷第1、2期合刊,1946年6月;徐吾行:《近年来国人对于福建经济研究总述》、张来仪:《福建工业形态论》、章振干:《福建农业经济论》、陈明鉴:《福建金融论》,《社会科学》第3卷第3、4期合刊,1947年12月。

为该市场服务的区域分工生产。另一方面,近代闽江流域要想实现经济增长,实现现代化,其经济必须能够对向较先进国家提供出口机会所产生的刺激做出反应,并进一步实现其工业由出口导向型向引进型的转变,因为一个国家或地区的出口导向型工业可能是经济增长的动力,但绝不会是其工业化的捷径,在近代中国不利的大环境之下,这种情况显得尤为突出。对于本书的研究对象近代闽江流域而言,其特产加工型工业显然还没有成为其经济增长的动力,更谈不上在此基础之上的引进型制造工业的发展。从这一方面来讲,"国际市场"的缺失显然不利于流域现代化进程的顺利开展。

第二节

口岸、腹地与亚洲

近代通商口岸城市及其衍生的新式社会经济因素一向是中国近现代社会经济史研究的重点之一。其原因一是因为通商口岸城市是中国广袤内陆与外部国际市场连接的关键点,[1]大量新的社会经济因子由此进入并日益影响整个中国;第二,大多数通商口岸都是位于沿海或沿江的港口城市,它们的兴起必定会形成对其腹地的"强力辐射",从而带动腹地经济发展,[2]特定区域的发展是港口与腹地形成良性互动的必然结果。与此相对应的是,通商口岸外部市场及港口与腹地的互动关系成为学界关注的重点,形成了一大批卓有贡献的成果,为中国通商口岸城市史、中国近现代经济史、现代化史研究奠定了坚实的基础。

然而学界此前的研究似乎在有意无意间朝向"内在",即在通商口岸城市发展的基础上,着重关注其对内影响的作用,这可能是缘于研究的出发点和落脚点都是民族国家。而实际上,通商口岸城市既然是联结内与外(抑或说是内陆与海洋)的关键点,来自海洋的外部国际市场的影响如何作用于城

---

[1] 吴松弟:《通商口岸与近代的城市和区域发展——从港口—腹地的角度》,《郑州大学学报(哲社版)》2006 年第 6 期。

[2] 戴鞍钢:《港口、城市、腹地:上海与长江流域经济关系的历史考察》,《中国城市经济》2004 年第 1 期。

市发展？这种影响是积极的还是消极的？这也应成为通商口岸城市研究的一个重点。实际上，通商口岸城市的发展离不开外部影响，缺失了外部影响，通商口岸城市对腹地经济的带动力必然会不足，从而使得腹地对口岸城市的拖累要远大于后者对前者的带动。① 但另一方面，当我们考查大量新的社会经济因子影响广阔腹地的同时，理所当然地要分辨这些"外部影响"是来自西方，还是根源自亚洲内部（海洋亚洲②）的联系。日本著名学者滨下武志教授也指出："以海域融合为主的观念来说明亚洲的历史，比过去以土地为主的观念可以涵盖更多的地区和呈现不同的内容。……沿海的作用性和以国家为主的地域关系不同，它是以海域为主关系。"③而事实上，亚洲海洋各部分之间的各种联系（如商贸、移民、金融等联系）由来已久。本节即是着眼于此，以福州为例，从海洋亚洲的视角来讨论近代通商口岸港口城市发展的外部因素。

一、明代之前的福州港及其功能

福州自古就与水运关系密切，如闽越族"以船为车，以楫为马；往若飘风，去则难从"。④ 福州东冶古港形成于西汉初年，其功能主要是南北中转。西汉初所设置的南海、苍梧、郁林、合浦、交趾、九真、日南七郡因"处近海，多犀、象、毒冒、珠玑、银、铜、果、布之凑"，⑤故多贡运京师，然"旧交趾七郡贡

---

① 水海刚：《近代口岸与腹地经济关系新探——以闽江流域为例》，《厦门大学学报（哲社版）》2006年第3期。
② 广义上的海洋亚洲涵盖了欧亚大陆东部地域沿海、半岛及岛屿，包括东北亚和东南亚。它既是一种地理概念，同时由于移民的影响，也包含了深刻的文化和族群内涵。参见刘宏：《理解海洋亚洲与海外华人互动的动力和模式》，《海洋亚洲与华人世界之互动》，新加坡：华裔馆，2007年，第11页。
③ Takeshi Hamashita. Competing Political Spaces and Recreating Cultural Boundaries in Modern East Asia: Regional Dynamism and the Maritime Identity of Asia, in Melissa Curley and Hong Liu, eds., *China and Southeast Asia: Changing Social-Cultural Interactions*, Hong Kong: Center of Asian Studies, University of Hong Kong, 2002, pp. 27-38.
④ 袁康、吴平辑录：《越绝书》卷八，上海：上海古籍出版社，1985年，第58页。
⑤ 班固：《汉书》卷二八，《地理志第八下》，北京：中华书局，1960年，第1670页。

献转运,皆从东冶泛海而至"。① 可见福州的"南望交、广,北睨淮、浙"②地理位置使得东冶港最初的主要功能是寄泊转运,在远航能力不足的古代乃至轮船时代之前,福州港口的这种中转功能长期存在。然而随着隋唐五代福建开发的深入,福州地区及闽江流域的社会经济得到长足发展,福州港随之成为近海贸易中的一个重要环节。自福州向北,早在王审知主闽时便已开辟福州至登州(今山东蓬莱县)、莱州(今山东掖县)的海上贡路,"自福州洋过温洲洋,取台州洋过天门山,入明州象山洋,过涔江,掠洌港,直东北度大洋,抵莱、登岸……"③这条航线实际上可远至今辽东半岛一带,与淮浙等地口岸的民间贸易航线在宋代得到发展;向南则可至广东,福州自宋代起便是两广粮食的主要销售市场之一,这种粮食贸易即是通过海路来完成的。④实际上,历史上这种近海贸易航线所联结起来的各个口岸,长期以来形成了福州港口外销商品的主要市场和进口商品的主要来源地。

　　福州港口的另外一个功能是参与环中国海的贸易,这种贸易开展的前提当然是海外交通能力的提高。据载,唐代福州的海外交通除了通向中南半岛、马来半岛诸国的传统航线之外,尚开辟了多条新航线,如与新罗、日本、三佛齐、印度、大食等。中唐之后,福州已成为与广州、扬州并列的三大国际贸易港之一。这种海外贸易的内销商品多为奢侈品,但外销商品与近海贸易一致,以福州地区的特产为主。宋元时期,泉州港兴起,福建的海外贸易重心转移至泉州,但福州的海外贸易却仍然长期存在。⑤ 但这种海外贸易所贩运的主要商品大部分来自福州近郊,如荔枝即是当时闻名遐迩的贡品和贩运海内外的重要土特产。宋时曾任福州太守的蔡襄在所著的《荔枝谱》中有云:"水陆浮转,以人京师,外至北戎、西夏。其东南舟行新罗、日本、琉求、大食之属,莫不爱好,重利以酬之。故商人贩益广……"⑥糖是另

---

①　司马光:《资治通鉴》卷四十六,《汉纪三十八》,北京:中华书局,1956年,第1495页。

②　顾祖禹撰,贺次君、施和金点校:《读史方舆纪要》卷九十六,《福建二》,北京:中华书局,2005年,第4381页。

③　吴任臣撰,徐敏霞、周莹点校:《十国春秋》卷九十,北京:中华书局,1983年,第1310页。

④　郑元钦主编:《福州港史》,北京:人民交通出版社,1996年,第28页。

⑤　郑元钦主编:《福州港史》,北京:人民交通出版社,1996年,第25~27页。

⑥　蔡襄:《荔枝谱(外十四种)》,福州:福建人民出版社,2004年,第5页。

外一种主要输出品,马可·波罗曾说:"此城为工商辐转之所","制糖甚多,而珍珠宝石之交易甚大,盖有印度船舶数艘常载不少贵重货物而来也"。①

福州港口的南北中转、近海贸易、海外贸易的功能使得它同时扮演着两个角色,一是对传统王朝的内部,一是对海外。但由于资料的缺乏,这两个角色之间的联通程度究竟如何我们还不得而知。但至少直到明清之前,福州及其港口尚远不是沟通国内与海外贸易的中心。

明朝建立后,厉行海禁政策,"禁濒海民不得私出海"②、"禁濒海民私通海外诸国"③、"申禁人民无得擅出海与外国互市"④,但同时发展朝贡贸易,设市舶司以领。"在广东者,专为占城、暹罗诸番而设;在福建者,专为琉球而设;在浙江者,专为日本而设。其来也,许带方物,官设牙行,与民贸易,谓之互市。"⑤明成化七年(1471年),专司琉球朝贡贸易的福建市舶司自泉州迁至福州,万历八年(1580年)市舶司撤销,由福州府同知兼领,但由福州联结起来的中琉朝贡及贸易关系却保留了下来。清承明制,福建仍是通琉球的唯一省份,直至清光绪元年(1875年)两国关系完全中断才止,其间凡400余年。就福州而言,一开始它只是琉球册封使和朝贡使的出发与接待港口,但长时期的两国朝贡贸易关系给福州带来的影响却不局限于此。由于大量的官方与民间贸易的存在,福州乃至福建的社会经济发展步入一个繁盛期,与此相伴随的是福州港口的"外向"功能得到最大限度的释放。

二、琉球与台湾:明清福州的历史记忆

福州港"外向功能"最大限度释放,其主要标志之一即成为沟通国内贸易与海外贸易的中心。明代的海禁政策带给福州的不仅是琉球朝贡贸易港口地位,同时也由于琉球的海外贸易而成为事实上的沟通中国与东亚、东南亚的中心港口。"14世纪晚期至16世纪初是琉球王国最繁荣的时期。这

---

① 马可·波罗著,沙海昂注、冯承钧译:《马可波罗行纪》,北京:中华书局,1957年,第605页。
② 《明实录·太祖实录》,上海:上海古籍书店,1983年,第1300页。
③ 《明实录·太祖实录》,上海:上海古籍书店,1983年,第2197页。
④ 《明实录·太祖实录》,上海:上海古籍书店,1983年,第3640页。
⑤ 郑若曾撰,李致忠点校:《筹海图编》卷十二下,北京:中华书局,2007年,第852页。

种繁荣很大程度上归功于它的国民大量的长途贩运贸易活动,他们穿越东亚和东南亚水域,扮演着相邻国家的转口贸易的富于进取心的代理商的角色。琉球人不仅与中国、日本交往,也与朝鲜和东南亚国家建立了联系。"① 在琉球"以海舶行商为业,西通南蛮、中国,东通日本"的背景下,以福州为港口的中琉贸易事实上成为中国与东亚、东南亚诸国的贸易。② 在16世纪和17世纪之后,琉球甚至以马尼拉为中心与西班牙开展贸易——用丝交换白银,以台湾为中心与荷属东印度公司开展贸易。同时,贸易路线可以从福州深入中国北部,联系着中国北部大豆和豆饼的出口贸易,这样,琉球就沿着中国的东海岸贯通了南北贸易。③

海外贸易与国内贸易的联通给以福州为中心的福建商品市场带来了繁荣。首先,无论是中国册封琉球使团,还是琉球进贡使团,它们输往琉球的货物绝大部分都是在福建置办的。这些货物主要有丝绸、瓷器、药材、纸张、茶叶、食品及工艺品,种类繁多,数量极大,价值每次都在白银十余万两上下。再加上贸易次数频繁,④势必对福建的经济、商品市场的繁荣带来大的刺激作用。除此之外,福州也成为一些国内商品如药材向海外流通的中心。与此同时,福州港也因其在海外贸易中的突出地位而成为全国首屈一指的港口。⑤ 其次,福州吸引了各地商贾云集,以江西、广东和江浙商人居多,经营布店、药材铺、五金店、染印店、木器店等,外地产品也多因海外贸易的缘故而出现在福州市场上。⑥

除琉球因素外,台湾成为影响福州及福州港发展的另一主导因素。清初统一台湾后,执行闽台两地对渡政策。清乾隆五十五年(1790年),继厦门、泉州后,正式批准福州五虎门对渡台湾淡水厅八里坌。五虎门地近闽江出海口,向上40余里为闽安镇,而闽安镇"距省城八十里,为省会咽喉极冲

---

① (日)滨下武志著,王玉茹、赵劲松、张玮译:《中国、东亚与全球经济:区域和历史的视角》,北京:社会科学文献出版社,2009年,第70页。
② 谢必震:《中国与琉球》,厦门:厦门大学出版社,1996年,第224页。
③ (日)滨下武志著,王玉茹、赵劲松、张玮译:《中国、东亚与全球经济:区域和历史的视角》,北京:社会科学文献出版社,2009年,第96~97页。
④ 明清两代,琉球朝贡频率虽多有变化,然仍以两年一贡为常例。由于有接贡制度的存在,使得名义上的两年一贡,变成每年都有船只前来中国进行贸易。
⑤ 谢必震:《中国与琉球》,厦门:厦门大学出版社,1996年,第229~240页。
⑥ 蓝达居:《论明清时期福建中心港市的发展》,《南方文物》2005年第3期。

要口,商舶往来辐辏",①但由于其港浅礁多,对渡船只实际上多驶进闽安口甚至南台口停泊。实际上,是福州港承担了此时期与台湾淡水的对渡贸易。清嘉庆十五年(1810年),准福建三口通行台湾三口,福州的对台贸易范围大大扩展。② 从贸易内容上来看,福州输出台湾的货物多为布帛、百货、茶叶、烟、纸、木材、干笋、香菇等。台湾市场上的武夷诸品皆来自内地,大部分是福州出口;纸张制造更是福州上游各州县如南平、顺昌、将乐的传统产业;上游各县之木材也多输出台湾,用以造船、架屋。台湾输往福州的货物有粮食、蔗糖、麻、苎、水果、花生、茶叶、豆等,概为民用必需之品。因此,福州的对台贸易实际上以福州为中心的闽江流域各县的特产品出口,这其中,以茶叶、纸张、木材为大宗,与后世闽江流域销往国际市场的商品无异。

从地域范围来看,明清时期福州港口地位的提高及社会经济的大发展均是福州参与外向贸易的结果。这其中,与琉球和台湾的贸易成为福州发展的两个关键因素。从表面上看,这两类贸易均是在官方政策的引导下展开的,带有较大的随意性。但琉球朝贡港口从泉州移至福州,其背景则是琉球与福州民间的多重联系,如闽人三十六姓迁移琉球、木材与册封舟的监造、中琉贸易航线等;清代福州五虎门与淡水五里垄之间对渡贸易的批准,其背景则是日益频繁的民间贸易往来。因此,无论是与琉球的朝贡贸易还是与台湾的对渡贸易,究其实质,均是福州参与构建海洋亚洲的自然结果,琉球贸易甚至还使得福州一跃成为联通国内市场与海洋亚洲市场的关键点,其港口的对内角色与对外角色得以合二为一。琉球也成为福州城市最主要的历史记忆之一。③

三、开埠:从外向转向内向

近代福州城市及社会经济的变迁是在两个背景下展开的。其一是19

---

① 徐景熙主修:乾隆《福州府志》卷十三,《海防》,福州:海风出版社,2001年,第11页。
② 黄国盛:《论清代前期的闽台对渡贸易政策》,《福州大学学报(哲社版)》2000年第2期。
③ 张钟鑫:《福州地区中琉友好关系遗存考》,《福建师范大学学报(哲社版)》2002年第4期。

世纪 60 年代福州面向国际市场的大量土特产品出口,以茶叶为主;二是随着日本并吞琉球、割占台湾,福州失去了历史上与海洋亚洲联结的关键点。在此背景下,福州港口的外向功能与南北中转功能大大弱化,主要参与近海贸易,沦落为一个普通港口。这两个背景基本上同步演进,共同导致了近代福州及其腹地发展的迟滞。

鸦片战争之后,1844 年,福州开埠,这是最初五个通商口岸之中唯一一个未曾经历鸦片战争的口岸。论者多谓福州开埠的原因在于英国国内市场对中国茶叶的需求,但显然,西方人到中国来并不仅仅是购买中国商品。就福州而言,"以洋货易红茶似乎是在这个港口建立永久性的英国贸易的唯一可靠基础"。[①] 然而开埠初期,无论是茶叶外销还是洋货内销,福州均毫无起色。清咸丰三年(1853 年)后,由于太平天国战争的影响,美商罗素洋行率先赴武夷采购茶叶,取道闽江,运至福州,各国洋行纷纷效仿,福州才成为驰名世界之茶叶集中地。与此同时,本地人开始慢慢有能力购买进口货物。时人"预料随着这个口岸贸易的增长,外国进口货的销售将不断增长"。[②]由于茶叶输出的迅速增长(见图 6-1),福州港成为名副其实的"茶港",无论是从数量上还是从价值上看,茶叶输出常年占其输出商品的第一位。由于"红茶销路盖以欧洲为第一"[③],茶叶市场的国际化以及福州进口洋货的增加使得港口自 19 世纪 50 年代中叶后,其"外向性"似乎在明清的基础上进一步增强。

[①] 姚贤镐编:《中国近代对外贸易史资料(1840—1895)》第一册,北京:中华书局,1962 年,第 605 页。

[②] 姚贤镐编:《中国近代对外贸易史资料(1840—1895)》第一册,北京:中华书局,1962 年,第 609~610 页。

[③] 北京农工商部署内商务官报局:《商务官报》,光绪三十四年(1908 年)第 16 期,第 314 页。

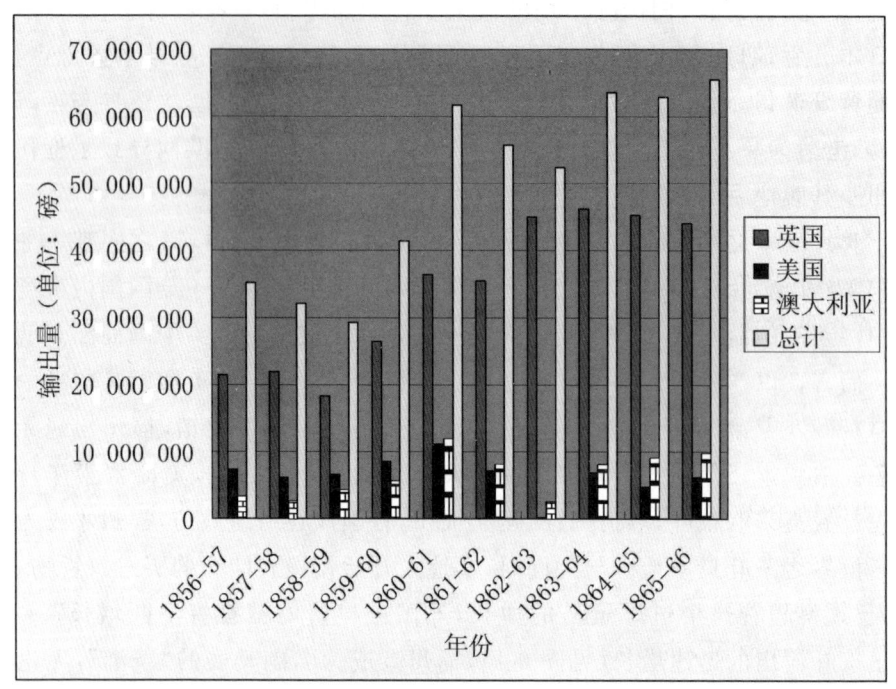

图 6-1　福州口的茶叶输出（1856—1866）

注：Robert Gardella. *Harvesting Mountains：Fujian and the China Tea Trade*，1757—1937. Berkeley and Los Angeles，California：University of California Press，1994，p. 61.

资料来源：英国国会：下院会议文件，卷 68（1867 年），第 648、654 页。

然而，福州港口的"外向性"是建构在闽江上游山区的茶叶生产及外销基础上的，具有两个鲜明的特征。第一，相较于与琉球及台湾的贸易，这一时期福州及福州港赖以依靠的腹地过于狭窄和单一，福州港口的辐射作用似乎只局限于闽江流域，其基本腹地也只限于闽江上游山区产茶县，这使得口岸城市极易受输出贸易的影响，随贸易波动而变化。第二，作为一种特产产品，茶叶同时也是一种手工初加工农产品。这种商品输出是以自然资源的消耗为背景的，随着资源的衰竭（如水土流失过于严重等），福州出口的茶叶在国际市场上的竞争力大为下降，福州口岸原先在对外贸易中的出超地位因而随之变为入超。与此同时，由于茶叶属初加工农产品，对技术、生产管理方式要求不高，这导致了生产者对后继生产的投入长期处于较低的水平，进一步降低了商品的竞争力，形成一种恶性循环。建构在此基础上的

"外向性"必然是一个短暂的现象,而非港口城市的根本性转向。

相比近代福州的"国际化",明清时代福州的面向海洋亚洲的"外向性"更具合理性和坚实的基础。与琉球的贸易中,由于琉球的中介地位,福州实际上一度承担的是中国与东亚、东南亚的国际贸易,这极大地丰富了福州的角色:它不仅是一国内港口,同时也是一个国际性港口。与台湾的贸易中,福州与台湾之间实际上形成了一种互补性的贸易关系,伴随着清初台湾的开发,这种互补性得以进一步强化。这两个时期福州及其社会经济的发展,均是建构在大的外部市场和腹地经济发展的基础上。然而,1875年琉球朝贡贸易结束以及20年后台湾被日本割占,使得福州传统意义上的外部市场丧失,这极大地影响了它的发展。以台湾贸易为例,据有关统计,1902年至1914年,闽台贸易总额从1000万日元跌至537万日元。若以1902年为基准,闽台贸易额在13年间剧减46.3%。与此同时,闽台贸易的互补性结构被打破,这一贸易实质上已成为当时中日两国贸易的组成部分,呈严重不对称性,台湾丧失了与福建单独通商的地位,沦为日本对华贸易的中介地,直接导致了日货对福建乃至中国东南地区的倾销。①

19世纪90年代后,在茶叶输出衰落后,所谓的外在"国际市场"迅速消减,福州的发展明显地转向"内在"。从输出商品来看,木材和纸张是仅次于茶叶的另外两大类商品,在特定时期,木材和纸张的输出额甚至会超过茶叶。就木材而言,其主要市场是在国内,其中以上海、天津为主要销区,牛庄、青岛、烟台、宁波、广州以及长江流域各埠均为木材中转口岸,转销木材于其他各省市。②纸张的行销区域同样以国内为大宗,其中以东北三省为最大行销区。1935年沙县纸业公会主席陈缉照在给县政府的请呈中说道:"沙邑纸业年来产额锐减,纸厂倒闭,纸山荒芜,东北失陷后日人厉行关税政策,限制闽纸之输入,又设厂仿造而放低纸值,吾沙纸商受此打击,盖陷于困顿不堪之境地……"③东北三省市场的丧失给福建纸业带来很大的打击,由此也可判断出其纸张的主要销售市场是在国内。从输入商品来看,福州开

---

① 谢冰、曾国良:《日据时期闽台经济关系研究》,《中南民族学院学报(人文社会科学版)》2001年第5期。
② 翁礼馨:《福建之木材》,福建省政府秘书处统计室,1940年,第145页。
③ 《关于纸业公会主席陈缉照呈称纸业萧条请准于减轻各项补助》,福建沙县档案馆藏,档号101-1-4。

埠,茶叶外销极盛之时同时也是洋货大力内销之时。以近代中国的大宗输入品棉布和棉纱而言,自 1861 年至 1864 年,福州口棉布输入从 337423 元增至 706738 元,①年平均增长率达到了 27.36%。在经过初期棉布输入的增长后,棉纱开始成为输入速度增长最快的商品。这是因为洋纱的价格和棉花的价格比较起来,显得非常便宜,所以用洋纱织布就比用中国人自纺的纱划算了。到了 19 世纪 80 年代,福州口外国纺织品的年输入值已不过 100 万两左右了,且呈不断缩减之势:1882 年进口棉花与毛织品 393000 匹,价值 950000 海关两,1891 年降为 361000 匹,价值 754000 海关两。② 而 1892 年"洋纱(从孟买运来的)进口增于四倍"。③ 到了 19 世纪最后的十年,海关报告称在这一时期对棉织品需求的变化很大,尤其是对印度和日本纱的需求量特别大,1892 年日本纱只进口 1 担,而 1901 年增至 4388 担。在棉织品中,衰退数量最大和最受人注意的是市布,它从 1892 年的 218559 匹降到 1901 年的 143863 匹,损失 34%。当地人现在用进口棉布匹,因此对市布的需求量大为减少。④ 而由福州口岸输入的棉纱来源地经历了一个变化。先由印度独占,而后上海纱输入激增,印度棉纱逐渐衰退。1905 年由印度输入福州的棉纱约 39605 担,而由上海输入的仅为 1832 担,到了 1910 年,从印度输入的棉纱降为 27726 担,由上海输入的增为 3830 担,1915 年两地输入棉纱的数字分别变为 18883 担和 18097 担。⑤ 从中我们可以看出上海棉纱输入速度增长之快。除此之外,尚有从香港及日本输入的棉纱,但其数量相对较少。

事实上,除了棉布与棉纱外,近代福州口岸进口商品的来源地几乎都经历了一个由外洋到外埠的转换过程。自 19 世纪末起,福州口岸进口贸易的重心便逐步由国际市场向国内市场转移。清光绪三十四年(1908 年),时人

---

① 池贤仁主编:《近代福州及闽东地区社会经济概况》,北京:华艺出版社,1992 年,第 2~3 页。
② 林仁川:《福建对外贸易与海关史》,厦门:鹭江出版社,1991 年,第 206 页。
③ 池贤仁主编:《近代福州及闽东地区社会经济概况》,北京:华艺出版社,1992 年,第 360 页。
④ 林仁川:《福建对外贸易与海关史》,厦门:鹭江出版社,1991 年,第 207 页。
⑤ 池贤仁主编:《近代福州及闽东地区社会经济概况》,北京:华艺出版社,1992 年,第 386 页。

称"福州进口货物,本国货不敌外国货之半"①,而自 1903 年到 1937 年,进口洋货比起初减少了 30%,而进口土货则增加了将近 3 倍之多,进口洋货与土货的价值比例由原先的 1.6∶1 演化为 1937 年的 0.43∶1,可见福州口岸作为近代闽江流域的中心,其内向性大大增加。这一转换也是与近代中国经济的发展相适应的。以福州口岸的洋纱、面粉和火柴输入的变化为例,在一开始,这些商品是作为洋货进入流域各地的,然而随着 20 世纪国内民族资本主义经济的发展,民族纺纱业、面粉业及火柴制造业逐渐发展起来,福州棉纱、面粉及火柴的输入重心便由外洋转向了外埠。②

总的来看,福州港的"内向化",其背景是海洋腹地的丧失。在琉球、台湾贸易中断后,福州面向海洋亚洲的参与也随之大为弱化。虽然日本对华贸易仍然存在,但这显然与近代中国的洋货倾销性质相同,并非是福州对外的主动性参与。茶叶贸易的繁荣使得福州一度有由海洋亚洲面向更大国际市场的倾向,但在仅仅依靠单一腹地的单一农产特产品输出的情况下,这一倾向显然只是一种假象。福州及福州港在经历明清两代的"外向性"参与后,重新回归国内近海贸易,成为一个普通港口。至于福州港的南北中转功能,在香港、上海两个中心崛起之后,福州的居间位置变得不再是优势所在。在远洋航运手段明显提高的情况下,一般船只并不需要经福州中转。再加上福州港口条件在近代不见改善,使得港口基本功能不完善,进而使福州口岸城市的发展长期止步不前。以福州下游闽江水道为例,福州距闽江入海口 26 海里,来往轮船皆以其下游 9 海里处的马尾为抛锚地,而马尾因泥沙淤积缘故河道较浅,"从来水深低水时二呎半乃至六呎间",③不宜大轮船航行,是以来往福州的货物皆于马尾换民船或小蒸汽船于半潮以上时转运至福州,这显然给货物的流通带来了极大的不便,但闽江下游水道的浚修工作却直至 1919 年才开始展开,而且收效并不大。

对近代福州而言,其开埠通商意味着面向更大的国际市场,但同时也意味着其有效腹地的大大缩小,因为茶叶贸易的关系,使得福州城市和港口的

---

① (日)外务省通商局:《福建事情》,东京:东洋印刷株式会社,1917 年,第 284 页。
② 福建省政府秘书处统计室编:《福建省历年对外贸易统计》,第 26 页;周浩等编:《二十八年来福建省海关贸易统计》,福建省政府统计室,1941 年,第 22 页。
③ (日)马场锹太郎:《中国水运论》,上海:芦泽印刷所,1936 年,第 59 页。

腹地仅限于闽江上游的茶产区。在此过程中,对福州城市和港口发展影响最大的两个因子——来自海洋亚洲世界的琉球与台湾——却逐渐减弱乃至消失。当然,琉球与台湾对福州城市变迁影响的减弱,其决定因素是近代中国的政治、外交,福州的开埠本来也不意味着它从传统意义上的海洋亚洲贸易区的退出。但这同时也说明,对近代中国通商口岸城市而言,其在近代变迁的根源显然不能以"开埠—通向更大的国际市场"模式一言蔽之。

　　实际上,对大多数中国通商口岸城市而言,在近代开埠前,它们均是一定地区社会经济发展的集中表现。就区域的层次而言,学界的研究已充分向我们展示了它们在一个更大空间中所处的位置。这一更大的空间显然是指本书中多次提到的海洋亚洲,在这一空间中,长久以来存在着纷繁复杂的移民、贸易、金融联系,有学者由此将其定名为环中国海贸易网络,在近代,这一网络由单一的贸易网络形成多重的复合性网络。① 就区域史研究的方法论而言,一个既定区域的社会经济变迁,不仅受制于该区域内部的社会与自然因素,而且受制于该区域的外部联系,即该区域在一个更大空间内的结构性位置。② 因此,将通商口岸城市在近代的变迁动因仅仅归结为开埠通商,实际上是以城市本身为出发点和归宿点来展开观察的,缺乏一个大空间视野的关照,因而带有极大的局限性。以此为前提,近代通商口岸城市与腹地经济长效互动机制的建构也变得举步维艰了。

---

　　① 戴一峰:《近代环中国海华商跨国网络研究论纲》,《中国社会经济史研究》2002 年第 1 期;《南中国海与近代东南地区社会经济变迁》,《史林》2005 年第 2 期。
　　② 戴一峰:《南中国海与近代东南地区社会经济变迁》,《史林》2005 年第 2 期。

附　录

附表1　福州子口进口货物各地分配表(1873—1898)

单位:海关两

地点	1873年 货值	1873年 比重	1874年 货值	1874年 比重	1875年 货值	1875年 比重	1876年 货值	1876年 比重	1877年 货值	1877年 比重	1878年 货值	1878年 比重	1879年 货值	1879年 比重
福鼎	2703	0.40%	5326	0.94%	855	0.27%	1439	0.40%	2426	0.70%	3745	0.86%	5151	1.60%
白琳	3311	0.48%		0.00%		0.00%		0.00%		0.00%		0.00%		0.00%
霍童	297	0.04%		0.00%		0.00%		0.00%		0.00%		0.00%		0.00%
寿宁	545	0.08%	730	0.13%	142	0.05%	602	0.17%	219	0.06%	148	0.03%		0.00%
福安	51379	7.51%	31348	5.56%	25327	8.12%	26339	7.40%	24518	7.12%	47617	10.93%	32554	10.10%
霞浦	585	0.09%	776	0.14%		0.00%		0.00%		0.00%	28	0.01%		0.00%
宁德	10717	1.57%	4733	0.84%	3905	1.25%	5395	1.52%	4128	1.20%	5503	1.26%	4374	1.36%
福宁	6404	0.94%	4334	0.77%	515	0.17%	91	0.03%	102	0.03%	1066	0.24%	1286	0.40%
屏南	603	0.09%	469	0.08%	424	0.14%	487	0.14%	521	0.15%	473	0.11%	208	0.06%
大湖	265	0.04%		0.00%		0.00%		0.00%		0.00%		0.00%		0.00%
北岭	15716	2.30%	464	0.08%		0.00%		0.00%		0.00%		0.00%		0.00%
古田	2577	0.38%	1202	0.21%	2213	0.71%	5026	1.41%	3535	1.03%	8352	1.92%	11325	3.51%
连江		0.00%	79	0.01%		0.00%		0.00%		0.00%		0.00%		0.00%
闽清		0.00%		0.00%		0.00%		0.00%		0.00%		0.00%		0.00%
闽县		0.00%		0.00%		0.00%		0.00%		0.00%		0.00%	1647	0.51%
侯官		0.00%		0.00%		0.00%		0.00%		0.00%		0.00%		0.00%
永福	2167	0.32%	782	0.14%	180	0.06%	248	0.07%	189	0.05%	376	0.09%	514	0.16%
丹洋	244	0.04%		0.00%		0.00%		0.00%		0.00%		0.00%		0.00%
福清		0.00%		0.00%		0.00%		0.00%		0.00%		0.00%		0.00%
长乐		0.00%		0.00%		0.00%		0.00%	60	0.02%		0.00%		0.00%
罗源	375	0.05%		0.00%	229	0.07%		0.00%		0.00%	28	0.01%	52	0.02%

续表

地点	1873年 货值	比重	1874年 货值	比重	1875年 货值	比重	1876年 货值	比重	1877年 货值	比重	1878年 货值	比重	1879年 货值	比重
浦城	3019	0.44%	16880	2.99%	6724	2.16%	10305	2.90%	11362	3.30%	21975	5.04%	18341	5.69%
莒口	11009	1.61%		0.00%		0.00%		0.00%		0.00%		0.00%		0.00%
兴田	195	0.03%		0.00%		0.00%		0.00%		0.00%		0.00%		0.00%
麻沙	3791	0.55%		0.00%		0.00%		0.00%		0.00%		0.00%		0.00%
星村	11110	1.62%		0.00%		0.00%		0.00%		0.00%		0.00%		0.00%
赤石街	1455	0.21%		0.00%		0.00%		0.00%		0.00%		0.00%		0.00%
崇安	58963	8.62%	44561	7.90%	39384	12.63%	44565	12.53%	54678	15.89%	51908	11.91%	34884	10.82%
下梅	657	0.10%		0.00%		0.00%		0.00%		0.00%		0.00%		0.00%
回龙	1253	0.18%		0.00%		0.00%		0.00%		0.00%		0.00%		0.00%
建阳	82820	12.11%	105435	18.69%	46119	14.79%	48909	13.75%	41788	12.14%	46420	10.65%	26217	8.13%
黄坑	150	0.02%		0.00%		0.00%		0.00%		0.00%		0.00%		0.00%
将口	575	0.08%		0.00%		0.00%		0.00%		0.00%		0.00%		0.00%
南雅	3296	0.48%		0.00%		0.00%		0.00%		0.00%		0.00%		0.00%
瓯宁	525	0.08%	16027	2.84%	20139	6.46%	14025	3.94%	16489	4.79%	8333	1.91%	7201	2.23%
徐墩	166	0.02%		0.00%		0.00%		0.00%		0.00%		0.00%		0.00%
丰乐	824	0.12%		0.00%		0.00%		0.00%		0.00%		0.00%		0.00%
东峰塘	1969	0.29%		0.00%		0.00%		0.00%		0.00%		0.00%		0.00%
建安	75	0.01%	8079	1.43%	7815	2.51%	3954	1.11%	3419	0.99%	4111	0.94%	1984	0.62%
松溪	1506	0.22%	2033	0.36%	684	0.22%	1643	0.46%	1789	0.52%	2452	0.56%	3175	0.98%
水吉	20361	2.98%	68	0.01%		0.00%		0.00%		0.00%		0.00%		0.00%
政和	7192	1.05%	13023	2.31%	16329	5.24%	15409	4.33%	10062	2.92%	14249	3.27%	8002	2.48%
建宁	182121	26.63%	106442	18.87%	35160	11.28%	47906	13.47%	63108	18.34%	81030	18.59%	69447	21.54%
邵武	45795	6.70%	62303	11.04%	41198	13.22%	48327	13.59%	36542	10.62%	41054	9.42%	30716	9.53%
界首	478	0.07%		0.00%		0.00%		0.00%		0.00%		0.00%		0.00%
拏口	1281	0.19%		0.00%		0.00%		0.00%		0.00%		0.00%		0.00%
水口	3871	0.57%		0.00%		0.00%		0.00%		0.00%		0.00%		0.00%
光泽	77	0.01%	653	0.12%	34	0.01%	55	0.02%	808	0.23%	1794	0.41%	3659	1.14%

续表

地点	1873年 货值	1873年 比重	1874年 货值	1874年 比重	1875年 货值	1875年 比重	1876年 货值	1876年 比重	1877年 货值	1877年 比重	1878年 货值	1878年 比重	1879年 货值	1879年 比重
泰宁		0.00%	35	0.01%		0.00%		0.00%		0.00%		0.00%		0.00%
将乐	12934	1.89%	22883	4.06%	4501	1.44%	10684	3.00%	8337	2.42%	13384	3.07%	7100	2.20%
峡阳	5010	0.73%		0.00%		0.00%		0.00%		0.00%		0.00%		0.00%
顺昌	202	0.03%	13159	2.33%	8508	2.73%	9242	2.60%	7130	2.07%	6924	1.59%	4228	1.31%
洋口	31209	4.56%	197	0.03%		0.00%		0.00%		0.00%		0.00%		0.00%
沙县	33225	4.86%	49593	8.79%	34656	11.12%	38267	10.76%	28747	8.35%	30429	6.98%	19452	6.03%
琅口	199	0.03%		0.00%		0.00%		0.00%		0.00%		0.00%		0.00%
尤溪	12011	1.76%	10330	1.83%	2118	0.68%	6562	1.84%	7073	2.06%	10018	2.30%	5346	1.66%
永安	8767	1.28%	8696	1.54%	5229	1.68%	4961	1.39%	4261	1.24%	6221	1.43%	4565	1.42%
延平	9940	1.45%	7046	1.25%	2571	0.82%	3452	0.97%	4015	1.17%	3274	0.75%	2715	0.84%
王台	2698	0.39%		0.00%		0.00%		0.00%		0.00%		0.00%		0.00%
南平	121	0.02%	4469	0.79%	1964	0.63%	1277	0.36%	731	0.21%	1144	0.26%	1123	0.35%
仙游	75	0.01%	2300	0.41%		0.00%		0.00%	11	0.00%	11	0.00%	11	0.00%
莆田		0.00%	999	0.18%	15	0.00%		0.00%	40	0.01%	240	0.06%		0.00%
兴化	163	0.02%	2109	0.37%	181	0.06%		0.00%	82	0.02%	545	0.13%	517	0.16%
大田		0.00%	89	0.02%		0.00%		0.00%		0.00%		0.00%		0.00%
永春	135	0.02%	1061	0.19%		0.00%		0.00%		0.00%		0.00%		0.00%
晋江	19415	2.84%	13729	2.43%		0.00%		0.00%		0.00%	15	0.00%		0.00%
泉州	1852	0.27%	110	0.02%		0.00%		0.00%		0.00%		0.00%		0.00%
同安		0.00%		0.00%		0.00%		0.00%		0.00%		0.00%		0.00%
归化	1341	0.20%	500	0.09%		0.00%		0.00%		0.00%	89	0.02%		0.00%
上杭	675	0.10%		0.00%	4585	1.47%	6475	1.82%	7990	2.32%	22735	5.22%	16548	5.13%
连城		0.00%		0.00%		0.00%		0.00%		0.00%		0.00%		0.00%
汀州		0.00%		0.00%		0.00%		0.00%		0.00%		0.00%		0.00%
宁化	1478	0.22%	1040	0.18%	31	0.01%	62	0.02%		0.00%	89	0.02%		0.00%
合计	683872	100%	564092	100%	311736	100%	355707	100%	344160*	100%	435780	100%	322342	100%

* 原误为 344150。

续上表

地点	1880年 货值	1880年 比重	1881年 货值	1881年 比重	1882年 货值	1882年 比重	1883年 货值	1883年 比重	1884年 货值	1884年 比重	1885年 货值	1885年 比重	1886年 货值	1886年 比重
福鼎	338	0.11%	947	0.39%	4897	2.03%	10187	4.39%	9841	4.75%	9798	3.43%	8558	2.97%
白琳		0.00%		0.00%		0.00%		0.00%		0.00%		0.00%		0.00%
霞童		0.00%		0.00%		0.00%		0.00%		0.00%		0.00%		
寿宁	723	0.23%	649	0.27%	535	0.22%	892	0.38%	669	0.32%	1229	0.43%	1876	0.65%
福安	18133	5.85%	15021	6.22%	16596	6.87%	11691	5.03%	24348	11.76%	30522	10.67%	31438	10.92%
霞浦		0.00%		0.00%		0.00%	542	0.23%		0.00%	132	0.05%	119	0.04%
宁德	4040	1.30%	3428	1.42%	5817	2.41%	4606	1.98%	2343	1.13%	2475	0.87%	3465	1.20%
福宁	6833	2.20%	262	0.11%	44	0.02%	1076	0.46%	3239	1.56%	2335	0.82%	3820	1.33%
屏南	121	0.04%	678	0.28%	641	0.27%	636	0.27%	237	0.11%	237	0.08%	497	0.17%
大湖		0.00%		0.00%		0.00%		0.00%		0.00%		0.00%		0.00%
北岭		0.00%		0.00%		0.00%		0.00%		0.00%		0.00%		
古田	6652	2.15%	3801	1.57%	4829	2.00%	6291	2.71%	3845	1.86%	3633	1.27%	9532	3.31%
连江		0.00%		0.00%		0.00%	24	0.01%		0.00%		0.00%		0.00%
闽清		0.00%		0.00%		0.00%	46	0.02%	162	0.08%	282	0.10%	1386	0.48%
闽县	885	0.29%		0.00%	138	0.06%		0.00%	37	0.02%	89	0.03%	3367	1.17%
侯官		0.00%		0.00%		0.00%		0.00%	285	0.14%	181	0.06%	1626	0.56%
永福	408	0.13%	159	0.07%	176	0.07%	293	0.13%	510	0.25%		0.00%	137	0.05%
丹洋		0.00%		0.00%		0.00%		0.00%		0.00%		0.00%		0.00%
福清		0.00%		0.00%		0.00%		0.00%		0.00%		0.00%		0.00%
长乐		0.00%		0.00%		0.00%		0.00%		0.00%		0.00%	484	0.17%
罗源	91	0.03%	110	0.05%	186	0.08%	187	0.08%	714	0.34%	181	0.06%	519	0.18%
浦城	14144	4.56%	9467	3.92%	8424	3.49%	8777	3.78%	8175	3.95%	8420	2.94%	8997	3.13%
莒口		0.00%		0.00%		0.00%		0.00%		0.00%		0.00%		0.00%
兴田		0.00%		0.00%		0.00%		0.00%		0.00%		0.00%		0.00%
麻沙		0.00%		0.00%		0.00%		0.00%		0.00%		0.00%		0.00%
星村		0.00%		0.00%		0.00%		0.00%		0.00%		0.00%		0.00%
赤石街		0.00%		0.00%		0.00%		0.00%		0.00%		0.00%		0.00%

续表

地点	1880年		1881年		1882年		1883年		1884年		1885年		1886年	
	货值	比重	货值	比重	货值	比重	货值	比重	货值	比重	货值	比重	货值	比重
崇安	32147	10.37%	24219	10.02%	23420	9.69%	22280	9.59%	18828	9.09%	26484	9.26%	34943	12.14%
下梅		0.00%		0.00%		0.00%		0.00%		0.00%		0.00%		0.00%
回龙		0.00%		0.00%		0.00%		0.00%		0.00%		0.00%		0.00%
建阳	37787	12.19%	25532	10.56%	16425	6.80%	13728	5.91%	12153	5.87%	18066	6.32%	13192	4.58%
黄坑		0.00%		0.00%		0.00%		0.00%		0.00%		0.00%		0.00%
将口		0.00%		0.00%		0.00%		0.00%		0.00%		0.00%		0.00%
南雅		0.00%		0.00%		0.00%		0.00%		0.00%		0.00%		0.00%
瓯宁	5278	1.70%	2318	0.96%	1042	0.43%	3736	1.61%	2503	1.21%	2467	0.86%	2894	1.01%
徐墩		0.00%		0.00%		0.00%		0.00%		0.00%		0.00%		0.00%
丰乐		0.00%		0.00%		0.00%		0.00%		0.00%		0.00%		0.00%
东峰塘		0.00%		0.00%		0.00%		0.00%		0.00%		0.00%		0.00%
建安	3323	1.07%	5630	2.33%	3342	1.38%	2986	1.29%	1461	0.71%	2681	0.94%	1651	0.57%
松溪	3202	1.03%	1384	0.57%	1460	0.60%	1696	0.73%	1759	0.85%	1376	0.48%	2475	0.86%
水吉		0.00%		0.00%		0.00%		0.00%		0.00%		0.00%		0.00%
政和	12958	4.18%	8659	3.58%	9495	3.93%	8087	3.48%	7024	3.39%	7118	2.49%	8456	2.94%
建宁	61119	19.71%	30281	12.53%	23574	9.76%	27883	12.01%	23854	11.52%	46068	16.11%	39129	13.59%
邵武	34379	11.09%	29530	12.22%	29620	12.26%	23297	10.03%	18942	9.15%	19369	6.77%	25801	8.96%
界首		0.00%		0.00%		0.00%		0.00%		0.00%		0.00%		0.00%
拏口		0.00%		0.00%		0.00%		0.00%		0.00%		0.00%		0.00%
水口		0.00%		0.00%		0.00%		0.00%		0.00%		0.00%		0.00%
光泽	2996	0.97%	538	0.22%	1497	0.62%	3905	1.68%	4538	2.19%	2681	0.94%	4621	1.61%
泰宁		0.00%		0.00%		0.00%		0.00%		0.00%		0.00%		0.00%
将乐	5113	1.65%	4845	2.00%	6324	2.62%	7575	3.26%	5291	2.56%	3921	1.37%	4800	1.67%
峡阳		0.00%		0.00%		0.00%		0.00%		0.00%		0.00%		0.00%
顺昌	6868	2.21%	5366	2.22%	4537	1.88%	3594	1.55%	2415	1.17%	3721	1.30%	2449	0.85%
洋口		0.00%		0.00%		0.00%		0.00%		0.00%		0.00%		0.00%
沙县	29283	9.44%	25419	10.52%	20087	8.31%	16320	7.03%	11797	5.70%	14981	5.24%	17447	6.06%

续表

地点	1880年 货值	1880年 比重	1881年 货值	1881年 比重	1882年 货值	1882年 比重	1883年 货值	1883年 比重	1884年 货值	1884年 比重	1885年 货值	1885年 比重	1886年 货值	1886年 比重
琅口		0.00%		0.00%		0.00%		0.00%		0.00%		0.00%		0.00%
尤溪	5224	1.68%	5163	2.14%	6055	2.51%	5377	2.32%	2491	1.20%	5048	1.77%	5461	1.90%
永安	4341	1.40%	3942	1.63%	4336	1.79%	5178	2.23%	4563	2.20%	6085	2.13%	4121	1.43%
延平	1856	0.60%	360	0.15%	1239	0.51%	40	0.02%	712	0.34%	228	0.08%	1485	0.52%
王台		0.00%		0.00%		0.00%		0.00%		0.00%		0.00%		0.00%
南平	2258	0.73%	1477	0.61%	2358	0.98%	451	0.19%	161	0.08%	129	0.05%		0.00%
仙游		0.00%	526	0.22%	503	0.21%		0.00%		0.00%		0.00%		0.00%
莆田		0.00%		0.00%		0.00%		0.00%		0.00%		0.00%		0.00%
兴化	70	0.02%	110	0.05%		0.00%		0.00%		0.00%	104	0.04%	97	0.03%
大田		0.00%		0.00%	14	0.01%		0.00%		0.00%		0.00%		0.00%
永春		0.00%		0.00%	31	0.01%		0.00%		0.00%		0.00%		0.00%
晋江		0.00%		0.00%		0.00%		0.00%		0.00%		0.00%		0.00%
泉州		0.00%		0.00%		0.00%		0.00%		0.00%		0.00%		0.00%
同安		0.00%	25	0.01%		0.00%		0.00%		0.00%		0.00%		0.00%
归化		0.00%		0.00%		0.00%		0.00%		0.00%		0.00%		0.00%
上杭	9513	3.07%	31828	13.17%	43922	18.18%	40836	17.59%	34124	16.48%	65921	23.05%	43037	14.95%
连城		0.00%		0.00%		0.00%		0.00%		0.00%		0.00%		0.00%
汀州		0.00%		0.00%		0.00%		0.00%		0.00%		0.00%		0.00%
宁化		0.00%		0.00%	56	0.02%		0.00%		0.00%		0.00%		0.00%
合计	310083	100%	241674	100%	241620	100%	232217	100%	207021	100%	285973	100%	287880	100%

续上表

地点	1887年 货值	1887年 比重	1888年 货值	1888年 比重	1889年 货值	1889年 比重	1890年 货值	1890年 比重	1891年 货值	1891年 比重	1892年 货值	1892年 比重	1893年 货值	1893年 比重
福鼎	10077	3.51%	9999	3.30%	11704	4.20%	6548	2.56%	11936	3.95%	12440	4.29%	9940	2.95%
白琳		0.00%		0.00%		0.00%		0.00%		0.00%		0.00%		0.00%
霍童		0.00%		0.00%		0.00%		0.00%		0.00%		0.00%		0.00%

续表

地点	1887年 货值	比重	1888年 货值	比重	1889年 货值	比重	1890年 货值	比重	1891年 货值	比重	1892年 货值	比重	1893年 货值	比重
寿宁	956	0.33%	3216	1.06%	1748	0.63%	733	0.29%	1679	0.56%	2061	0.71%	821	0.24%
福安	37484	13.07%	40447	13.34%	53494	19.21%	39829	15.60%	40358	13.37%	38734	13.37%	49281	14.61%
霞浦	207	0.07%	590	0.19%	55	0.02%		0.00%	111	0.04%	256	0.09%	291	0.09%
宁德	1953	0.68%	3383	1.12%	2531	0.91%	1288	0.50%	1717	0.57%	1656	0.57%	4697	1.39%
福宁	2060	0.72%	2160	0.71%	1932	0.69%	2638	1.03%	1586	0.53%	5623	1.94%	10134	3.01%
屏南	830	0.29%	651	0.21%	1396	0.50%	793	0.31%	446	0.15%	1172	0.40%	939	0.28%
大湖		0.00%		0.00%		0.00%		0.00%		0.00%		0.00%		0.00%
北岭		0.00%		0.00%		0.00%		0.00%		0.00%		0.00%		0.00%
古田	10048	3.50%	7907	2.61%	6598	2.37%	4223	1.65%	2316	0.77%	2783	0.96%	11840	3.51%
连江		0.00%	1438	0.47%	1299	0.47%	2627	1.03%	5272	1.75%	11585	4.00%	12127	3.60%
闽清	1035	0.36%	1510	0.50%	682	0.24%	527	0.21%	770	0.26%	1041	0.36%	1406	0.42%
闽县	4675	1.63%	6581	2.17%	10111	3.63%	8839	3.46%	13884	4.60%	18965	6.55%	22058	6.54%
侯官	496	0.17%	295	0.10%	289	0.10%	379	0.15%	1027	0.34%	106	0.04%	825	0.24%
永福	311	0.11%	718	0.24%	640	0.23%	279	0.11%	6669	2.21%	989	0.34%	2666	0.79%
丹洋		0.00%		0.00%		0.00%		0.00%		0.00%		0.00%		0.00%
福清		0.00%		0.00%	147	0.05%	77	0.03%	774	0.26%	1740	0.60%		0.00%
长乐	673	0.23%	874	0.29%	810	0.29%	404	0.16%	3716	1.23%	14430	4.98%	27901	8.27%
罗源	663	0.23%	806	0.27%	492	0.18%	272	0.11%	709	0.23%	445	0.15%	1035	0.31%
浦城	7838	2.73%	8648	2.85%	5530	1.99%	6492	2.54%	5426	1.80%	5257	1.81%	8010	2.38%
莒口		0.00%		0.00%		0.00%		0.00%		0.00%		0.00%		0.00%
兴田		0.00%		0.00%		0.00%		0.00%		0.00%		0.00%		0.00%
麻沙		0.00%		0.00%		0.00%		0.00%		0.00%		0.00%		0.00%
星村		0.00%		0.00%		0.00%		0.00%		0.00%		0.00%		0.00%
赤石街		0.00%		0.00%		0.00%		0.00%		0.00%		0.00%		0.00%
崇安	30935	10.79%	33090	10.91%	36205	13.00%	28137	11.02%	33125	10.97%	31679	10.94%	48116	14.27%
下梅		0.00%		0.00%		0.00%		0.00%		0.00%		0.00%		0.00%
回龙		0.00%		0.00%		0.00%		0.00%		0.00%		0.00%		0.00%

续表

地点	1887年 货值	1887年 比重	1888年 货值	1888年 比重	1889年 货值	1889年 比重	1890年 货值	1890年 比重	1891年 货值	1891年 比重	1892年 货值	1892年 比重	1893年 货值	1893年 比重
建阳	12059	4.21%	10072	3.32%	7507	2.70%	5767	2.26%	6176	2.05%	6111	2.11%	4493	1.33%
黄坑		0.00%		0.00%		0.00%		0.00%		0.00%		0.00%		0.00%
将口		0.00%		0.00%		0.00%		0.00%		0.00%		0.00%		0.00%
南雅		0.00%		0.00%		0.00%		0.00%		0.00%		0.00%		0.00%
瓯宁	1908	0.67%	3199	1.05%	1295	0.46%	1178	0.46%	835	0.28%	1148	0.40%	1647	0.49%
徐墩		0.00%		0.00%		0.00%		0.00%		0.00%		0.00%		0.00%
丰乐		0.00%		0.00%		0.00%		0.00%		0.00%		0.00%		0.00%
东峰塘		0.00%		0.00%		0.00%		0.00%		0.00%		0.00%		0.00%
建安	3027	1.06%	606	0.20%	192	0.07%	173	0.07%	133	0.04%	497	0.17%	477	0.14%
松溪	2792	0.97%	2686	0.89%	1987	0.71%	1312	0.51%	957	0.32%	1154	0.40%	1706	0.51%
水吉		0.00%		0.00%		0.00%		0.00%		0.00%		0.00%		0.00%
政和	8101	2.83%	7959	2.62%	6493	2.33%	4519	1.77%	4582	1.52%	4961	1.71%	9001	2.67%
建宁	37517	13.08%	54938	18.12%	52435	18.83%	56113	21.98%	62752	20.78%	38639	13.34%	27594	8.18%
邵武	29745	10.37%	30042	9.91%	22417	8.05%	20114	7.88%	23254	7.70%	16616	5.74%	18866	5.59%
界首		0.00%		0.00%		0.00%		0.00%		0.00%		0.00%		0.00%
拏口		0.00%		0.00%		0.00%		0.00%		0.00%		0.00%		0.00%
水口		0.00%		0.00%		0.00%		0.00%		0.00%		0.00%		0.00%
光泽	7095	2.47%	4556	1.50%	5107	1.83%	8386	3.28%	5274	1.75%	4788	1.65%	10618	3.15%
泰宁		0.00%		0.00%		0.00%		0.00%		0.00%		0.00%		0.00%
将乐	5665	1.98%	6634	2.19%	3804	1.37%	1831	0.72%	2370	0.78%	1117	0.39%	1649	0.49%
峡阳		0.00%		0.00%		0.00%		0.00%		0.00%		0.00%		0.00%
顺昌	1965	0.69%	2441	0.81%	1145	0.41%	953	0.37%	1017	0.34%	1585	0.55%	1562	0.46%
洋口		0.00%		0.00%		0.00%		0.00%		0.00%		0.00%		0.00%
沙县	13847	4.83%	10628	3.50%	10517	3.78%	10123	3.96%	10646	3.53%	9819	3.39%	13156	3.90%
琅口		0.00%		0.00%		0.00%		0.00%		0.00%		0.00%		0.00%
尤溪	3203	1.12%	5536	1.83%	3563	1.28%	2919	1.14%	2359	0.78%	2356	0.81%	3579	1.06%
永安	3486	1.22%	2543	0.84%	2119	0.76%	2392	0.94%	1013	0.34%	2357	0.81%	5971	1.77%

附 录

续表

地点	1887年 货值	1887年 比重	1888年 货值	1888年 比重	1889年 货值	1889年 比重	1890年 货值	1890年 比重	1891年 货值	1891年 比重	1892年 货值	1892年 比重	1893年 货值	1893年 比重
延平	1598	0.56%	476	0.16%	1511	0.54%	207	0.08%	135	0.04%	377	0.13%	1861	0.55%
王台		0.00%		0.00%		0.00%		0.00%		0.00%		0.00%		0.00%
南平	205	0.07%	104	0.03%		0.00%	25	0.01%		0.00%		0.00%	63	0.02%
仙游		0.00%		0.00%		0.00%		0.00%	132	0.04%	386	0.13%	426	0.13%
莆田		0.00%		0.00%		0.00%		0.00%		0.00%		0.00%		0.00%
兴化		0.00%	154	0.05%	143	0.05%	93	0.04%	403	0.13%	695	0.24%	1660	0.49%
大田		0.00%		0.00%		0.00%		0.00%		0.00%		0.00%	25	0.01%
永春		0.00%		0.00%		0.00%		0.00%		0.00%		0.00%		0.00%
晋江		0.00%		0.00%		0.00%		0.00%	405	0.13%	743	0.26%	572	0.17%
泉州		0.00%		0.00%	25	0.01%		0.00%		0.00%		0.00%	178	0.05%
同安		0.00%		0.00%	13	0.00%		0.00%		0.00%		0.00%		0.00%
归化		0.00%		0.00%		0.00%		0.00%		0.00%		0.00%		0.00%
上杭	44276	15.44%	38340	12.64%	22576	8.11%	34703	13.59%	47964	15.89%	45253	15.62%	20020	5.94%
连城		0.00%		0.00%		0.00%		0.00%		0.00%		0.00%		0.00%
汀州		0.00%		0.00%		0.00%	15	0.01%		0.00%	83	0.03%		0.00%
宁化		0.00%		0.00%		0.00%	419	0.16%		0.00%		0.00%		0.00%
合计	286730	100%	303227	100%	278512	100%	255327	100%	301928	100%	289647	100%	337211	100%

续上表

地点	1894年 货值	1894年 比重	1895年 货值	1895年 比重	1896年 货值	1896年 比重	1897年 货值	1897年 比重	1898年 货值	1898年 比重	1899年 货值	1899年 比重	历年合计货值 货值	历年合计货值 比重
福鼎	9408	2.32%	10804	2.41%	15203	3.40%	17559	4.55%	18642	3.25%	210471	2.303%	9408	2.32%
白琳		0.00%		0.00%		0.00%		0.00%		0.00%	3311	0.036%		0.00%
霍童		0.00%		0.00%		0.00%		0.00%		0.00%	297	0.003%		0.00%
寿宁	1887	0.47%	1533	0.34%	1229	0.28%	804	0.21%	359	0.06%	29545	0.323%	1887	0.47%
福安	50231	12.39%	59552	13.28%	51718	11.58%	51539	13.37%	69543	12.14%	969041	10.603%	50231	12.39%
霞浦	354	0.09%	200	0.04%	361	0.08%	235	0.06%	90	0.02%	4932	0.054%	354	0.09%

续表

地点	1894年 货值	1894年 比重	1895年 货值	1895年 比重	1896年 货值	1896年 比重	1897年 货值	1897年 比重	1898年 货值	1898年 比重	1899年 货值	1899年 比重	历年合计货值 货值	历年合计货值 比重
宁德	6641	1.64%	4573	1.02%	4431	0.99%	10949	2.84%	10913	1.91%	119661	1.309%	6641	1.64%
福宁	7517	1.85%	13074	2.92%	15907	3.56%	19189	4.98%	16385	2.86%	129612	1.418%	7517	1.85%
屏南	1493	0.37%	1649	0.37%	1922	0.43%	1308	0.34%	484	0.08%	19315	0.211%	1493	0.37%
大湖		0.00%		0.00%		0.00%		0.00%		0.00%	265	0.003%		0.00%
北岭		0.00%		0.00%		0.00%		0.00%		0.00%	16180	0.177%		
古田	12825	3.16%	14867	3.32%	15591	3.49%	1891	0.49%	10190	1.78%	173892	1.903%	12825	3.16%
连江	15073	3.72%	20594	4.59%	25851	5.79%	27808	7.21%	26344	4.60%	150121	1.643%	15073	3.72%
闽清	1625	0.40%	1674	0.37%	1716	0.38%	559	0.14%	658	0.11%	15079	0.165%	1625	0.40%
闽县	27581	6.80%	36246	8.08%	41094	9.20%	42548	11.04%	93218	16.27%	331963	3.632%	27581	6.80%
侯官	1175	0.29%	1783	0.40%	1388	0.31%	911	0.24%	345	0.06%	11111	0.122%	1175	0.29%
永福	2644	0.65%	1786	0.40%	2524	0.56%	6117	1.59%	140	0.02%	31622	0.346%	2644	0.65%
丹洋		0.00%		0.00%		0.00%		0.00%		0.00%	244	0.003%		0.00%
福清	1454	0.36%	106	0.02%	1883	0.42%	3368	0.87%	7823	1.37%	17372	0.190%	1454	0.36%
长乐	22865	5.64%	35881	8.00%	50984	11.41%	38858	10.08%	38357	6.70%	236297	2.586%	22865	5.64%
罗源	2266	0.56%	2797	0.62%	4448	1.00%	7207	1.87%	6081	1.06%	29893	0.327%	2266	0.56%
浦城	10504	2.59%	12948	2.89%	14662	3.28%	7535	1.95%	22807	3.98%	270667	2.962%	10504	2.59%
莒口		0.00%		0.00%		0.00%		0.00%		0.00%	11009	0.120%		0.00%
兴田		0.00%		0.00%		0.00%		0.00%		0.00%	195	0.002%		0.00%
麻沙		0.00%		0.00%		0.00%		0.00%		0.00%	3791	0.041%		0.00%
星村		0.00%		0.00%		0.00%		0.00%		0.00%	11110	0.122%		0.00%
赤石街		0.00%		0.00%		0.00%		0.00%		0.00%	1455	0.016%		0.00%
崇安	61471	15.17%	57627	12.85%	49717	11.13%	28075	7.28%	63668	11.11%	1013109	11.085%	61471	15.17%
下梅		0.00%		0.00%		0.00%		0.00%		0.00%	657	0.007%		0.00%
回龙		0.00%		0.00%		0.00%		0.00%		0.00%	1253	0.014%		0.00%
建阳	4983	1.23%	3683	0.82%	2215	0.50%	1384	0.36%	2978	0.52%	602019	6.587%	4983	1.23%
黄坑		0.00%		0.00%		0.00%		0.00%		0.00%	150	0.002%		0.00%
将口		0.00%		0.00%		0.00%		0.00%		0.00%	575	0.006%		0.00%

附 录

续表

地点	1894年 货值	1894年 比重	1895年 货值	1895年 比重	1896年 货值	1896年 比重	1897年 货值	1897年 比重	1898年 货值	1898年 比重	1899年 货值	1899年 比重	历年合计货值 货值	历年合计货值 比重
南雅		0.00%		0.00%		0.00%		0.00%		0.00%	3296	0.036%		0.00%
瓯宁	1489	0.37%	1374	0.31%	1558	0.35%	623	0.16%	2128	0.37%	121359	1.328%	1489	0.37%
徐墩		0.00%		0.00%		0.00%		0.00%		0.00%	166	0.002%		0.00%
丰乐		0.00%		0.00%		0.00%		0.00%		0.00%	824	0.009%		0.00%
东峰塘		0.00%		0.00%		0.00%		0.00%		0.00%	1969	0.022%		0.00%
建安	608	0.15%	476	0.11%	497	0.11%	350	0.09%	325	0.06%	57872	0.633%	608	0.15%
松溪	3827	0.94%	4403	0.98%	4921	1.10%	2320	0.60%	7147	1.25%	61846	0.677%	3827	0.94%
水吉		0.00%		0.00%		0.00%		0.00%		0.00%	20429	0.224%		0.00%
政和	10732	2.65%	9362	2.09%	11524	2.58%	3929	1.02%	13083	2.28%	240309	2.629%	10732	2.65%
建宁	41944	10.35%	33144	7.39%	24101	5.39%	38184	9.90%	48465	8.46%	1352948	14.804%	41944	10.35%
邵武	21514	5.31%	22359	4.99%	14604	3.27%	9030	2.34%	16117	2.81%	731551	8.004%	21514	5.31%
界首		0.00%		0.00%		0.00%		0.00%		0.00%	478	0.005%		0.00%
拏口		0.00%		0.00%		0.00%		0.00%		0.00%	1281	0.014%		0.00%
水口		0.00%		0.00%		0.00%		0.00%		0.00%	3871	0.042%		0.00%
光泽	9659	2.38%	7401	1.65%	14549	3.26%	290	0.08%	21715	3.79%	127294	1.393%	9659	2.38%
泰宁		0.00%		0.00%		0.00%		0.00%		0.00%	35	0.000%		0.00%
将乐	1575	0.39%	1849	0.41%	1414	0.32%	1254	0.33%	1885	0.33%	148739	1.627%	1575	0.39%
峡阳		0.00%		0.00%		0.00%		0.00%		0.00%	5010	0.055%		0.00%
顺昌	3976	0.98%	2052	0.46%	986	0.22%	748	0.19%	272	0.05%	97045	1.062%	3976	0.98%
洋口		0.00%		0.00%		0.00%		0.00%		0.00%	31406	0.344%		0.00%
沙县	12990	3.20%	14272	3.18%	13438	3.01%	9505	2.47%	10095	1.76%	508739	5.567%	12990	3.20%
琅口		0.00%		0.00%		0.00%		0.00%		0.00%	199	0.002%		0.00%
尤溪	5412	1.34%	4108	0.92%	4865	1.09%	2209	0.57%	3274	0.57%	131660	1.441%	5412	1.34%
永安	7563	1.87%	8400	1.87%	12054	2.70%	1328	0.34%	12556	2.19%	137048	1.500%	7563	1.87%
延平	2571	0.63%	2698	0.60%	2741	0.61%	192	0.05%	391	0.07%	53691	0.587%	2571	0.63%
王台		0.00%		0.00%		0.00%		0.00%		0.00%	2698	0.030%		0.00%
南平		0.00%		0.00%	42	0.01%		0.00%		0.00%	18102	0.198%		0.00%

续表

地点	1894年 货值	1894年 比重	1895年 货值	1895年 比重	1896年 货值	1896年 比重	1897年 货值	1897年 比重	1898年 货值	1898年 比重	1899年 货值	1899年 比重	历年合计货值 货值	历年合计货值 比重
仙游	463	0.11%	29	0.01%	46	0.01%		0.00%		0.00%	4919	0.054%	463	0.11%
莆田		0.00%		0.00%		0.00%		0.00%		0.00%	1294	0.014%		0.00%
兴化	3357	0.83%	6507	1.45%	3107	0.70%	2036	0.53%	11587	2.02%	33720	0.369%	3357	0.83%
大田		0.00%		0.00%		0.00%		0.00%		0.00%	128	0.001%		0.00%
永春		0.00%		0.00%		0.00%		0.00%		0.00%	1227	0.013%		0.00%
晋江	161	0.04%	42	0.01%	64	0.01%	1302	0.34%	1477	0.26%	37925	0.415%	161	0.04%
泉州		0.00%	47	0.01%		0.00%	18	0.00%	54	0.01%	2284	0.025%		
同安		0.00%		0.00%		0.00%		0.00%		0.00%	38	0.000%		
归化		0.00%		0.00%		0.00%		0.00%		0.00%	1930	0.021%		
上杭	35410	8.74%	48448	10.80%	33135	7.42%	43667	11.33%	32937	5.75%	774918	8.479%	35410	8.74%
连城	94	0.02%	35	0.01%	286	0.06%	732	0.19%	326	0.06%	1473	0.016%	94	0.02%
汀州		0.00%	73	0.02%		0.00%		0.00%		0.00%	171	0.002%		0.00%
宁化		0.00%		0.00%		0.00%		0.00%		0.00%	3175	0.035%		0.00%
合计	405342	100%	448456	100%	446776	100%	385561	100%	572859	100%	9139281	100%	405342	100%

资料来源：中国第二历史档案馆、中国海关总署办公厅：《中国旧海关史料》(1859—1948)，北京：京华出版社，2001年。

附表2 福州口历年经由海关茶叶出口额(1861—1937)

单位:海关两

年 份	量(担)	值(美元)	年 份	量(担)	值(美元)
1861	183443	4790755	1900	348455	6031055
1862	558480	17269021	1901	307730	4889725
1863	—	—	1902	321109	5846748
1864	497266	15718224	1903	313632	5998864
1865	518961	19717882	1904	292502	7117301
1866	469824	17834568	1905	135388	4565000
1867	550239	19080665	1906	290913	6079000
1868	603770	19918332	1907	164225	6081000
1869	581003	17436360	1908	137235	5028000
1870	487895	11529583	1909	149496	5913000
1871	637724	16320244	1910	131425	5064000
1872	641660	12306212	1911	154597	6488000
1873	560894	12340567	1912	69116	4750000
1874	664647	19822907	1913	89400	6199000
1875	673706	19380513	1914	75991	5060000
1876	561319	10097584	1915	74755	5671000
1877	620069	9116184	1916	104173	7173000
1878	679260	10684416	1917	58757	3914000
1879	647088	9162305	1918	57337	3621000
1880	740870	9452082	1919	57442	3694000
1881	733590	8564934	1920	49656	3012000
1882	727247	8403967	1921	63795	4269000
1883	658970	8443797	1922	68761	4420000
1884	680359	7874205	1923	70932	4520000
1885	735138	8185301	1924	62008	4847000

续表

年 份	量(担)	值(美元)	年 份	量(担)	值(美元)
1886	775214	9317365	1925	63427	5688000
1887	711439	8128292	1926	63787	5615000
1888	633631	9705277	1927	56718	5266000
1889	501423	6147013	1928	132078	13544000
1890	450187	5331702	1929	135960	15446000
1891	436372	5151793	1930	112287	13668000
1892	443593	5655943	1931	129036	14620000
1893	498773	6000111	1932	113022	12165000
1894	493040	6009320	1933	128156	10894000
1895	467454	6495696	1934	117029	10480000
1896	421216	6293006	1935	98152	8563000
1897	330497	5411747	1936	119393	10837000
1898	319213	6798598	1937	114014	10515000
1899	186957				

注:1912年后茶叶单位为公担1905年之后价值单位为国币元。

资料来源:中国第二历史档案馆、海关总署办公厅:《中国旧海关史料(1859—1948)》;周浩:《二十八年来福建省海关贸易统计》,福建省政府统计室,1941年。

附 录

附表3　福州口历年经由海关进出口货物统计表(1861—1911)

单位:海关两

年 份	进 口		出 口		进出口总值
	由国内进口	由国外进口	向国内出口	向国外出口	
1861	—	—	—	—	9882956
1862	—	—	—	—	29124404
1863	—	—	—	—	—
1864	9249903	11522	1736093	15762650	26760168
1865	5002659	4140127	1686165	19633617	30462568
1866	6081988	5469495	1725225	17724554	30571991
1867	5129405	5374376	1662301	19097640	31263722
1868	3210256	5089597	1829292	19752470	29881615
1869	7654049	168945	2216011	16744464	26783469
1870	6093030	72322	1784772	10876105	18826229
1871	1162293	3175912	896368	12108714	17343287
1872	1339631	3374490	902749	12145136	17758518
1873	1328308	3006436	988395	12081714	17401623
1874	1305602	3362618	987840	14418832	20074892
1875	1506361	3303246	1131202	12157759	18098568
1876	1754064	3183228	1114852	9819223	15871907
1877	2342730	3189943	1167609	8854147	15554429
1878	1866122	3468015	1479455	10245736	17059328
1879	2203537	3452450	1765023	8566096	15987106
1880	1856641	3525759	1295064	9081192	15758656
1881	1871995	3837891	1288536	7963067	14961489
1882	2020751	3435880	1640693	7660576	14757900
1883	1591567	3431308	1327589	7795312	14145776
1884	1570440	3468249	1293479	7215273	13547441
1885	1518198	4307286	1548369	7723867	15097720
1886	1740422	4342382	1738032	8398272	16219108

续表

年份	进口		出口		进出口总值
	由国内进口	由国外进口	向国内出口	向国外出口	
1887	1916536	3569485	1708450	7292098	14486569
1888	2336430	4310807	1711016	8803502	17161755
1889	1923788	3990107	1589881	5551344	13055120
1890	1828942	3520468	1833945	4635768	11819123
1891	1578730	4148523	1942007	4351020	12020080
1892	1518897	4322738	1798962	4905410	12546007
1893	2012997	4774904	1909161	5143500	13840562
1894	1361744	5064175	2264636	4760377	13450932
1895	1321496	5147946	2418867	5133706	14022015
1896	1592590	5210273	2942028	4917873	14662764
1897	1518344	5196884	2549819	4291447	13556494
1898	1666473	5816862	2501109	5741464	15725908
1899	2057540	6800960	2647077	5846230	17351807
1900	2676160	5644110	1619485	5402070	15341825
1901	2115239	6361914	3072892	2882471	14432516
1902	1613203	6643695	3941232	3094760	15292890
1903	2049654	8059007	3712199	2917858	16738718
1904	1537529	8511437	3927076	3289926	17265968
1905	1468123	8850105	5192908	1935999	17447135
1906	1153667	7365932	4786355	3387629	16693583
1907	1592826	7812504	4877436	4669584	18952350
1908	1978990	7632264	4200468	3338278	17150000
1909	2954139	7125758	4235528	3355289	17670714
1910	2640395	7624932	4671709	3482776	18419812
1911	983674	7453467	4497514	4361561	17296216

注:1861—1870 年统计数字单位为美元。

资料来源:据中国第二历史档案馆、海关总署办公厅:《中国旧海关史料(1859—1948)》福州口历年统计数字改制而成。

附表 4 福州历年输出入货物总值(1903—1937)

单位:国币千元

年份	洋货进口值	土货进口值	土货出口值	总计 总值	总计 指数 1912=100	占全省贸易总值之百分数(%)
1903	12601	7937	23378	43916	114	—
1904	13315	6793	24246	44154	115	—
1905	13960	5888	26319	46167	120	55.9
1906	11692	6447	22715	40854	106	54.2
1907	12327	6030	22462	40819	106	54.3
1908	12031	6557	19913	38501	100	51.0
1909	11161	9006	20095	40262	105	50.8
1910	11919	7698	20505	40122	104	48.4
1911	11721	5858	21580	39159	102	49.2
1912	11933	7067	19408	38408	100	48.4
1913	13751	12127	23190	49068	128	55.0
1914	10893	10484	23026	44403	116	54.3
1915	8736	12301	22359	43396	113	50.5
1916	10440	11894	24088	46422	121	55.5
1917	8657	12043	19827	40527	106	55.9
1918	8532	11593	20970	41095	107	59.0
1919	10453	12654	25773	48880	127	55.1
1920	8145	17648	31626	57419	150	56.5
1921	12998	21081	38721	72800	190	55.2
1922	10724	18023	39057	67804	177	54.0
1923	13830	21119	48572	83521	217	59.0
1924	14499	24407	42675	81581	212	55.1
1925	12615	22077	40877	75569	197	53.3
1926	16826	21285	37850	75961	198	49.9

续表

年份	洋货进口值	土货进口值	土货出口值	总计 总值	总计 指数 1912=100	占全省贸易总值之百分数(%)
1927	16366	22312	39084	77762	202	48.9
1928	15095	30931	55404	101430	264	58.0
1929	16876	34617	57668	109161	284	60.7
1930	14329	32829	43663	90821	236	52.4
1931	15917	36390	33863	86170	224	48.0
1932	13094	21396	23501	57991	151	41.0
1933	11933	26168	22426	60527	158	44.5
1934	10007	25117	29868	64992	169	60.8
1935	9256	19848	17682	46786	122	50.1
1936	7659	21638	24635	53932	140	54.1
1937	8823	20548	24026	53397	139	55.6

资料来源:福建省政府秘书处统计室编:《福建历年对外贸易统计》福建省政府秘书处公报室,1935年,第29页。

附表5 福州历年经由常关输出入货值(1903—1931)

单位:国币千元

年份	洋货进口值	土货进口值	土货出口值	总计 总值	总计 指数 1912=100
1903	45	4743	13048	17836	173
1904	55	4397	12802	17254	167
1905	86	3601	14866	18553	180
1906	108	4652	9935	14695	142
1907	78	3548	7538	11164	108
1908	70	3474	7921	11465	111
1909	59	4404	8268	12731	123
1910	39	3585	7801	11425	111
1911	109	4325	7778	12212	118
1912	128	3970	6215	10313	100
1913	111	4714	8088	12913	125
1914	118	5274	9295	14687	142
1915	123	5073	8211	13407	130
1916	184	5659	9242	15085	146
1917	337	7452	9111	16900	164
1918	256	7009	9459	16724	162
1919	198	7639	8728	16565	161
1920	123	8094	9297	17514	170
1921	199	10485	10669	21353	207
1922	240	10171	10485	20896	203
1923	159	11668	12099	23926	232
1924	374	13545	11718	25637	249
1925	227	12701	11253	24181	234
1926	335	11850	10361	22546	219

续表

年份	洋货进口值	土货进口值	土货出口值	总计 总值	总计 指数 1912=100
1927	467	13296	9152	22915	222
1928	428	13742	10506	24676	239
1929	204	16420	10691	27315	265
1930	217	14206	8918	23341	226
1931	—	7198	5738	12936	125

注:1.闽海关税务司兼管之五内常关区域及其分关所在地为仓后洲头新港闽安琯头东岱、海山乌龙江旺歧等处。2.本表所列各项货值系经由五内常关输往外洋及国内各口岸与由外洋及国内各口岸输入之货值(复出口值未除去)至于本口界内之沿江贸易与内地贸易货值未计入。3.闽海关税务司于1901年11月接管"五内常关"惟海关报告册于1903年起始有经由常关输出入货值之记载前此各年之货值数字无从取得。

资料来源:福建省政府秘书处统计室编:《福建历年对外贸易统计》,福建省政府秘书处公报室,1935年,第45页。

附表6 福州历年经由海关进出口船只吨位数(1899—1937)

单位:吨

年别	国别							总计		占全省各口岸进出口船只吨数之比例(%)
	美	英	法	荷	日	华	其他	吨位数	指数 1912=100	
1899	6838	465609	3524	—	35617	73172	81256	667016	60	25.6
1900	4772	508183	—	3916	37993	69286	94458	718608	65	25.8
1901	—	633714	—	7148	83633	32788	149194	90647	82	29.9
1902	2934	586822	8868	7330	103420	111378	103264	924016	83	28.2
1903	—	560150	—	13096	103623	130072	122374	929315	84	27.8
1904	—	561116	—	158	50920	137736	143394	894746	81	26.5
1905	—	483316	3738	8900	19847	147624	285566	948991	85	28.0
1906	940	505572	9078	11752	169252	135392	178032	1010018	91	28.7
1907	—	605592	1382	7220	228574	144808	156570	1144146	103	31.3
1908	—	584632	—	3314	277658	145535	139466	1150605	104	31.3
1909	594	614193	—	9030	258973	154975	134576	1172341	106	31.8
1910	1254	495612	—	11200	277277	182433	115190	1082966	98	30.2
1911	2244	565488	—	16044	258834	224180	148712	1215502	110	32.3
1912	2322	466743	—	4530	228364	298456	110840	1111255	100	30.4
1913	2210	514002	—	5730	316244	257674	103538	1199398	108	32.7
1914	2288	466884	—	6876	322686	317250	90620	1206604	109	32.9
1915	1800	397770	—	11636	281076	381282	10732	1084296	98	32.3
1916	9344	265364	—	17054	211400	377592	8526	889280	80	27.6
1917	2968	202318	1994	6696	170712	338464	1698	724850	65	26.3
1918	2954	198548	—	16188	184345	298949	384	701368	63	31.2
1919	46512	184937	—	9178	242849	489755	4574	977805	88	32.6

续表

年别	国别							总计		占全省各口岸进出口船只吨数之比例（%）
	美	英	法	荷	日	华	其他	吨位数	指数 1912＝100	
1920	10334	273858	—	6782	214314	620808	26644	1152740	104	32.3
1921	27940	268994	5048	9260	384292	618057	8270	1322221	119	29.2
1922	42116	252128	14006	15938	421376	582210	21068	1348842	122	28.3
1923	85938	369968	2664	8484	381236	659757	70914	1578961	142	3.06
1924	104010	336214	7992	50816	371590	615188	84275	1570085	141	28.8
1925	65554	189534	—	27394	385276	599898	36256	1303912	117	25.1
1926	98938	348014		56690	344197	677705	55820	1581364	142	23.4
1927	47624	272442	—	38690	326056	540526	73822	1299160	117	21.4
1928	21984	273761	—	37994	404378	202031	459858	1400006	126	21.4
1929	78864	399362	—	86246	415003	623261	58426	1661162	150	22.6
1930	45742	441077		61848	428824	584242	42218	1603951	145	21.4
1931	18066	465458	—	17362	371811	595009	41878	1509584	136	20.7
1932	3104	505770		11853	160831	464606	66109	1212273	109	30.7
1933	9760	543094		16567	166229	422622	12864	1171136	105	34.4
1934	2452	695467		29680	337884	460562	19931	1545976	139	41.3
1935	1926	878476		40676	427932	493652	47347	1890009	170	43.5
1936	766	935419		59798	510091	518705	59734	2084513	188	47.2
1937	777	675629	10376	26850	327409	464141	32924	1538106	138	44.6

注：1.本表之进出口船只系出入闽海关管辖区域之轮船与篷船。（包括遵照海关总章行驶与遵照海关内港行轮章程行驶之船只。）至出入兼管之五内常关之民船则未计入。

2.包括挪威、瑞典、葡萄牙、德、俄及其他各国。

资料来源：福建省政府秘书处统计室编：《福建历年对外贸易统计》，福建省政府秘书处公报室，1935年，第59页；周浩等编：《二十八年来福建省海关贸易统计》，福建省政府统计室，1941年，第246～247页。

附 录

附表7 闽海关历年税收统计(1899—1937)

单位:国币千元

年别	进口正税	出口正税	其他	合计	占全省税收总额之比例(%)
1899	191	1352	737	2280	65.5
1900	150	1141	560	1851	61.5
1901	186	914	521	1621	55.6
1902	243	589	649	1481	50.2
1903	243	529	826	1598	50.5
1904	276	495	734	1505	49.7
1905	268	442	655	1365	47.5
1906	269	487	666	1422	47.4
1907	258	532	634	1424	47.0
1908	269	475	583	1327	47.6
1909	266	485	535	1286	45.0
1910	240	490	396	1126	42.9
1911	233	528	520	1281	44.4
1912	253	465	601	1319	41.4
1913	265	523	676	1464	52.3
1914	277	489	192	958	47.1
1915	257	447	130	834	43.5
1916	281	536	106	923	51.4
1917	241	378	91	710	48.0
1918	207	394	86	687	48.0
1919	261	495	111	867	46.5
1920	215	488	120	823	
1921	286	567	197	1050	45.0
1922	222	506	112	840	40.9
1923	346	540	147	1033	44.8

续表

年别	进口正税	出口正税	其他	合计	占全省税收总额之比例(%)
1924	407	492	166	1065	43.3
1925	374	461	148	983	37.4
1926	419	450	182	1051	35.1
1927	400	406	130	936	19.7
1928	455	454	166	1075	35.9
1929	1225	606	201	2032	35.7
1930	1599	547	234	2380	29.8
1931	2349	381	339	3069	30.8
1932	2041	106	807	2954	30.2
1933	2981	122	1418	4521	35.2
1934	2032	58	768	2858	32.3
1935	1969	38	779	2786	29.6
1936	2128	87	751	2966	34.4
1937	2435	75	716	3226	36.6

资料来源:福建省政府编:《福建历年对外贸易统计》,福建省政府秘书处公报室,1935年,第63页;周浩等编:《二十八年来福建省海关贸易统计》附录,福建省政府统计室,1941年,第239页。

附表 8　历年福建省出入超总值各口岸分配表(1912—1937)

单位:国币千元

年别	全省	三都	福州	厦门
1912	−20660	+1032	+408	−22100
1913	−21755	+1650	−2688	−20717
1914	−16596	+1868	+1649	−20113
1915	−17334	+2822	+1322	−21478
1916	−14088	+1525	+1754	−17367
1917	−15085	+772	−873	−14984
1918	−11987	+1307	+845	−14139
1919	−18242	+1846	+2666	−22754
1920	−15416	+1381	+5833	−22630
1921	−26834	+1151	+4642	−32627
1922	−21053	+1263	+10310	−32626
1923	−15356	+1668	+13623	−30647
1924	−19799	+1815	+3769	−25383
1925	−18432	+1035	+6185	−25652
1926	−37311	+1877	−261	−38927
1927	−42865	+1236	+406	−44507
1928	−32313	+131	+9378	−41822
1929	−31713	+1368	+6175	−39256
1930	−51999	+1139	−8495	−49593
1931	−80970	+4761	−18444	−67257
1932	−66806	+2054	−8516	−61244
1933	−65703	+2313	−13202	−54814
1934	−38595	+3713	−11783	−30525
1935	−36333	+1444	−8949	−28828
1936	−22781	+4034	−2189	−24627
1937	−23419	+3367	−2872	−23915

资料来源:周浩等编:《二十八年来福建省海关贸易统计》,福建省政府统计室,1941年,第7~8页。

参考文献

档案及史料汇编

[1]福建省档案馆馆藏档案[Z].档号2-1-289.

[2]福建省档案馆馆藏档案[Z].档号2-1-345.

[3]福建省档案馆馆藏档案[Z].档号2-2-1123.

[4]福建省档案馆馆藏档案[Z].档号2-2-1169.

[5]福建省档案馆馆藏档案[Z].档号36-4-295.

[6]福建省档案馆馆藏档案[Z].档号36-4-304.

[7]福建省档案馆馆藏档案[Z].档号57-1-1.

[8]福建省档案馆馆藏档案[Z].档号57-1-2.

[9]福建省档案馆馆藏档案[Z].档号57-1-86.

[10]福建省档案馆馆藏资料[Z].档号5-4-115.

[11]沙县档案馆馆藏档案[Z].档号101-1-7.

[12]沙县档案馆馆藏档案[Z].档号101-1-19.

[13]沙县档案馆馆藏档案[Z].档号101-1-31.

[14]沙县档案馆馆藏档案[Z].档号101-1-40.

[15]沙县档案馆馆藏档案[Z].档号101-1-40.

[16]沙县档案馆馆藏档案[Z].档号101-1-58.

[17](汉)班固.汉书[Z].北京:中华书局,1960.

[18](清)德福辑.闽政领要[Z].福建师范大学图书馆藏抄本.

[19](清)顾祖禹撰,贺次君、施和金点校.读史方舆纪要[M].北京:中华

书局,2005.

[20](清)贺长龄辑.皇朝经世文编[Z].台北:文海出版社,1972.

[21](清)贾桢等辑.筹办夷务始末(咸丰朝)[Z].台北:文海出版社,1979.

[22](清)昆冈等修、刘启端等纂.(光绪)钦定大清会典实例[A].续修四库全书[Z].上海:上海古籍出版社,1995.

[23](清)文庆等辑.筹办夷务始末(道光朝)[Z].台北:文海出版社,1970.

[24](清)吴任臣撰,徐敏霞、周莹点校.十国春秋[Z].北京:中华书局,1983.

[25](清)郑若曾撰,李致忠点校.筹海图编[Z].北京:中华书局,2007.

[26](宋)蔡襄.荔枝谱(外十四种)[Z].福州:福建人民出版社,2004.

[27](宋)司马光.资治通鉴[Z].北京:中华书局,1956.

[28](意)马可·波罗著,沙海昂注、冯承钧译.马可波罗行纪[Z].北京:中华书局,1957.

[29]北京农工商部署内商务官报局.商务官报[N].光绪三十三年—宣统二年,台北:故宫博物院,1982.

[30]陈嵘.中国森林史料[Z].北京:中国林业出版社,1983.

[31]池贤仁主编.近代福州及闽东地区社会经济概况[Z].北京:华艺出版社,1992.

[32]戴启天编.福建省历史上的灾害饥荒瘟疫辑录(318—1948)[Z].福建省民政厅、民政学会编印,1988.

[33]福建省档案馆、福建省汽车运输公司合编.福建省公路运输史.第一册.资料汇编.第一集.[Z].1984.

[34]福建省档案馆编.民国福建省各县市(区)户口统计资料[Z].1988.

[35]福建省教育史志编写办公室、福建省教育科学研究所史志研究室.福建省教育史志资料集[Z].第四辑.1991.

[36]福建省沙县乡土教材参考资料[Z].沙县档案馆馆藏油印本.

[37]傅家麟主编.福建省农村经济参考资料汇编[Z].福建省银行经济研究室,1941.

[38]黄文等编.福建旱涝灾害[Z].福州:福建科学技术出版社,1993.

[39]林金枝、庄为玑.近代华侨投资国内企业史资料选辑(福建卷)

[Z].福州:福建人民出版社,1985.

[40]刘锦藻撰.清朝续文献通考[Z].第四册.上海:商务印书馆,1955.

[41]明实录·太祖实录[Z].上海:上海古籍书店,1983.

[42]聂宝璋.中国近代航运史资料第一辑[Z].上册.上海:上海人民出版社,1983.

[43]沙县商会志[M].沙县档案馆馆藏手抄本.

[44]舒新城.中国近代教育史资料[Z].中册.北京:人民教育出版社,1981.

[45]孙毓棠编.中国近代史工业史资料第一辑:1840—1895年[Z].上册.台北:文海出版社,1983.

[46]孙毓棠编.中国近代史工业史资料第一辑:1840—1895年[Z].下册.台北:文海出版社,1983.

[47]吴松弟整理.美国哈佛大学图书馆藏未刊中国旧海关资料:1860—1949[Z].桂林:广西师范大学出版社,2014.

[48]许道夫.中国近代农业生产及贸易统计资料[Z].上海:上海人民出版社,1983.

[49]严中平.中国近代经济史统计资料选辑[Z].北京:科学出版社,1995.

[50]姚贤镐编.中国近代对外贸易史资料(1840—1895)[Z].北京:中华书局,1962.

[51]袁康、吴平辑录.越绝书[Z].上海:上海古籍出版社,1985.

[52]中国第二历史档案馆、海关总署办公厅.中国旧海关史料(1859—1948)[Z].北京:京华出版社,2001.

[53]中国近代教育史资料汇编·洋务运动时期教育[Z].上海:上海教育出版社,1992.

[54]中国民主建国会福建省委员会、福建省工商业会合编.福建工商史料[Z].第一辑.1986.

[55]中国史学会.洋务运动[Z].上海:上海人民出版社,1961.

[56]"中央研究院"近代史研究所编.海防档[Z].乙.台北:"中央研究院"近代史研究所,1957.

地方文献

[57](道光)建阳县志[Z].建阳方志办,1989年点校本.

[58](清)陈盛韶.问俗录[M].北京:书目文献出版社,1983.

[59](清)陈寿祺等撰.(道光)重纂福建通志[Z].清同治十年正谊书院刻本.

[60](清)董天工撰.(乾隆)武夷山志[Z].清道光二十六年重刻本.

[61](清)郭柏苍著,胡枫泽校点.闽产录异[M].长沙:岳麓书社,1986.

[62](清)彭光斗.闽琐记[M].福州郑丽生抄本.

[63](清)丘豫鼎编.光泽乡土志略[M].清光绪三十二年铅印本.

[64](清)盛朝辅原本,李麟瑞、钮承藩续修,何秋渊续纂.重纂光泽县志[Z].清光绪二十三年增刻道光本.

[65](清)王琛、徐兆丰修,张景祁等纂.邵武府志[Z].光绪二十四年刻本.

[66](清)翁天祜等修,翁昭泰等纂.续修浦城县志[Z].清光绪二十六年刻本.

[67](清)徐景熙主修.(乾隆)福州府志[Z].福州:海风出版社,2001.

[68](清)杨澜撰.临汀汇考[M].清光绪四年刻本.

[69](清)周亮工、施鸿保.闽小纪·闽杂记[M].福州:福建人民出版社,1985.

[70](清)朱景星、李骏斌修,郑祖庚等纂.闽县乡土志[Z].福州:海风出版社,2001.

[71]曹刚等修,邱景雍纂.(民国)连江县志[Z].1933年铅印本.

[72]陈朝宗等修,王光张纂.(民国)大田县志[Z].1931铅印本.

[73]陈及霖.福建经济地理[M].福州:福建科学技术出版社,1984.

[74]陈景盛.福建历代人口论考[M].福州:福建人民出版社,1991.

[75]陈愧三.政和茶考[M].福建师范大学图书馆古籍室藏手抄本,1941.

[76]陈文涛纂.福建近代民生地理志[M].福州:远东印书局,1929.

[77]董秉清等修,王绍沂纂.(民国)永泰县志[Z].民国十一年(1922年)铅印本.

[78]福建电气公司农村电化部.农村电化部水稻改良事业概略

[R].1935.

[79]福建南平地区交通史志编纂委员会编.武夷交通志[M].上海:上海社会科学院出版社,1990.

[80]福建日报社编.八闽纵横[Z].第一辑.福州:福建日报资料室,1980.

[81]福建省地方志编纂委员会编.福建省志·教育志[Z].北京:方志出版社,1998.

[82]福建省建设厅编印.农林法规[Z].1937.

[83]福建省五年来中等教育[M].闽政丛刊[A].1939.

[84]福建省政府.福建建设报告[R].1934.

[85]福建省政府编.福建省之交通[M].出版年代不详.

[86]福建省政府建设厅编.福建实业月报[N].1922.

[87]福建省政府建设厅经济研究室编印.福建经济问题研究[C].第一辑.1947.

[88]福建省政府秘书处公报室.福建省概况[M].1937.

[89]福建省政人员训练所编辑课编辑.闽政三年[M].1937年铅印本.

[90]福建省政协文史资料委员会编.福建文史资料[Z].福州:福建人民出版社,1962.

[91]福州总商会编.更定福州商务总会章程[M].民国福州刻本.

[92]黄澄渊等修,余钟英等纂.(民国)古田县志[Z].古田县修志委员会,1942.

[93]黄体震等修,李熙等纂.(民国)政和县志[Z].1919年铅印本.

[94]建瓯市林业委员会编.建瓯林业志[Z].厦门:鹭江出版社,1995.

[95]李厚基等修、陈衍等纂.(民国)福建通志[Z].1938年刻本.

[96]李麟瑞纂修.重纂光泽县志[Z].光绪二十三年(1897年)刻本.

[97]梁伯萌修,罗克涵等纂.沙县志[Z].1928年铅印本.

[98]林传甲总纂.大中华福建省地理志[M].福州:福建印刷所,1919.

[99]林观得编著.福建地理[M].福州:建国出版社,1941.

[100]林鸿怡主编.福建航道志[M].北京:人民交通出版社,1997.

[101]林开明主编.福建航运史(古近代部分)[M].北京:人民交通出版社,1994.

[102]刘超然等修,郑丰稔总纂.(民国)崇安县新志[Z].东南合作印刷厂,1942.

[103]刘崇伦.福州电气公司农村电化部之敬告农人书[M].1931.

[104]卢兴邦修,洪清芳纂.(民国)尤溪县志[Z].1927年铅印本.

[105]闽省商业研究所编印.闽省各商之习惯[M].福建省图书馆特藏部藏本.

[106]欧阳英修、陈衍纂.(民国)闽侯县志[Z].1933年刻本.

[107]钱江修、范毓桂纂,吴海清续修、张书简续纂.(民国)建宁县志[Z].1916年修,1919年续修铅印本.

[108]顺昌县政协文史资料研究委员会编.顺昌文史资料[Z].第七辑.1989.

[109]顺昌县政协文史资料研究委员会编.顺昌文史资料[Z].第五辑.1988.

[110]王维樑修,廖立元纂.(民国)明溪县志[Z].1943年铅印本.

[111]吴栻等修,蔡建贤纂.(民国)南平县志[Z].1928年铅印本.

[112]杨杞栋主编.福建公路运输史[M].第一册.北京:人民交通出版社,1987.

[113]杨宗彩、刘训璿纂修.(民国)闽清县志[Z].1921年铅印本.

[114]姚有则、万文衡修,罗应辰纂.(民国)建阳县志[Z].建瓯:新明印刷所,1929.

[115](清)林春溥编.榕城纪纂[M].华东史地文献.第31卷.北京:学苑出版社,2010.

[116]詹宣猷修,蔡振坚等纂.(民国)建瓯县志[Z].1929年铅印本.

[117]郑元钦主编.福州港史[M].北京:人民交通出版社,1996.

[118]郑宗楷等编.福州便览[M].1933.

[119]政协福建省闽清县委员会文史工作组编.闽清文史资料[Z].第五辑.1986.

[120]政协邵武市文史资料委员会编.邵武文史资料[Z].第三辑.1984.

[121]中国人民政治协商会议福建省建瓯县委员会文史资料工作组.建瓯文史资料[Z].第三辑.1982.

[122]中国人民政治协商会议福建省建阳县委员会文史资料研究会编.建阳文史资料[Z].第十二辑.1989.

[123]中国人民政治协商会议福建省南平市委员会文史资料委员会编.南平文史资料[Z].第六辑.1985.

[124]中国人民政治协商会议福建省南平市委员会文史资料委员会编.南平文史资料[Z].第三辑.1982.

[125]中国人民政治协商会议福建省浦城县委员会文史工作组编.浦城文史资料[Z].第二辑.1982.

[126]中国人民政治协商会议福建省浦城县委员会文史工作组编.浦城文史资料[Z].第五辑.1985.

[127]中国人民政治协商会议福建省沙县委员会文史资料研究委员会编.沙县文史资料[Z].第八辑.1989.

[128]中国人民政治协商会议福州市台江区委员会文史资料委员会.台江文史[Z].第六辑.1990.

[129]中国人民政治协商会议福州市台江区委员会文史资料委员会.台江文史[Z].第三辑.1987.

[130]中国人民政治协商会议福州市台江区委员会文史资料委员会.台江文史[Z].第五辑.1989.

调查统计资料

[131]Description of Tea[R].in "Chinese Repository"[A].1839.

[132]The Anti-Cobweb Society, *Fukien Arts and Industries*[R], Foochow: Christian Herald Industrial Mission Press, 1933.

[133](日)赤松祐之编.中国各省经济事情[R].东京:日本国际协会,1936.

[134](日)东亚同文会编.清国商业综览(2)[R].东京:丸善株式会社,1906.

[135](日)东亚同文会编.中国省别全志[R].第十四卷:福建省.东京:东亚同文会,1920.

[136](日)东亚同文会编.中国政治地理志[R].上卷.东京:丸善株式会社,1922.

[137](日)东亚问题研究会.南中国产业要览[R].东京:三省堂,1939.

[138](日)马场锹太郎.中国水运论[R].上海:芦泽印刷所,1936.

[139](日)马场锹太郎.中国水运论[R].上海:芦泽印刷所,1936.

[140](日)三五公司.福建事情实查报告[R].1907.

[141](日)台湾总督府热带产业调查会编.南中国的资源与经济[R].第

一卷:福建省.台北:南洋协会台湾支部,1938.

[142]（日）台湾总督府外事部.福州事情[R].台北:台北印刷株式会社,1941.

[143]（日）外务省通商局.福建事情[R].东京:东洋印刷株式会社,1917.

[144]（日）野上英一编.福州考[M].福州:东瀛学校,1937.

[145]（日）佚名.南中国内河水运概况[R].1941.

[146]福建省政府秘书处统计室编.福建历年对外贸易统计[R].福建省政府秘书处公报室,1935.

[147]福建省政府秘书处统计室编.福建省统计年鉴[R].第一回（合订本）.1937.

[148]福建省政府秘书处统计室编印.福建之纸业[R].福建调查统计专刊第一种.福建师范大学图书馆藏手抄本.

[149]华北水利委员会沙溪工程处编印.福建沙溪工程报告[R].1944.

[150]林存和编.福建之纸[R].福建调查统计丛书之四.福建省政府统计处,1941.

[151]林泉岐、陈子英.福建省农产调查报告[R].国立厦门大学理学院生物学系刊物第四卷.1940.

[152]唐永基、魏德端合编.福建之茶[R].福建省调查统计丛书之五.福建省政府统计处,1941.

[153]铁道部业务司调查科.京粤线福建段沿海内地工商业物产交通述要[R].1933.

[154]铁道部业务司调查科编.京粤线福建段福州市县经济调查报告书[R].1933.

[155]铁道部业务司调查科编.京粤线福建段沿海内地工商业物产交通报告书[R].1933.

[156]王孝绳.福州东文学堂三年报告汇编[R].福建师范大学古籍室手抄本,1900.

[157]翁礼馨编.福建之木材[R].福建调查统计丛书之三.福建省政府秘书处统计室,1940.

[158]翁绍耳、林文澄.建宁泰宁米谷产销调查报告[R].农业经济调查报告第五号.邵武:福建省农林处、私立协和大学农学院农业经济学系印

行,1943.

[159]翁绍耳.福建省松木产销调查报告[R].农业经济调查报告第一号.私立协和大学农学院农业经济学系印行,1941.

[160]翁绍耳.福建省墟市调查报告[R].农业经济调查报告第二号.私立协和大学农学院农业经济学系,1941.

[161]翁绍耳.邵武米谷产销调查报告[R].农业经济调查报告第三号.私立协和大学农学院农业经济学系,1942.

[162]巫宝三、张之毅.福建省食粮之运销[R].国立中央研究院社会科学研究所丛刊.第十一种.上海:商务印书馆,1938.

[163]杨端六、侯厚培等.六十五年来中国国际贸易统计[R].国立中央研究院社会科学研究所专刊第四号,1931.

[164]佚名.闽江流域杉木调查[R].1936.

[165]郑林宽.福建省农产贸易之研究[R].农业经济研究丛刊第五号.福建省农业改进处调查室编印,1946.

[166]郑林宽.福建省租佃制之统计分析[R].农业经济研究丛刊第四号.福建省农业改进处调查室编印,1946.

[167]郑林宽.福州二南乡柑橘之产销[R].农业经济研究丛刊第九号乙.福建省农业改进处调查室编印,1946.

[168]周浩等编.二十八年来福建省海关贸易统计[R].福建调查统计丛书之六.福建省政府统计室,1941.

个人文集

[169](清)卞宝第.卞制军政书[M].福建师大图书馆古籍室藏.

[170](清)丁绍仪撰.台湾省东瀛识略[M].台北:成文出版社有限公司,1990.

[171](清)贵恒.使闽杂记[M].福建师大图书馆古籍室藏传抄本,清光绪十六年(1890).

[172](清)蒋蘅.云廖山人文钞[M].福建师大图书馆古籍室藏本.

[173](清)梁章钜.归田琐记[M].北京:中华书局,1981.

[174](清)张之洞.张文襄公全集[M].台北:文海出版社,1970.

[175](清)左宗棠.左文襄公全集[M].上海:上海书店,1986.

[176]黄炎培.断肠集[M].上海:生活书店,1936.

[177]李旭旦.闽浙百粤纪游[M].福建师大图书馆古籍室藏.

[178]孙中山.孙中山选集[M].北京:人民出版社,1956.

报刊

[179](福州)福建民报[N].1934-4-13.
[180](福州)福建民报[N].1935-10-9.
[181](福州)福建民报[N].1935-4-28.
[182](福州)福建民报[N].1935-8-27.
[183](福州)福建民报[N].1937-7-17.
[184](福州)福建民国日报[N].1929-12-25.
[185](福州)福建民国日报[N].1929-3-18.
[186](福州)福建民国日报[N].1930-2-6.
[187](福州)福建民国日报[N].1931-4-23.
[188](福州)闽报[N].1925-9-10.
[189](厦门)江声报[N].1932-8-20.
[190](厦门)江声报[N].1936-5-4.
[191]东方杂志[J].第三年第八期.光绪三十二年(1906年).
[192]东方杂志[J].第一年.光绪三十年(1904年).
[193]福建协和大学文学院编印.福建文化季刊[J].第一卷第一期.1941年3月.
[194]福农月刊[J].1932年11月.
[195]南京全国经济委员会公路处公路季刊编辑委员会编.公路(季刊)[J].1936.
[196]社会科学[J].第二卷.第一、二期合刊.1946年6月.
[197]社会科学[J].第三卷.第三、四期合刊.1947年12月.
[198]社会科学[J].第一卷.第二、三期合刊.1945年9月.

今人论著

1.著述

[199]Cartier,Carolyn lee.Mercantile Cities on the South China Coast:Ningbo,Fuzhou,and Xiamen,1840—1930[M]. Berkeley:University of California,1991.

[200]Robert Gardella,Harvesting Mountains:Fujian and the China Tea Trade,1757—1937[M].Berkeley and Los Angeles:University of California Press,1994.

[201](法)费尔南·布罗代尔著,唐家龙、曾培耿等译.菲利普二世时代的地中海和地中海世界[M].北京:商务印书馆,1996.

[202](美)吉尔伯特·罗兹曼主编,国家社会科学基金"比较现代化"课题组译.中国的现代化[M].南京:江苏人民出版社,2003.

[203](美)罗兹·墨菲著,上海社会科学院历史研究所编译.上海——现代中国的钥匙[M].上海:上海人民出版社,1986.

[204](美)马士著,张汇文等译.中华帝国对外关系史[M].北京:三联书店,1957.

[205](美)塞缪尔·亨廷顿等著,罗荣渠主编.现代化理论与历史经验的再探讨[M].上海:上海译文出版社,1993.

[206](美)西里尔·E.布莱克编、杨豫、陈祖洲译.比较现代化[M].上海:上海译文出版社,1996.

[207][日]滨下武志著,王玉茹、赵劲松、张玮译.中国、东亚与全球经济:区域和历史的视角[M].北京:社会科学文献出版社,2009.

[208]曾玲.福建手工业发展史[M].厦门:厦门大学出版社,1995.

[209]陈铿.明清福建农村市场试探[D].厦门大学硕士研究生学位论文(未刊稿),1984.

[210]陈雄.钱塘江下游流域经济开发对环境变迁影响研究[M].北京:中国社会科学出版社,2009.

[211]陈学文.明清时期太湖流域的商品经济与市场网络[M].杭州:浙江人民出版社,2000.

[212]陈支平.近五百年福建的家族社会与文化[M].上海:三联书店上海分店,1991.

[213]戴鞍钢.港口·城市·腹地:上海与长江流域经济关系的历史考察(1843—1913)[M].上海:复旦大学出版社,1998.

[214]戴一峰.区域性经济发展与社会变迁:以近代福建地区为中心[M].长沙:岳麓书社,2004.

[215]董叙彤.明清山东运河区域人群生活方式研究[D].聊城大学硕士学位论文,2018.

[216]杜恂诚.民族资本主义与旧中国政府(1840—1937)[M].上海:上海社会科学院出版社,1991.

[217]范立君.近代松花江流域经济开发与生态环境变迁[M].北京:中国社会科学出版社,2013.

[218]傅衣凌、杨国桢主编.明清福建社会与乡村经济[M].厦门:厦门大学出版社,1987.

[219]高元杰.明清山东运河区域水环境变迁及其对农业影响研究[D].聊城大学硕士学位论文,2013.

[220]郭为藩编著.中华民国开国七十年之教育[M].台北:广文书局,1981.

[221]何梦笔.网络文化与华人社会经济行为方式[M].太原:山西经济出版社,1996.

[222]黄大明、陈福星编著.港口经济学[M].重庆:重庆出版社,1990.

[223]黄嘉树.中华职业教育社史稿[M].西安:陕西人民教育出版社,1987.

[224]李国祁.中国现代化的区域研究:闽浙台地区(1860—1916)[M].台北:"中央研究院"近代史研究所,1987.

[225]李疆、周长军、翁乾麟、梁燕梅.右江流域经济开发研究[M].桂林:广西民族出版社,1994.

[226]李金强.区域研究:清代福建史论[M].香港:香港教育图书公司,1996.

[227]梁钊、陈甲优主编.珠江流域经济社会发展概论[M].广州:广东人民出版社,1997.

[228]林崇墉.沈葆桢与福州船政[M].台北:联经出版事业公司,1987.

[229]林金枝.近代华侨投资国内企业概论[M].厦门:厦门大学出版社,1988.

[230]林金枝.近代华侨投资国内企业史研究[M].福州:福建人民出版社,1983.

[231]林庆元.福建船政局史稿[M].福州:福建人民出版社,1986.

[232]林庆元主编.福建近代经济史[M].福州:福建教育出版社,2001.

[233]林仁川.福建对外贸易与海关史[M].厦门:鹭江出版社,1991.

[234]林星.近代福建城市发展研究[D].厦门大学博士研究生学位论

文,2004.

[235]刘桂林.中国近代职业教育思想研究[M].北京:高等教育出版社,1997.

[236]刘海峰、庄明水.福建教育史[M].福州:福建教育出版社,1996.

[237]刘宏主编:海洋亚洲与华人世界之互动[M].新加坡:华裔馆,2007.

[238]鲁西奇.区域历史地理研究:对象与方法——汉水流域的个案考察[M].南宁:广西人民出版社,2000.

[239]罗荣渠、牛大勇编.中国现代化历程的探索[M].北京:北京大学出版社,1992.

[240]罗荣渠.现代化新论:世界与中国的现代化进程[M].北京:北京大学出版社,1993.

[241]罗荣渠.现代化新论续篇:东亚与中国的现代化进程[M].北京:北京大学出版社,1997.

[242]罗运胜.明清时期沅水流域经济开发与社会变迁[M].北京:社会科学文献出版社,2016.

[243]罗肇前.福建近代产业史[M].厦门:厦门大学出版社,2002.

[244]罗正齐.港口经济学[M].北京:学苑出版社,1991.

[245]马敏.官商之间:社会剧变中的近代绅商[M].天津:天津人民出版社,1995.

[246]齐民.清江流域经济发展研究[M].武汉:华中科技大学出版社,2002.

[247]任美锷主编.中国自然地理纲要(修订版)[M].北京:商务印书馆,1985.

[248]舒方涛.明清山东运河区域书院研究[M].聊城大学硕士学位论文,2018.

[249]檀仁梅、庄明水主编.福建师范教育史[M].福州:福建教育出版社,1990.

[250]唐力行.商人与中国近世社会[M].杭州:浙江人民出版社,1993.

[251]唐文基.福建古代经济史[M].福州:福建教育出版社,1995.

[252]汪征鲁主编.福建史纲[M].福州:福建人民出版社,2003.

[253]王笛.跨出封闭的世界:长江上游区域社会研究(1644—1911)

[M].北京:中华书局,1993.

[254]王鑫义、卞利编.淮河流域经济开发史[M].合肥:黄山书社,2001.

[255]王云.明清山东运河区域社会变迁[M].北京:人民出版社,2006.

[256]隗瀛涛主编.近代长江上游城乡关系研究[M].成都:天地出版社,2003.

[257]温强洲主编.长江流域城市经济布局[M].武汉:中国地质大学出版社,1992.

[258]文传浩、程莉、马文斌等.流域生态产生初探:以乌江为例[M].北京:科学出版社,2013.

[259]文传浩主编.流域经济评论(第一、二、三辑)[M].北京:科学出版社,2015—2018.

[260]吴承明.中国资本主义与国内市场[M].北京:中国社会科学出版社,1985.

[261]吴春梅等.近代淮河流域经济开发史[M].北京:科学出版社,2010.

[262]吴松弟、戴鞍钢主编.中国近代经济地理(全九卷)[M].上海:华东师范大学出版社,2014—2016.

[263]吴松弟等编.中国百年经济拼图:港口城市及其腹地与中国现代化[M].济南:山东画报出版社,2006.

[264]谢必震.中国与琉球[M].厦门:厦门大学出版社,1996.

[265]于光远主编.经济大辞典[M].上海:上海辞书出版社,1992.

[266]张畅.长江经济带经济运行机制和增长动力分析——基于流域经济学视角[D].深圳大学硕士学位论文,2017.

[267]张思平.流域经济学[M].武汉:湖北人民出版社,1987.

[268]张学恕.中国长江流域古代经济发展研究[M].太原:山西经济出版社,2017.

[269]张跃庆、张念宏主编.经济大辞海[M].北京:海洋出版社,1992.

[270]张仲礼主编.东南沿海城市与中国近代化[M].上海:上海人民出版社,1996.

[271]张仲礼主编.长江沿江城市与中国近代化[M].上海:上海人民出版社,2002.

[272]郑宝恒.民国时期政区沿革[M].武汉:湖北教育出版社,2000.

[273]郑元钦主编.福州港史[M].北京:人民交通出版社,1996.

[274]郑振满.明清福建家族组织与社会变迁[M].长沙:湖南教育出版社,1992.

[275]郑振满.明清时期闽北乡族地主经济[M].厦门:厦门大学出版社,1984.

[276]职业教育研究[M].台北:正中书局,1971.

[277]中国国民党中央委员会.抗战前中等教育[M].革命文献第五十七辑.台中:兴台印刷厂,1971.

[278]朱国宏主编.经济社会学[M].上海:复旦大学出版社,2003.

[279]朱华友、徐宝敏.钱塘江流域经济开发史[M].北京:中国社会科学出版社,2009.

[280]朱维幹.福建史稿[M].福州:福建教育出版社,1986.

[281]朱英.近代中国商人与社会[M].武汉:湖北教育出版社,2002.

[282]朱英.辛亥革命时期新式商人社团研究[M].北京:中国人民大学出版社,1991.

2.论文

[283]Takeshi Hamashita.Competing Political Spaces and Recreating Cultural Boundaries in Modern East Asia:Regional Dynamism and the Maritime Identity of Asia. In Melissa Curley and Hong Liu, eds., China and Southeast Asia:Changing Social-Cultural Interactions,Hong Kong:Center of Asian Studies[M].University of Hong Kong,2002.

[284]宾长初.清代西江流域城镇商业的量化分析——以平乐镇为个案的考察[J].城市史研究.2013,(2).

[285]宾长初.清代西江流域圩镇商业的个案考察——以广西大乌圩为对象[J].中国社会经济史研究.2015,(1).

[286]陈炜、徐毅.试论近代西江流域商品经济发展的区域性特点及其互动关系[J].广西民族学院学报(哲学社会科学版).2001,(S1).

[287]陈炜、杨辉.近代珠江流域上下游地区之间的经济交往[J].学术论坛.2007,(11).

[288]陈炜.近代西江流域城镇墟市发展与民族经济融合[J].中国社会经济史研究.2004,(3).

[289]陈炜.试论近代西江流域区域市场发展的特点[J].广西教育学院

学报.2002,(2).

[290]陈宇思.近代华洋交流中的西江流域口岸研究——以1897年至抗战爆发前夕的梧州港为例[J].经济与社会发展.2012,(6).

[291]陈振江.通商口岸与近代文明的传播[J].近代史研究.1991,(1).

[292]陈支平.闽江上下游经济的倾斜性联系[J].中国社会经济史研究.1995,(2).

[293]崔来廷.明代大闽江口区域海洋发展探析[J].中国社会经济史研究.2005,(1).

[294]戴鞍钢.近代上海与长江流域市场网络的架构[J].复旦学报(社会科学版).1996,(5).

[295]戴一峰.近代福建的木材业——近代福建林业史研究之二[J].中国社会经济史研究.1991,(2).

[296]戴一峰.近代福建的人口迁移与城市化[J].中国经济史研究.1989,(2).

[297]戴一峰.近代福建的植树造林——近代福建林业史研究之一[J].中国社会经济史研究.1990,(2).

[298]戴一峰.近代闽江的航运业试探[J].中国社会经济史研究.1986,(3).

[299]戴一峰.近代闽江上游山区的初级市场试探[J].中国社会经济史研究.1985,(3).

[300]戴一峰.近代闽江上游山区的开发与生态环境[J].厦门大学学报.1991,(4).

[301]戴一峰.近代闽江上游山区的商品生产[J].厦门大学学报.1988,(4).

[302]戴一峰.论近代闽江上游山区商品经济发展的制约因素[J].中国社会经济史研究.1987,(3).

[303]戴一峰.区域史研究的困惑:方法论与范畴论[J].天津社会科学.2010,(1).

[304]戴一峰.试论明清时期福建林业经济[J].中国农史.1991,(4).

[305]戴一峰.再论近代闽江上游山区的商品生产[J].中国社会经济史研究.1989,(4).

[306]樊如森.港口—腹地与中国现代化进程学术研究综述[J].史学月

刊.2004,(12).

[307]冯学垒.福建省立女子师范职业学校的产生和发展[J].教育评论.1987,(1).

[308]冯学垒.钟道赞与30年代的福建职业教育[J].教育与职业.1994,(8).

[309]侯甬坚.从区域进入流域:综合探讨实际问题的路径——历史流域学断想[J].中国地理学会2012年学术年会学术论文摘要集[Z].2012.

[310]胡梦飞.保漕与祈雨:明清时期山东运河区域的龙神信仰[J].华北水利水电大学学报(社会科学版).2017,(1).

[311]胡梦飞.明清时期山东运河区域庙会习俗考述[J].济宁学院学报.2017,(6).

[312]黄福才、李永乐.论清末商会与行会并存的原因[J].中国社会经济史研究.1999,(3).

[313]黄国盛.论清代前期的闽台对渡贸易政策[J].福州大学学报(哲学社会科学版).2000,(2).

[314]黄挺.明清时期的韩江流域经济区[J].中国社会经济史研究.1999,(2).

[315]蓝达居.论明清时期福建中心港市的发展[J].南方文物.2005,(3).

[316]李修松、王华娣.三代时期淮河流域经济发展简论[J].安徽大学学报(哲社版).1998,(2).

[317]李增军.港口对所在城市及腹地经济发展促进作用分析[J].港口经济.2002,(2).

[318]林枫.试析清末福建市场商品流通额[J].中国社会经济史研究.1998,(1).

[319]林满红.口岸贸易与近代中国——台湾最近有关研究之回顾."中央研究院"近代史研究所编.近代中国区域史研讨会论文集[C].下册.台北:"中央研究院"近代史研究所,1984.

[320]林仁川.近代福建海关的建立及对社会经济的影响[J].中国社会经济史研究.1992,(4).

[321]林仁川.民国时期福建的木材生产与输出[J].中国社会经济史研究.1988,(4).

[322]林仁川.民国时期福建纸的生产与运销[J].中国社会经济史研究.1989,(1).

[323]林仁川.明清福建烟草的生产与贸易[J].中国社会经济史研究.1999,(2).

[324]林汀水.晋江流域山海经济的特点[J].中国社会经济史研究.1995,(2).

[325]林汀水.明清福建经济作物的扩种问题[J].中国社会经济史研究.2000,(4).

[326]林汀水.明清福建植被的破坏与水土流失[J].中国社会经济史研究.2002,(3).

[327]林星.近代东南沿海通商口岸城市城乡关系的透视——以福州和厦门为个案[J].中国社会经济史研究.2007,(2).

[328]刘传标.闽江流域疍民的文化习俗形态[J].福建论坛(经济社会版).2003,(9).

[329]刘德荣、黄玉良.近代福建的中医教育[J].中医教育.1995,(1).

[330]刘德荣.近代福建的西医教育[J].中华医史杂志.2001,(1).

[331]刘永华.九龙江流域的山区经济与沿海经济[J].中国社会经济史研究.1995,(2).

[332]刘正刚.汀江流域与韩江三角洲的经济发展[J].中国社会经济史研究.1995,(2).

[333]鲁西奇.历史时期汉江流域农业经济区的形成与演变[J].中国农史.1999,(1).

[334]鲁西奇.论地区经济发展不平衡——以汉江流域开发史为例[J].中国社会经济史研究.1997,(1).

[335]鲁西奇.明清时期汉水流域农业经济的区域差异[J].中国社会经济史研究.2000,(1).

[336]路洪海、邓焕广、董杰.山东运河开凿对区域洪涝灾害的影响[J].河北师范大学学报(自然科学版).2017,(4).

[337]裘士京.先秦时期长江流域青铜文化初探[J].东南文化.1991,(2).

[338]屈春海.清末福建官脑局兴办始末[J].历史档案.2003,(3).

[339]施今伟.中华职业教育社与福建职业教育[J].教育与职业.1996,

(12).

[340]水海刚.近代口岸与腹地经济关系新探——以闽江流域为例[J].厦门大学学报(哲社版).2006,(3).

[341]宋永忠、李志亮.近代西江流域中外轮船运输比较研究——以广西为中心进行考察(1897—1937)[J].传承.2008,(4).

[342]宋永忠、李志亮.论近代新式内河航运发展与腹地商业结构的演变——以西江流域广西为中心[J].经济与社会发展.2008(4).

[343]汪毅夫.文化:闽江流域与台湾地区——清代闽台关系的一个侧面[J].东南学术.1994,(5).

[344]王国梁.略论历史流域学的对象、任务、性质及方法.中国地理学会2012年学术年会学术论文摘要集[C].2012.

[345]王尚义、任世芳.历史流域学研究视野中的水患——谈流域内人地关系与泥沙淤积[N].光明日报.2010年11月4日.

[346]王尚义、张慧芝.关于创建历史流域学的构想[N].光明日报.2009年11月19日.

[347]王尚义、张慧芝.科学研究解决流域问题[N].光明日报.2009年11月25日.

[348]王尚义、张慧芝.流域问题研究的创新和不足[N].光明日报.2009年11月21日.

[349]王尚义.历史流域学的缘起及其理论构建.中国地理学会2012年学术年会学术论文摘要集[C].2012.

[350]王玉朋、高元杰.明清山东运河区域城市洪涝及御洪之策[J].聊城大学学报(社会科学版).2017,(2).

[351]韦国友、陈炜.近代南部边疆地区省际间的经贸交往——以珠江流域为考察中心[J].中央民族大学学报(哲学社会科学版).2008,(5).

[352]韦国友、陈炜.近代珠江流域区域经济发展进程中的分工与互补——以两广为中心的考察[J].广西民族研究.2008,(4).

[353]吴承明.中国近代经济史若干问题的思考[J].中国经济史研究.1988,(2).

[354]吴少静、黄少枚.近代福建基督教学校音乐教育简况及启示[J].星海音乐学院学报.2004,(2).

[355]吴松弟.港口—腹地与中国现代化的空间进程[J].河北学刊.

2004,(3).

[356]吴松弟.通商口岸与近代的城市和区域发展——从港口—腹地的角度[J].郑州大学学报(哲学社会科学版).2006,(6).

[357]吴欣.村落与宗族:明清山东运河区域宗族社会研究[J].文史哲.2012,(3).

[358]吴欣.明清山东运河区域"水神"研究[J].社会科学战线.2013,(9).

[359]谢冰、曾国良.日据时期闽台经济关系研究[J].中南民族学院学报(人文社会科学版).2001,(5).

[360]徐鼎新.旧中国商会溯源[J].中国社会经济史研究.1983,(1).

[361]徐晓望.福建历代茶政沿革考.下[J].福建茶叶.1986,(2).

[362]徐晓望.论晚明福建商业性农业的发展[J].中共福建省委党校学报.2003,(4).

[363]徐晓望.明代福建市镇述略[J].史林.1999,(1).

[364]徐晓望.商品经济与明清以来福建自然环境的变更[J].中国历史地理论丛.2000,(3).

[365]徐晓望.晚明福建与江浙的区域贸易[J].福建师范大学学报(哲社版).2004,(1).

[366]许顺湛.黄河流域原始社会晚期几个问题的探讨[J].河南大学学报(社科版).1978,(6).

[367]杨国桢.明清东南区域平原与山区经济研究序论[J].中国社会经济史研究.1995,(2).

[368]叶显恩、陈春声.论社会经济史的区域性研究[J].中国经济史研究.1988,(1).

[369]张明胜.清代中后期到民国初期广西西江流域经济变迁管窥——以平南县大安镇为视窗[J].传承.2009,(10).

[370]张思平.流域经济学初探.中国社会科学院研究生院学报[J].1984,(2).

[371]张钟鑫.福州地区中琉友好关系遗存考[J].福建师范大学学报(哲学社会科学版).2002,(4).

[372]郑剑顺.福建船政学堂与近代西学传播[J].史学月刊.1998,(4).

[373]郑剑顺.关于福建船政局的成效问题[J].中国社会经济史研究.

1988,(3).

　　[374]郑剑顺.清末福建船政局的技术引进[J].中国社会经济史研究.1994,(4).

　　[375]庄孔韶.谷口的端午——福建省闽江端午透视[J].民俗研究.1995,(3).

后　记

本书是在我的博士学位论文的基础之上修订而成的,因此在某种意义上算是13年前的"旧作"了。2007年,我自新加坡国立大学中文系博士后出站后重新进入厦大,研究方向在一定程度上已由山区正式转向海洋,由环南中国海地区的一个节点进入整个区域,研究视野也在悄然发生改变。但很显然,十几年来我做的"工作",根基仍在于最初这项现在看来仍显浅薄的研究。

我生长于北方,大学时期方跨河越江到了南方滨海之地,也因此得以在"走北闯南"之间开阔视野,拓宽认知。作为一个"初来乍到者",当我于1996年第一次来到厦门这座海滨之城时,尚远未意识到自己将会经历一个自中国内陆至沿海地区的转变,这种转变不仅包括对地理环境、气候、生活习惯等的适应,还包含了思想认知层面上的新体验。与地处黄河流域的豫西相比,福建虽然同样多山地丘陵,农业生产的条件并不优越,但却拥有全国排名第二的漫长海岸线,从事非土地约束的经济活动恰是其长,这在北方农业社会中生活长大的人的眼中的确是一件不太容易理解的事。历史上这种情况也屡见不鲜,如清顺治五年(1648年),祖籍河南开封的周亮工仕宦闽地,前后历十二载,在他看来,当时最不能理解的当属山海交错中福建民众的生活方式,他也在著述中留下了"拔蛏苗、失蔬圃"这样的"奇怪"记载。事实上,要理解福建,一个方法就是要在山海互动之间寻找内在的逻辑,也是博士论文选题时导师戴一峰教授的勉励与期望,对闽江流域的关注则加深了我对这一命题的思考。正如我在书中一直想表达的那样:近代沿海地区的各通商口岸,相当部分在历史上即是一地的通商和贸易重镇,一般而言承担着三个互相作用的角色:一为区域贸易中心;一为国内沿海贸易线上的一环;一为对外贸易港口,进而成为海洋亚洲的一个节点。众所周知,海洋亚洲概为亚洲的海域部分及与其相连的陆地地区,它们依靠历史时期经由海洋的频繁的移民及商业联系,建构起了亚洲内部多重而复杂的网络性互动。近代通商口岸能否得到发展的最关键支撑,往往在于其能否在这三个角色之间融通自如。

本书稿的完成,首先要感谢我的导师戴一峰教授,自 2000 年开始,从硕士到博士再到参加工作,从稍具知识到初窥研究殿堂,多年来恩师的谆谆教导和亲切关怀一直相伴。如果说我在学习和工作过程中能够有所收获,则完全要归功于恩师的不倦教诲。同时本书稿的完成同样也得益于许多人的帮助。在搜集资料和写作的过程中,当时任教于新加坡国立大学中文系的刘宏老师,厦门大学图书馆参考咨询部的李明老师、赖寿康老师,厦门大学图书馆保存本书库的陈育华老师,厦门文史界的前辈洪卜仁先生,福建省图书馆的吴东辰女士,福建师范大学图书馆古籍室及福建省档案馆的诸位老师,沙县、南平、建阳、邵武、武夷山等地档案馆的工作人员均给予了许多的便利和帮助。同门中,刘煜、詹庆华、林星、应莉雅、李闰华、刘颖、焦建华、王红曼等诸位师兄师姐,刘梅英、高玉玲、路子靖、阎永增、肖良武、李晓英、李艳林、刘爱新、吴静等也给予了我诸多的鼓励和帮助。刘文波、覃寿伟、罗桂林、荆誉爽、李明花、张荣德、张宗魁、李建安、顾乃武、徐芬、李雪华等同窗好友更是伴我走过了多年来的平凡而又清苦的读书生活。本书之所以能够面世,首先要感谢前厦门大学历史学系主任鲁西奇教授,得益于他的鼓励和提携,本书能被纳入相关出版计划。之后,张侃老师更是持续"施压",使我得以克服懈怠,尽力向前。厦门大学历史学系的诸位师长,宋平老师、连心豪老师、郑剑顺老师、郑振满老师、黄顺力老师、马良怀老师、侯真平老师、林枫老师对我学习、工作乃至生活上的关怀也是点滴在心。感谢周雪香师姐慷慨分享她收藏的珍稀史料。感谢上海交通大学人文学院的张志云研究员、英国布里斯托大学的毕克思教授,承蒙他们惠允,我可以使用 HPC 的珍贵历史照片作为本书的封面底图及插页。

同样的感谢致敬要献给厦门大学出版社的薛鹏志和韩轲轲两位老师,正是得益于他们的眼界、耐心以及辛勤而细致的工作,本书才能顺利付梓。书中如有错谬之处,一应由我负责。

一路行来,最应该感谢的是身后亲人的支持。父母年迈,为我的成长和

后　记

每一个进步付出了太多的心血。妻子翁频，多年来我们朝夕相伴，互相扶持，彼此鼓励前行。她不仅是心灵良伴，更是本书及其它"产品"的第一个读者和常常的批评者，在繁忙的教学、科研工作之外，一力承担起繁琐的家务及照顾小孩的重担，同时还为校对文稿常是熬至深夜。小儿乐屾，受我们谈论影响，如今俨然已为"福建地理通"，而我常自惭给予的陪伴太少。亲情难报，唯有今后继续努力前行。

水海刚
己亥暮春于鹭岛大桥头陋居